张爱玲传

刘川鄂 著

Eileen Chang
Biography

长江出版传媒
长江文艺出版社

图书在版编目（ＣＩＰ）数据

张爱玲传 / 刘川鄂著. -- 武汉：长江文艺出版社，
2020.11
　ISBN 978-7-5702-1726-7

　Ⅰ．①张… Ⅱ．①刘… Ⅲ．①张爱玲－1920-1995—
传记. Ⅳ．①K825.6

中国版本图书馆 CIP 数据核字（2020）第 144828 号

责任编辑：谈　骁　　　　　　责任校对：毛　娟
装帧设计：璞　间　　　　　　责任印制：邱　莉　　王光兴

出版：长江出版传媒　长江文艺出版社
地址：武汉市雄楚大街 268 号　　　邮编：430070
发行：长江文艺出版社
http://www.cjlap.com
印刷：湖北新华印务有限公司

开本：880 毫米×1230 毫米　　1/32　　印张：18　　插页：8 页
版次：2020 年 11 月第 1 版　　　2020 年 11 月第 1 次印刷
字数：450 千字

定价：58.00 元

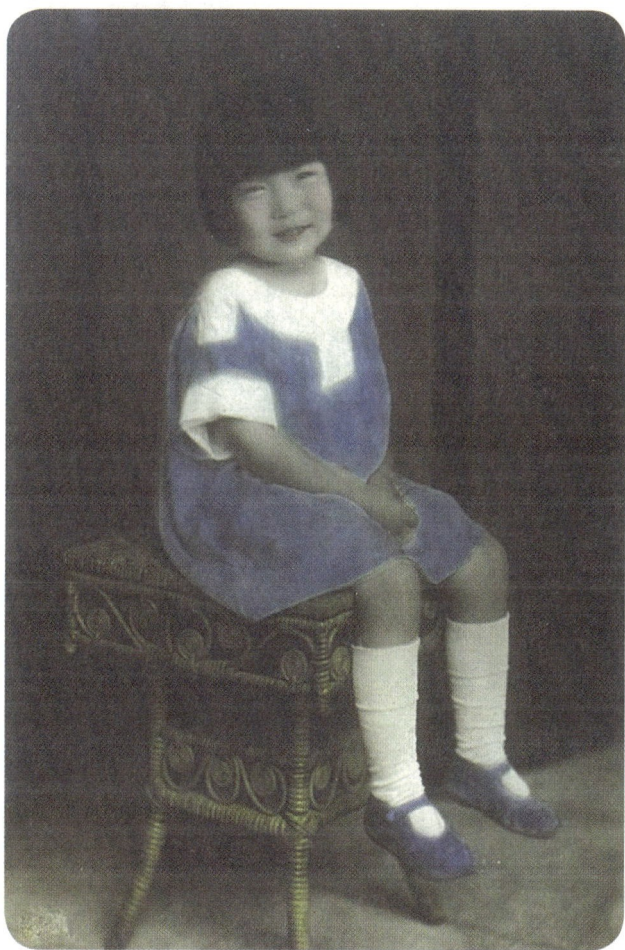

童年时的张爱玲。唇上的红色，衣服上鲜艳的蓝绿色，都是张爱玲母亲在旧相片上涂出来的。

张爱玲的母亲，1926 年在伦敦。

1944年的张爱玲，照相那天她本来穿一件单色呢旗袍，嫌不上照，于是在外面加了件浴衣。

1954年住在香港英皇道的张爱玲。

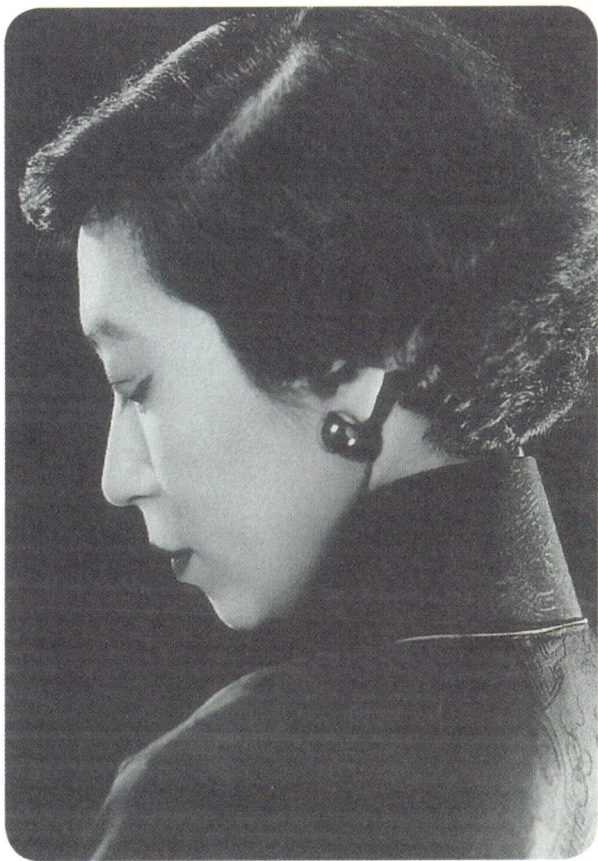

张爱玲 1955 年离开香港前。

　　1994 年，张爱玲获"时报文学特别成就奖"，她特地到照相馆照了一张近照。张爱玲在《对照记》中说，手持报纸，有"天涯共此刻"的即刻感。次年，她悄然辞世。

目　录

上部（1920—1952）

下部（1952—1995）

序　言

　　距夏志清1961年在《中国现代小说史》中把张爱玲正式请进文学史，已经半个多世纪了。如今，张爱玲虽说不上家喻户晓，但只要是一个对文学有一定了解的人，都应该知道她的名字。夏志清"张爱玲该是今日中国最优秀最重要的作家"的论断，正在为越来越多的人所接受；"至少在美国，张爱玲即将名列李白、杜甫、吴承恩之俦，成为一位必读作家"的期许，不能算是不切实际；至于他将张爱玲和曹雪芹的并列："五四时代的作家不如她，民国以前的小说家，除了曹雪芹外，也还有几人在艺术成就上可与张爱玲相比？"至少在喜欢张爱玲的人看来，也不全然是过誉之举。

　　这些年来，张爱玲的影响已经远远超出了文学界，她创造的"名言"，比如"生命是一袭华美的袍，爬满了虱子""出名要趁早""岁月静好，现世安稳"，被各样的人，在各种情景里引用，几乎成了人们的公共语言，尤其是最后一句，公共得甚至有点油滑。至于缠绕在她身上的种种传奇——她显赫的出身（曾外祖父是晚清重臣李鸿章），她和胡兰成的爱情，她极度孤独、寂寞（起码在大众眼中如此）的晚年——让她进一步走向大众：作为一个一流的文学家，作为一个传奇的女性，更是作为一个顽强地活在自己世界里、清坚决绝的现代人。

与大多数希望从家庭中得到价值体现和情感慰藉的中国人不同，张爱玲从小就没体会到家庭的温暖，母爱缺失，父爱绝少，她过早地领受了人世的冷漠和苍凉，《对照记》中她说"我喜欢我四岁的时候怀疑一切的眼光"，固然是俏皮话，也自有掩饰不住的悲凉意味。在她最为绚烂的1940年代，她纯然按照自己的意志和喜好来生活、恋爱，丝毫不顾及他者的眼光，固然轰轰烈烈，却也留下满身伤痕，尘埃中开出的花，终难免落得"萎谢"的下场。至于在美国的孤寂晚年，为了避世避人（也为了避跳蚤）而频繁地搬家，与其说是不得已，不如说是有意而为之：不是孤寂找上了她，而是她主动选择了孤寂。

一个处在新旧文化转换中的人，如果不选择家国天下而是选择个人本位的生活，一定有种曲高和寡式的悲凉。张爱玲的一生即是如此，但种种端端，皆是出于她的主动选择，这一点尤其重要，惟有"主动选择"，才说得上"清坚决绝"，才可以让她毫无分别地领受最夺目的璀璨和最深刻的孤寂。

时至今天，我们终于可以说，张爱玲的流行，不再是1940年代上海滩绚丽至极的瞬间绽放，而是深入人们的生活和内心、深入时代的文化和精神里的长期流传，就像有论者所言："遥想几十年、几百年之后，张佩纶，甚至李鸿章也许都已成为只是在历史学家书斋中出没的历史剪影，而张爱玲则会像她喜欢的李清照一样，与后世的中国读者相觑相亲。到那时，张家的后人打开他们的家谱，值得他们炫耀的也许不是那位显赫一时、在政坛上叱咤风云的祖先，而是写出了《传奇》《流言》《秧歌》的张爱玲。"

我们讨论张爱玲，首先还是因为她是一个一流的作家；我们喜欢张爱玲，也并非因为她那些为人津津乐道的"怪癖"，而是因为那些深刻犀利、悲天悯人地拷问都市男女情爱世界，致力于让人性"呱呱啼叫起来"的作品。当然，作为作家的张爱玲，并非毫无瑕疵，尤其是当我们用"伟大作家"的尺度来衡量她时。即便是对张爱玲推许之至的夏志清，也在 1995 年张爱玲过世后，略微修正了自己的看法。鉴于张爱玲离开大陆后作品日少，60 年代以后印出的旧作比新作要多，夏志清看到了她创作持久力上的不足，"为此，我们公认她是名列前四、五名的现代中国小说家就够了，不必坚持她为'最优秀最重要的作家'"。这自是公允之论，但就张爱玲已有的作品——《红玫瑰与白玫瑰》《金锁记》《倾城之恋》《封锁》《色·戒》《流言》，等等——而论，而不去苛求生涯长度，张爱玲无疑是当得起"伟大"二字的。

人性的主题、女人的命运、犯冲的色彩、苍凉的基调、参差的结构、繁复的意象，是张爱玲的作品最大的特点，"张迷"们喜欢的"张爱玲体"，大致也就在以上这些方面。张爱玲是为数不多的"为创作而创作"的现代作家，惟其如此，她才能避免其他作家常会受到的外部干扰，孜孜不倦地经营她的艺术世界。她具有强烈的文体意识，不带偏见地尝试过鸳鸯蝴蝶派、章回体、"新文艺腔"等多种文体。她具有非凡的转化中外文学传统能力，是把中国古代文人小说精华与现代西洋小说技巧结合得最好的现代作家之一。她具有对人性的精深的洞察与描写能力，探索人性，拷问灵魂，揭示文明与人性的冲突，留下了丰富的立体的关于现代中国的人性画卷，她笔下人物的人性深度和美学意蕴远远高于一般现代作家的作品，是值得珍视的宝贵遗产。这些方面，体现了张爱玲之为张爱玲的独特价值。

本书作者1990年代初在太白文艺出版社出版评传体的小书《乱世才女张爱玲》。20世纪末又应北京十月文艺出版社之邀，写作了一本较为完备的《张爱玲传》，2008年出版了修订本，出版社改题为"传奇未完：张爱玲1920—1995"。其间还与李建军先生合作出版了"中国现代文学名家大师丛书"《张爱玲卷》。还有一个改写本《张爱玲之谜》。可以说我是张爱玲传最早的最痴迷的作者之一。我广泛汲取了前人辛勤劳动成果的几本书为人们了解、认识张爱玲，起到了一点帮助作用。在张爱玲诞辰100年之际，再推出的这本40余万字的张爱玲全传，是我在近10年来断断续续收集资料的基础上的一个修订版。长江文艺出版社约我再推《张爱玲传》，已经至少有5年时光了。但是我因为忙，一直没有时间。在21世纪第3个10年的开头，在全武汉、全中国和世界人民抗击新冠肺炎的相持阶段，我开始了这项早就应该进行的修订补充工作。我试图把它写成最新最全的《张爱玲传》，我希望它对得起我这么多年对张爱玲的痴迷，对得起所有热爱张爱玲的读者。

刘川鄂

2020年9月11日

上部

（1920—1952）

第一章　华丽缘 (贵族血统)①

一、祖父和祖母

Long，Long Ago ——

告诉我那故事，往日里我最心爱的那故事。许久以前，许久以前……

张爱玲的小说集《传奇》中有一篇杰作《金锁记》，女主人公曹七巧以"一个疯子的审慎和机智"，毁杀了女儿长安的爱情，破灭了她"星光下的乱梦"。这时，一阵优美而忧伤的口琴声吹到长安的心海，"Long，Long Ago"……转眼间，爱情就恍若隔世，变为许久许久以前了……

---

①　"华丽缘"，张爱玲1947年所写小说名。本章借指传主的贵族出身及祖辈的婚姻佳话。

如今，张爱玲已仙逝。她的传奇小说，她的传奇生涯，是一个个许久许久以前的故事，是一个个有着悠长悠长回味的故事。这些故事，是传奇，是苍凉，当然也有欢爱。

张爱玲的传奇不是从她写小说开始的，也不是从她出生开始的。张爱玲的传奇开始于晚清的乱世，开始于一段婚姻佳话。

春天有温腻的细雨，也肯定有艳丽的阳光。那该是 1888 年 4 月的一个有阳光的日子，四十一岁的张佩纶应命来到李鸿章的签押房。作为李都署内协办文书，当他像往常一样信步走入房内时，却不意间看到了一个二十来岁的标致美人，那是李大人的爱女李菊耦，且在不意间他还看到了李菊耦刚刚写就的两首吟中法基隆之战的七律：

> 基隆南望泪潸潸，闻道元戎匹马还；
> 一战岂容轻大计，四边从此失天关。
> 焚车我自宽房琯，乘障谁叫使狄山；
> 宵旰甘泉犹望捷，群公何以慰龙颜。
>
> 痛哭陈辞动圣明，长孺长揖傲公卿；
> 论材宰相笼中物，杀贼书生纸上兵。
> 宣室不妨留贾席，越台何事请终缨；
> 豸冠寂寞犀渠尽，功罪千秋付史评。

张佩纶看得心惊肉跳，因为他正是诗中所咏的中法之战的参与者，且是基隆之战失败的主要责任人。当他红着脸从签押房退出之后，还沉溺在这些悱恻动容的诗句和平和有据的议论中。诗思如波跳荡，美人如影闪灭，往事如烟飘来。

张佩纶生于 1847 年，字幼樵，原籍河北丰润。[1] 早年生活贫寒，1854 年 7 岁丧父。但刻苦好学，才华过人。多年后孙女这样描写照片中的张佩纶："身材相当魁梧，画中人眼梢略微下垂，一只脚往前伸，像就要站起来，眉宇间透出三分焦躁，也许不过是不耐久坐。照片上胖些，眼泡肿些，眼睛里有点藐视的神气。"[2] 他二十三岁中举人，二十四岁登进士，授编修充国史馆协修官。光绪元年（1875 年），二十八岁的张佩纶夺得朝廷大考一等第一名，升翰林院侍讲，任日讲起居注官。因大胆议谏朝政，声名渐响。1879 年 4 月，母亲去世。1882 年升为侍讲学士及都察院侍讲署左副都史，派在总理各国事务衙门行走。张佩纶青云直上，官职渐高，生活却十分清贫，平常只能用白粥果腹。当他授了翰林院侍讲学士后，洪钧前来登门道喜，他却无钱无米待客，只好叫仆人去典当了自己的棉袍以办酒席，其寒苦可想而知。想到自己身为高官而穷困至此，而那些京中侍尚、外省督抚仗着心黑胆大头尖手长，一个个富得流油，心中十分有气，于是他把所知贪官污吏上折禀报，毁掉了无数乌纱帽。由于此举深得慈禧太后赏识，他也成了朝廷红人。当时与张佩纶有同好的，还有张之洞、陈宝琛、宝廷等人。他们设有一个"谏草堂"，常聚在一起议论时政。因大肆抨击朝野恶习、弹劾污吏贪官，在当时被称为

---

[1] 张佩纶在为其父张印塘所写的墓志铭里叙述了自己的家世："明永乐二年始祖讳德贤自山东海丰迁县西南齐家坨，谱系中阙。其可次者自明赠文林郎讳臣儒至府君盖十世。高祖讳嗣浚，曾祖讳栋，均县学生。祖讳灼。"张佩纶：《通议大夫安徽按察使张府君墓志铭》，见《涧于集·文集》，载顾廷龙：《续修四库全书》第 1566 册，上海古籍出版社 2002 年版，第 34 页。

[2] 张爱玲：《对照记》，皇冠出版社 1994 年版，第 40 页。

"清流党"。《清朝野史大观》中提到张佩纶和他的朋友们时说："号曰清流……弹击不避权贵，白简朝入，巩带夕褫，举国为之震竦……"可见当时影响。而才学过人、仪表清俊的张佩纶更是气度非凡，倜傥风流，"丰润喜着竹布衫，士大夫争效之"。当时的美国大使杨约翰曾对人说，"在华所见大臣，忠清无习气者惟佩纶一人"，评价颇高。"但祖父与'清流党人'的勇于直言，到底得罪了很多人。埋下了他日后被罢官的祸根。"①百余年后他的孙子这样议论说。

1884年，中法战争打响了。张佩纶力主对法宣战，他慷慨陈词，博得重用，以三品钦差大臣会办海疆大臣的身份派往福建督军。据说李鸿章②极力促成此事。在张佩纶的父亲张印塘就任安徽按察史期间，李鸿章在安徽办过团练（1853年），"与印塘曾共患难"。李鸿章很赏识这位故旧之子的文才，见他常有关于国防军事的高见，以为他能文能武，想借此机会培植他的实力，以为来日北洋大臣的人选。离京赴海边前，张佩纶满怀英雄豪情和感恩之情，去向慈禧太后告别。慈禧大大夸奖了他一番，并寄予

---

① 张子静：《我的姊姊张爱玲》，学林出版社1997年版，第10页。
② 李鸿章（1823—1901），本名章铜，字渐甫、子黻，号少荃（一作少泉），晚年自号仪叟，别号省心，安徽合肥人，晚清名臣，洋务运动的主要领导人之一。世人多称"李中堂"。作为晚清重臣，李鸿章是淮军和北洋水师的创始人和统帅，建立了中国第一支西式海军——北洋水师，官至东宫三师、文华殿大学士、北洋通商大臣、直隶总督，爵位一等肃毅伯。一生参与了一系列重大历史事件：镇压太平天国运动、镇压捻军起义、洋务运动、甲午战争等，代表清政府签订了《越南条约》《马关条约》《中法简明条约》《辛丑条约》等一系列不平等条约。死后追赠太傅，谥号文忠。

厚望。随后，他取道上海前往福建，"中外人士仰望丰采"，一路十分风光。"以词臣而任军机"的张佩纶，这年三十七岁，正是踌躇满志、大展宏图的时期。

"论材宰相笼中物，杀贼书生纸上兵"，正像李菊耦诗中所评那样，张佩纶一介书生，并无从戎经验，不会打仗，不善纳地方官的意见，兵器又陈旧，很快就失败了。"所部五营溃，其三营奸焉""海上失了基隆，陆地陷了谅山"①，他不仅打了败仗，而且还有临阵脱逃之罪，于是遭到全国上下一片谴责。朝廷也大怒，左宗棠调查的结论是，调度失宜与备战不夙。朝廷革除了他的三品卿衔，把他革职流放到张家口边地。

流放期间，他以读书著述打发时光。原配朱芷芗早在1879年去世，给他留下了两个儿子。长子志沧、次子志潜。继室又于1886年病逝于北京，没留下一儿半女。

1888年的4月，是他生命中的第二个华美的春天。在李鸿章的努力下，这个流囚回到了津门，成为李鸿章幕下掌管重要文件的文书。于是很快就有了本节开头所叙的结识李鸿章千金的一幕。虽然张佩纶的子孙后代也有人不认为那两首七律为李菊耦的手笔，本书传主在晚年的一本写真集里也说到父亲的反应："他只一味辟谣，说根本不可能在签押房撞见奶奶。那首诗也是捏造的。"② 但在张佩纶重返天津不到半月的时间里，李鸿章就把女儿许配给大她近二十岁的张佩纶却是事实，且成为晚清的一段佳话。

佳话之佳在于，张佩纶才华奇绝却命运大起大落，李菊耦年

---

① 张子静：《我的姊姊张爱玲》，第11页。
② 张爱玲：《对照记》，第34页。

轻貌美且为名门闺秀，李鸿章视女儿为掌上明珠，把她许配给年过四十的流犯，是充分赏识张佩纶的才干，并相信他有东山再起的机会的。

佳话之佳还在于，张佩纶年轻气盛时曾弹劾过父亲的故交李鸿章，李鸿章却不计前嫌，不仅收落难的张佩纶于帐下，而且还许女儿的终身于他，足见其爱才心切，风度大气。

佳话之佳还因近人曾朴①的长篇小说《孽海花》的推波助澜，他在小说中把庄仑樵（即张佩纶）、威毅伯（即李鸿章）及女公子的故事大大渲染了一番。如何不意撞见、如何读诗有知音之感、威毅伯如何暗示、庄仑樵如何及时请人说媒、小姐如何暗喜、夫人如何反对，以及二人婚后的幸福生活，等等，写得十分别致有趣。比如曾朴形容李菊耦："眉长而略弯，目秀而不媚，鼻悬玉准，齿列贝编"，"貌比威、施，才同班、左。贤如鲍、孟，巧夺灵、云。威毅伯爱之如明珠，左左不离"。对小姐的貌、才、德、能予以了充分的评价。

1888 年 4 月，李鸿章在给台湾巡抚李铭传的信中提到张佩纶与自己女儿的婚事："幼樵塞上归来，遂托姻亲。返仲萧于张掖，至欧火于许昌，累世旧交，平生期许，老年得此，深惬素怀。"可见他还是很满意这桩婚事的。

1895 年，张佩纶携妻迁居南京，从此告别了官宦生活。本

---

① 曾朴（1872—1935），江苏常熟人。清末民初小说家，出版家。家谱载名为朴华，初字太朴，改字孟朴，又字小木、籀斋，号铭珊，笔名东亚病夫。主要著作长篇小说《孽海花》，揭露帝国主义的侵略野心，清政府的无能与腐败，封建士大夫的昏庸与堕落。鲁迅《中国小说史略》称《孽海花》"结构工巧，文采斐然"，历来被公认为晚清四大谴责小说中最有价值的一部。

来，在李鸿章手下，张佩纶并非没有复出的念头。但他"干预公事，屡招物议"。1894 年 8 月就被参过一本。朝廷命他"发遣释回后又在李鸿章署中以干预公事屡招物议属实，不安本分；着李鸿章即行驱令回籍毋许逗留"[①]。他的原籍本在河北，但李鸿章设法让他们去南京，并给了一份丰厚的馈赠。张佩纶夫妇在南京买了一所巨宅，是康熙年间一个有功老臣的旧宅。原是清靖逆侯张勇的府邸，里面有 3 栋 36 间房间，张佩纶以重金购下后大加修整，府园中有一处冠名为"绣花楼"专供李菊耦居住。每当杏花或桃花开了，李菊耦都扶着女佣的肩膀去看。民国时期，那幢房子曾做过国民政府的立法院，1930 年代毁于战火。

南京生活期间，张佩纶对社会政务极少关心，甚至"断不置喙"，他深知自己的政治生命已经完结，又回归到自得其乐的书生生活。他和李菊耦夫唱妇随、诗酒应和，其乐融融。他们的书房叫"兰骈馆"，也源自一段故事。二人结婚后，喜诗词的李菊耦拿出珍藏的宋拓兰亭，张佩纶惊奇不已，因他也有一份兰亭，"兰骈馆"即因之而来。从他们的日记中可见，有梦中得诗的快乐，有精心赏茶的雅趣。他们合写过一本食谱，也合著了一本武侠小说，自费印刷。张佩纶一生还有一些著述文字，如《管子学》二十四卷、《涧于集——奏议》八卷、《涧于草堂文集》三卷、《涧于日记》十四卷、诗四卷，为他的才学功业留下了真实记录。

但没几年光景，夫妻先后辞世。1903 年，五十六岁的张佩纶以肝疾而逝。四年前他返老家河北祭祖时曾购地拟为百年之用，但在临死前对后人说："死即埋我于此（指南京——笔者注）。余

① 张子静：《我的姊姊张爱玲》，第 13 页。

以战败罪人辱家声，无面目复入祖宗邱垄地。"① 李菊耦 22 岁时嫁给张佩纶，成为继室，37 岁丧夫，两人共同生活了 15 年。之后情绪抑郁，闭门不出，得了肺病。辛亥革命时她从南京搬到青岛，1912 年又搬到上海，在丈夫去世 9 年后也病逝，享年 46 岁。

他们留下了一儿一女。

1898 年 4 月 30 日，李夫人生子阿龙，张佩纶向岳父报喜："世妹于今日得男，自发作至胞衣均下约计三时之久，尚不过累。儿颇敦实，世妹亦甚平稳，堪以上慰系注。"这个孩子就是张志沂（廷重）②。1901 年 7 月，李夫人怀一死胎，男孩，小产。1902 年 6 月 3 日，又生一个女儿，取名张茂渊。

二、父亲和母亲

张佩纶与李菊耦的故事浪漫多姿，富有传奇色彩，他们的婚恋佳话被文人名士们改编得有声有色，年复一年地传扬。但是，他们子女的情感生活刚好翻了个儿，儿子并不安生，并不专情，一娶再娶；女儿一直单身，年老才嫁，长期过着独居的生活。

张廷重生于晚清，但他从少年起就是民国的国民了。1915年，他成了家，娶的也是名门望族的千金小姐。妻子黄素琼（后来改名逸梵，英文名 Yvonne），是清末首任长江水师提督黄军门黄翼升的孙女、广西盐法道黄宗炎与小妾所生的女儿。黄翼升原

---

① 张子静：《我的姊姊张爱玲》，第 15 页。

② 亦作"廷众"，本书从其子张子静《我的姊姊张爱玲》所记为"廷重"。

籍湖南长沙，幼年父母双亡，由邓氏收养并改姓邓，年少时加入陆军，曾远征广西，英勇善战，闻名乡里。洪秀全太平军攻陷南京后，湖南在籍礼部侍郎曾国藩，奉命治湘军创设水师，将他调入麾下。之后辗转湖南、湖北、江西、安徽等地，剿灭太平军有功，1859 年 41 岁时，曾国藩为他奏请归宗，恢复原姓黄。后又与李鸿章、曾国藩剿太平军和捻军，再次立功，获授三等男爵。1864 年，出任首任长江水师提督。年轻时转战各地，婚后一直没有生育，1865 年 47 岁时夫人才生下独子黄宗炎。黄宗炎曾经中过举人，他的广西盐法道道台的职位，是继承了父亲的爵位得来的。广西瘴气重，当地有钱人都吸鸦片以避瘴气，黄宗炎不吸鸦片，1895 年去广西上任一年就因瘴气而亡，时年才 30 岁。这个职位害了他，英年早逝。黄家三代单传，黄宗炎婚后与原配一直没有生育。原配回长沙乡下为他买了一个姨太太，黄宗炎死后，姨太太于 1896 年在南京为他生了一对双胞胎。最先出来的是一个女儿，大太太非常担心，如果这个姨太太生个女儿，黄家的香火就断了。黄逸梵落地时，大太太一听说是个女儿，顿时气昏在地。用人一阵慌乱，又听产婆在屋里说："不要慌，里头还有一个!"接着生下来的，是一个男孩，后来给他取名叫黄定柱。双胞胎出生不久，生母感染肺痨，20 多岁就去世了，黄宗炎的一对儿女由原配夫人养大，直到原配夫人 1922 年去世。

长大了的黄逸梵身段窈窕、深目高鼻、眉清面秀，是一个美丽的女子。当她与张廷重结婚时，两人都才十九岁。

同父异母的兄长志潜（字仲照），大张廷重十七岁。他主持着日常家务，张廷重兄妹也受着他的管束。这时全家都居住在上海。1916 年张廷重生母过世后，他就想与兄长分开过日子。但一直没有找到合适的理由。后来，托在北洋政府做交通部部长的堂伯父张志潭的引介，在天津津浦铁路局谋了一个英文秘书的职位，于是借机分了家。1922年，张廷重夫妇由上海搬到天津。这时他们已有了一个两岁的女儿和一岁的儿子，女儿小名叫小煐①，儿子小名叫小魁，学名子静。同去天津的，还有二十一岁的妹妹张茂渊。

去天津的那年，"我父母二十六岁。男才女貌，风华正盛。有钱有闲，有儿有女。有汽车，有司机，有好几个烧饭打杂的用人，姊姊和我都还有专属的保姆。那时的日子，真是何等风光"②。张廷重很有些遗少派头，因为分家得到了丰厚的遗产，现在又独门单过，排场大、开销大，好玩乐，花天酒地。他是20年代初极少拥有私人小汽车的车主之一，配有专门的司机，他自己也好驱车玩乐，四处招摇。也许是因为分家前受的拘束太多太久了，一旦分家，另立门户，可以自由支配钱财时，就如脱缰的野马，管不住自己，恣意放浪。赌博、抽大烟、嫖妓、养姨太太，不一而足。一个典型的浪荡公子、洋场阔少。

"从前的男人是没有负心的必要的"③，何况是张廷重这样的遗少。出身豪门贵族的人大都带些"皇"气，如果朝代中兴，皇室大户的子弟中既有纨绔膏粱，亦有奋发向上者。如果朝代衰落，他们大都拼命玩乐，仿佛等不及似的。死啃老本，坐吃山空，狂嫖滥赌，在醇酒妇人中麻醉一生。尤其是中国封建社会的

---

① 一说1920年9月30日这个年月日对应的五行是"金金木金金木"。不对应火也就是缺火，依命理改运取名"煐"。参见杨曼芬：《矛盾的愉悦——张爱玲上海关键十年揭秘》，上海大学出版社2019年版，第163页。

② 张子静：《我的姊姊张爱玲》，第31页。

③ 张爱玲：《华丽缘》，皇冠出版社1992年版。

最后王朝的最后一代遗少们，他们是彻底垮掉的一代，无可救药的一代。在那个年代，遗少几乎是"恶少"的同义语。张廷重即是这样一个典型。他的一生，除了1923年至1928年春在天津铁路局做英文秘书有几天短暂的"上班"生活外，全部花在了玩乐上。在车轮的疯狂飞旋中，在咸肉庄的淫逸糜烂气息中，在鸦片烟雾的徐徐袅绕中，消磨了一生。家业一天天败落，生命之光也一天天耗尽。

黄逸梵虽然也出身于传统世家，却是一个新派女性。林译浪漫小说、五四时代风潮对她的人格有着很大的影响。她虽也是缠过脚的，因脚小常买不到合适的鞋，只好定做，但思想却较解放。她"踏着这双三寸金莲横跨两个时代"①，从清朝走到了民国，走向了现代。"逸梵"这个名字也是她在出走时为自己改取的，只因她嫌原名"素琼"不够浪漫。这个骨子里透着浪漫情怀、满脑子都是新思潮的女子，其实本身就是一个传奇。

黄逸梵"总是说湖南人最勇敢"②，虽然她结婚的时候还没有听说过"娜拉"，没有见过"子君"式的新女性，虽然她不能选择自己的婚姻，嫁给了一个浪荡公子，但她对丈夫不负责任的所作所为深恶痛绝。她的姑子张茂渊也站在她一边。夫妻生活虽不和谐，姑嫂二人却亲如姐妹。然而，无论她俩的言行态度如何清坚决绝，却丝毫改变不了张廷重的浪荡生活方式。20年代初，在面对一个负心男人的时候，她也称得上是一个勇敢的女性。她生活在传统观念依然强大而现代意识只是零星闪现的夹缝时代，她所奋斗的未必是人们都理解的，她所憎恶的却是她不得不接受

① 张爱玲：《对照记》，第22页。
② 张爱玲：《对照记》，第22页。

的。她渴望独立自由欢爱甜美的生活，却被迫拥有着一个无爱的家庭。一个女人嫁给了她不爱的男人，一辈子免不了期期艾艾；而如果她是个新女性，如果她的新观念只处在社会的"前卫"阶段，她内心的痛苦就比那些顺从接受人间性别不平等的旧式女人强烈得多。

身为两个牙牙学语的孩子的母亲，黄逸梵的天津生活是不快乐的。

三、诞生

小煐煐出生于 1920 年初秋。正值五四新文化运动的高潮期，她后来一生的发展，她的人生价值观，她对那个时期的文化主将及精神受益者胡适、鲁迅、老舍等作家的热爱和高度评价，都可以看得出来，时代的印痕是深深地烙在了她的诞生和成长中，也可以说她就是"五四"的女儿。秋天总给人净朗怡人的感觉，但这一年的 9 月 30 日（农历八月十九日）也许是阴沉沉、懒洋洋、毫无生气的，不然她何以一开始以笔写人论世时就带着绛色的沉哀呢？她的出生地是上海。麦根路（今泰安路）与麦得赫斯脱路（今泰兴路）转角处一座清末民初式样的洋房，有二十多个房间，后院还有一排专供用人居住的房子。这是当年李鸿章给煐煐祖母的陪嫁之一。祖母在世时，二伯父、父亲和姑姑都住在这里。小煐煐在这里长到了两岁，但这里的一切她毫无记忆。但她成年后却津津乐道于满岁时"抓周"的情形。当然，这是后来听大人说的。

她，后来成为一代才女的煐煐，"抓周"的时候，面对漆盘里琳琅满目、花花绿绿的东西，径直抓起的是一个亮闪闪的金锭。虽然人人都爱财，人人都离不开钱，但父母长辈总是希望子女有出息。而对古中国人来说，"有出息"是读书上进的同义语，"抓周"虽是游戏，也寄托着成年人的期望，他们总希望小婴孩抓的是文房四宝之类的东西。小煐煐这一抓，似乎是俗不可耐，令全家骇然。然而，"抓周"的当事人多年后却十分坦然地承认自己的"俗"，她说她喜欢钱，是因为基本上没吃过钱的苦，不知钱的坏处，只知钱的好处①。

她直言自己是个"拜金主义者"：

> 但是无论如何，从小似乎我就很喜欢钱。我母亲非常诧异地发现这一层，一来就摇头道："他们这一代的人……"我母亲是个清高的人，有钱的时候固然绝口不提钱，即至后来为钱逼迫得很厉害的时候也还把钱看得很轻。这种一尘不染的态度很引起我的反感，激我走到对面去。因此，一学会了"拜金主义"这名词，我就坚持我是拜金主义者。②

在现代社会中，有钱是人能长期自立并追求尽可能多的自由的重要物质基础。中外作家有许多痛斥金钱罪恶的文字，但并不能以此反证贫穷的伟大。一个生于贫穷长于贫穷永远贫穷的人，对人生往往只有苦难感，苦难感是物质层面的，是形而下的感受。贫穷往往限制了人的视野和境界。少受或不受贫困的羁限，

---

① 张爱玲：《流言·童言无忌》，皇冠出版社 1992 年版。
② 张爱玲：《流言·童言无忌》。

往往会获得形而上的超越感。本书的传主虽出身豪门，但个人生活中从未暴富过，也偶有几次缺钱的窘迫，但在大多数情况下都能自食其力，不为金钱所累。这一点多少帮助她获得观察世事人心的从容以及专注于自己喜爱事业的乐趣。

两岁时全家搬到天津，住在 32 号路 61 号，这是英租界里的一座漂亮宽敞的花园洋房，也是当年张佩纶结婚时购置的。父亲在铁路局做事，跟一班酒肉朋友在外面浪荡。母亲一派西方作风，让她单独睡。每天起床后，用人把她抱到母亲的大铜架子床上，母亲逗她一会儿，教她背诵唐诗宋词。玩不了多久，母亲就兴味索然了，她朦胧地觉得母亲是不快乐的。

小煐煐更多的时候是跟用人在一起。在有天井、有秋千架的草坪上，她常和被她叫作"疤丫丫"的女佣玩秋千，还有个用人常给她讲《三国演义》的民间故事。最让煐煐高兴的是，夏日的中午，穿着白底小红桃子的纱短衫、红裤子，坐在小板凳上，看谜语书、儿歌和外国童话。绿茵茵的草地、红艳艳的太阳、清幽幽的树荫，还有这看童话书的小公主，真像童话世界一样。

煐煐和漂亮的弟弟小魁分别由两个女佣看护。带她的用人叫何干，因为带的是女孩子，自觉心虚，自感低人一等，凡事都让着带弟弟的女佣。小煐煐不能忍受这种重男轻女的态度，常与她对着干。何干也变戏法似的刺激着煐煐的自尊心，她用抓筷子的手指的高低位置卜占将来的命运，说："筷子抓得近，嫁得远。"煐煐连忙把手指移到筷子上方，问："抓得远呢？"何干又说："抓得远当然嫁得更远。"气得煐煐说不出话来。何干的行为态度使她很早想到男女平等问题，她暗自发奋要做个有成就的女子，一定要超过弟弟。

其实她弟弟是非常孱弱的，好感冒，好哭，好吃甜腻之物，好生闲气。虽然长得漂亮，但张公馆的空气浸染了他的灵魂，蚀空了他的身心，他一生下来就没有奋飞的翅膀。"我弟弟实在不争气，因为多病，必须抠着吃，因此非常的馋，看见人嘴里动着便叫人张开嘴让他看看嘴里可有什么。病在床上，闹着要吃松子糖——松子仁舂成粉，掺入冰糖屑——人们把糖里加了黄连汁，喂给他，使他断念，他大哭，把只拳头完全塞到口里去，仍然要。于是他们又在拳头上搽了黄连汁，他吮着拳头，哭得更惨了。"① 小魁到了老年以后，对这段话有一个解释，他说："姐姐在《私语》里这段描写，如今我是完全记不得了。只有'多病'这件事，一直是记得的；因为多病，'她能吃的我不能吃，她能做的我不能做'。从小在姐姐心目中的分量，从她这段描写就很清楚地确定了。此后的人生进展，细节尽管曲曲折折，形貌变化多端，但生命的基调和方向，无非也就如姐姐描写的那般，虚弱无奈地活了大半辈子。"②

姐弟俩常在一起玩乐，这时候总是姐姐出主意。他们曾扮过《金家庄》能征善战的骁将，一个使一口宝剑，一个用两只铜锤，杀得昏天黑地。有时小魁不听调派，免不了一番争吵。他也喜欢编老虎追赶行路人之类的故事，但往往是没等他说完，煐煐就笑倒了，在他腮上吻一下，把他当个小玩意。

这样有趣、迷人的生活自然离不开零食。张爱玲笔下提到的各种零食，与今日城市中女孩子的零食差别不是很大。据好吃的"张迷"报告，大致包括以下项目：老大昌面包、糖炒栗子、烘山芋、牛酪红茶、山芋糖、盐水花生、云片糕、爆玉米花、草炉

---

① 张爱玲：《流言·私语》。
② 张子静：《我的姊姊张爱玲》，第33、34页。

饼、粘粘转、蜜酿火腿、桂花拉糕、糖水炒米、松子糖、芝麻麦芽糖、大麦面子、酒酿饼、奶油巧克力、冰淇淋、蛤蟆酥、炒白果、臭豆腐干、粽子汤团、合肥丸子、萝卜饼、茉莉香片、牛油土豆泥、小麻饼、火腿粥、莴笋圆子……虽然张爱玲对饮食的描写无法与其对服装的描写媲美，但在她的笔下一样琳琅满目、活色生香。近来更有台湾、上海餐厅推出"张爱玲宴"，她笔下的松子糖、桂花糕、茄汁鱼球、蒜蓉苋菜等文学菜式被一一重现，引人玄想。①

孩提时代的伤心事她也记得好几桩。有一年新年前夕，她特地给用人打招呼，要他们大年初一一大早就叫她，她要看大人们如何迎新年。谁知他们怕她熬夜辛苦了，让她多睡一会，等她醒来时鞭炮早放过了。她觉得一切繁华热闹都已过去，都与她不相干了，于是她大哭不肯起床，用人替她穿新鞋，她还是不依——即使穿上新鞋也赶不上了。她们家在天津有不少亲戚，五六岁的时候，用人有时也带她到亲戚家去玩，去给老人请安。有一次，张爱玲坐着人力车到堂侄女家，房间里的女眷站起来向他们微笑着打招呼。在一个光线较好的小房间，一个高大的老人坐在藤椅上，用人告诉她这个老人叫二大爷，就是中国最后一个两江总督张人骏。革命党攻打南京的时候，他是坐在箩筐里，从城墙上吊下去，才得以逃命的。二大爷问张爱玲认识多少字，并让张爱玲背首诗给他听。于是张爱玲就背诵母亲在的时候教过她的那些诗句，她不知所云却很熟练地背诵着。

---

① 徐凤文：《张爱玲的天津往事（下）》，《新金融观察报》2013年1月14日。

我还记得摇摇摆摆地立在一个满清遗老的藤椅前朗吟"商女不知亡国恨，隔江犹唱后庭花"，眼看着他的泪珠滚下来。[1]

遗老在民国的身世之感如此辛酸、如此脆弱，幼小的煐煐虽然不懂，印象却很深。

四、童年忧欢

煐煐四岁的时候，母亲和姑姑一同出国留学去了。母亲的出走，并非是要专攻某一学位，而是出于对父亲的失望。她借口姑姑留学需要人陪伴，坚决地走了。既然对丈夫的言行无可奈何，无能为力，黄逸梵的出走就是一种反抗、一种逃避或者说是以逃避的方式反抗。躲避无爱的家庭，以乞求个人心灵的平静、知识的充盈，这本是对自己生命负责的行为。这种行为不仅是正常的，而且是勇敢的。因为她付出了代价——以牺牲母爱为代价。在以家庭本位文化为特色的中国，礼义道德的价值完全取代了爱情在家庭生活中的位置，因而酿造了无数无爱的家庭悲剧，配偶多是怨偶。很多女性通常堂而皇之地以为子女着想的理由压抑个体对自由幸福的追求，漠视主体人格，淡化情爱意识，委曲求全地度完一生。黄逸梵的处理方式与众不同，她不愿迁就，她选择了出走。她部分地为了自己，也部分地失却了母爱。或许可以说，她为了女权而部分地牺牲了母性，为了个人性而不得不一定

---

① 张爱玲：《流言·天才梦》。

程度上放弃了妻性。历史毕竟走向了现代。她不需要别人赞美这种行为，但没有任何理由可以指责她。她有自我选择的权利，现代社会承认这种权利。其实，她有得有失，个中辛酸，只有她自己最明白。多年后，她的女儿也是深表理解的。她女儿后来的某些性格特点，比如自我、独立、守时、惜才、怀疑一切、我行我素、不在乎别人常态的道德评价，等等，是能够看得出母亲的影子的。虽然后来人们对她们母女关系、母女情感的评价褒贬不一。

在不明事理的小煐煐的感觉中，母亲"辽远而神秘"。有时候喜欢她，有时候怏怏地不快活。每逢看到母亲穿戴打扮的认真劲儿，看到母亲的衣服饰物在漂漂亮亮地闪着光时，她仰着脸，满心的欣羡，自己简直等不及长大。只有在这时，她最感到跟母亲的亲近。而在平时，她总免不了那种生分之感，连上街时母亲偶尔拉她的手过马路，她都有一种生疏的刺激性。儿时的煐煐对她的母亲的感情是这样的：

> 我一直是用一种罗曼蒂克的爱来爱着我的母亲的。她是个美丽敏感的女人，而且我很少机会和她接触，我四岁的时候她就出洋去了，几次回来了又走了。在孩子的眼里她是辽远而神秘的。①

母亲这一走，就更辽远更神秘了。黄逸梵走的那天，伏在床上痛哭了很长时间，像海洋的无尽的颠簸悲恸。然而，煐煐没有哭，她不知所措。

---

① 张爱玲：《流言·童言无忌》。

是的，黄逸梵似乎对女儿欠着一笔情感债务，但时间以另外的方式加倍补偿了。过分的母爱也许会培养弱者，培养规规矩矩的书呆痴童。失却母爱，本是人生一大憾事，心智的发展往往受到伤害而不够健全；但也可能使后代增强独立性，早日肩负自己的人生重担。小煐煐因难得母爱，因家中少爱而不大带有那种撒娇、淘气的"小公主"心态，而开始有了一些怯生生的眨巴着眼的孤僻，也开始逐步养成了她早熟早慧性格中的某些因素。当然，说她四岁时就早熟早慧未免太"早"。到了老年时，她对着自己那年穿着大花棉袍坐在姑姑身上的没有笑容的照片，说了句"俏皮话"：

我喜欢我四岁的时候怀疑一切的眼光。①

当然，孩子毕竟是孩子。当母亲从英国寄来衣服和玩具的时候，穿上新衣像过新年一样喜气洋洋，抱着玩具玩得不知时间。"当时我们都还小，保姆照顾我们也周到，对于母亲不在家中，似乎未曾感到太大的缺憾。后来年纪大了以后，回想母亲自国外给我们寄衣服和玩具这件事，我才了解她当时的心情是何等的忧伤。"②

母亲走后，姨太太理直气壮地搬进了张公馆。她是张廷重在烟花巷中长期寻花问柳时觅得的一朵残艳的花，张廷重要把她请到家中，成为专利。读过《海上花列传》《九尾龟》的人对这类故事再熟悉不过了。姨太太苍白的瓜子脸，垂着长长的前刘海，

---

① 张爱玲：《对照记》，第 10 页。
② 张子静：《我的姊姊张爱玲》，第 32 页。

名唤老八，比张廷重年龄稍大。她讨好煐煐，但不喜欢小魁，大概因为小魁长得太像生母惹得她不快。她喜欢带煐煐去起士林舞厅，让她吃各式各样的点心，让她在旁边看她们跳舞。煐煐看着吃着就睡着了，半夜里被用人背回家。老八常问煐煐喜不喜欢她，小煐煐就直说喜欢，姨太太当然非常得意。五岁的时候，姨太太为她做了一件很时髦的雪青丝绒的短袖长裙，对她讨好说，你看我待你多好，你母亲给你们做衣服总是拿旧的东拼西改，哪舍得用整幅的丝绒，你喜欢我还是你母亲？她回答道：喜欢你啊。长大以后的煐煐常为有过这样的回答不安，觉得对不起生母。

张公馆又变得喧嚣热闹，时常有宴会，叫条子，歌舞弹拉，打牌赌博，对卧吸毒，一片乌烟瘴气。自然也有宁静的时候，但那是一种紧张可怕的宁静。在泼悍粗野的老八随意发脾气、打人之后，公馆的空气凝固了，没有一丝声响。老八还打过张廷重，有一次她用痰盂狠狠地掷在他头上，砸得鲜血直流。这也是老八在堂子里养成的坏脾气。张族里的人看不惯，认为太不像话，逼着老八离开。老八走的时候，带去了两车银器什物，饱获而归。仆人们平时对她敢怒不敢言，此时同声庆幸道：

"这下子好了！这下子好了！"

第二章　心经 (成长之路)①

五、无法维持的家

煐煐八岁那年随家迁居到上海。迁居的原因是父亲的"官位"丢了。津浦铁路局的英文秘书本是个闲职，张廷重不去好好上班，还吸鸦片、嫖妓、与姨太太打架，搞得声名狼藉，加之1927年张志潭被免去交通部总长的职务，张廷重失去了靠山。他丢了官差，"深受刺激，这才赶走了姨太太，写信求我母亲回国。我们于1928年春天搬回上海——因为我舅舅家都住在上海"②。

张廷重给远在国外的妻子写信，表示不再吸鸦片，不再纳妾，希望她回来。为了挽救她的婚姻，为了对子女的教育成长有所安排，黄逸梵答应了丈夫的请求。

---

① "心经"，张爱玲1944年所作小说名，描写父女间的微妙感情。本章叙传主少女时代生活，包括与父亲的关系。

② 张子静：《我的姊姊张爱玲》，第35页。

小煐煐童年生活中又有几片难得的亮色，这是大海给她带来的。随家乘船返上海的途中，她和弟弟兴奋不已。海洋的波涛起伏，黑的漆黑，绿的碧绿，非常可爱。在船上她又读了一遍读过好几次的《西游记》。离海上岸，坐在马车上，她身上粉红底的洋纱衫裤上的一朵朵蓝蝴蝶在街道上翻飞，像活泼的蓝精灵，神气而快乐。他们住在一幢较小的石库门房子里，红色的木板壁，使她乐不可支。她以为告别了天津的家，远离了姨太太那类人，也就是告别了忧郁，掉进了快乐的红海。然而这是一种紧张的快乐，仿佛是突如其来，没有准备，生怕它来得快，逝得也快。她好像已不习惯快乐。

这种紧张感还来自于对父亲的恐怖。父亲吸毒过度，死神临近了。煐煐常看见他独自坐在阳台上，头上搭着一块湿毛巾，身子略歪，全身无力，骨髓都好像被鸦片熏成了一碰即散的灰。他两眼直视着，对着淅淅沥沥的雨喃喃自语，没人听得清，只有两片嘴唇的开合还表明他是个活物。

女佣告诉她应该高兴，因为母亲和姑姑要回来了。全家搬到陕西南路宝隆花园的一幢洋房，尖屋顶、小花园、大客厅，还有壁炉。姐弟俩在上下四层的楼梯跑上跑下，在玫瑰红地毯上蹦蹦跳跳。这里有狗，有花，有新衣服，有童话书，她又有了新家。喜从天降，她因大喜而一改往日的沉静。

更重要的是她又有了母亲。

母亲回来后把父亲送到医院里治疗，他痛改前非，信誓旦旦。家里有了生气。新气洋派的客人们和母亲一起谈天说地，一起表演西洋电影中的恋爱故事，姑姑悠雅地在钢琴上弹奏着西洋曲调，母亲则站在她旁边高声吟唱，不时充满快活的笑声。黄逸梵立意要用"欧美模式"培养煐煐，要把她塑造成一个西式淑女。教她举止行为如何典雅风韵，教她绘画，弹钢琴，学英语，读报刊。张爱玲识字早，爱看书，看图画书。姑姑和母亲还以为她很有音乐天赋，要送她去学琴，要她学会爱惜钢琴，并带她去音乐厅欣赏音乐会。张爱玲回忆说：

> 我第一次和音乐接触，是八九岁时候，母亲和姑姑刚回中国来，姑姑每天练习钢琴，伸出很小的手，手腕上紧匝着绒绒衫的窄袖子，大红绒线里绞着细银丝。琴上的玻璃瓶里常常有花开着。琴上弹出来的，另有一个世界，可是并不是另一个世界，不过是墙上挂着一面大镜子，使这房间看上去更大一点，然而还是同样的斯文雅致的，装着热水汀的一个房间。

> 有时候我母亲也立在姑姑背后，手按在她肩上，"啦啦啦啦"吊嗓子。我母亲学唱，纯粹是因为肺弱，医生告诉她唱歌与肺有益。无论什么调子，由她唱出来都有点像吟诗（她常常用拖长了的湖南腔背诵唐诗）。……

> 我总站在旁边听，其实我喜欢的并不是钢琴而是那种空气。我非常感动地说："真羡慕呀！我要弹得这么好就好了！"于是大人们以为我是罕有的懂得音乐的小孩，不能埋没了我的天才，立即送我去学琴。①

"大约生平只有这一时期是具有洋式淑女的风度的。"② 虽然对这种有些程序化的方式她并不能专心致志，但她感到无比温暖

---

① 张爱玲：《流言·谈音乐》。
② 张爱玲：《流言·私语》。

和亲近。连这一时期的画也一定要配上红色。她很快乐，给远在天津的朋友写信，满满三页纸，用她能想象得出的最好的字眼儿描写她在新家的新生活，还绘了图画。

人生是一条首尾不明的虚线，快乐总是在某几个点上，其余的皆是苦海无边。小煐煐的好景不长，难得的家庭欢爱很快消失了。病愈后的父亲又后悔起来，不拿出生活费，要母亲贴钱，想把她的钱花光了，要走也走不成。以此作为钳制和报复母亲的手段，母亲当然不会接受。他们激烈争吵，吵散了宁静快乐的空间，也吵暗了红色的墙画。那时候积在姐弟俩和用人心中最多的一句用语就是："又吵起来了。"姐弟俩躲在阳台里，骑在三轮的小脚踏车上或是静静地摸着一声不吭的大狼狗。他们相视无语，心里惴惴不安。父母吵闹的最终结果是彻底的解决：

协议离婚。

在离婚问题上，黄逸梵态度十分坚决，张廷重本来不想离婚的。黄逸梵请了一个外国律师，办手续的时候，张廷重踱来踱去，犹豫不决，几次拿起签字的笔，又长叹一声放到桌上。律师见状，问黄逸梵有没有回心转意的可能，她坚决地答道："我的心意已经像一块木头！"

张廷重在这位勇敢的湖南女子面前屈服了，终于在离婚协议书上签了字。从回国到离婚不过两年时间，小煐煐的快乐时光多么短暂。煐煐后来回忆说："他们的离婚，虽然没有征求我的意见，我是表示赞成的。心里自然也惆怅，因为那红的蓝的家无法维持下去了。"①

煐煐和子静判给了张廷重，但协议书上写明孩子可以去看母

---

① 张爱玲：《流言·私语》。

亲。黄逸梵和张茂渊两人搬出宝隆花园洋房，在法租界今延安西路以南，一幢高大的西式大厦，租了一层有两套大套房的房子。张爱玲在母亲的公寓里，第一次见到生在地上的瓷砖沿盆和煤气炉子。黄逸梵在西方见多识广，"她是个学校迷"①，眼见得女儿个头越长越高，天性又聪明，拿定主意要把煐煐送到学校去读书，接受正规教育。张廷重大闹不依。但黄逸梵硬是像拐卖人口一般把煐煐送到一所住读学校——黄氏小学去了。

张子静回忆说："我父母亲都没有上过学校，一直由家里请私塾先生教学。父亲对姊姊和我的教学，也是坚持沿用私塾教学方式。我们三四岁时，家里就请了私塾先生，教我们认字，背诗，读四书五经，说些《西游记》《三国演义》《七侠五义》之类的故事，后来也学英文和数学。"② 不知所云地背古书，是姐弟俩深以为苦的事，"太王事獯于"之类的句子，怎么也记不住，小煐煐把它改为"太王嗜熏鱼"才记住。姐弟俩和舅舅黄定柱的儿子黄德贻同受教于一个私塾先生，黄德贻回忆说："作文第一个交卷的总是她。"表妹黄家瑞对她的印象是："不爱说话，走路飘飘的，大伙儿在玩的时候，她面前不是一本书就是一张画纸，给人画画呢！"

由于天资聪颖，又有在家随意自学和私塾教育的底子，张爱玲在黄氏小学是从四年级开始的。逸梵带着女儿到黄氏小学办报名手续的时候，想到应该给煐煐取一个正式的名字，一时踌躇着不知取什么名字才好，就在小名前冠以姓氏吧？又嫌"张煐""张煐煐"这名字嗡嗡的，不太清晰响亮。她支着头想了一会儿，

---

① 张爱玲：《对照记》，第 20 页。

② 张子静：《我的姊姊张爱玲》，第 35 页。

说："暂且把英文名字胡乱译两个字罢，今后再改也不迟。"于是给她取名"爱玲"。关于张爱玲名字的英文译法，通常译为"Eileen Chang"，有人考证说："爱玲这个字译自哪个英文词，她本人也没有说，也没有人考证过。我颇疑心是'ailing'这个词的音译，与汉语最靠近的英文字就是 ailing，如果成立，那么'爱玲'的英文意思就是：烦恼，苦恼。从当时她母亲的心情处境来看，下意识地取了这个名字，很有可能。张爱玲的一生始终与烦恼为伴，似乎又是一个不幸的征兆。"[①]

小孩对于自己的名字是做不了主的，但可以对自己的人生做主。黄逸梵决不会想到，十五年后，这个名字红遍了上海滩。她更不会想到，这个名字将在文学史上永驻！

黄逸梵又要去法国了，临行前，她专门去黄氏小学看女儿。爱玲似乎很木然。恩怨不断，才喜又悲，幼小的心灵难以承受。当母亲走出校门，爱玲远望着红铁门徐徐关闭，眼泪如注而下，在寒风中大声抽噎着，听得见她哭声的只有张爱玲自己。她痛哭着，为母亲，也为只有十岁的自己。

她的家又毁了一次。

六、上小学

由于离婚的打击，张廷重不仅抽鸦片，而且开始打吗啡。身体更糟，精神也有点不太正常。姑姑曾经把他送到中心疗养院去

---

① 参见孔庆茂：《魂归何处——张爱玲传》，海南国际新闻出版中心 1996 年版，第 17 页。

住院治疗，请法国医生为他主治，慢慢戒掉了吗啡，但他还是吸鸦片。出院后不久，全家搬到延安中路原名康乐村 10 号的一所小洋房里。与爱玲舅舅住的同一里弄的民乐新村只有几步之遥。与舅舅住得这么近，是因为舅舅舅母也吸食鸦片，父亲可以跟他们一起共享吞云吐雾之乐。舅舅家的孩子多，爱玲姐弟俩也可以经常去跟表姐表哥玩。

爱玲出生后搬家的次数太多了，生母常不在家，父亲常不顾家，因此搬来搬去都是残破的家。她极少感觉到家的安全感、稳固感和温暖感。她后来的作品中总是不断地在寻找着家，寻找着精神家园，连电车下班回厂也被她形容为回家。中医有个说法叫缺什么补什么。张爱玲成长过程中，最缺的也许就是父爱母爱，家庭的温爱。因此怀疑人性怀疑家庭在她后来的人生选择和表达中处处可见，成为她有别于老中国儿女的一个重要的认知标志。

每逢周末放学回到这个家，她就有一种强烈的失落感和憎恶感。

> 另一方面有我父亲的家，那里什么我都看不起，鸦片，教我弟弟作"汉高祖论"的老先生，章回小说，懒洋洋灰扑扑地活下去。像拜火教的波斯人，我把世界强行分作两半，光明与黑暗，善与恶，神与魔。属于我父亲这边的必定是不好的。虽然有时候我也喜欢。……我知道他是寂寞的，在寂寞的时候他喜欢我。父亲的房间里永远是下午，在那里坐久了便觉得沉下去，沉下去。①

① 张爱玲：《对照记》，第 36 页。

一次放月假回家，弟弟像抢到一条独家新闻似的，故意用一种不经意的口吻告诉爱玲："爷爷的名字叫张佩纶。"

"是哪个佩？哪个纶？"

"佩服的佩，经纶的纶，绞丝边。"

爱玲很诧异这个名字有点儿女性化，她有两个同学的名字就跟这差不多。爱玲抬头望了望墙上的祖父祖母像，从小看惯了，只晓得是爷爷奶奶，从来没想到他们也有名字。

又一日见子静在看新出的历史小说《孽海花》，并听他说，"说是爷爷在里头"。

爱玲忙饶有兴味地看了起来。凡是关于庄仑樵的地方都看得格外仔细。"我看了非常兴奋，去问我父亲，他只一味辟谣，说根本不可能在签押房撞见奶奶。那首诗也是捏造的。"① 在与女儿谈诗论文的时候，张廷重还是有耐性的，而且他有不错的中国古典文学的修养，完全可以胜任女儿的文学老师。他还要爱玲自己去读张佩纶的文集。在这段时期里，张爱玲通过书籍来"寻祖""寻根"，与寂寞的父亲也有了些思想交流。张爱玲童年时父亲房中有不少儿童不宜的禁书，后来母亲发现全部拿走，但为时已晚，爱玲与弟弟已看完了。大概这正是张爱玲写小说时对男女情欲这般熟悉之原因。②

身世和文学的交流，使父女的感情有了几片难得的明媚，但同样好景不长，同样是没有来由，小悲剧又降临到了姐弟的头上。为了驱逐寂寞，也是天性使然，父亲又要结婚了。爱玲得知这个消息，是在夏夜的小阳台上，犹如五雷轰顶，头皮都要炸

---

① 张爱玲：《对照记》，第 36 页。

② 司马新：《炎樱细说张爱玲逸事》。

了。她看过太多关于后母的小说，万万没想到会应验在她头上。

如果只是父母不和而离异，子女的怀念和怨恨是单一的直线，她们可以用回忆来填补失去父爱或母爱的空白；而如果又来了一个子女不得不称为父亲或母亲的人来占据生父生母的空间，来干扰子女的酸甜的回忆，扰乱失守的空城，子女自然就要起反感。而继父尤其是继母常常从巩固自己的家庭地位、确立自己新的家长形象和经济支出等因素出发虐待他们。此外继母的形象恶于继父，还因为她通常以恶毒对待非亲生子女以发泄对前一个女人的嫉恨。所以子女与继父尤其是继母不睦是这种再生型家庭的普遍现象。张爱玲吃够了没有家庭温暖的苦头，因此对父亲再婚恨得咬牙切齿，她有一个迫切的冲动，要阻止这件事的发生。如果那个女人就在阳台上，一定要把她推下去，一了百了。

然而她阻止不了任何事情，她毕竟是个未成年的弱女子。

前一段时间，张廷重与几个姑表亲来往频频，饭局牌局不断。一位表姑父是交通银行某分行的经理，另一位是一家外商银行的在华买办，还有一位是律师。他被介绍做了日商住友银行的在华买办孙景阳的助手，处理与英美银行和洋行业务的书信往来。时间一长，关系越来越近，表姑父做媒提亲，介绍孙景阳同父异母的姐妹孙用蕃与张廷重结婚成家。孙景阳和孙用蕃的父亲是大名鼎鼎的民国人物孙宝琦。孙宝琦在清朝民国都做过高官。他曾在八国联军侵略中国的时候为慈禧出逃护过驾，当过译员，出任过出使法国西班牙的大臣，山东巡抚。民国后，做过袁世凯内阁的外交总长和总理，曹锟内阁总理，段祺瑞内阁的外交委员会委员长等职。他一生先后娶了五个太太，共有八子十六女。冯国璋、盛宣怀、袁世凯等，都是他的儿女亲家。孙用蕃是1903年出生的，排行第七。"据说她很精明干练，善于治理家务及对外应酬，和她哥哥、妹妹的婚嫁比起来，攀上我父亲这门亲，似乎有些低就。后来我才知道，这位老小姐早已有阿芙蓉癖，因此蹉跎青春，难以和权贵子弟结亲。婚前我父亲并不知道她有同榻之好。"① 1934 年的夏天，张廷重与孙用蕃在礼查饭店今新上海大厦附近订婚，冬天在华安大楼即现在的金门酒家结婚。继母嫌当时住的房子偏小，于是不久全家又搬到张爱玲的出生地即现今的泰兴路和泰安路转角处的一栋大别墅里，姑姑专程赶来为姐弟俩买了一些家具和生活用品。

我后母也吸鸦片，结了婚不久，我们搬家搬到一所民初式样的老洋房里去，本是自己的产业，我就是在那房子里生的。房屋里有我们家太多的回忆，像重重叠叠复印的照片，整个的空气有点儿模糊。有太阳的地方使人瞌睡，阴暗的地方有古墓的清凉。房屋的黑的心子里是清醒的，有它自己一个怪异的世界。而在阴暗交界的边缘，看得见阳光，听得见电车的铃与大减价的布店里一遍又一遍吹打着"苏三不要哭"，在那阳光里只有昏睡。②

---

① 张子静：《我的姊姊张爱玲》，第 41 页。
② 张爱玲：《流言·私语》。

七、中学生活

"我们的成长期结束了。但是我们的创伤还在成长。"①

张子静在回忆姐弟的童年生活后这样概括道。就在父亲再婚的那一年，爱玲由小学到了中学。回首中学生活，她总的感觉是不喜欢。"一大半是因为自惭形秽，中学生活是不愉快的，也很少交朋友。"②

张爱玲在这里所说的"自惭形秽"和"不愉快"的主要原因不在学校而在家庭。生母走后，后母进了门，爱玲的抵触情绪是可想而知的。十四五岁的少女张爱玲个头蹿得很快，几近成人，而她在校园里老穿着继母送的旧衣服。孙用蕃出嫁前听说张爱玲跟她个头差不多，带了两箱旧衣服给她穿。她说她的旗袍料子都是很好的，但有些领口都磨破了。"有一个时期在继母统治下生活着，拣她穿剩的衣服穿，永远不能忘记一件暗红的薄棉袍，碎牛肉的颜色，穿不完地穿着，就像浑身生了冻疮；冬天已经过去了，还留着冻疮的疤——是那样的憎恶与羞耻。"③ 穿着这样的衣服，"在被称为贵族化的教会女校上学，确实相当难堪"④。

入学后，曾有制校服的动议，有人赞成，有人反对，意见不一。赞成者认为它整齐划一，有学生朝气，且消灭贫富界限；反

① 张子静：《我的姊姊张爱玲》，第43页。
② 张爱玲：《流言·童言无忌》。
③ 张爱玲：《流言·童言无忌》。
④ 张爱玲：《对照记》，第31页。

对者认为太整齐了没有个性，且又要让清贫的学生多出一笔钱。最后不了了之。张爱玲虽未公开表示过自己的看法，但她心里是非常赞成的。统一校服，这样就可以脱掉继母的旧衣装了。在人们印象中，成年的张爱玲特别讲究衣饰，常以奇装炫人，殊不知这正与她少女时期所受的这类压抑相关。张爱玲自己总结说："不过我那都是因为后母赠衣造成一种特殊的心理，以致后来一度 Clothes- crazy（衣服狂）。"① 也许还是应了那句老话：缺什么补什么啊。

爱玲就读的是圣玛丽亚女校（校内师生简称为"圣校"）。这是上海著名的美国教会办的女子中学之一，它与圣约翰青年中学、桃坞中学皆为美国圣公会所设的大学预科性质的学校。教会中学与中国人自办的公立私立学校不同，它的全部课程分为中、英文两部分。英文部包括英语、数学、物理、西洋历史、地理及《圣经》等课。全用英文课本，老师也大都是英美籍。由于是女校，教师中老小姐居多。中文部分只有国文，本国史地三科。其初中部的教师主要是师范毕业的中国小姐，高中部则以前清科举出身的老学究居多。

重英文、轻国文是教会学校的一大特点，贵族化是其又一特点，这个学校的毕业生，不是成为交际花就是买办或外交官太太。装束入时，社交频繁，英语极为流利。但她们国文根基很浅，有的学生连一张便条也写不通顺。曾有人闹过把病假条写为"××因病故请假一天"之类的笑话。于此可见一斑。

所幸的是，在爱玲求学阶段，一位对新文学极感兴趣、文学修养极高的汪宏声先生担任了她的国文教师。汪宏声是浙江无锡

① 张爱玲：《对照记》，第33页。

人，1910 年生，1930 年于上海光华大学第五届教育系毕业，1936年 9 月任上海圣玛利亚女校国文部主任，成为张爱玲高三毕业班的国文老师。他也是一位翻译家，在圣玛利亚女校任职期间，译有美国小说家奥尔科德的长篇小说三部曲《好妻子》《小妇人》《小男儿》，收入钱公侠主编的《世界文学名著》丛书中。还以沈佩秋为笔名翻译王尔德的《沙乐美》、易卜生的《娜拉》、果戈理的《巡按》，收入钱公侠、谢炳文主编的《世界戏剧名著》丛书中。张爱玲后来说："中学时代的先生，我最喜欢的一位是汪宏声先生，教授法新颖，人又是非常好的，所以从香港回上海来，我见到老同学就问起汪先生的近况，正巧他不在上海，没有机会见到，很惆怅。"①

汪先生针对学生喜欢唱歌、看电影、学弹钢琴的特点，任教后的第一次作文，出了《学艺叙》《幕前人语》两个题目让学生选择。此外还允许自由命题。这对做惯了"说立志""论知耻"之类老八股的学生来说，不啻吹来了一股奇异的清风。这些题目切近学生实际生活，她们有话可说，但也许因为要说的太多，再加上还不习惯随意取材写作，反而两节课下来写不出几百字了。

汪先生在审批作文时，一篇题为《看云》的散文引起了他的注意。虽说有几个别字夹杂其间，但文笔潇洒，辞藻瑰丽，远远超出其他文卷之上。一阵喜悦之后，汪先生才想起看作者的名字，她就是张爱玲。此时汪先生上课不到两星期，跟学生对不上号。评讲作文时，他逐一点名领取作文本。这样他才认清了张爱玲，她坐在最后一排，穿着宽袖大袍（这是继母的旧衣），戴着

---

① 蔡登山：《张爱玲文坛交往录 1943—1952 上海》，《新文学史料》，2011 年第 1 期。

有淡黄色镜架的眼镜走上来。汪先生在全班同学的面前大大地夸奖了她一番，说全班只有张爱玲的作文才称得上一篇完整而好的文章，还当场朗读了起来。

然而张爱玲仍是板滞的神情。

她的文名渐渐地在校内传开了。同学们对她刮目相看，教员休息室里也常常以她为话题。大家觉得她是一个不可多得的文学才女，深深同情她家庭生活的不幸。对她的沉默慵懒，不交朋友，不好活动的内向性格也渐渐能够理解和接受了。虽然张爱玲曾说中学时代有许多不愉快，另一方面她又承认"在学校里我得到自由发展"，这主要是指她不必每天回家面对父亲和继母，也不必按生母的要求"淑女"下去，还包括她爱好写作的长处得到了发挥。

她的健忘也是出了名的，常常忘交作业。每当老师问她，她总是一句："我忘了!"说的时候把双手一摊，一副可怜样，使老师毫无办法，不忍深责。上课时她最不爱听讲，手里的铅笔不停地在纸上画着，仿佛是很用心地做笔记，其实是画画，画老师的速写像。老师也不太计较，因为她考试总得"A"或"甲"。

她不注意修饰，卧室零乱。这也难怪，她从小的日常起居都有仆人代劳，住校读书期间也不必操心衣食。每周三，家里就派人送来干净衣物和可口食品，周末有家里专车接送，所以她自理能力是较差的。但学校的规矩很严很细，每个学生的卧室都有放鞋的专柜，不穿的鞋不准放在床下，只能放入柜中。舍监检查时若发现不合规定的，就把鞋放到门前走道上示众。而示众次数最多的，是张爱玲的平跟旧皮鞋。一般学生若遇到这种情况，往往不好意思，颜若桃花。爱玲却不在乎，至多说声："哎哟，我忘了放在柜子里了。"知姐莫如弟。张子静说："对于不喜欢做的事，姊姊的确无精打采，能拖就拖。但是对于看小说、电影、图画、写作等等喜欢的事，她会全神贯注，全力以赴，全不需要别人叮咛提醒。至于卧室零乱，那也毫不足怪。我们一直有专门的保姆照顾，连一条手绢也没有折过，更不要说收拾房间了。不过，更重要的是，姊姊是一个专心追求精神生活的人。对于生活周遭的细屑琐事，她常常是视而不见的。"① 一个人在少年时期对世事人生开始有了自己的看法，对个人前途、兴趣、爱好、价值观念也开始有了判断思考的兴趣。张爱玲所追求的不是如何适应社会和面对人生的现实需要，而是人的精神价值。所以当别人为卧室零乱、忘了把鞋放入柜中的事深以为耻时，她是满不在乎的。这句"我忘了"成为圣校同学中的一句口头禅。若有人谈及爱玲的学生生活，必有同学夸张性地模仿说："喔！爱玲'我忘了'！"

因为汪先生的提倡和爱玲的示范性作文，同学们写作兴趣大增，自己命题作文渐渐多了，文章质量也有明显提高。汪先生为鼓励大家学好国文的积极性，发起出版一种三十二开的小型刊物，刊名叫《国光》。爱玲是理想的编者，但她生性孤僻，不热心编务，只答应写稿。她一向认为在事务性活动方面自己是弱项，不善组织，又怕麻烦。她投的稿也不算太多，每每编者催索，她常常仍是"哎呀，我忘了"了之。

在《国光》上，她发表过小说《霸王别姬》，论文《论卡通画之前途》等文，皆受到交口称赞。她那华美的文笔给她带来荣誉，但也惹过麻烦。有一期《国光》上登过两首未署名的打油诗，是取笑两位男教师的：

① 张子静：《我的姊姊张爱玲》，第 50 页。

其一

橙黄眼睛碧绿袍，

步步摆来步步摇。

师母裁来衣料省，

领颈只有一分高。

其二

夫子善催眠，

嘘嘘莫闹喧。

笼袖当堂坐，

白眼望青天。

投稿者为张爱玲。虽然观察细致，描写风趣，但界境不高，对师长欠恭。圣校的规矩是不允许这样对老师大不敬的。文章虽经汪先生点头通过，他的本意是通过这种调侃玩笑来调剂一下学校太严肃的气氛，不料引起轩然大波。第一首的讥笑对象某老师态度大方，一笑了之。第二位则愤然告发于校长。校长紧接着找汪先生及其他几位编辑者问话，并提出了三种解决方案。一、向老师道歉；二、《国光》停刊；三、不许张爱玲毕业。汪先生以息事宁人的态度主张第一个办法。那位老师事后也认为没有必要过分计较，以"算了""算了"了事。

1937 年抗战爆发，圣校从此不在沪西上课，改为大陆商场。兵荒马乱，一切持恒的工作失去了起码的条件和心境，《国光》也就停办了。第二年夏天，圣校借贝当路美国礼拜堂举行毕业典礼，爱玲也参加了，还是那副有点弱不禁风没有生气的样子。

汪先生一直记得这个才女。给他印象深刻的不仅是她的文采，不仅是她"我忘了"的脾气，而且还有填在毕业年刊的调查表中关于"最恨"一栏张爱玲的回答：

最恨——一个有天才的女人忽然结婚！

校刊《风藻》为高三毕业班出一个专辑。其中有对全班三十五个同学的专题调查，名为"一碗什锦豆瓣汤"，"豆瓣"是对同学的爱称，每一个"豆瓣"都要填自己的"豆瓣性格"。张爱玲项下是：

豆瓣性格　豆瓣	张爱玲
最喜欢吃	叉烧炒饭
最喜欢	Edward VⅢ
最怕	死
最恨	一个有天才的女人忽然结婚
常常挂在嘴上	"我又忘啦!"
拿手好戏	绘画

她最恨一个有天才的女人忽然结婚，最喜欢英王爱德华八世，两个答案都非常别致。

英王爱德华八世即后来的温莎公爵。他与离过婚的美国平民女子辛普森夫人恋爱，不仅使英国朝野大为震惊，其韵事还传遍世界。他取爱情而弃王位，1937 年 6 月 3 日与巴西·沃利斯在巴黎结为伉俪，这事被誉为"20 世纪最轰动的爱情"，"自耶稣复活节后最神奇的故事"。张爱玲最喜欢爱德华八世，"清楚说明她对忠贞不渝的爱情的憧憬。当时张爱玲的同学在'最喜欢'这一栏内填写的，不外是'白相''旅行''唱歌'。相比之下，张爱玲的回答就显得早熟和最富感情色彩。这或许与张爱玲父母离异，使她过早品尝到人生的悲凉有关。"①

这话除了表明她对女子命运的理解和对现代婚姻的怀疑态度，还多少有些才女自况的意味。她是有天才的，而且有了自我发展的意向。

张爱玲这个俏皮的回答几乎跟她的小说一样有名。当她面对这份问卷的时候，她心目中有一个现成的模样，那就是圣校的另一个才女，也姓张，叫如瑾。如果说爱玲懒散，随意，那么如瑾则是刻苦，谨严。她是校刊《风藻》的编辑，是写作和社团的积极参与者。她常找爱玲聊天，一聊就是好几个小时。爱玲在一篇文章中提到过她："我有个要好的同学，她姓张，她喜欢张资平，我喜欢张恨水，两人时常争辩着。"张如瑾在校期间就写有一部题为"若馨"的长篇小说，汪先生十分欣赏，推荐给良友图书公司的著名出版家赵家璧先生。但后因战事，出版之事搁浅。如瑾自费印了几百册以分赠亲友。爱玲也得到一本赠书，她写了一篇书评发表在校刊上。说"这是一个具有轻倩美丽风格的爱情故事"，"惟其平淡，才能够自然"。她希望作者多一些烘托暗示，以更有感染力。这里也透露出爱玲的审美趣味，她当时不喜欢小说是一个单纯的有头有尾的故事，希望有更多的渲染铺陈，这在她初登文坛的小说中十分明显。

后来张如瑾结婚了，后来她淡忘了文学，不再写小说了。无论是婚姻本来如网把女性网在里面不再有自由天空，还是女性自

① 参见陈子善：《私语张爱玲》，浙江文艺出版社1995年版，第241页。

视婚姻为网甘愿被它网住，爱玲对婚姻一开始就有一种警惕的态度。也许，有才如如瑾，有才如母亲黄逸梵，都给爱玲的生活以反面的提示。

在爱玲的眼里，才华是人的价值，是人的自我实现，她比婚姻重要。她不愿自己像大多数女性那样为婚姻家庭而牺牲才华，折断奋飞的翅膀。所以她恨才女早婚，才女因婚姻而不才。

这一年，爱玲十七岁。

八、逃离父亲

黄逸梵坚持要爱玲进学校读书，但张廷重一直把子静关在家里，请私塾先生进行旧式教育。教他的是一位六十多岁的朱先生，他亲切温和。如果爱玲在家，常常与她一起谈天说地。"有一次，姊姊从父亲书房里找到一部《海上花列传》，书中的妓女讲的全是苏州土话（吴语），有些姊姊看不懂，就硬缠着朱老师用苏州话朗读书中妓女的对白，朱老师无奈，只好捏着喉咙学女声照读，姊姊和我听了都大笑不止。姊姊对《海上花列传》的痴迷，就是从那时开始的。"[1] 当爱玲读高中后，张廷重才让子静进学校，他通过插班考试，进了协进小学读五年级。姐弟俩平时见面不多。有一次放假，看见长得又高又瘦穿着不干净衣服的弟弟租着一大堆连环画，看得津津有味，爱玲大吃一惊。家里人也告诉了她很多关于子静的劣迹，如逃学、忤逆、没志气的事，她感到很气愤。爱玲尤为难忘的是，有一次在饭桌上为一点儿小事父

———————————

[1]　张子静：《我的姊姊张爱玲》，第39页。

亲就打了弟弟一巴掌，她心疼得以碗遮脸，眼泪直流。后母见状不解地笑她："咦，你哭什么？又不是说你！你瞧，他没哭，你倒哭了！"爱玲吃不下饭，夺门而逃，在浴室里对镜而泣，并发誓要报仇。然而，正在她伤心的时候——

> 浴室的玻璃窗临着阳台，啪的一声，一只皮球蹦到玻璃上，又弹回去了。我弟弟在阳台上踢球。他已经忘了那回事了。这一类事，他是惯了的。我没有哭，只感到一阵寒冷的悲哀。①

这是一个比鲁迅的《风筝》还要令人寒冷的故事。长兄粗暴地折毁了弟弟的风筝，长大以后非常懊悔这种举动，主动向弟弟道歉。弟弟像听着旁人的故事一样，全然忘却了，毫无怨恨。无名主的心情，寒冷的悲哀……

虽然没有家的温暖，虽然过着住读生的生活，虽然中学时代是不甚快乐的，张爱玲却有着美妙的计划。家庭不和睦，常常是中学生不够快乐的主要因素。当人们想到和看到她常穿着继母的旧衣时，不仅她自己，就连旁人也是很愤然的吧。也许正因为这些反向的刺激，她对未来怀着海阔天空的希望之梦。她幻想毕业后出洋读大学，而且要读英国的名牌大学。她喜欢英国，因为英格兰三个字使她想起蓝天下的小红房子，她喜欢那种明丽的色彩，尽管母亲多次纠正说法国才是明丽的，英国却多雨，但她仍然改不了最初的印象。有一时期，她又对卡通画影片发生兴趣，要把中国画派的风格介绍到美国去。"我要比林语堂还出风头，

---

① 张爱玲：《流言·私语》。

我要穿最别致的衣服。周游世界，在上海有自己的房子，过一种干脆利落的生活。"①

中学快毕业时，母亲回国了。因为常常见不到她，因为女儿也体悟了母亲的苦衷，爱玲在生母面前不再有昵爱和娇情，而是一种敬爱与友情。她去母亲处住了两个星期，听母亲谈法国，谈海外，新奇而快乐。可一回到生父的家门，继母劈头盖脸地责问道："怎么你走也不在我跟前说一声？"爱玲答说她早告诉父亲了，没料到继母勃然大怒："噢，对父亲说了！你眼里哪儿还有我呢？"说完一个耳光打在爱玲脸上，火辣辣地刺痛。爱玲本能地要还手，被两个老妈子赶来接住了。后母一路锐叫着奔上楼去："她打我！她敢打我！"一霎时很寂然，空气凝固了。② 爱玲在客厅呆站着，木然地没有任何准备，脑海中一片真空。只见父亲跶着拖鞋，啪嗒啪嗒冲下楼来，一把揪住爱玲的长发，恼羞成怒，拳足交加，边打边吼道："你还打人！你打人我就打你！今天非打死你不可！"她的头被打得左右摇晃，眼冒金星，耳朵也震聋了。最后被打得瘫在地上，父亲还揪住她的头发一阵乱踢，好不容易才被祖母留下的老用人何干不顾一切地拉开。

父亲上楼去了。过了很长时间她才恢复了记忆和知觉。艰难地立起身，走到浴室去照镜子，只见脸上有无数道红指印，遍体是青一块紫一块的伤痕。她心潮起伏，充满了对父亲的仇恨，准

---

① 张爱玲：《流言·私语》。

② 后来有人问起她当年那轰动的一巴掌，这个已经银发丛生的老太太轻轻笑了，淡淡回应道："张爱玲成了著名作家，如果是受了我的刺激，那倒也不是坏事，恶名骂声冲着我来，我八十多岁的人了，只要无愧于心，外界的恶名我认了，一切都无所谓的。"《孙用蕃：做张爱玲后母最不易》，《山西广播电视报临汾周刊》2015 年 7 月 15 日。

备立刻去巡捕房报案。走到大门口，看门的警察拦住了她，说："门锁着呢！钥匙在老爷那儿。"原来父亲预料她会逃走，早吩咐门房锁了门。她试着撒泼，对着门一阵乱叫乱踢，以期引起门外不远处岗警的注意，但枉费心力，毫不中用。她回到房中，父亲又炸了，顺手操起一只大花瓶向她砸过来，稍稍偏了一点，飞了一屋的碎片。他走了后，何干搂着她，两人痛哭了一番，用人担心她得罪了父亲会吃一辈子的苦。爱玲只是哭，把自己关在楼下的一个空房间里哭了一整天。

她被监禁，父亲还恶狠狠地扬言要用手枪打死她。平时为了一只猫吵了他的瞌睡，为了爱玲教丫头唱歌影响了他休息，他都要大发雷霆。遇到这种事，他的反应就更厉害了。短短的数星期内张爱玲已自觉老了许多。

对这个家，她彻底绝望了。她决计逃走。《三剑客》《基督山恩仇记》《九尾龟》中的种种出逃方式涌到她的脑海，但终不易化为行动。

祸不单行。爱玲此时得了严重的痢疾，前后拖了一秋一冬近半年时间，差点儿病死了。开头父亲不给她请医生，也没有药。他要把对爱玲生母的仇恨全部转移在爱玲身上，彻底绝情了。但何干见她病情日重，恐发生不测，背着孙用蕃把这事告诉了张廷重，并提醒说，如果不采取医疗措施，责任就大了。张廷重也不愿背上"恶父"坏名，就悄悄地背着继室给爱玲打了几针抗生素，爱玲的病情得到控制，在何干的悉心调养下，逐步恢复了。病中，爱玲整天躺在床上，目送着清爽晴朗的秋阳，迎来淡青灰暗的冬日。朦胧地生在这栋房子里，也朦胧地死在这栋房子里吗？

不！从心底冒出一个坚强的声音。

她全力地听着大铁门的每一次开合，研究着巡警开门的规律，当她病体稍愈，能扶墙而立时，逃出去的欲望更强了。她心中只有一个念头：逃出去，尽快逃出去，脱离这苦海！

她筹划着，打听着，在隆冬的一个晚上，伏在窗子上用望远镜看清了黑路上没有人，确实没有人，她开始行动了。扶着墙一步一步地、轻声轻脚地摸到铁门边，飞快地拨开门闩，开了门，闪身而出，没有一点意外响声。

当真站在人行道口上了！她简直不敢相信这是真的。苦思了半年的逃离计划就这样轻而易举实现了。

> 没有风，只有阴历年左近的寂寂地冷，街灯下只看见一片寒灰，但是多么可亲的世界啊！我在街沿急急走着，每一脚踏在地上都是一个响亮的吻。①

这种死里逃生的喜悦使她简直要发疯！

她逃到生母的家，像做了一场噩梦，回忆不出完整的细节，流不出眼泪，很久才缓过气来。父亲的家不复存在了，这个女儿也不复存在了。他们只当她死了，从此再无丝毫牵连。

在逃出之前，生母曾秘密传话给她："你仔细想一想，跟父亲自然是有钱的，跟了我，可是一个钱也没有，你要吃得这个苦，没有反悔的。"母亲的话是很实际的考虑。爱玲当时虽然被禁锢着，渴望自由，这个问题还是使她想了好久，反正有的是思想和时间。后来想，在父亲家，虽然满眼里钱进钱出，也不是她的，将来也不一定轮得到。记得她曾期期艾艾地用演说腔向父亲提出过留学的要求，父亲瞪大眼睛，大发淫威，说爱玲是受了生

---

① 张爱玲：《流言·私语》。

母的挑拨。黄逸梵这次特地从国外赶回上海，就是为了爱玲出国留学的事。她托人约张廷重谈女儿留学的问题，张廷重避而不见。不得已，才由爱玲提出来。不难想象，为了说服这个对自己态度时好时坏的父亲她费了多少心思。但父亲一口回绝了，没有商量的余地。"父亲那时经济状况还没有转坏，但他和后母吸鸦片的日常开支太多，舍不得拿出一大笔钱来让姊姊出国。姊姊当然很失望，也很不高兴，对我父亲及后母的态度就比较冷淡了。"①

但张廷重不愿掏钱的主要原因恐怕不是钱，而是张爱玲留学，走的是与黄逸梵相同的人生道路，令他十分反感。他要把对黄逸梵的仇恨发泄在张爱玲身上。后母更是骂骂咧咧，不堪入耳："你母亲离了婚还要干涉你们家里的事。既然放不下这里，为什么不回来？可惜迟了一步，回来只好做姨太太。"一想到这些事，爱玲的态度更坚决了。她认为最要紧的是青春时代的学业不能耽误，这比穷是更可怕的。这样一想就立即决定了，因而出走时毫无付出代价的激昂慷慨之状。"这时代本不是罗曼蒂克的。"②

爱玲被软禁期间，何干曾偷偷地给爱玲的舅舅打电话通风报信。第二天舅舅和姑姑来为爱玲说情，并再次提到送爱玲留学的事。但张廷重老着脸，死不答应，继室也在一边冷言冷语。张茂渊见哥哥如此铁石心肠，不仁不义，十分愤激，最后闹得兄妹扭打起来。张茂渊受了伤，流了血，临走时她指着哥哥的面发誓："以后再也不踏进你家的门！"可见张廷重搞得众叛亲离，妻子、妹妹、女儿都与他闹翻了。

① 张子静：《我的姊姊张爱玲》，第51页。
② 张爱玲：《流言·我看苏青》。

何干因为通风报信，因为一直站在爱玲一边，张廷重很是不满，大骂了一顿并赶她回皖北老家去了。爱玲一生都忘不了出逃这一中国家庭中罕见的一幕。逃出后，她满脑子都是父亲后母、打架、流血、生病、逃离，于是把这些经过写成一篇文章。她是用英文写的，并把它投到美国人办的英文报《大美晚报》（Eveningpost）上。她的动机是要让父亲看到这篇文章，因为他一直订有这份报纸。编辑发表时，拟了一个很动人的标题："What a life! What a girl's life!"意为"这是怎样的生活！一个女孩的生活！"

这是怎样令人不堪的生活，少女张爱玲不幸成了这种生活的悲剧性主角。多亏她有主见，有心理承受力，终于逃离了这种生活。张子静早已知姐姐要出逃，但没给父亲通风报信，私下里他是赞同姐姐的选择的，他自己亦有这个念头。张爱玲逃到母亲那里去后，他也背着一双白球鞋要跟母亲生活在一起。黄逸梵当时不可能照管两个孩子，好说歹说才把他劝了回去，让他伤心了好一阵子。

张爱玲在母亲家里潜心补习功课，要实现她的英国梦。母亲为她请了一个犹太裔的英国人，以每小时 5 美元的价格为她补习数学。那时英国伦敦大学在上海设有考场，她一试就中，考了个远东地区第一名，1939 年 1 月获得伦敦大学入学试及格的证书。眼见得就要到那"红的、蓝的"国土上去了，她有说不出的兴奋。但她生不逢时，当时中国在打仗，英国也在打仗，全世界范围内的法西斯与反法西斯势力的较量正酣，难寻一片安心读书的净土。因为英国要与法国联合起来向德国宣战，宣布暂停招收留学生，而转由香港代为接收。她没有能去英国，而改入了香港大学，开始了人生新的航程。

临行的那天，上船的片刻，她仰着头望着天空。烈日当空，湛蓝如海，脚下的海水也是蓝如天色，上下一片明丽的蓝色，由她白色的旗袍点缀连接着。她仿佛是赤裸裸地站在天之下地之上，受着未来之神的审视，一颗十七岁的心跳动着，比大海的波涛更澎湃汹涌，比海面的狂风更翻卷起伏。交织着自夸与自卑，惶惑与自信。人们常常称道十七岁是花季少女。但十七岁之于张爱玲就是一个劫，一个心灵的疤痕。在后来的自传体小说《小团圆》《雷峰塔》里，每写到 17 岁，总笼罩着阴森森的死亡黑影。

爱玲从此无家。

显赫的贵族出身的张爱玲，虽然此时自视无家，但她的家族背景无论怎样也抹杀不掉的。它们静静地躺在了张爱玲的血液里。

现将张子静先生在《我的姊姊张爱玲》中所列的家族世系表抄录于此，以便读者有完整印象。

- 张印塘
  - 朱芷芩
  - 张佩纶
    - 张志沧（早殁）
    - 张志潜（仲炤）
      - 张子闲（姨太生）
    - 张茂渊
- 李鸿章
  - 李经琦（菊耦）
  - 李经进
  - 李经迈（早殁）
  - 李经述
    - 张志沂（廷重）
      - 张子美（元配生）
      - 张爱玲
- 黄翼升
  - 黄宗炎
    - 黄素琼（逸梵）
      - 张子静
- 孙宝琦
  - 孙用蕃
  - 孙用岱
  - 孙用济
  - 孙雷生（用震）
  - 孙景阳
  - （其他子女）

第三章　烬余录 (大学生活)①

九、观察世相

当张爱玲乘坐的客船靠近香港的码头时，她的心也如海浪扑打的船舶那样七上八下，迎接她的该是怎样的生活呢？香港给她的第一印象是浓郁的商业气息扑面而来，就像她在后来的一个中篇小说中描绘的那样："望过去最触目的便是码头上围列着的巨型广告牌，红的、橘红的、粉红的，倒映在绿油油的海水里，一条条、一抹抹刺激性的犯冲的色素，蹿上落下，在水面上厮杀得异常热闹。"②

她很快捕捉到香港这座比上海更殖民化、更国际化的都市的文化特色，那就是古今中西文化、人格、价值观念、生活方式的

---

① "烬余录"，张爱玲1944年所作散文题目，叙港战时期的学习与生活。本章介绍传主的大学生涯，多取材于该文。

② 张爱玲：《传奇·倾城之恋》，皇冠出版社1992年版。

混杂与"犯冲"。不过，她对此并不惶惑，反而有一种专心观察的乐趣。何况她是以一个单纯的大学生的身份来到这里的，她并不需要在这"犯冲"的氛围中"突围"。远离家庭，对于大多数少女而言，总难免有离愁别绪，思念之苦。而对于爱玲而言，未尝不是一种解脱。加之她在小学和初中、高中都有住读的经验，因此，在港大的学习生活期间，她有一种如鱼得水的快乐。

她曾坦率地说过中学生活是不愉快的，但在回忆大学生活的散文《烬余录》中，她把自己和同学的生活写得十分生动有趣。可以毫不夸张地说，如果把她童年少年阶段那些与母亲在一起的短暂时光看作她人生之旅中的一些零星闪现的快乐亮片，那么，香港则是她青年时期快乐人生的第一站。试想一个刚刚脱离家庭的沉重羁绊和遗少的高压，一个刚刚驱散因父母不和带来的心灵中的愁云惨雾的年轻女子，在香港这块自由的土地上，在大学这个生动活泼的环境中，无拘无束、洒脱自在，其心境的反差该有多么巨大啊！张爱玲有如一条久晒沙滩的鱼重返大海，如久拘笼中的鸟放归山林，如从黑暗的深井爬到艳阳的光环中，如从冰冷的坑里跳到温暖的怀抱，她是快乐而忘情的。

凭伦敦大学的及格证书，张爱玲于 8 月 29 日在港大注册入学。她入住的女生宿舍是圣母堂（即今天香港宝珊道 8 号），本是一所刚开办的修道院，却在新学年开始时接纳了 60 多个女生。港大当时只 600 来名学生，女生占五分之一，圣母堂就住了一半的女生。爱玲读的是文学院，全院专职兼职教师有 20 人，五四时期的著名作家许地山就是文学院的教授，许地山于 1935 年经胡适推荐来港大任教，他也是港大开办以来的第二个华人教授。他是一个通才，除了文学创作与研究，哲学、宗教、音乐、服饰等无所不通。他力主改革此前港大文学院重诵读记忆之教学模式，倡导思想型、通识型课程，为港大的发展做出过重要贡献。他亲自开设了宗教、服装等课，张爱玲后来写的散文名篇《中国人的宗教》《更衣记》等在选题和观点表达上受到过许先生的启迪。甚至有人认为，张爱玲小说《茉莉香片》中那个被聂传庆视为理想父亲的言子夜教授，留过学，穿长袍，身材瘦削，就有许先生的影子。这篇小说的主题就是："寻找父亲"。

张爱玲格外发奋用功。她有着美满的计划，做的仍然是红蓝色的英国梦。她希望通过刻苦的学习，取得好成绩，以便被保送到英国去留学。港大的教学方法是灵活多样的，可供选修的科目也很多，这给她的收益颇大。教授在讲台上并不多讲，只提纲挈领，点到为止，好让学生带着问题学习。通过到图书馆查阅相关书籍，自己对比钻研，写出对问题的看法和个人的结论。有时学生去教授家，提出自己的见解和疑点，教授再有针对性地启发和点拨。这种形式往往比在课堂上收获更大。在考试时，也不太拘泥于课堂笔记和讲义，而较注重学生自由抒发，自我发挥。这种教学方法，对思路活、读书多、有天分的学生来说，特别有吸引力，也特别有长进。张爱玲认真听课、读书，用心揣摩每个教授的心思和要点，每门功课都名列前茅。一个教了十几年书的先生十分感叹地对张爱玲说，他从来没有给过像给张爱玲考卷上那么高的分数。

张爱玲也十分得意于她在港大的成绩。在港大，她参加征文比赛，获奖金 20 英镑，这是个不小的数目，大体相当于香港一个普通员工一年的收入。港大文科二年级有两个奖学金被她一个人独得，一个是尼玛齐的捐赠奖学金（Nemazee Donor Scholarship），另一个是何福奖学金（Ho Fook Scholarship），颁给第二年考试成绩最优秀的学生。不仅学费、膳食费全免，还有希望毕业后免费送到牛津大学读博士。爱玲满心欢喜,不仅因有远大的前程,而且还因为这样可以减轻母亲的负担。她是提着母亲用过多年的旧皮箱来香港的。有一次获奖后,她高兴地用奖学金为自己买了几件漂亮衣服。港大的有钱人的子弟多,张爱玲则是全靠母亲的有限的资助,所以她平时并不乱花费。在她来港时,母亲和姑姑托工程师李开弟做监护人。这是他们在英国认识的老朋友,曾在曼彻斯特大学工程学专业攻读学位(后来成了爱玲的姑父,不过已是四十年以后的事了)。李先生后来离开香港去重庆,改托他的一个在港大教书的朋友做监护人。

爱玲在港大学业上的另一个收益是英文水平有很大提高。三年期间,她几乎不用汉语写作,说话交流、做笔记、写文章尽量用英文。甚至连书信也是如此。她给姑姑、母亲的信全用英文。她们的英语程度相当好。每收到姑姑在漂亮的粉红色复印纸上写下的漂亮的英文书信,她不仅看信的内容,也认真领会其表达方式。爱玲起初练习用英文给她们写信时,很有些不自信。但经过一段时间的强化训练,她的英语水平有了长足的进步,甚至逐步达到了老到浑成、炉火纯青的水准。她还选用过 1938 年美国西蒙·舒斯特出版的哈尔赛女士的畅销书 *With Malice Toword Some* 中的一篇:《谑与虐》。这些英文训练为她后来在上海以卖洋文为生奠定了基础,也为她 50 年代再度赴港,60 年代赴美的生活提供了便利。加州大学柏克莱分校英文系主任对张爱玲的英语水平评价极高,认为比美国人还地道,还有文采,连连称奇。中外优秀作家的语言感悟力向来是超群的。

张爱玲有时也画画,与好友一起品评交流。她可以成为一个出色的画家,但她没有专心于此,她更迷恋文字的魅力,因而对画画有所荒废。对此,生性敏感的她,说过一段令人警醒的可与任何关于珍惜时间就是珍惜生命之类的格言相媲美的话：

> 想做什么，立刻去做，也许一迟就来不及了。"人"是
> 最拿不准的东西。①

十、密友

爱玲并不是死读书的"书虫"。学业给她带来愉快，用功之余，她也是快乐的。与同学们在一起看人、谈天、游山玩水、品尝点心、品评衣着，她也乐不可支。对于这个未来的名作家来说，在大学期间，给她收益最多的不是教室和图书馆，而是香港（包括港大）的社会日常生活，尤其是后来发生的"一二·八"港战。霓虹灯、大酒店、影剧院、各式各样的奇妙故事、欧风美雨、文化犯冲，不同的风习，肤色不同语言各异的来自东南亚和英国的女孩子，都给她深刻的印象。对这些情景人物，她在上海也有些接触了解，但她的主要生活空间是张公馆和教会学校，所接触的范围要小得多。是香港为她提供了观察人生、体悟人性的极佳时空，而她此时亦开始了有意的观察和体悟。

港大同学来源极广，有来自马来西亚、新加坡、印度等东南亚国家的，有来自英国的，也有来自大陆的。学校的本地学生大都是圣斯提反书院毕业的，一个个都是阔小姐。有一位周小姐的父亲与爵士齐名，买了一个离岛盖别墅。有一天她请全宿舍同学

---

① 张爱玲：《流言·烬余录》。

去她家别墅玩。张爱玲没有去，原因是——

> 这私有的青衣岛不在轮渡航线内，要自租小轮船，来回每人摊派十几块钱的船钱。我就最怕在学费膳宿与买书费外再有额外的开销，头痛万分，向修女请求让我不去，不得不解释是因为父母离异、被迫出走，母亲送我进大学已经非常吃力等等。修女也不能做主，回去请示，闹得修道院长也知道了。连跟我同船来的锡兰朋友炎樱都觉得丢人，怪我这点钱哪里也省下来了，何至于。我就是不会撑场面。①

不同的民族有不同的风习，在校园中也显示出不同的性格。在有一年的暑假里，一群与爱玲一样无家可归或不愿归家的姑娘引起了爱玲的观察兴趣。她们本来就住在一幢宿舍，有所认识了解也不难。来自泰国曼谷的玛德莲，会跳妖媚的庙堂舞，"然而家乡的金红煊赫的神离这里很远了。玛德莲只得尽力照管自己，成为狡黠的小奴才"②。

来自马来西亚的女同学大都有一段修道院教育。爱玲从金桃表演的马来爱情舞和她对服装与面子的敏感中看出："她生活里的马来西亚是在蒸闷的野蛮的底子上盖一层小家气的文明，像一床太小的花洋布棉被，盖住了头，盖不住脚。"另一个马来西亚姑娘丹女，别人认为她天真。"天真"到时常想到被强奸的可能，整天整夜想着，脸色惨白浮肿。爱玲觉得："她的空虚是像一间

---

① 张爱玲：《忆〈西风〉》，1994年12月3日台北《中国时报·人间》。
② 张爱玲：《流言·谈跳舞》。

空关着的，出了霉虫的白粉墙小房间，而且是阴天的小旅馆——华侨在思想上是无家可归的，头脑简单的人活在一个并不简单的世界里，没有背景，没有传统。"① 从个人看到了民族，看到了文化，爱玲的观察精细，分析精当，表达精妙。

有一天，宿舍里来过小偷，一群小女孩的反应不是恐慌，而是欣喜兴奋，像过节一样。她们平时无忧无虑，当遇到小偷一类社会不良的丑恶的现象出现在她们身边时，她们感到了刺激。一个个拥到爱玲的房间门口，叽叽喳喳地问："爱玲小姐，你丢了什么吗？"充满了期待和喜悦。爱玲不忍扫她们的兴，但又确实没有丢东西，只好歉意地告诉她们。她们略带失望地走了，爱玲却陷入了沉思。她觉得她们的快乐是单纯的甚至单调的，没有边但也显得空洞。虽然在香港较在上海充实快乐，但张爱玲仍然不是很喜欢主动与人交往。"我是孤独惯了的"，多年后她回忆说，"以前在大学里的时候，同学们常会说——我听不懂你在说些什么。我也不在乎。我觉得如果必须要讲，还是要讲出来的。我和一般人不太一样，但是我也不一定要要求和别人一样。"② 依然是一个有主见、有个性的人。

只有在一个人面前是例外——在港大，爱玲还结识了一个此后相好了几十年的女朋友炎樱。炎樱的母亲是天津人，父亲是锡兰人（今斯里兰卡）。父亲长年经商，家境富有，后来在上海开有珠宝店。她个子小而丰满，有着圆圆的脸蛋、黝黑的皮肤、会撒娇的眼睛。她的性格也是热烈的，给人的感觉永远是火辣辣的

---

① 张爱玲：《流言·谈跳舞》。

② 殷允芃：《访张爱玲女士》，见陈子善主编《私语张爱玲》，120页。

夏天。张爱玲常称赞她生得美，一种"大气"的美。她本名叫"莫黛"（Fettina Mohideer），"莫"是姓的音译，黛是因为皮肤黑。后从老师那里得知日本有一种专吃梦的兽叫"貘"，遂改"莫"为"貘"。貘如其人，梦幻而刺激。

可是"貘黛"读来不太好听，有点像"麻袋"，于是又改名为"貘梦"。张爱玲给她取名为"炎樱"，热烈而灿烂，神形兼备。炎樱也觉得张爱玲的名字不好听，总称她为"张爱"。

港战期间，由于战争特殊空气的感应，爱玲画了很多画，由炎樱着色。有幅画炎樱全用不同的蓝绿二色，使爱玲联想到"沧海月明珠有泪，蓝田日暖玉生烟"的古典意境。

这两位女同学，一个热烈，一个沉静；一个娇小丰满，一个高挑清秀。乍一看，外貌和性格反差很大，但也许正因为如此，形成了心理上之互补效应。何况两个对音乐、绘画、文学、时尚等等这样一些偏重于精神性生活的东西有共同的爱好，她们之间的交往也是审美性的。炎樱形容张爱玲总说其人"斯文"，是个"小姐"，属于仕女型，是她母亲以淑女教导的成果。但她一笑即大笑，这一点她忘了母亲的训导。虽然她们两人性格相异，相处却融和，从无争吵。除了有一次，炎樱在港大时一清早，泼冷水在张爱玲头上，故意将她吵醒。这次张爱玲发脾气了，高叫道："Damn you! Damn you!" 1939年夏天，张爱玲与炎樱结伴自上海去香港。船停在上海港口时，客厅中对座有一妇人，说她很易晕船。年轻的炎樱，听后即以肩膀摇晃起来，她身旁的张爱玲问她何事，她悄声说："别管，跟我摇。"于是两女孩就联袂左右摇摆起来。摇了不久，对面妇人就站起来，说她晕船，须回房休息了。其实那船停在港口，还没启程呢。五十年后炎樱回忆起这场恶作剧，仍是乐不可支，坐在车里，也高兴得手舞足蹈的，叫人忍俊不禁。可见脱离了父母羁绊的张爱玲，也会有像个顽童的一面。①

有一天炎樱说她父亲的一个老朋友请她看电影，要爱玲陪她一块去。爱玲觉得别人请的是炎樱而不是自己，这样去不合适，因此不答应。但炎樱再三说："没什么，不过是我父亲从前一个老朋友，生意上也有来往的。打电话来说听见摩希甸的女儿来了，一定要见见。""摩希甸"即 Mohideer，炎樱的父姓。于是，爱玲随她同往。到了中环电影院，门口已经有人迎上来，是一个高而瘦的五十多岁的男人，穿一套已经过时的泛黄的白西装。炎樱把爱玲介绍给他说："希望你不介意她陪我来。"不料他神色窘极，快速地从口袋里掏出两张电影票，往炎樱手上一塞，咕哝了一句"你们进去"，就匆匆往外走。炎樱忙叫："潘那叽先生，你不要走，我们去补张票。"但他连连摆手，又递上一个纸包，转身消失在人群里。炎樱不好意思地解释说："他带的钱只够买两张票。"打开纸包，见是两块夹糖鸡蛋的煎面包。爱玲觉得过意不去，好东西吃不进味，电影也看不进去。两人中途退场。路上炎樱说起了潘那叽的身世。他是帕西人（Parsee），祖籍波斯的印度，拜火教徒，是个生意人，与宓妮结婚。宓妮的母亲原是广东一家人家的养女，先跟一个印度人，第三次结婚跟一个叫麦唐纳的苏格兰人，所以自称麦唐纳太太。她认识潘那叽，硬要把大女儿宓妮嫁给他，他也很喜欢宓妮。但宓妮只有十五岁，在校读书，不愿嫁人。母亲骑在她身上打，硬逼嫁人，但很快就离了婚，宓妮把儿子带走了。从此潘那叽先生做生意老蚀本，一蹶不振。后来爱玲还见过宓妮和她的母亲。麦唐纳太太人高马大，六

---

① 司马新：《炎樱细说张爱玲逸事》。

十多岁还很注意打扮，还有一双会调情的眼睛。望着这个一辈子靠与男人姘居生活的女人，爱玲也想着这类女人的命运。没有名分，没有太多的奢望，但凭着自己的努力和委屈，凭着自己的几分姿色和多次涉足男人世界的经验，更凭着朴素的生活愿望与能力，她们也"充实"地走着自己的人生道路。后来，张爱玲以麦唐纳太太、宓妮、潘那叽等人为原型，写了她的第一个长篇小说《连环套》。追溯其起因，则是这一场难忘的看电影的经历。

十一、港战中

香港战争的爆发，彻底毁灭了她的留学梦。1941 年 12 月 8 日，日军进攻香港，气势汹汹，不可一世。穿着花格裙子的苏格兰士兵狼狈败退，英军毫无士气，不堪一击。日军不费吹灰之力就占领了九龙半岛，之后又威逼城中，英军退守港城，双方隔海炮战，炮弹满天飞舞，夹杂着机关枪和手榴弹。香港惨遭血与火的洗刷。相持了二十多天，英军弹尽粮绝，又无支援，于是在山顶上竖起白旗，投降日军，战事遂告一段落。

炮战期间，人们不敢外出，纷纷抢购粮食，以防挨饿。但仍饿了不少人，爱玲和她的一班爱吃零食的女友们自然也跟着吃苦挨饿。《流言·烬余录》中她曾描绘停战后人们又重新发现了吃的喜悦，真是记录战时香港居民心态的传神之笔。

因为战争，香港大学受到炮火的重创，学校的文件记录统统烧掉了，她的一个个优异成绩化为灰烬。而且她连一张毕业文凭也没拿到便不得不结束学业，重返上海。仿佛命运之神故意要捉弄她，使她永远不能走科班出身的循规蹈矩的读书求学之路。爱玲回忆说："我在港大的奖学金战后还在。进港大本来不是我的第一志愿，战后校中人事全非，英国惨胜，也在困境中。毕业后送到牛津进修也不过是当初的一句话。结果我放弃了没去，这使我的母亲非常失望。"① 从这话的表达口吻来揣摩，在香港摆脱了日本人的魔爪之后，爱玲本来是可以继续她的学业的，但她没有去。她虽然仍有挂怀，但没有后悔，失望的是母亲而不是她。那时的张爱玲已是著名作家，大红大紫，还在热恋中，她此时没有了当学生的心境。

港战打响后，学校停了课。爱玲和同学们参加了守城救护之类的工作，不仅可以解决膳食问题，而且可以填补因无所事事带来的空虚，于是她们纷纷当上了防空队员和救护员。当防空员时驻扎在冯平山图书馆，她看见了一本《醒世姻缘》，一连几天看得抬不起头来。图书馆的房顶上装着高射炮，成为日军轰炸的目标。一颗颗炸弹落下来，越落越近。张爱玲心想，至少等我看完了吧。

这一帮单身女郎，真是情态各异。一位女华侨，平时不同场合有不同的衣装，但她没有打仗时应该穿的衣服，这是她在战争中的最大忧愁。说来是个笑话，但这也是一种真实的女性心理，令人无限感慨。一个来自马来西亚的小美人，入学时天真得可以，问解剖尸体时死人穿不穿衣服。飞机一响，她就拼命喊叫，歇斯底里，吓得大家面无人色。战时粮食供应不够，也正因为不够，便有人努力地吃，张爱玲称之为健康的悲观。炎樱，在战争中欣然自乐，冒死上街看电影，在被流弹打碎玻璃的浴室里边洗

---

① 张爱玲：《对照记》，第70页。

澡边大声唱歌，像是在嘲讽众人的恐怖。人们都想到过死的可能性，而一旦真的有人受伤，众目睽睽之下的伤者因成为人们关注的中心而颇为自得。更有不少女孩子为驱散战争恐怖要抓住一点儿真实的人生而匆忙结婚了。战后香港报纸上的征婚广告密密麻麻，缺少工作与消遣的人们都提早结婚了，仿佛两个人在一起比独身一人更容易驱散战争的恐怖的阴影，但这似乎也降低了对精神的需求。食与性成为最基本、最真实的人生内容。男女同学之间的道德感也松弛了。学生们似无所事事，成天在一起烧饭、打牌、调情——带着绝望伤感的调情，有一次算一次的调情。男生躺在女生床上玩纸牌，大清早就闯入女生宿舍厮混。清晨的静寂中，不时传来娇滴滴的"拒绝"声："不行！不嘛！不，我不！"其他人习以为常，绝没有大惊小怪，也无人愤愤不平。死里逃生的人的贪欢，人人都能理解，人人都会同情。透过这些故事，爱玲惊讶地发现：清坚决绝的宇宙观，不论政治上的还是哲学上的，总未免使人嫌烦。

"人生的所谓'生趣'全在那些不相干的事。"

这是一个敏锐独到的人生见解。它不同于平面地从时代、环境等外部因素观察社会的历史学家的眼光，而是文学家们特有的人性的视角。

当看护期间也有不少趣闻。她偷空看小说，也看着伤员们的种种怪异行为。伤口怎样发脓，怎样因长新肉而欣喜自怜，怎样以捉米虫而打发时光。有的病愈而走，有的死亡而终。一个又一个冻白的早晨过去了，人们若无其事地活下去了。

她的一个英籍教授战时投笔从戎，没能死在战场上，却因未及时回答己方哨兵所问口令而被打死了。一个好先生，一个好人，人类的浪费……她感叹道。她最寒心的是人性的扭曲，情感的浪费，生命的无辜。港战使她眼界大开，她不停地思考着生活的价值，先前对人的认识也得到了实证和矫正。她觉得去掉一切的浮文，剩下的似乎仅是饮食男女这两项。人类的文明就是要跳出单纯的兽性的生活圈子，但却这样难，几千年的努力竟是枉费精神吗？空袭和警报、逃亡与坚守、伤兵和死尸、正义与自私、求生和求爱、人性与兽性……港战前后极大地丰富了张爱玲的人生经验。她回忆这段生活的长篇散文《烬余录》是现代文学中精细刻画战争中的人性和人性的战争的精彩篇章。它的结尾也是一段名言：

> 时代的车轰轰地往前开。我们坐在车上，经过的也许不过是几条熟悉的街衢，可是在漫天的火光中也自惊心动魄。就可惜我们只顾忙着在一瞥即逝的店铺的橱窗里找寻我们自己的影子——我们只看见自己的脸，苍白，渺小；我们的自私与空虚，我们恬不知耻的愚蠢——谁都像我们一样，然而我们每一个人都是孤独的。

香港，是成长期的张爱玲体悟人性的"圣地"。港战，给了她观察人性的良机。她的人生观开始在形成，在成熟。对个人的志向偏于写作方面亦有了信心。"张爱玲的香港故事，呈现了奢华与衰颓、浪漫迷魅和精神堕落并置的复杂图景。这个岛屿，为张爱玲眼中深受传统制约的上海中国人，提供了一面扭曲的镜子；相对于所扎根的上海，香港成了她的自我'他者'。多年之后的1952年，当她被迫离开上海时，她别无选择再次前往香港，并以之为试图开启新文学生涯的临时基地，尔后再移居美国。可以说，是香港，才令她后来的文学写作成为可能"。①

但她此时并不急于动笔，她还在锤炼自己的英文表达能力。在香港三年多时间，她惟一的中文写作是一篇五百字的散文《我的天才梦》。

1939年冬，在读大学一年级的张爱玲看到上海出版的杂志《西风》上有一则有奖征文，题为《我的……》，字数限定在五百字以内，首奖为法币五百元，真是一字一元共约值一百七十元港币。张爱玲动了心，她想了一个别出心裁的题目："我的天才梦"，从立意上，就比"我的妻""我的朋友×××""我的××故事"等有诗意、有超越感。张爱玲没有稿纸，就用普通信笺，写完后，一五一十地点字数。"受五百字的限制，改了又改，一遍遍数得头昏脑涨。务必要删成四百九十多个字，少了也不甘心。"② 改好后，兴冲冲地寄出去了。

当时她和同学住在法国修道院办的女生宿舍，每天分发邮件是在餐桌上。一天就餐时，爱玲收到了杂志社的信，信中说她得了首奖，她拿给从天津来的同学蔡小姐看，蔡小姐又兴奋地传给了别的同学，满桌传观，像中了头彩一样，同学们都为她高兴。

不久杂志社又寄来全部获奖名单，爱玲一看，全然不对。第一名换成了别人，写的题目是《我的妻》，爱玲被排在了第十三名，属荣誉奖，正奖只取前十名。从下一期的《西风》上得知应征者有六百八十五人，大学教授、大中小学生、家庭主妇、社会职员和失业者都有来稿。还看到了得首奖的文章，写夫妇相识经过与婚后贫病的挫折，字数长达三千字。杂志也没有解释为什

① 李欧梵：《张爱玲在香港》，《南方文坛》2019年第5期。
② 张爱玲：《忆〈西风〉》。

么评奖时不计字数。征文后来结集出版，用的就是《我的天才梦》的题目。张爱玲的"天才梦"并不会因这个小小的挫折所影响，她的文学天才梦已经做得很久很久了。

第四章　我的天才梦（文学之梦）①

十二、艺术准备

　　我是个古怪的女孩，从小被目为天才，除了发展我的天才外别无生存的目标。②

　　在一个推崇谦恭自抑品德的国度里，上述这样的自我表白是很容易被视为狂妄的。而这段话出自张爱玲之口，人们却不会指责她为"狂妄"，因为人们都承认她是一个品位极高、文学创造力极强的才女。

　　天才并不一定是全才，很可能只是一个在某一方面超群的

────────────

　　①　"我的天才梦"，张爱玲1939年所作应征散文名。本章叙传主的文学准备，即文学天才梦的萌生。

　　②　张爱玲：《流言·天才梦》。

人。人与人有先天的不同，更有后天的不同。天才们把个人的志趣、才华和刻苦努力融为一体，专心致力于自己所感兴趣的和所擅长的，便可能获得非凡的成就。

现代中国的文坛艺海中星河灿烂，贝珠夺目，涌现过无数风流人物。由于时代风云变幻无穷，政治势力强弱多变，阅读对象庞杂不一，因此每一次浪潮都会淘没一些作家，涌现一批新人。有一些作家因生逢其时、时代感召而写出一时为人称道之作，但因先天不足，文学修养有限，终将被人们遗忘。针对这一现象，20世纪末一位杰出而早逝的作家曾深刻而犀利地指出："我觉得我们国家的文学秩序是彻底颠倒了的：末流的作品有一流的名声，一流的作品却默默无闻。最让人痛心的是，最好的作品并没有写出来。"① 这是个令人感慨的表述，但我们不必为此感到尴尬。因为当代人评当代文学，偏见不可避免，何况一百年历史太短太短。中外文学史一再昭明，真正经得住历史考验的传世之作，必定出自成名前有坚实的生活准备和文学修养的优秀作家之手。张爱玲正是其中之一。因此，在我们介绍她童年少年的经历后还要专门谈谈她的文学准备。

天性聪颖、记忆敏捷、阅读广泛、勤于思考是优秀作家的必要条件。爱玲三岁的时候，就会背诵不少唐诗宋词。稍大一些，家里曾给她和弟弟请过私塾先生，她虽不甚喜欢，但从中获取了初步的阅读能力和粗浅的古典文学知识。表妹黄家瑞对她的评价是："不爱说话，走路飘飘的，大伙儿在玩的时候，她面前不是

---

① 王小波：《青铜时代》序，花城出版社1997年版。

一本书，就是一张画纸，给人画画哩！"①

在少年阶段求学求知的道路上，母亲是一个努力而持久的老师。作为中国较早的留学生，母亲的眼光是西式的，一心一意要把女儿培养为一个懂得美术和音乐的淑女。从形式上看，她没有获得太大的成功。这些东西没有成为张爱玲人生道路上的装饰点缀品。但从内容上来说，使她较早接触了西方文化艺术，丰富了她的心灵。但张爱玲认为母亲的教育是失败的，她自己并没有顺从地学过多长时间。对她来说，收获最大的是一种自娱式的学习方式。在没有家庭温暖的日子里，这是她的主要方式。它既是求知，又是逃避。

自娱的方式就是随心所欲的、毫无硬性的外部规定的学习，无论是看电影、听音乐，还是读书、习画，兴之所至，一切以兴趣为大，不太在乎读的是否是名著，听的是否是名曲。偶尔兴致大发，也画上几笔，唱上几句，写上几段。这种方式，培养不出科学家，但可能培养出文学家艺术家。从人才学的角度来说，这是一种相当有效的学习方式，尤其有益于成年之后从事文学艺术和哲学这些个性体验极强的精神劳动的人。现代心理学证明，人记忆最深的东西是他最感兴趣的东西。自娱式的优点正在这里。

有一段时期她迷上了绘画。她不攻山水，专画人物。简单的几笔勾勒，颇有神韵，富有个性。不同国籍和身份的人物，如中国人、欧洲人、美男子、洋太太、舞女、疯狂的艺术家、房东等，尽收笔底。不同性格的人物，如浅薄、做作、笨拙、横蛮、奴性、听话、刁泼、可怜等，栩栩如生。散文集《流言》中就收

---

① 周芬伶：《艳异——张爱玲与中国文学》，中国华侨出版社 2003年版，第 28 页。

了部分画作当插页。她生平第一次赚钱，是中学时代的一幅漫画，投给上海的英文报纸《大美晚报》，得了五元稿费。母亲要她留着钞票做纪念，或者买本书，但她觉得钱就是钱，跑到商店买了支小号的唇膏。如果她后来不写小说，专攻绘画，也许会成为一个出色的人物画家。

艺术的门类是相通的。写小说与画人物同样需要作者对人物命运的深刻理解和对人生现实的精细观察。习画的过程同时也是培养观察能力的过程。如果绘画能力是未来小说家张爱玲的一只翅膀的话，那么对音乐的理解力是她的又一只有力的翅膀。

9岁的时候，看了一部描写穷困画家潦倒一生的影片以后，她哭了一场，决定做一个钢琴家在富丽堂皇的音乐厅里演奏。[1] 有一段时期，她学弹钢琴，母亲对她说，既然是一生一世的事，第一要知道怎样爱惜你的琴，叫她每天的第一个功课就是用绒布去擦拭琴上的灰尘。她很喜欢姑姑弹奏钢琴和母亲伴唱时的氛围和情调，多次羡慕地说："真羡慕啊，我要弹得这么好就好了。"有一段时间，跟一个白俄女人学钢琴，每天有用人送她到老师家去学习，一周一次。老师夸奖她的时候蓝色的大眼睛充满泪水，抱着她的头吻她，张爱玲会客气地微笑，隔一会儿就悄悄地把老师的吻痕给擦掉。跟着这位钢琴老师学了几年后，父亲认为学费太贵，她的钢琴生涯就终止了。

也许有这个未完成态的学习生活，她声称不太喜欢音乐，口头上的理由是"一切音乐都是悲哀的"。[2] 但她的音乐修养是第一流的。她曾有专文谈音乐，文中谈及外国名曲，如数家珍。对

[1] 张爱玲：《流言·天才梦》。
[2] 张爱玲：《流言·谈音乐》。

每一支曲子的感受别致新奇而又真切服人，恐怕专门的音乐工作者也要对其理解体悟音乐的能力赞叹不已甚至甘拜下风。比如她对不同乐器的描绘：水一般流着的小提琴，仿佛流去了人生紧贴着的一切东西；胡琴虽然苍凉，流去了又流回到人间；大规模的交响乐由于有一定的程序，犹如有计划的阴谋。对不同风格的音乐，她有着切实的把握：如火如荼的南美洲的曲子、夏威夷琤琤瑽瑽的吉他、干净的苏格兰民歌、像赌气的大鼓书、软性刺激的弹词。她喜欢老实恳切的申曲，平实单纯而又嘈杂仓皇，"至死也还是有人间味的"。①

"人间味"是她取舍艺术的标准，因此她对中外的通俗流行歌曲也爱听爱唱。她最喜欢的古典音乐家是德国的巴赫，也只为这可爱的人间味。巴赫的世界在她看来笨重凝固而又得心应手。她把巴赫的曲子幻化为一幅美丽的图画：小木屋墙上的挂钟嘀嗒作响，木碗里飘出羊奶的腥香，女人在牵着裙子请安，绿草原上有思想着的牛羊与没有思想的白云彩，那里的喜悦也是沉甸甸的。

爱玲的小说世界也是"笨重凝固而又得心应手"的世界，充满了苍凉和繁复，显然也得力于这种超凡的理解力。对于颜色、声音、气味她向来是敏感的。

爱玲还十分喜欢看电影。她当时订的杂志以电影方面为多，包括美国的 *Movie star*、*Screen play* 等。在她的床头，摆满了小说和电影杂志。三四十年代美国明星主演的电影，她都爱看。如主演过《大饭店》《安娜·卡列尼娜》《茶花女》的葛蕾泰·嘉宝，主演过《女人女人》《红衫泪痕》并获第八届、十一届奥斯卡最

---

① 张爱玲：《流言·谈音乐》。

佳女主角奖的蓓蒂·黛维丝，主演过《欲海情魔》等片并获第十八届奥斯卡奖的琼·克劳馥，因成功主演《一夜风流》而获第七届奥斯卡最佳男主角奖的克拉克·盖博，以及加利·古柏、秀兰·邓波儿、费雯·丽等奥斯卡明星，都是爱玲所喜爱的演员。在上海、香港期间，对他们的片子，她几乎是每片必看。她欣赏嘉宝的出色演技，也对她的神秘身世十分好奇。盖博和费雯·丽主演的《乱世佳人》更令她津津乐道。中国影星如阮玲玉、谈瑛、陈燕燕、顾兰君、上官云珠、蒋天流、石挥、蓝马、赵丹等的作品，她也很少漏过观赏的机会。弟弟张子静曾有一段生动回忆：

> 我印象最深刻的是，有一次我和她到杭州去玩，住在后母娘家的老宅里，亲戚朋友很多。刚到的第二天，她就从报纸广告看到谈瑛主演的电影正在上海某家电影院上映，立刻就说要赶回上海去看。一干亲戚朋友怎样拦也拦不住，我只好陪她坐火车回上海，直奔那家电影院，连看两场。迷电影迷到这样的程度，可说是很少见的。但这也说明我姊姊与常人不同的特殊性格。对于天才梦的追寻，她一向就是这样执着的。①

当然，对于文学她更为钟情。小时候她对外国童话和《西游记》爱不释手，稍大一些涉猎更广。她家有读书好文的家传。祖父张佩纶"少工骈俪文，才思敏捷，下笔千言"。赋闲后，大量购书读书，有文集印行。父亲虽未干什么伟业，但常泡在书房中

---

① 张子静：《我的姊姊张爱玲》，第 67 页。

消磨时光。张爱玲这样形容他："我父亲一辈子绕室吟哦，背诵如流，滔滔不绝一气到底。末了拖长腔一唱三叹地作结。沉默着走了没两三丈远，又开始背另一篇。听不出是古文、时文还是奏折，但是似乎没有重复的。我听着觉得心酸，因为没有用处。"①他对古近代的历史有丰富的知识。爱玲常在他书房中找书来读。张廷重大约也是个"读书无禁区"论者，对涉世不深的女儿读《水浒传》《金瓶梅》《红楼梦》《海上花列传》等作品从不横加干涉。他曾经破例给女儿四块钱，让她去买多卷本的《醒世姻缘传》，让女儿在他的书桌前读《胡适文存》。有一次寒假，张爱玲模仿报纸副刊的样式，编了一张家庭副刊，内容是自家琐事杂闻，版面图文并茂，都出自一人之手，张廷重见了十分高兴，总将它展示给上门的亲友们看，得意地说道，这是小煐做的报纸副刊。他这种自由放任的态度，对张爱玲培养广博的阅读兴趣、独立思考、早熟早慧，肯定是有积极作用的。

黄逸梵订有不少小报，也购买了很多新文学书籍，长大成人后的爱玲还记得母亲当年坐在马桶上读老舍《二马》时放声大笑的趣态。张爱玲贪读知识的年纪，正是新文学诞生了十多年并取得较丰硕成就的时代，新文学不仅确立了自己的"正宗"地位，而且在各种文体内部涌现了大家，他们无疑也是张爱玲的文学泉源。对鲁迅、老舍、曹禺、穆时英、张恨水、沈从文这些名家的作品，她读得津津有味。对文人们不屑一顾的小报她也很有兴趣，她喜欢小报浓郁的生活气息和大众性。

她喜爱的古近代文学中，下列作家及作品是不得不提的：唐诗、李清照词、《金瓶梅》《红楼梦》《海上花列传》《歇浦潮》

---

① 张爱玲：《对照记》，第 50 页。

《老残游记》《醒世姻缘》《泪珠缘》《广陵潮》等。也许因为个人经历的关系，近代小说她读得特别多。而她最熟悉最推崇的是《红楼梦》，其次是《金瓶梅》。这两部作品对她后来的创作影响很大。

在天津的时候她就读过萧伯纳的《心碎的屋》，后来读过他的《圣女贞德》和林纾翻译的小说。上大学后，她对外国文学尤其是现代英国文学的兴趣增加了。如幽默多讽的伯纳德·萧、长于科幻故事的赫伯特·乔治·威尔斯、政治态度偏激的奥尔德斯·里奥纳德·赫胥黎（《天演论》作者之孙子）、擅长心理分析的德·赫·劳伦斯，都是她读得很多的作家，而她最喜爱的莫过于威廉·萨默塞特·毛姆①。毛姆对侨居他国的英格兰人的刻画，对中产阶级的讽刺，对异地风情的描绘使她感服崇拜，以至于在爱玲最初的香港故事中也有毛姆的风味。她后来还提到的作家有：狄更斯、王尔德、托尔斯泰、莎士比亚、拜仁、密契纳等。"张爱玲所接触的外国文学主要以英国和美国居多，此外还有俄国、法国、日本、挪威、比利时、爱尔兰等国的作家作品。这与'五四'以后中国对外国文学的大量译介、张爱玲的家庭背景与教育经历、所学外语为英语、早年在教会学校就读后来在香港求学以及漂泊海外定居美国的人生历程相关。当然，更与张爱玲个人对外国作家作品的偏好密不可分。而在英国和美国文学中，张爱玲则又更多地倾向于前者，如果说，从整体上而言，张爱玲对

---

① 1948年、1949年张爱玲以"霜庐"为笔名，还翻译了两篇毛姆的短篇小说 Red（《红》）和 The Ant and the Grasshopper（《蚂蚁和蚱蜢》），分别刊登在《春秋》杂志上。杨曼芬：《矛盾的愉悦——张爱玲上海关键十年揭秘》，第129页。

美国文学的接触主要是通过翻译，如对爱默生、华盛顿·欧文、海明威等作家作品，那么张爱玲对英国文学的接触，更多的是出于一种自觉的文学兴趣选择。"①

对各类艺术的良好修养，对中外文学的广闻博收，是一个优秀作家必不可少的先决条件。这本是人所共知的常识，但人们常常遗憾地发现，对于中国现代作家来说，并不是每个人都轻而易举地拥有这些条件的。张爱玲是一个富足的占有者、掘金者，惟其如此，她一登上文坛便出手不凡，才惊四座。

十三、"生来就会写小说"

张爱玲还有一个起笔甚早、时间甚长的试笔阶段，这对她后来正式以作家为职业有相当重要的作用。

她自称生来就会写小说。七岁时便写下了第一篇作品，写了一个姓云的小康之家，媳妇叫月娥，小姑子叫凤娥。凤娥趁兄长外出之机设计陷害嫂子。七岁的故事便是一个世态炎凉的凡人悲剧，与同龄人在母爱、童真、自然美中沉溺正酣相比，她幼小的心灵是多么沉重，令人不忍多想。这是一篇未完成之作，写作的时候，遇到不会写的字，她就去问厨子。

八岁那年，她又构思过一篇题为"快乐村"的小说。快乐村的人是一个能征善战的高原民族，因征服苗人有功，受皇帝特许免征赋税，享有充分的自主权。这是张爱玲的理想社会、世外桃源。她做了精心设计：有图书馆、演武厅、巧克力店、屋顶花园

---

① 陈娟：《张爱玲与外国文学》，《新文学史料》2011 年第 1 期。

等，她还配备了好几幅图案。显然这是一个无法实现的乌托邦，小爱玲也无法想象什么是快乐的人间生活，终又作罢。

大约 10 岁的时候，张爱玲利用课余时间，用铅笔记在一个笔记本上，完成了一个女郎因失恋而专程从上海跑到杭州投湖自杀的故事，女主角因为表姐插足，造成三角爱悲剧。写成后在同学中传阅，得到大家的交口称赞。母亲看后不以为然，说如果她要自杀决不会从上海乘火车到西湖去。但张爱玲坚持这个构思，因为西湖是美丽的，为爱殉情在她看来也是美丽的。这是美的毁灭的悲剧。

读小学期间，她开始有了一些较完整的习作。如"新文艺腔"浓厚的三角恋爱悲剧《理想中的理想村》。这大概是她先前构思并写成断片的《快乐村》的改写或续写。爱玲的"理想村"是美丽的——

> 在小山的顶上有一所精致的跳舞厅，吃饭后，乳白色的淡烟渐渐地退了，露出明朗的南国的蓝天。你可以听见悠扬的音乐，像一张桃色的网，笼罩着金山。——这里有的是活泼的青春，有的是热的火红的心，没有颓唐的小老人，只有健壮的老少年。银白的月踽踽地在空空洞洞的天上徘徊，她仿佛在垂泪，她恨自己的孤独……

爱玲十四岁时还尝试过一个长篇的鸳鸯蝴蝶派体的章回小说《摩登红楼梦》。她一生嗜读《红楼梦》，其启蒙老师是父亲。他的旧学根基较牢，也很欣赏爱玲爱看书爱涂鸦文字的性格。张廷重也有珍视温爱的父女情的时候。爱玲说过："我喜欢鸦片的云雾，雾一样的阳光，屋里乱摊着小报（直到现在，大沓的大小报仍然给我一种回家的感觉），看着小报，和我父亲谈谈亲戚间的笑话——我知道他是寂寞的，在寂寞的时候他喜欢我。"① 爱玲所说的"寂寞的时候"，主要指的是张廷重从离婚到再婚的那几年间。她在父亲书房看书，与他讨论对小说的看法。爱玲最爱读的是《红楼梦》，张廷重详细地给她谈《红楼梦》的作者身世，分析书中主要人物。爱玲也谈到自己的观感，并有了"戏续"《红楼梦》为《摩登红楼梦》的念头。看到女儿有戏写《红楼梦》的冲动，张廷重雅兴大发，为她代拟了回目。

第一回："沧桑变幻宝黛住层楼，维犬升仙贾琏膺景命"；

第二回："弭讼端覆雨翻云，赛时装嗔惊叱燕"；

第三回："收放心浪子别闺闱，假虔诚情郎参教典"；

第四回："萍梗天涯有情成眷属，凄凉泉路同命作鸳鸯"；

第五回："音问浮沉良朋空洒泪，波光骀荡情侣共嬉春"；

第六回："陷阱设康衢娇娃蹈险，骊歌惊别梦游子伤怀"。

张爱玲的构思是新颖别致又大胆出奇的，取《红楼梦》中人物，改换其中故事，将背景搬到 20 世纪的上海洋场。内容有秦钟与智能儿坐火车私奔到杭州，自由恋爱结婚；贾母带着宝玉及众姐妹到西湖看水上运动会吃冰激凌；主席夫人贾元春主持新生活时装表演；宝玉要与黛玉一同出洋，家中不允便负气出走；贾琏当上铁道局长，等等。其人物描写、语言动作、心理刻画与《红楼梦》酷似，自然流畅，活灵活现。试看其中一段：

（贾琏当上铁道局长，凤姐置酒相庆）自己坐了主席，又望着平儿笑道："你今天也来快活快活，别拘礼了，坐到

① 张爱玲：《流言·私语》。

一块儿来乐一乐罢！"……三人传杯递盏……贾琏道："这两年不知闹了多少饥荒，如今可好了。"凤姐瞅了他一眼道："钱留在手里要咬手的，快去多讨几个小老婆罢！"贾琏哈哈大笑道："奶奶放心，有了你和平儿这两个美人坯子，我还讨什么小老婆呢？"凤姐冷笑道："二爷过奖了！你自有你的心心念念睡里梦里都不忘记的心上人放在泌园村小公馆里，还装什么假惺惺呢？大家心里都是透亮的了。"……平儿见他俩话又岔到斜里去了，连忙打了个岔混过去了。

在《流言·存稿》中，张爱玲曾引用过少作的片断。跟不少作家"悔其少作"的做法不太一样的是，她是不悔的，甚至有些夸耀和得意。的确，从那些残简断片中，可以看出，其文笔之熟练老到，构思之奇异巧妙，远非同龄人所能比拟，读罢使人万难想到它们竟出自一个十岁上下的小女孩之手。才女文学之才，显露得出奇的早。

爱玲不仅喜欢写写画画，还很早就有发表欲。她第一次给报刊投稿时年方九岁，虽没被采用，但随稿寄给编辑的信的影印件现在还可以见到：

记者先生：我今年9岁，英文不够，所以还没有进学堂，现在先在家里补英文，明年大约可以考四年级了。前天我看见副刊编辑室的启事，我想起我在杭州的日记来，所以寄给你看，不知你可嫌它太长了。我常常喜欢书子。可是不像你们报上那天登的孙中山的儿子那一流的书子，是娃娃古装的人，喜欢填颜色，你如果要，我就寄给你看，祝你快乐！①

　　九岁的孩子能写出那样流利的信已属不易，敢于投稿本身便是了不起的举动。

　　张爱玲的文章第一次变成铅字是她在十二岁读初中一年级的时候，圣玛丽亚女校年刊《凤藻》第 12 期（1932 年号）刊载了她的小说《不幸的她》②。"她"和雍姝两个十来岁的女孩同在小学读书，亲密无间。后来雍姝远嫁成家，"她"这个"孤傲爱自由的人，几经风雨，仍然不幸着"。这个作品故事较粗疏，但已显现出张爱玲注意挖掘女性心理、关注女性命运的特色，文字也清新可喜。在《凤藻》上，爱玲还发表了《迟暮》《秋雨》《心愿》《牧羊者素描》《论卡通画之前途》等散文。《迟暮》中可见张爱玲对青春和创造的人生价值的珍视，对时光和生命流程的警惕态度。"青春如流水一般地长逝之后，数十载风雨绵绵的灰色生活又将怎样度过？"这里跳动着一颗敏感的少女之心。

　　高中阶段，张爱玲在校刊《国光》上发表了两篇非常出色的小说："《牛》和《霸王别姬》。前者取材于农村生活，后一篇是被作家写烂了的历史题材，这对于一个长期在公馆和校园中生活的涉世不深的女孩来说，她能轻松驾驭，写出特色，令人不得不佩服这是一块写小说的料——她有不凡的想象能力，文字表达能力和对人性的体认。在《牛》中，围绕着农民生计的命根子，禄兴娘子自家活蹦乱跳的牛被人硬生生牵走了，农忙时节好不容易

----

　　① 唐文标：《张爱玲资料大全集》，时报文化出版事业有限公司1984年版。

　　② 陈子善：《作别张爱玲》，文汇出版社1996年版，第 1 页。

借来的牛又害死了禄兴：

> 黄黄的月亮斜挂在烟囱，被炊烟熏得迷迷蒙蒙，牵牛花在乱坟堆里张开粉紫的小喇叭，狗尾草簌簌地摇着栗色的穗子。展开在禄兴娘子面前的生命就是一个漫漫长夜——缺少了吱吱咯咯的鸡声和禄兴的高大的在灯前晃来晃去的影子的晚上，该是多么寂寞的晚上啊！

爱玲不仅表现了农民的物质贫困，而且还注意他们的心灵创伤。在她的笔下，小说不只是故事，更要有人性的透析。这是她一开始就有意为之的。《霸王别姬》更是有别于一般的英雄美人故事的神来之笔。

作家和史家通常把虞姬处理成一个被欣赏者、被占有者，一个被动者。张爱玲却让虞姬的悲剧有了几分主动和清醒的意识，她开始怀疑十多年来以项王的苦乐为苦乐的价值，"她怀疑她这样生存在世界上的目标究竟是什么"。无论项王的霸业成功与否，无论她有怎样的结局和"冠冕"，她要有一个明确的"自己"，"她不再反射他照在她身上的光辉"。当项王拼死做最后一搏时，她先结果了自己——

> 项羽冲过去抱住她的腰，她的手还紧握着那镶金的刀柄。项羽俯下他的含泪的火一般光明的大眼睛紧紧瞅着她。她张开她的眼，然后，仿佛受不住这样强烈的阳光似的，她又合上了它们。项羽把耳朵凑到她的颤动的唇边，他听见她在说一句他听不懂的话：
>
> "我比较喜欢这样的收梢"。

不做英雄的陪衬，不做敌人的俘虏，不再继续那不可摆脱的女人的命运，虞姬的收梢，因为有主动和自觉，是一个漂亮的"收梢"。

当语文老师汪宏声先生读到这篇作品，喜不自胜，他在课堂上给张爱玲很高评价，认为爱玲的《霸王别姬》比郭沫若先生的《楚霸王之死》有过之而无不及。只要爱玲继续努力，将来前途不可限量。

从以上所引爱玲的少作，足可以看出，她是一个驾驭文字的高手，一个神童，一个少年天才。恐怕任何一个中小学语文教师见到这些习作都不会相信它们竟出自一个未成年的孩子之手吧？这就是张爱玲，不凡的张爱玲。

中学期间张爱玲还写过一些短小的文论，可见她那时就有品评作品臧否作家的能力。比如她说丁玲"是惹人爱的女作家"。对丁玲自传式的平铺直叙的《梦珂》，她认为"文笔散漫枯涩，主题很模糊，是没有成熟的作品"。而对丁玲的《莎菲女士的日记》评价甚高，她说："细腻的心理描写、强烈的个性、颓废美丽的生活，都写得极好。女主角莎菲那矛盾的浪漫个性，可以代表五四时期感到新旧思想冲突所带来的苦闷的一般女性们。作者特殊的、简练有力的风格，在这本书里得以成熟。"① 应当说，这是一篇简洁准确的作家论，出自一个十六岁少女之手，值得佩服。这些习作的可贵不仅在于它们表明了张爱玲的惊人才华，而且在于它们清晰地展现了张爱玲的创作轨迹和艺术探索的道路。

---

① 1936年圣玛利亚女中校刊《国光》。

上引各篇，以体裁论有小说、散文；

以题材论，有家庭纠纷、爱情故事、生命意识、历史演义；

以风格论，有《红楼梦》式的章回文言小说，亦有雅驯的白话创作。

可见她在正式冲向文坛之前，她有过各种尝试，各方探索。高眼光高起点高成就，是自小就奠定了基础的。成名后，在一次作家聚会上，有记者问张爱玲的写作经过，她答道："我一直就想以写小说为职业。从初识字的时候起，尝试过各种不同体裁的小说，如今古奇观体、演义体、笔记体、鸳蝴派、正统的新文艺派等等。"① 这话清晰地表明了两点：

1. 张爱玲具有"为写作而写作"的职业作家意识；

2. 与之相联系，作者具有相当强的文体意识。

现代史上的不少作家，经常宣称不是为了当作家而写作，而是以写作作为表达见解发泄愤怒的方式。他们关注的重心是见解，而非艺术性，他们对写什么（题材）的兴趣大于怎样写（技巧）。因此他们的作品的内容的进步性和题材的价值常常以粗糙的形式表现出来，呈现出社会认识价值与艺术审美价值的严重分离。这种现象固然有可以理解的历史限制，也表明了这些作者自身创作意识的匮乏。他们扮演的充其量不过是一个二流的社会学家、历史学家的角色。

张爱玲视写作为生命存在的方式。她并不特别计较说教的意义，而是苦心探索艺术表达方式，寻找最能适合于自己的文体风格。因而品质纯正，技艺超群，终于形成雅俗共赏，中国传统味与西方现代味俱全的独特文体。

---

① 唐文标：《张爱玲资料大全集·女作家聚谈会》。

这，就是张爱玲早期试笔的重要意义。同时也可以看出，张爱玲早年的文学梦甜美、纯净，不含杂质。

十四、才女怪癖

大一时期，张爱玲写的应征稿《我的天才梦》——一个多么不凡的题目！她实际上是在向文坛、向读者预告：一个文学天才即将诞生。这是在童年少年的辛勤耕耘培养之后，对不久后的收获的充分自信。在表露了自己的自信之后，也即本章开头所引的那句发展个人天才的"狂妄"之语后，张爱玲还谈到了个人的怪癖：

> 然而，当童年的狂想逐渐退色的时候，我发现我除了天才的梦之外一无所有——所有的只是天才的乖僻缺点。世人原谅瓦格涅的疏狂，可是他们不会原谅我。

张爱玲的确有许多"怪癖"，很多不及常人之处，以至于她到老了之后也是美籍华人圈子中的怪人，不与他人往来。当她最初在涂鸦文字的同时，她缺乏着起码的生活自理的能力：不会削苹果，不会补袜子，怕上理发店，怕见客，不会织毛衣，记不住家里汽车的号码。在一个房间里住了两年，始终不知电铃在何处。接连三个月坐黄包车去医院打针还是不认路……在待人接物方面有着惊人的愚笨。此外，她有很多特殊的小趣味。她喜欢雾的轻微的霉气、雨打湿的灰尘，喜欢汽油味、葱蒜味、牛奶的煳味、油漆味、陈油味等，确实有些怪。

"在现实的社会里，我等于一个废物。"① 张爱玲这样苛刻地评价自己，对于一般人而言，这自然是一个缺点，但对于作家艺术家来说，往往是充满艺术气质的体现。他们常常注重的是事物的意义而非结果，注重于情感体验而非操作程序。他们追求的是生命的趣味和价值，而非生活中的实际获取和需要。他们是理想的真正生活的憧憬者、追寻者，是实际的真实的生活的漠视者和低能儿。行为乖张、举止出格、思维反常，皆因他们沉溺于理想的诗意的应该如此的生活中。如同弗洛伊德所说，诗人、作家、艺术家往往与疯子怪人只有一纸之隔。

很多评论家和文学爱好者常常在这一点上发生误解。他们把作家视为完人、通人，上知天文，下知地理，熟悉人间的各种生活。其实从来没有这样的作家。作家不是最高文凭的拥有者，不是高智商的被测试者，不是通万物的超人，不是特异功能的携带者、表演者。他们有着凡人共有或没有的缺点或局限，在很多日常事务方面他们常常令人大跌眼镜。只有在这一点上他们与其他人和疯子不同——他们是人类生存价值的全力探求者，他们是人的生活状态和人性发展过程的特别关注者，他们是人的情爱意识的专门表现者。他们拥有的是性格鲜明的个体和整个人类！

他们的双眼里装有一架别人看不见的显微镜，一只别人看不见的放大镜。他们的心灵始终是人类人欲横流的漩涡和港岸。他们的脑海永远是人类斗智斗勇的宝地和战场。他们体悟所经历的、思索所观察的、表达所凝构的，写作之于他们，不是一种技能性的职业工种，而是生存方式，是内驱力的外泄；他们的作品也不单是一种种技巧的编织，而是激情冲动的符号，人性冲突的

---

① 张爱玲：《流言·天才梦》。

映现。

惟有顺着这样的思路，我们才可以理解张爱玲的怪僻和才华。读书和写作从幼时起就成为她生活的主要兴奋点和内驱力，她自然是有些怪了。

虽然尝试过不同的题材和体裁，但她一开始所关注和表现的就是人的内心世界、情欲冲突。姑嫂之争中有女人对女人的阴谋，美女的自杀中有美的毁灭的喟叹，妻妾对谈中有男性中心主义的强力，青春赞叹中有对时间老人的恐惧，农妇孤寂中有对穷人生命意义的感慨，霸王别姬中有对女性生命价值的思索……

这，就是张爱玲少作的过人之处，可贵之处。是哪一位天神赋予她特殊的才华、敏锐的心灵、早熟的智慧？

除了天赋，还有她童年的记忆。"童年记忆"对于成人尤其对于作家具有相当重要的意义，这是评论家和心理学家的共识。童年是作家生活的摇篮、观察的起点、灵感的初源、天才的土壤。它蕴藏最初的生活方式和价值观念，氤氲着细微的观察视角和创作无意识。

生于富家、长于富家、死于富家，一辈子生活富裕的人多是没有出息的，他们不知忧愁，因而无以清醒无从奋起；生于贫穷、长于贫穷、死于贫穷，一辈子生活贫困的人也多是少有作为的，他们终生为起码的物质生活操劳，不可能有大贡献于社会。因为太穷会限制眼界，难以超越。只有那些随着大时代变幻个人家境也在变幻的一代人才多有可能成功。他们知道先前生活的无奈与精彩，更深切地感受到自身现在的无奈与外面世界的精彩，因此他们奋发有所为。现代中国文坛提供了无数这样的实例。

本书的传主，一代才女张爱玲，童年时代的她不是金色光环笼罩下的张公馆的小天使，不是在纯情母爱宠幸中的小公主，不是四邻夸耀的小宝贝，不是老师引为自傲的小精灵，她是一个没有父爱的名门千金，少有母爱的富家小姐。如果说贫困使人因皮肉之苦而发出对不公道世界的诅咒的话，那么无爱则使人备感生命的孤独和情感的扭曲。贫穷只能带来辛酸感，而优裕则可能会带来孤独感。冰冷的家庭使她产生无尽的恋家情结，优越的家境使她产生了优越的感伤。在她柔软的心灵中始终有一个巨大的落差。身心的重创，对于一般人是永远的重创。对于敏感多情的文艺家则是发酵的酵母、心灵的回流、掘金的宝矿。如同当铺药店之于少年鲁迅、屠杀流血之于巴黎的巴金、孤苦之于夏绿蒂、债务之于巴尔扎克……

张爱玲的童年经历，使她失去了儿童似的惯常的认知世界的金色眼光。她的童心世界没有单纯的明丽，而是繁复的苍凉。

不幸是作家的摇篮，痛苦是智慧的母亲。张爱玲正是在不幸和痛苦之中诞生的作家。她后来的作品直接间接地来自童年记忆：洋场和洋场阔少、公馆和公馆里的遗老、鸦片和吸鸦片的太太、古董和古董般的老婴孩、旧家具和随家具的老去而长成的女性、舞场和舞场上的调情、电车和电车中的邂逅，无不打上早年生活的印记。作品中某些人物的原型，也可在她家的生活环境中找到。《茉莉香片》中病态的聂传庆，不正是她那怯弱无能的弟弟的影子在游荡？作品中那些精巧的比喻、丰富的意象，难道不是她在那使人昏睡的洋房里没有昏睡而在自由遐想的记录？那一再出现而隐义每每不同的月亮意象也许因为她儿时的夜晚常常与月亮共享孤独？

第五章 自己的文章 (锋芒初试)①

十五、"极有前途的青年天才"

1942 年 5 月香港大学停课，张爱玲辍学，与炎樱坐船返回上海。路过台湾，她们看到了浮在海上的秀丽山水，留下难忘的印象。

战火粉碎了她的蓝色的英国梦，也使她的香港求学生涯提早结束。她的一门门优异成绩，随战火灰飞烟灭。除了对人心世事认识的逐步成熟，她又变成了一无所有的人。她只好又回到了上海，回到了姑姑的家，与姑姑同住在 Kernier 街的 Kernier 公寓（开纳公寓）。她打算在上海找一所大学读完她在港大未完的学业。

姑姑和父亲反目之后，她用个人分得的财产做了一些投资生

---

① "自己的文章"，张爱玲 1944 年所作论文名。本章叙传主的文学生涯的正式开始。

意，但因时局不稳、货币贬值，她的投资大都有去无回。然后她自己四处找事做，成了一名职业女性。先在英商的怡和洋行做事。上海沦陷后，洋行生意不景气，大量裁员，姑姑也被裁掉了。她还在一家电台工作过，也给大光明戏院做过翻译。面对这个她喜爱的侄女的到来，她喜爱中也有担忧，喜的是爱玲已出落为一个有才华的大姑娘，忧的是她那未竟的学业和没有着落的生计。张茂渊一个人自食其力尚可，但要负担爱玲就很吃力了。因此她让爱玲去找父亲想办法，并告诉她，当初张廷重与黄逸梵离婚时，协议中就有张廷重负担爱玲教育费一项。爱玲在港大三年多，张廷重本未掏一分钱，但现在不出钱让爱玲完成学业，实在说不过去。想到当初逃离父亲的家，想到父亲和后母的武力和恶言相伤的隐痛至今难消，想到离家四年未通音信，爱玲迟疑着。

三年多没直接得到过姐姐消息的张子静，得知姐姐回上海了，兴冲冲地跑到姑姑家来看望。高挑的个子、披肩的长发、时髦的衣装，散着飘逸之美，子静眼里的姐姐是这样的可亲可爱。爱玲跟弟弟谈到了港大的生活，对不得不辍学之事耿耿于怀，她愤愤地说："只差半年就要毕业了呀！"子静问爱玲回上海后如何打算，爱玲把她的想法和盘托出，她觉得眼下最要紧的是完成大学学业，想转考上海圣约翰大学，拿张毕业文凭再说。

子静听了十分高兴。他当时也想报考圣约翰大学，如能如愿，姐弟俩同入一校，就可常碰面了。然而姐姐叹了一口气说："不过——学费，姑姑没有钱。"爱玲把姑姑关于应该由父亲出学费的意思复述了一遍。子静明白，如果姐姐向父亲开口，难免有伤尊严。但他认为姑姑的意见是对的，劝姐姐以文凭为重，并愿出面与父亲商量。

回家之后，张子静找了后母不在的机会，向父亲婉转叙述了与姐姐见面的经过及姐姐想继续求学的想法。张廷重表情沉静，听得很专心。他沉吟了一会儿，说道："你叫她来吧！"虽然他对女儿反目一事难以释怀，但要子静去约爱玲来家，至少表示他还是同意了。过了几天，爱玲来到了家里，这已不是她逃走时的那幢大别墅，而是一座小洋房。后母事先已得父亲的言语关照，为了避免尴尬，躲在楼上没下来。

> 姊姊进门后，神色冷漠，一无笑容。在客厅见了父亲，只简略把要入圣约翰大学续学的事说一遍。难得父亲那么宽容，叫她先去报名考转学，还说："学费我再叫你弟弟送去。"
>
> 姊姊在家坐了不到十分钟，说说清楚就走了。
>
> 那是姊姊最后一次走进家门，也是最后一次离开。此后她和父亲就再也没有见过面。①

秋天，姐弟俩如愿成为圣约翰大学的学生。子静读的是经济系一年级，爱玲和炎樱读的是文学系四年级。爱玲参加转学考试时，国文一科竟不及格，要去上补习班。大概她在香港听说读写主要用英文，把国文荒疏了。但以她的才情和根底，很快就补了上来，开学不久即从国文初级班跳到高级班。

炎樱在圣约翰大学学到毕业，张爱玲姐弟却先后辍学，没有拿到毕业证书。张子静是因为身体原因在大二退学的，而爱玲只上了两个月就放弃了。她对子静谈到中断的原因有二：一是在圣约翰学业上没什么长进，因为没有几个好教授、没有几门她感兴

---

① 张子静：《我的姊姊张爱玲》，第78页。

趣的课。"与其浪费时间到学校上课，还不如到图书馆借几本好书回家自己读。"

第二个原因是钱的困扰，这才是最根本的问题。除了学费，还要生活费。此次回上海，增加姑姑的负担，她心里很过意不去，再找父亲要生活费也太不合适，因此想早点挣钱，经济独立。

张爱玲觉得："用别人的钱，即使是父母的遗产，也不如用自己赚的钱来得自由自在，良心上非常痛快。"张子静也觉得没有什么好办法劝姊姊完成学业，就对她说："你可以去找个教书的工作。"

她摇摇头说，不可能。

"你英文、国文都好，怎么不可能呢？"

爱玲说教书不仅肚子里要有墨水，而且还要口头表达，而"这种事情我做不来"。子静一想也是。爱玲属于那种矜持内向、不喜应酬、不好重复的女孩，要她去成天跟叽叽喳喳的学生打交道，确实让她为难。从人才学的角度来说，教书属普及性工作，写作是创造性工作。当然也有两者皆长的人，但人们大都是各有所长。譬如爱玲，她就属只擅长写作而不擅长教书的那类人。

子静又想到姐姐的文笔好，又建议她找一个报馆编辑的职业。爱玲却只愿当作者，不愿当编辑，她觉得当编辑有很多事务性的工作要干，她干不好。

事实上，这时期她已开始尝试以写作为职业，卖文为生了。

爱玲开始卖文，且卖的是洋文。她职业作家生涯的第一步，是给在上海的英文报刊写随笔。

除了给《泰晤士报》写影评剧评，她还在《二十世纪》杂志上发表了不少散文。《二十世纪》是德国人克劳斯·梅奈特

（Klans Mehnert）博士创办的。这个有着丰富的阅历和做过多年记者的德国人，1941年10月自美国经日本到上海，办起了这份以介绍东方文化和世界形势为主的综合性月刊。他在创刊号中说，选择上海办这样一份杂志，是因为上海已成为当时最后一个国际化的大都市，他要为在亚洲的欧美人士提供一个与外界联系的通道，提供一份精神食粮以填补与外界隔绝的真空状态。

1942年底张爱玲辍学不久，她给《二十世纪》寄去了一篇长文：*Chinese Life and Fashions*，专谈中国人时装的变迁。主编对其纯熟老到的英文风格和生动有趣的内容大加赞扬，对作者附上的十几幅关于中国人的发型与服饰的绘图也十分赏识。于是在次年1月的杂志上郑重推出。称张爱玲小姐"是极有前途的青年天才"①。

张爱玲的这篇文章受到编者和读者的交口称赞，因此她又陆续写了好几篇散文。有谈中国人的生活与宗教的，有对当时上海放映的电影《梅娘曲》《桃李争春》《万世流芳》等的评论。这些英文文章，她后来把其中的几篇改成了中文发表，如前述谈服装的文章，改为了《更衣记》，后来收入散文集《流言》中。《流言》中的《洋人看京戏及其它》《借银灯》《银宫就学记》《中国人的宗教》等文也是这样改写而成的。它不是一般的翻译，而是一种再创造。英文、中文都很漂亮。

梅奈特先生对张文喜爱有加，每每在编者按中郑重推介。他还以张爱玲像为封面，向读者广为介绍。封面上的张爱玲的头像画了眉眼，涂了口红，短发齐肩。既有知识女性的矜持，又有职业女性的装扮。梅奈特在文中介绍到张爱玲谈服装的文章"倍受

---

① 《二十世纪》第4卷第1期《编后记》，1943年1月出版。

赞赏"，他分析张爱玲，"与她不少中国同胞差异之处，在于她从不将中国的事物视为理所当然，正由于她对自己的民族有深邃的好奇，使她有能力向外国人诠释中国人"。他评价张谈宗教的文章说："作者充满遐思奇想的三界漫游中，无意解答宗教的或伦理的诘疑。但她以其独特的趣致方式，成功地向我们解说中国民众的好些心态。"① 梅奈特所指出的张爱玲熟悉古中国人又能超越其生活的国土看中国人的特点，应该说与她读书广博悟性极好相关，也与她的香港生活经历分不开。这一特点在她后来的小说中有更充分的体现。

张爱玲早年的创作生涯与梅奈特先生有缘。1945年欧战结束，《二十世纪》的使命也完成了。停刊后，梅奈特返回德国，仍从事文字工作，他逐渐成为研究苏联、中国和东方世界的有影响的人物。1971年，他获准在中国采访，有《重返中国》一书，成为西方人研究中国的重要参考文献。

有趣的是，1968年，梅奈特先生曾任柏克莱加州大学的客座教授，他的《北京与新左翼》是次年该大学的中国研究中心印行的，而张爱玲第二年也在该中心工作。二人是否谋面，不得而知。②

---

① 《二十世纪》第4卷第1期《编后记》，1943年1月出版。
② 以上关于梅奈特的介绍，参见郑树森《张爱玲的世界》，台湾允晨文化实业股份有限公司1990年版，第41—46页。

十六、一个女作家呼之欲出

卖洋文的成功，给张爱玲极大的鼓舞，她不满足于这种向洋人介绍中国的铺叙性表达方式，她更感兴趣的是向自己的同胞展示一个用中文创造的艺术世界。所以在给《二十世纪》写文章不久，她就开始了小说创作。对此，她不仅有充分的自信，而且有急迫的冲动。她要用小说来证明自己的创作才华，要用小说来获得更大的荣誉。

心灵的重创、女性的敏慧、自娱式读书、不凡的试笔，这是张爱玲成为作家之前的四大宝贵资源。她的情感之流奔涌冲出，她的智慧之泉要溢出身外，她的灵巧之手要绘出灿烂的艺术之花。

一个女作家呼之欲出！

她在沉淀筛选自己的童年记忆，她在回味一个个人物的音容，她在幻化公馆洋场的一幕幕场景，她在咀嚼着周边世界的每一个细节。她将把遗老们推上审判台，把父辈们送进解剖室。她将把沪港洋场的光怪陆离描绘为坟场上垂死的舞蹈，她将调笑洋场公子哥们自以为聪明的一桩桩高等调情的拙劣表演，她将毫不留情地撕开温情脉脉的爱的面纱揭示其色欲的膨胀和物欲的贪婪，她将暴露小市民的自私、巧滑和恬不知耻的愚蠢……

她将把自己的人生感悟审美体验融化为繁美的词句和惊艳的意象，她将把自己吸取的中国古典小说的形貌与西洋文学的精魂创造性地转化为属于她自己的独特文体……

每一日心都在战栗冲动，每一根神经末梢都在通电。

她将出名！

她将拥有无数为她着迷发痴的读者！

在香港大学迷上绘画的一段时间里，她得到过一个教训："老教训：想做什么，立刻去做，否则来不及了。'人'是最拿不准的东西。"现在她要拿住自己。

写作的魔神已附上了她的身体，她无意赶走，也赶不走了。欲火在升腾，她飘飘然地想象着自己的作品出版了，她要走到每一个书亭报摊，装作一副不相干的样子："销路好吗？……太贵了！这么贵，真还有人买吗？"

当初在校刊上发表文章时，她就发疯似的高兴，读了一遍又一遍，每一次都好像是第一次看到，每一次都有新感觉。"啊，出名要趁早呀！否则太晚了，快乐也不那么痛快。"

所以她不断地催促着自己："快，快，迟了来不及了，来不及了！"

如此渴望出名，除开人的功利心和文学的诱惑使她从小就有当职业作家的因素外，还可以说是她摆脱童年梦魇，确证自己的方式。不仅如此，还因为时代的感召。有如一段名言为证——

个人即使等得及，时代是仓促的。已经在破坏中，还有更大的破坏要来。有一天我们的文明，不论是升华还是浮华，都要成为过去。如果我最常用的字是"荒凉"，那是因为思想背景里有这惘惘的威胁。①

是的，她的生活背景，她将要描绘的故事，是一步一步地退

---

① 张爱玲：《传奇再版序》。

出历史舞台了。她写作的时代，则是中国和世界格局大变幻的时代。变幻之快，她无力把握，也缺乏关心政治的兴趣。但她不是外星人，何况她敏感，她不知道将会发生什么，但知道什么都会发生。写作，对她既是发泄也是逃避。乱世的人没有长治久安，她要抓住一点儿真实的东西。

所有这一切，构成了从香港回上海期间的青年张爱玲的一幅独特画像：

她以出人意料的大胆改装古中国的女性服饰，用来包装自己清癯苗条的近170厘米高的身体。她以细长的眼睛凝视着周边的世界，她以端正而苍白的脸庞漠视着身边的风景。

不是红日中天，而是月色撩人；不是红尘滚滚，而是苍凉满目；不是浪漫纯情，而是冷凝多讽。

她将成名。在40年代的中国文坛，在孤岛上海——一个女作家呼之欲出！

人们一下子欣喜地发现了她、记住了她，很快又忘记了她。而后永远记住了她，在一本本文学史中，在千万个读者心中！

十七、小说创作尝试

1943年3月初的一个下午，春寒料峭乍暖还寒。身着鹅黄缎袍的爱玲小姐在路上匆匆走着，她的衣袖很短，露出下半截手臂，手挽着一个布包。布包里装着她的宁馨儿《沉香屑·第一炉香》，一个描写战时香港的中篇小说。

确定了写作目标之后，张爱玲仿佛有写不完的题材。她极力要让上海人喜欢她的小说，于是最先想到的是写几个香港传奇给上海人看。她有太多的空闲，除了思想还是思想。她回忆着自己过去的一幕幕经历，尤为清晰鲜明的是新近的香港生活。香港，给她这个遗少的女儿打开了一个既熟悉又陌生的世界，给了这颗孤寂的心灵既刺激又犯冲的新感觉。妻妾成群的爵士、春心荡漾的富太太、血统复杂的混血人、满脸酒气的英国兵、不中不西的华侨，一个又一个地浮现在她面前，色彩鲜明，性格迥异。在持久而强烈的创作欲支配下，她写下了最初的一组小说，几个关于香港的传奇故事。

《沉香屑·第一炉香》是第一个作品。她在小说开头亲切地对读者说：

> 请您寻出家传的霉绿斑斑的铜香炉，点上一炉沉香屑，听我说一支战前香港的故事，您这一炉沉香屑点完了，我的故事也该完了。

香烟袅袅中，这是一个什么样的故事呢？《沉香屑·第一炉香》写的是一个从上海随家来港求学的女孩子葛薇龙，在全家要搬回上海之际，投靠了早年与薇龙父亲反目的姑妈。姑妈是大富翁的小妾，当初不顾家人反对，与港商结合。而今港商已死，留给她大量财富，现在她要以这些花费了她青春时日的钱来玩爱情游戏，以换回过去的时光。薇龙几不经意地就被这里的淫逸空气腐蚀了，成为姑妈二世。既为姑妈弄人，又为纨绔丈夫弄钱。张爱玲写女人堕落的常见故事，却有超常理解。立意不在平面的道德谴责，亦不是对男人世界的理性批判，而是刻意表现洋场文化怎样使古中国的传统贞女变了节，一个女子怎样受了诱惑而自甘沉溺，具有浓厚的文化剖析意味。作品对香港的建筑布局、风土人情、上流社会的调情技巧，细细道来，一一铺陈，宛如一幅香港风情画。作者悠闲的超然旁观态度，不紧不慢，圆熟老到。女性作者在初作中就摆脱了同性人的自我中心滥释情感的写作模式，亦见出手不俗。

紧接着是《沉香屑·第二炉香》。取材于港大生活，一个中年的英籍教授爱上了一个纯情英国小姐。但因她纯得没有了人性，全不解男女性事，因此新婚之夜出尽洋相，丢尽脸面，教授终于自杀。表面上看，这是一个罕见的新奇题材，并无普遍的意义，因为像那样无知的新娘是极少的。但小说有两点特殊意义：其一，它对所谓英国式的淑女教育持基本否定的态度。愫细母亲是这种纯情教育的实施者，她把情的世界变得苍白，而将性乐视为兽的污点，以致愫细的婚礼之夜就成了情的终结世界。张爱玲对女子教育一贯持怀疑态度，在她后来的短篇小说《封锁》中亦有表现。其二，这篇小说还表现了无知的纯情世界和无情的放浪世界对人性的毁灭性打击。愫细使罗杰·安白敦教授出丑，使他在校方和英人圈中成为人人不齿的"淫根兽怪"形象，而那些空虚无聊的太太又想利用他的所谓奇异的性能力以满足淫欲。罗杰走投无路，只好自绝于英人圈。纯情教育和放纵生活是尖锐矛盾的两极，却共存于殖民者范围中，这是多么荒唐的讽刺故事。

令人惊异的是，一个并未在形式上涉足男人世界的年轻女子，竟然对两性生活和男女性心理以及由此负载的人性意义有如此细致精确地把握，使人对张爱玲肃然起敬。

姑姑是她的作品的第一个读者。读后连声叫好，还为她找了一个老先生推荐这些作品。这位老人叫黄岳渊，他是著名的园艺家，也是文人墨客的风雅朋友。他早年也是朝廷命官，三十岁时辞官退隐，专育花草。他觉得到了而立之年，应该定下一个有益有趣的事业。官场应酬太多，违心事也要做。商场免不了坑蒙拐骗，于心不安。要有益有趣，惟花草虫鱼，既怡己又怡人。于是倾自己积蓄，广置田地，专养花花草草。在这个"花木保姆"的精心经营下，黄家花园日益兴隆，声名远扬。每逢花时，社会名流、文人贤达纷纷前往，吟诗作画，好不热闹。而周瘦鹃、郑逸梅这些连名字也带花带草的作家更是黄家的座上客。张爱玲家本是名门，她母亲又是黄姓，张茂渊与黄岳渊先生也相识。于是才有了这一段通过黄岳渊介绍侄女拜见周瘦鹃的经过。于是张爱玲带着老先生的信和《沉香屑·第一炉香》《沉香屑·第二炉香》叩开了周瘦鹃先生的门，同时，她叩开了中国现代文坛的神圣之门。

周瘦鹃是现代著名小说家、翻译家。他是苏州人，家贫少孤，六岁丧父，凭自己的勤奋好学和聪明才智而成名。中学时代便有小说发表于影响颇大的《小说月报》上，此后以写作和编辑为生。他特善于写言情故事，是鸳鸯蝴蝶派、礼拜六派的重要作家。他的《此恨绵绵无绝期》《恨不相逢未嫁时》也是张廷重书房中的藏品。此时他正在准备创办一本题为《紫罗兰》的新杂志，张爱玲出现了。

递过介绍信笺，自报家门的一阵腼腆之后，爱玲打开了她带来的布包，将稿子恭恭敬敬地捧给文坛前辈周瘦鹃。周先生年近半百，平易和气，对这位气质淡雅而热衷创作的女子颇有好感。他打开稿本，看其题目觉得新颖别致，料作者出手不凡，当即热情表示先放在他家中，容他细读之后再做答复。

接着周先生问起张小姐的身世和近况，爱玲一一作答，还告诉说她母亲和姑姑都是周先生的热心读者。她母亲多次为其言情小说落泪，还给他写过信，劝他不要再写哀艳的故事赚她太多的泪水。想必是周先生的来信甚多，这一节他完全没有了印象。

长谈了一个多小时，爱玲告辞而归。当夜周瘦鹃就在灯下悉心展读这位新作者的作品，边读边击节赞赏。一星期后，爱玲前来叩问先生有何见教，周先生褒扬之辞溢于言表，说了很多鼓励的话，使爱玲感动而欣喜。周先生又问可否发表在他主持的《紫罗兰》创刊号上，爱玲满口应允，称谢而去。当晚她又赶来，邀请周瘦鹃夫妇在作品印行之后到她家小坐。她要举行一个小小的茶会以示庆贺，周先生高兴地答应了。

在《紫罗兰》创刊号上，周瘦鹃介绍了《沉香屑·第一炉香》和它的作者："如今我郑重地发表了这篇《沉香屑》，请读者共同来欣赏张女士一种特殊情调的作品，而对于当年香港所谓高等华人那种骄奢淫逸的生活，也可得到一个深刻的印象。"[1] 周先生如此喜爱张爱玲，自有他的道理。这篇作品题材是他那"鸳鸯蝴蝶"一脉的，风格却清新别致。有这样的作品助阵，或许可以抵挡住主流文学对这一派的歧视吧？

这是张爱玲第一篇正式发表的小说，是她职业作家生涯的开门红，她的喜悦之情难以言表，庆贺一下是理所应当的。

周先生如约带着样本，带着5月的阳光去了爱玲的公寓。在一间雅洁精致的小会客室里，女主人备上了牛酪红茶和各式点心，茶具也很玲珑别致。周瘦鹃和爱玲及爱玲的姑姑围桌而坐，品茗聊天，兴味十足。

在周瘦鹃的关心下，张爱玲开始了职业作家的生活。而且她很快扬名孤岛，成为红极一时的作家。

---

[1] 周瘦鹃：《写在〈紫罗兰〉前头》，见《张爱玲资料大全集》。

十八、到处都是传奇

张爱玲不急不慢、徐徐燃起的两炉香获得了读者的好评，她颇受鼓舞，一发不可收，又连续发表了《茉莉香片》《心经》《倾城之恋》等描写香港生活的小说。

爱玲的茉莉茶虽然香气袭人，但也隐含苦涩，如同香港虽然繁华美丽，然而悲哀苍凉。出自小商人之家的书生言子夜在为冯家小姐们补习功课时与大小姐冯碧落两心有意，情爱绵绵。言家托人说亲，冯家因瞧不起言家的商贾气而一口回绝。后来各自有了无爱的家，言子夜成了港大的教授，冯碧落嫁给了聂介臣忧郁而死。这本是新文学初期通常的揭露门第婚姻包办婚姻的老故事，但《茉莉香片》的笔力不在此，而是以之为背景描述悲剧的延续及对下一代的身心伤残。聂介臣的儿子聂传庆成了言子夜的学生，且又与言的女儿言丹朱同学。一直郁郁寡欢的聂传庆眼见得丹朱幸福的父亲、幸福的家而心生嫉恨。他觉得自己本该是言家的一部分，本该有言丹朱一样的幸福。或许是丹朱顶替了他的生命，他偏执乖张、自伤自怜，常做出种种盲目无理的举动。他备感"那无名的磨人的忧郁，他现在明白了——那就是爱——二十多年前的，绝望的爱。二十多年后，刀子生锈了，然而还是刀。在她母亲心里的一把刀，又在他心里绞动了"。

两代人的悲剧，封建伦理的苦果。这种传奇式的处理方式，分明是张爱玲式的，融奇异故事与心理剖析为一体，乖巧隐蔽、别致自然。

《心经》也是怪异故事。二十岁豆蔻年华的女学生许小寒，跟她不太老的父亲和显老的母亲构成了一个隐含的情爱三角。从十几岁起，她几乎是有意地隔绝了父母的爱，一点一滴地排挤了母亲对父亲的感情，一点一滴地霸占了对许仪峰——家中惟一的男子——的爱。这种爱，既不是父女亲情，又不纯是男女性爱，使得女儿失去了对别的任何男子的兴趣。情形越来越危险，父亲内心的超我力量发生了反抗作用。作为小寒的替代品，他与一个和女儿长得相像的并且是女儿同学的姑娘凌卿同居了。小寒拼命抵制，要撕破他的新生活。为了达到目的，甚至动员她先前的"情敌"——母亲联合起来阻止已发生的一切。但母亲以一个旧式女人的可怜态度又来阻止小寒，小寒也无力阻止任何事情，只得负气离家，远走高飞，逃避内心的痛苦。

这种令人难以置信的故事，一般读者是难以接受的，他们内心几乎不可能承认类似的事实，但张爱玲以女性特有的细腻笔触和惊人的道德眼光毫不费力地讲述着这故事，征服着读者。她写许小寒的脸："是童话里小孩的脸，圆鼓鼓的腮帮子，小尖下巴，极长极长的黑眼睛，眼角向上剔着。短而直的鼻子。薄薄的红嘴唇，微微下垂，有一种奇异的令人不安的美。"正是这种天真而狡黠的美，不知不觉地摄取了父亲的心魂。在他的心目中，"小寒——那可爱的大孩子，有着丰泽的，象牙黄肉体的大孩子……仪峰努力掣回他的手，仿佛给火烫了一下，脸色都变了，掉过身去，不去看她。"这里对他的潜意识和意识的表现简洁而精细。许仪峰振振有词地逃避使一切变得模糊了，没有底了。"……她的粉碎了的家！……短短的距离，然而满地似乎都是玻璃屑，尖利的玻璃片。她不能够奔过去，她不能够近他的身。"

香港传奇中，最受欢迎之作当数中篇《倾城之恋》。一个放荡男子与一个传统女子在多少次明争暗斗、多少回算尽心机后，还是若即若离，连固定的情人都算不上。只有到了最后，港战爆发了，在躲空袭的紧张氛围之中，在为肚皮生计的辛勤劳碌中，两个自私的人才以平实的夫妻式关系结合了。在这兵荒马乱的时代，个人主义者是无处容身的，可是总有地方容得下一对平凡的夫妻。

> 香港的陷落成全了她。但是在这不可理喻的世界里，谁知道什么是因，什么是果？谁知道呢？也许就因为要成全她，一个大都市倾覆了。成千上万的人死去，成千上万的人痛苦着，跟着是惊天动地的大改革……

> 到处都是传奇，可不见得有这么圆满的收场。胡琴咿咿哑哑拉着，在万盏灯的夜晚，拉过来又拉过去，说不尽的苍凉故事——不问也罢。

《倾城之恋》发表后，大受欢迎。作者又很快将之改编为同名话剧，上演月余，反响强烈。80年代香港又将之拍成电影，亦可见其迷人程度。

在向香港生活寻宝的同时，爱玲也在上海滩上掘金。这是一座富有的文海艺滩，她掘出了《封锁》《金锁记》《红玫瑰与白玫瑰》《花凋》《留情》等闪光的精品。

爱玲熟悉上海人，喜欢上海人。上海人的圆通精明、疲乏放任，表现出奇异的智慧，张爱玲敏锐地抓住了这一点，刻画了已婚男子的情感浪费（《封锁》）、被物欲和情欲逼成的心理变态（《金锁记》）、现代知识男子的双重性格（《红玫瑰与白玫瑰》）、青春之花的早夭（《花凋》）、老夫少妻的心灵空虚

(《留情》)。这些作品中,最为人知的是《金锁记》和《红玫瑰与白玫瑰》。

《金锁记》惊心动魄地表现了金钱对人的奴役。女主人公曹七巧原是开麻油店小老板的女儿,贪财的哥嫂把她嫁给了姜公馆里生着痨病的二少爷。她为钱而舍情,身心煎熬而致变态。分家后,有了金钱支配权的七巧把钱作为报复不公平命运的利器,唬跑了情人,毒杀了媳妇,离间了女儿的爱,一级一级走进了没有光的所在。《红玫瑰与白玫瑰》中的主角是工程师佟振保,他赤手空拳打天下,留学回国后在工厂一帆风顺、事业有成,倍受人们赞誉。可他一步步滑向了道德与肉欲的夹缝中,人格分裂,多方受挫,成了一个具有双重性格的人。这两个中篇是现代文学史上不可多得的佳作,值得细细咀嚼。

《花凋》也是张爱玲描写遗少家庭女性悲剧作品中的一篇,它曾入选钱谷融主编的供学外语的中国学生和学中文的外国学生作教材的《中华现代文选》。故事是从一个美丽的修饰一新的坟墓开始的。这是“爱女郑川嫦之墓”。墓碑上刻着:“……无限的爱,无限的依依,无限的惋惜……知道你的人没有一个不爱你的。”这似乎是一个表现家庭温爱意外生悲的故事。然而“全然不是这回事”。她父亲为着风流而无钱给她治病,母亲是苍白绝望的妇人,姊妹中争风吃醋,以大欺小。恋爱是她生命中惟一的火花,但是很快熄灭殆尽。因为病,更因为孤独愁苦,无望无爱,她离开了人世。花之凋零,因为没有阳光雨露,没有沃土,没有园丁。川嫦的早逝,归罪于她出身的那个腐朽颓败的遗少家庭。什么父母之爱、姊妹之谊、恋人之情,纯属子虚乌有。

1971 年,台湾作家水晶费尽周折访到张爱玲。张爱玲对他谈到自己的作品中的人物和故事,“差不多‘各事其本’”,她称之为 documentaries。谈到《红玫瑰与白玫瑰》，"她很抱歉地说，写完了这篇故事，觉得很对不住佟振保与白玫瑰，这两人她都见过，而红玫瑰只是听见过。"① 后来张爱玲又对朋友介绍说："男主角是我母亲的朋友，事情是他自己讲给母亲和姑姑听的。那时候我还小，他以为我不懂，哪知道我听过全记住了。"② 至于这篇小说的原型是哪几位，现在已不可考。但《金锁记》《花凋》确是"各有其本"的。前者以她的太外祖父李鸿章之次子一家的生活为背景，后者以她舅舅黄定柱的三女儿黄家漪的爱情悲剧为蓝本。

《金锁记》开头介绍"那两年正忙着换朝代，姜公馆避兵到上海来"，"换朝代"指的是 1911 年的辛亥革命，"姜公馆"则是以李鸿章次子李经述的李公馆为原型。小说中的"大爷"，真名叫李国杰，做过招商局长、董事长兼总经理。1939 年遭军统特务暗杀。大奶奶姓杨，曾与爱玲多次聊天闲谈。"我的姊姊就是从她的闲谈中，得知外人不知道的李鸿章大家庭中的秘密韵事。"③李国杰的三弟，天生软骨症，不易娶门当户对的女子为妻，就娶了合肥老家的一个乡下女人。这就是小说中的二少爷和他的媳妇七巧，爱玲姐弟称她为"三妈妈"。她因为出身贫寒，没有文化，嫁到大户人家，却与残废为伴，因此很有自卑感，又特别好强，"伶牙俐齿，说出的每一句话都像铜片，也不管伤人有多深"。④

---

① 水晶：《张爱玲的小说艺术》，台北大地出版社 1973 年版，第 25、26 页。

② 宋以朗：《张爱玲私语录》，北京十月文艺出版社 2011 年版，第 50、51 页。

③ 张子静：《我的姊姊张爱玲》，第 142 页。

④ 张子静：《我的姊姊张爱玲》，第 144 页。

与《金锁记》中的曹七巧性格十分相近。小说中的三少爷姜季泽，"其本"为李家四爷李国熊。他和张廷重交情不错，还认张子静为干儿子。他是一个十足的纨绔子弟，吃、喝、嫖、赌，无所不能，花钱如流水，子女又多，后来经济拮据，在上海住不下去，搬到了北京。小说中的长白、长安有爱玲的"琳表哥"李玉良、康姊姊的影子。张爱玲正是以这一家的人物关系和故事性格为原型，加以创造发挥的。这篇现代小说史上的杰作，反响颇大，但在李公馆是波澜不兴的。"我姊姊发表《金锁记》后，当时李鸿章还有不少后代在上海。……但我没听到什么反映或对我姊姊的指责。也许李府那些人也不太看书，根本不知道我姊姊发表了那篇小说，把他们的丑陋的一面写进了历史，世世代代还要接受批判。"①

　　《花凋》的命运则相反，发表后使得张爱玲的舅舅暴跳如雷。张爱玲是舅舅家的常客，与几个表姐妹打得火热，舅舅也很疼她，凡她所问的关于家族的旧事，他都十分认真地回答。爱玲以小说成名，他十分高兴，一篇篇地找来读，夸她有出息。可是当他读到《花凋》时，大发脾气，对妻子说："她问我什么，我都告诉她，现在她反倒在文章里骂起我来了！"这篇小说中的女主人公郑川嫦的原型黄家漪，与张爱玲是表姐妹，二人的关系非常亲密，她的父亲也是个坐吃山空的遗少，德行不太好。黄家漪郁郁寡欢，爱玲到港大读书后，她又少了一个可以说话解闷的知心人，生活更苦闷更忧郁了。她也有着美妙的大学梦，但父亲不愿出钱，他快吃空了，急于把几个漂亮女儿嫁给有钱有势的人。正在这时，黄家漪得了肺痨，在那个时代是难治之症。也请了一个

---

① 张子静：《我的姊姊张爱玲》，第 154 页。

年轻的男医生，家漪对他有好感，但她的病更重了，他也另有了女朋友。不久，黄家漪病死了。想想自己的家，想想舅舅的家，想想表姐的命运，爱玲百感交集。"我姊姊发表《花凋》，是一种哀悼的心情，她哀悼三表姊这朵鲜花的凋谢，也哀悼她失去了一位知心的女伴。"①

在一篇关于读书作文的散文中，张爱玲这样谈到原型与虚构、生活与艺术的关系："在西方近人有这句话：'一切好的文艺都是传记性的。'当然实事不过是原料，我是对创作苛求，对原料非常爱好，并不是'尊重事实'，是偏嗜它特有的一种韵味，其实也就是人生味。"②

张爱玲写小说，不论"有其本"还是无其本，她总是把"人生味"放在第一位的，米兰·昆德拉曾说，小说如果放弃了对人的探索，那就是小说的死亡。从这个意义上来说，张爱玲是一个品位纯正的作家。探索人性，拷问灵魂，揭示文明与人性的冲突是她在小说中孜孜以求的目标。

让我们在这里停下来，走进张爱玲的传奇世界，去看看她是如何拷问人性的吧。

---

① 张子静：《我的姊姊张爱玲》，第 160 页。
② 张爱玲：《张看·谈看书》。

第六章　传奇 (小说世界)①

十九、沉下去的时代

没落的黄昏、阴森的月夜、嘈杂的都市、封闭的公馆，畸形的性爱、无爱的婚姻、扭曲的人性、颓败的人生——这就是40年代初中期上海的一个年轻的女作家的"传奇"小说世界。这是上海香港的传奇，是遗少和洋场社会的传奇。这里有一幅幅荒诞、精巧、滑稽的洋场风俗画，与之相伴的风景同样是光怪陆离、繁复驳杂的。张爱玲把这种古今中西的不协调情形概括为"犯冲"。在这种犯冲的背景中，生活着一群窘迫矛盾的人物：一个钟头看中国古籍，一个钟头看外国新学问的朱先生（《等》），被夸为新的旧的都来得的朱晶尧和集姨太太与正式妻子于一身的淳于敦凤（《留情》），"最合理想的现代中国人物"佟振保（《红玫瑰与白

①　"传奇"，张爱玲1944年出版中短篇小说集名，本章介绍这部小说的精彩内容。

玫瑰》），自称顽固起来比任何秀才都顽固的华侨巨子范柳原
（《倾城之恋》），学了西方的性开放、回到中国来运用的华侨之
女王娇蕊（《红玫瑰与白玫瑰》），整日跟舞男似的轻人、三宫六
嫔的老爷和英国兵厮混的富豪遗孀梁太太和有二十来房姨太太的
乔诚爵士（《沉香屑·第一炉香》）……

特别值得一提的是那些遗老遗少们。他们在社会动荡剧烈之
时纷纷逃到上海，以图在租界中寻一庇护之所。他们是一群败
渣，政治上失势，经济上无增。他们自动与时代脱了节，时代自
然抛弃了他们。有的力图"一手挽住了时代巨轮，在她自己的小
天地里，留住了满清末年的淫逸空气，关起门来做小型的慈禧太
后"（《沉香屑·第一炉香》）；有的因为"不承认民国，自从民
国纪元起，就没长过岁数"（《花凋》）。他们的精神生活完全腐
败。加倍地花公账、办小报、吃花酒、捧戏子、逛窑子、娶姨太
太、宠妾灭妻，只顾得保全大节，不忌醇酒妇人，各个都狂嫖滥
赌，来补偿他们的空虚。

至此，可见张爱玲的"传奇"世界是一幅幅苍凉没落的风俗
画，是一幅幅人欲横流的百丑图；这是一本中国清朝的遗老遗少
们的生活大全，这是上海香港洋场社会的形象记录。

联系着张爱玲各时期长短不一的作品的纽带是爱情婚姻与两
性关系，这是她小说情节的中心点。张爱玲在《自己的文章》中
认为："现代人多是疲倦的，现代婚姻制度又是不合理的。"在这
种不合理的制度下，在洋场这一特殊的生活环境中，没有一种男
女关系是健康的。作者逐一嘲弄和否定了这些男女关系，她提供
的是一个无爱的男女世界。这一世界是道德破产、人性沦丧的必
然结果，它集中反映了半殖民地半封建中国都市社会的典型特
征。张爱玲的"传奇"，是一组没有爱情的爱情传奇。不是男欢

女悦，而是男狂女怨；不是眷眷恋情，而是畸爱艳史。媒妁姻缘、金钱婚姻、高等调情、通奸姘居以及畸形变态的父女情，都是上海滩上香港湾里中上层人物关系的写照。

发生在洋场上的所有这一切——不伦不类的风景、不土不洋的风俗、畸形变态的恋爱、荒唐颓败的人物——都指向了一个焦点：文化的"犯冲"。张爱玲所表现的，正是中国古代文化与西方文化在租界这一特殊景地上的浊流相汇、污泥掺杂的情形，以及在这种情况下，人们的思想心理、价值观念、行为方式发生的变化和这些文化的根源。这种糟粕文化的结合，生出的就是种种怪胎。她笔下的人物，是中国负面文化的载体。他们的空虚心灵就靠这种怪胎之果来填补。原有的某些道德规范失去了存在的依据，另有的一些反道德的道德（如男子特权、男子中心主义）得到了强化。也就是说，在中国传统的社会政治和文化道德秩序的维护者大清帝国解体之后，过去的邪恶并未从中国社会销声匿迹。相反，这些邪恶在洋场风情园里开出了"恶之花"。有些人不顾道德准则，耽于享乐；更多的人在极度混乱中苟活，没有健全的人生目标。

张爱玲在谈到鲁迅时说，鲁迅很能暴露中国人性格中的阴暗面和劣根性。这一传统等到鲁迅一死，便告中断，很是可惜。关于"中断"的看法是否准确，且此不论。值得注意的是张爱玲的这段话很能说明她对挖掘国民性的重视。如果说鲁迅的小说是对中国国民性的传统文化之根的探索，那么张爱玲的作品则表现了两种文化"犯冲"的背景下国民性长出了什么奇花异果。洋场是一口大染缸，它分明地现出了中国传统文化的本来面目。它说明中国文化到 20 世纪、走进租界非发生病态不可。而作为它的负面文化载体的一部分弱者，只要身在其中，谁也逃不出它的感染，他们的心理病变也不可避免地要发生。即使那些出身贫苦人家的人，一到洋场，就被尘烟熏得变了颜色，被洋场文化驯化为动物式的苟活者，丧失了泥土气息。张爱玲笔下的中国人，不仅是遗老遗少、洋场男女的一种静观形象，也是对中国人心灵的一种揭示，是对中国国民性的有力观照。可以说，在挖掘和表现这一点上，她继承了鲁迅，继承了五四传统。

沉重呆滞、潮湿发霉的历史氛围，苍凉凄艳、光怪陆离的生活图景，人欲横流、腐败堕落的人物形象，这是颓废到极点的写照，是古中国无可挽回的表征，是中国国民性无可救药的说明。它标志着一个阶级的没落，一种文化的枯竭，一个时代的死去。

但是，张爱玲不是这个世界的自觉的清醒的批判者，她是一个智者。她的作品，没有清醒的现实主义者那种清峻的风貌和潜藏于其中的理性力量，基调是苍凉的，骨子是荒诞的。她笔下的洋场是喧嚣掩饰下的精神沙漠，光怪陆离不过是点缀。她的传奇，不过是一个个说不尽的苍凉故事，渗透着令人刻骨铭心的寒意。她专写没落，语调没有批判与谴责，也无同情与赞美，有的只是嘲弄。她的讽刺，不像鲁迅那样具有对上等人和下等人不同的态度，也不像张天翼那样让人看出血和泪来，她是讥诮的、漫不经心的，对笔下的任何人都不吝啬嘲弄的笔墨。她赋悲剧以喜剧的形式上演，每一个看似悲剧的故事中都有喜剧笔调的渗入和喜剧情节的穿插，故意表现精巧的滑稽和尴尬的不和谐。从而在精神上与现代派取得了联系。

张爱玲说："有一天我们的文明，不论是升华还是浮华，都将成为过去。如果我最常用的文字是荒凉的，那是因为思想背景里有惘惘的威胁。"① 这种威胁感，主要来自作家出身的那个令人窒息的社会的无可挽救的事实。因而自然而然地在作品中表现出苍凉的基调和荒诞的意味。

张爱玲是这样认识她所处的时代的：

> 这时代，旧的东西在崩坏，新的在滋长中。……可是这时代却影子似的沉没下去，人觉得自己被抛弃了。为要证实自己的存在，抓住一点真实的，最基本的东西，不能不求助于古老的记忆，人类在一切时代之中生活过的记忆，这比了望将来要明晰，亲切。于是他对周围的现实发生了一种奇幻的感觉，疑心这是个荒唐的，古老的世界，阴暗而明亮的。回忆与现实之间常发生尴尬的不和谐，因而产生了郑重而轻微的骚动，认真而未有名目的斗争。……我写作的题材便是这么一个时代。②

张爱玲生活的时代与反映的时代同出一处。她童年的不幸，她的无爱的家庭环境，自然是她产生孤独嘲世心理的催发剂。但是如果她不仅生在，而且长在，甚至老在这个环境中，她是写不出这个时代的。她受过西方教育，尤其喜爱英国现代作家奥尔德斯·赫胥黎的怀疑主义，萨默塞特·毛姆的以侨居他民族的英国人为描写对象的取材特点和讽刺态度，劳伦斯的心理分析技巧，无疑对她的创作有较大的影响。她对人生的悲剧感与荒谬感与现代派作家是相通的。

---

① 张爱玲：《传奇再版序》。
② 张爱玲：《流言·自己的文章》。

二十、"人性呱呱啼叫起来"

在《谈跳舞》中，张爱玲谈到了后来被称为她个人风格标志的一种独特的写法：

> 我喜欢反高潮——艳异的空气的制造与突然的跌落，可以觉得传奇里的人性呱呱啼叫起来。①

张爱玲是心理描写的高手，刻画人物的巧匠。如前所述，她对洋场风靡的"艳异的空气"的描写相当细腻深入。而其中心，则是在人性的解剖上。她小说中的人性，确实"呱呱啼叫起来"，叫得最欢的，当数《红玫瑰与白玫瑰》《金锁记》《倾城之恋》《封锁》等篇。

张爱玲给她描写的主要对象——上海人画了一幅漫画，上海人的"通"给她印象颇深：文清理顺、世故练达、会趋炎附势、会浑水摸鱼，虽然"坏"，却坏得有分寸、有艺术性。张爱玲所说的"通"也就是国人们经常概括的"精明"。而现代中国的"上海人"是最突出的、最有个性的人，他们更集中地体现了现代中国人的特点。其根本原因在于受欧风美雨吹拂沐浴最盛，往往得风气之先。张爱玲的结论是："上海人是传统的中国人加上近代高压生活的磨炼，新旧文化种种畸形产物的交流，结果也许

---

① 张爱玲：《流言·谈跳舞》。

是不甚健康的，但是这里有一种奇异的智慧。"① 所谓"近代高压生活"无非是指近现代的一系列社会动荡，鸦片战争、八国联军、民国建立、五四运动等，它们使上海人艰难地一步一步走向现代；"新旧文化种种畸形产物的交流"则点出了其文化特征与性格根源在于半殖民地半封建的不合理社会；"不甚健康"的结果，是对这类人物以及产生这类人物的情景的实质性否定；而发生到极致的"奇的智慧"，正是病态人格的表现。张爱玲描写人物的成功之处正在这里。她精细刻画了"奇异的智慧"的种种表现以及负载的文化内涵。

"这是一个疯狂的世界，丈夫不像丈夫，婆婆不像婆婆。"中篇小说《金锁记》是描写变态心理的令人战栗之作。其女主人公曹七巧的形象与丁玲《莎菲女士的日记》中的莎菲、曹禺的《雷雨》中的繁漪并称为中国现代文学中性格最复杂、内涵最丰富的三大女性形象。《莎菲女士的日记》因是日记体，在表现女性审视男性世界和自身灵与肉冲突方面是新颖大胆细腻深入的，但在背景描绘上有欠完整，因而局部地影响了其表现的广度和清晰程度；《雷雨》因是话剧文体，它主要通过对话来表现繁漪的情感变态、阴鸷性格和女式的复仇，因而对其性格发展过程和心理演变轨迹的铺垫交代有欠细致；而《金锁记》则是以第三人称的全知叙事方式一步一步地推演主人公的性格发展，一级一级地把曹七巧推向没有光的所在。其发展脉络之清楚、性格描写之细致、心理剖析之直接和犀利，在现代小说中难有匹敌之作。

曹七巧算不得闺秀千金，她是开麻油店的小老板的女儿。父母早亡了，她也要上店铺去做小本生意，因而粗朴活泼、不忌生

---

① 张爱玲：《流言·到底是上海人》。

冷。她本应是某一强悍的体力劳动者的妻子，过粗茶淡饭的生活，虽会遇到不少磨难，但也有门当户对、知天乐命的心安理得。不幸的是，她误入高宅大院，被贪财的哥嫂嫁给了姜公馆的二少爷做偏房（后被扶了正）。丈夫是个痨病鬼，使她无爱欲之满足，连她自己也不明白怎样生下了一儿一女。她门第差、言语粗俗，被家人瞧不起。很自然地，她对家中的三少爷姜季泽有了点意思。姜季泽本是好拈花惹草的花花公子，但谨严叔嫂之防，对七巧只限于语言挑逗和小动作，并不轻举妄动。这是七巧生活中金钱和爱情的第一级冲突，婚姻制度、等级观念、伦常之道是冲突的基因。钱欲未满足（虽在富家，但钱不在她手中），情欲也未满足，这个充满普通的生活欲望的女子变得更加泼悍了。在双重煎熬下，叫她如何不疯疯傻傻呢？

十年之后，姜公馆分了家，成了寡妇的七巧另有公馆过日子。她也有了钱，但金钱并非她未能满足的情欲的替代品，而是一副光亮而沉重的枷锁，锁住了自身，锁住了爱情，也锁住了下一代。金钱对她不再是贪婪的补偿物，而是变态的占有品和报复的法宝。她的生活中不再有鲜红的色彩，只剩下铜锈斑斑。一天，姜季泽造访，使她旧情萌动，但转念疑心他是来骗钱的，一气之下把他赶走了。

季泽走了。丫头老妈子也都给七巧骂跑了。酸梅汤沿着桌子一滴一滴朝下滴，像迟迟的夜漏——一滴，一滴……一更，二更……一年，一百年。真长，这寂寞的一刹那。七巧扶着头站着，倏地掉转身上楼去，提着裙子，性急慌忙，跌跌绊绊，不住地撞到那阴暗的绿粉墙上，佛青袄子上沾了大块的淡色的灰。她要在楼上的窗户里再看他一眼。无论如何，她从前爱过他。他的爱给了她无穷的痛苦。单只这一点，就使他值得留恋。多少回了，为了要按捺住自己，她迸得全身的筋骨与牙根都酸楚了。今天完全是她的错。他不是个好人，她又不是不知道。她要他，就得装糊涂，就得容忍他的坏。她为什么要戳穿他？人生在世，还不就是那么一回事？归根到底，什么是真的，什么是假的？

　　这是屡被研究者引用的一段文字，它被视为中国现代小说中表现金钱与爱情冲突的最精彩的心理描写。任何一位读者读到这里都会怦然心动，感服不已。一个女人被情欲折磨到这地步，她的任何阴狠毒辣都是可以原谅的吧？这是七巧性格中的第二级冲突，作者把它表现到了白热化的程度。美籍华人学者夏志清在《中国现代小说史》中指出，一般作家写到这一步，已是非常优秀的小说了。他很佩服张爱玲还写了后一半的故事，由中年而老年的七巧的生活和性格。

　　季泽从七巧的生活中消失了，但他的影子还在。她的儿子长白跟季泽学会了堕落，使她又一次感到了恐慌。这是她身边的最后一个男人，虽然他同时也是她的儿子。她以给长白娶媳妇的方式管住他，但又不让儿子与另一个女人有正常的生活和快乐。她处处亲近长白，要长白给她烧烟泡，陪她通宵聊天，要长白讲小夫妻的性生活以取乐。她不能让这最后的一个男人从身边溜走，也不能让任何别的女人快乐。如此母亲、如此婆婆在常人看来是不可理解的，但问题的关键就在于她不是常态而是病态的——一种对儿子的变相霸占。媳妇心如死灰，终于忍受不了如此折磨而自尽。七巧自然也不会放过女儿长安。这个瘦弱的忧郁的女子，与童世舫的爱是生命中惟一的火花，但很快被熄灭殆尽。七巧以一个疯子的审慎和机智，毁掉了女儿的爱情。这种行为出自一个女人对另一个女人的嫉妒，嫉妒到女儿头上，当然也是变态的。七巧对儿子女儿的态度和行为，是《金锁记》中最高级的冲突。表面上已不热烈，但是一种白热化的冷，它的强度和张力达到极致。七巧这个黄金枷锁中的奴隶至此已成为一个狠毒异常、残害人命的暴君。

> 三十年来她戴着黄金的枷。她用那沉重的枷角劈杀了几个人，没死的也送了半条命。……三十年前的月亮早已沉下去，三十年前的人也死了，然而三十年前的故事还没完——完不了。

《金锁记》就这样描绘了七巧由婚前的泼辣强悍到婚后的疯疯傻傻到分家后的乖张暴戾以致变态的性格历程。它使读者触目惊心地感到：封建的等级观念、伦理道德、金钱婚姻在一个遗少家庭表现得多么丑恶，对人性的戕害是多么狠毒残忍。七巧的变态性格的意义至此得到充分揭示。无怪乎夏志清在他的小说史中赞道：

> 这是中国自古以来最伟大的中篇小说。①

没有爱的女人是不完全的女人。女性的悲剧大多在此。在男性中心的私有制社会，在金钱婚姻是两性结合的主要方式的时

---

① 夏志清著、刘绍铭译：《中国现代小说史》，传记文学社 1985 年版，第 406 页。

代，七巧式的悲剧是演不完的，但没有谁像张爱玲那样描写得如此鲜血淋漓，如此直逼内心，如此登峰造极。

没有爱的女人是不完全的女人。在爱中的女人往往痴傻，无爱的女人往往疯狂。她们有权发疯，有权杀人，所以才有繁漪的"雷雨"般性格和以私通为反抗的"不道德"的道德；所以才有七巧的逼杀媳妇、毁灭儿女情爱的"疯子的审慎与机智"。

二十一、洋场众生相

《红玫瑰与白玫瑰》中的佟振保，正途出身，凭本事赤手空拳打天下。留学回国后在一家工厂任工程师，且步步高升。他侍奉母亲，提拔兄弟，待友热情，办公认真，可谓仁义礼智孝，样样俱全。"他整个地是这样一个最合理想的中国现代人物。"

这是处在社会圈中作为一个社会角色的佟振保，而在私生活圈中作为一个男人的时候，他却是一个无耻下流之徒。玩妓女、玩朋友的太太、虐待妻子，这在传统道德看来，简直是十恶不赦。这不是很矛盾吗？怎么可能同居在他一身呢？张爱玲的描写表现出罕见的精细和深入：

佟振保在巴黎与一个妓女有半小时的肉体交易，事后他备觉耻辱，不是因为失去了童贞，而是因为他瞧不起自己的被动；

他与英国姑娘玫瑰情深意切，临回国分手时他唾手可得玫瑰的身体，但他克制了占有欲，因此赢得了坐怀不乱的好名声，"但私下里他背着他自己又是懊悔的"；

回国后他一见朋友的太太娇蕊就动邪念，千方百计证明自己应当同她睡觉，随即又觉得羞耻；他每天在阳光下驶向肉体的快乐，却又带着犯罪感。正因为犯罪感，又爱得更狠些；

他本为玩玩，娇蕊动了真情，他又要躲避；

与娇蕊分手后，娇蕊生活中有了变化，不再那么妖荡，他却炉火中烧；

分明是他更多地伤害了娇蕊，可在后来的偶遇中，他觉得受伤的是自己；

他喜欢热的、黑而丰腴的女人，又不愿娶之为妻；

他生性淫乱，同时又是母亲的孝子，当二者发生冲突时，就牺牲爱他的女人去当孝子；

殴打妻子后的第二天，他又悔过自新，变成好人。

凡此种种矛盾，归结到一点，是他生活在两种圈子中，他的心也在两极中摇摆。当他作为一个社会角色处于外部世界时，他用的是社会通行的"好人"标准。当他处于内生活圈时，他又露出了一副贪欲的面孔。当二者发生冲突，他则不断权衡，使两不相伤，既要出人头地，又可恣情享乐。因为"如果社会不答应，毁掉的是他的前程"。他与娇蕊私情的结束，并非出于厌倦，而是因为娇蕊当了真，他感到有碍自己的形象和地位，因此，"为了崇高的理智的制裁，以超人的铁一般的意志，舍弃了她"。

这种身心分裂，双重人格的变态，实为洋场畸形社会的产物。振保对此倒是颇有自知之明的。他寻思道：

怎么会净碰见这一类女人呢？难道要怪他自己，到处一触即发？不罢，纯粹的中国人里面这一路的人究竟少（玫瑰是中英混血儿，娇蕊是华侨——作者注）。他是因为刚回国内，所以一混又混在半中半西的社交圈里。

十里洋场既充斥着邪恶淫乱，同时又有着传统中国道德的束缚。前者激发着他"本我"中的原欲，后者又具有超我的抵制力，因而内心极度紧张。他很放荡，同时又活得很累。

千万不要轻易地把振保斥为虚伪。因为虚伪是一种有意识的伪装，是明知是这样却故意这样的做戏，是为了某种目的的技巧。一旦目的达到，他就会去除伪装，露出本相。因而这种人倒是较轻松的。而振保式的活法，不是他有意地要戴一张面具而掩饰自身，而是他不知何为面具何为自身（或者说他具有两张面具在不同的场合就习惯性地戴上了某一张适合的面具）。而面具的制造商是社会，戴不戴面具既非社会的高压强迫亦非他心甘情愿，而是他在那样的环境中习惯成自然地一定会戴。比如他和娇蕊分手，是因为他要保护"好人"面具才能继续生活下去。他和玫瑰的分手，就是因为他的本土不能容纳这种"没遮拦的人"，而不是情感本身的原因。"这样的女人，在国外或是很普通，到中国来就行不通了。把她娶过来移植在家乡的社会里，那是劳神伤财，不上算的事。"一个持有不同文化道德标准的人，往往有一种世俗的精明和贪图。他一见鲜辣活泼的王娇蕊，就看到了玫瑰的借尸还魂。"为什么不呢？她有许多情夫，多一个少一个，她也不在乎。"为自己开脱起来振振有词，"一个任性的有夫之妇是最自由的妇人，他用不着对她负任何责任。"然而他要对老母亲负责，因为自觉有愧，他渺茫地要"做一点有益社会的事"，"现在正是报答他母亲的时候"，"不止有一个母亲，一个世界到处都是他的老母，眼泪汪汪，睁眼只看见他一个人"。于是他又回到了"好人"世界里。

振保的敌人是他自己，他老是在跟自己打架。一会儿"我"占了上风，一会儿另一个"我"占了上风。培养这个敌人的是

"半中半西"的洋场社会。传统与现代对立，古人和今人打架，西化和中体冲突是近现代中国社会的普遍特征。它在百余年的中国人身上投下了无数分裂元素，它使中国人的情感生活处在历史的夹缝之中。他们身上既有欧风美雨的洗礼又有传统文人士大夫的遗风。他们的情感天地也是驳杂纷呈东倒西歪的，既不满传统的禁锢，又不敢坦然地接受自由开放，因而备受煎熬，摇摆不定。他们是情爱伊甸园中的馋猫，胆小如鼠的馋猫。在不伤大雅的范围内，亦有偷尝禁果的愉悦，而在意念之中，更敢做冥冥的非分之想。如娇蕊所言："你处处克扣你自己，其实你同我一样，是个贪玩好吃的人。"然而一到需要斩钉截铁的关键场合，又会退缩到原来的自我之中。佟振保式的双重夹磨、精明贪图、自艾自怜、角色紧张在他们身上是程度不同地存在的。

如同阿Q既是辛亥革命前后闭塞中国农村的愚昧落后的典型，他身上折射出几千年中国国民性弱点一样，佟振保既是半殖民地半封建的中国都市的特定产物，又是现代中国知识分子的一种原型。他首先是属于租界洋场的，但洋场上半中半西的特点正是现代中国的普遍状态。这一特点在洋场上更集中，因而佟振保更典型地代表了现代中国知识分子的情感和心态。

高明的艺术家总是能从个别中看出一般，普遍中看出典型。张爱玲笔下的佟振保可以说是中国现代文学中塑造得最复杂最深透的男性知识分子形象之一。

二十二、"封锁"中的男女

如果说佟振保的性格反映了洋场社会上"理"与"欲"的冲

突的话，那么《倾城之恋》中的范柳原这个人物表现的是"情"与"欲"的冲突。如同振保并非生性淫乱一样，柳原也不是生就的放荡种子。他刚回国时，见到的一切使他失望，渐渐地往堕落的路上走。他爱流苏，实为欣赏古中国情调。他坦白地对流苏说，难得碰到你这个真正的中国人。"真正的"含义是没有被洋气熏过的"古代"美女。仅从流苏对婚姻的态度看，她的确很守旧。她处处以婚姻而不是以爱来考虑两人的关系，她不喜欢柳原的捉迷藏游戏，只愿有一个终极性结果，"她跟他的目的究竟是为了经济上的安全"。她看重贞操，她的未失身便等于未便宜了对方的哲学也可以简洁地证明她的旧观念。一个洋气十足的华侨喜欢一个旧派女子，也许可以解释成为了换个口味，但确也包含着爱的成分。然而洋场生活腐蚀了他，他一会儿是高等调情者，一会儿又是老实的恋人。他习惯了洋场上的装假做爱，真情假爱，难以分辨。正如他自己所说："我们那时候太忙着谈恋爱了，哪有工夫恋爱。""恋爱"与"谈恋爱"的区别，也可看作是"情"与"欲"的区别。从这里，我们可以看到这个人物的一种内心分裂。欲是情的生理基础，是情的最底层的决定力量，情是欲的升华和补充。现代观念认为"恋爱"的完美形成是二者不可分割的结合，并在社会的实际情形下通过法律和舆论的形式予以肯定和保护，从而指向婚姻与家庭。恋爱就是两心相悦，两身相许，它无所谓技巧，它既是过程又是目的。"谈恋爱"与"恋爱"的区别就在一个"谈"字，"谈"则意味着恋爱是一个区别于婚姻的独立阶段，是婚姻之前的一个必不可少的过程。"谈"就是一种方式，一种技术性工作，因此它给某些人提供了一个寻花问柳的借口，一种玩弄异性的机会。他们可以以"谈"为名目而永远停留在这一阶段上。范柳原式的男人，在花花世界浸泡得太久，他们的感情已不纯净，对别人的感情不愿当真，也难以当真。他们深谙"谈"的技巧，或以语言挑逗，或故意让女性吃醋，或当众放肆狎昵背后故作正经，或在独处时随意轻浮当众道貌岸然。这就是张爱玲之所谓"高等调情"。它既不像恋爱那样郑重认真，亦不像狎妓那样粗俗下流，也不像姘居那样有实无名。它是一种爱情游戏，是上流社会的屡入情海而又无聊空虚的男女之间的一种不健全的身心运动。张爱玲在《红玫瑰与白玫瑰》中有好几处写到振保和娇蕊的调情方式，如关于"犯法"的试探，"心如公寓，谁都可住"的对谈，过于娴熟的接吻等细节十分精彩。在《倾城之恋》中更是将主要笔墨放在范柳原的高等调情上。两人在香港第一次跳舞时关于好女人与坏女人的谈话，柳原突然对别人说白小姐头痛要先送她回家，宣称自己爱玩有钱玩可又要流苏懂得他，对她说跟她在一起爱做各种各样的傻事，又突然冷落流苏与另一个女人打得火热，突然一个电报把流苏召回，月亮下打电话谈情说爱，等等，都是很俏皮的段落。

范柳原的花花公子性格似乎定了型，不可改变，但他仍有真情，这是他惟一的一堵墙。他说：

> 有一天，我们的文明整个地毁掉了，什么都完了——烧完了，炸完了，坍完了，也许还剩下这堵墙。流苏，如果那时我们在这墙根底下遇见了，也许你会对我有一点真心，也许我会对你有一点真心。

似乎等不了那么久，香港战争爆发了，无论什么人都共同面临着生死、饥饿。他们齐整整地站在人的底线上了，这一对男女结婚了。"别的她不知道，在这一刹那，她只有他，他也只有她。""他不过是一个自私的男子,她不过是一个自私的女人。在这兵荒马乱的时代,个人主义者是无处容身的,可是总有地方容得下一对平凡的夫妻。"

有人不能理解一场战争使二人结为夫妻,以为这是作者的突兀之笔。作者的用意是明显的:一场战争毁灭了高等调情的场所,洋场气氛淡化了,洋场文明如何不收敛些?质朴的生活逼迫了他们,一对自私的人才能结合。假若没有战争,尽管柳原对流苏有情,但流苏永远只是他的情妇,而柳原永远只是一个爱匠而不是爱人。

从《倾城之恋》中,我们可以看到,人在现实面前是多么无奈,不堪一击。

《倾城之恋》中爱情有了明确的收尾,而《封锁》中男女故事却是一个无言的结局。它写的是封锁时期一辆电车上的短暂故事。会计师吕宗桢和大学助教吴翠远,同乘一车,但素不相识,本无故事可言。但一个偶然的因素(侄子的出现)使吕坐在吴的旁边去了。两人逐渐谈得投机,并且有了那么一点相爱的意思,甚至还谈到了婚姻大事。封锁开放了,"宗桢突然站起身,挤到人群中不见了,他走了……电车里点上了灯,她一眼望见他遥遥地坐在他原先的位置上了。她震了震——原来他并没有下车去!她明白了他的意思了,封锁期间的一切等于没有发生。整个上海打了个盹,做了个不近情理的梦"。

一场偶然的恋爱,一个无情的结局。粗看起来不可思议。但这一结构却大有深意。"封锁"提供了一个切断了时间与空间的"非历史状态"。一个非常态社会角色让位于内心角色,道德律令让位于情感律令,超我让位于本我,道德退到幕后,职业失去了意义。在封锁中,只有爱情,没有婚姻,只有纯粹的人:男人和女人。"在这里,他是一个男子。平时,他是会计师,他是孩子的父亲,他是家长,他是车上的搭客,他是店里的主顾,他是市民,可是对于这个不知道他底细的女人,他是一个单纯的男子。"封锁内外是两个迥然有别的世界。吕宗桢有家庭,有事业,但他连每天为什么要上班、下班后要回家都不明白。吴翠远是一严肃得过分、平淡而无生气的女性。但他俩在一个与世相对隔绝的环境中相爱了。封锁期间的他俩与在尘世中生活的他们判若两人,坠入爱河,焕发了活力。但一旦封锁开放,他们又不得不继续扮演着原来在尘世中的形象。纯洁的情如美丽的昙花,刚开即逝。作者通过封锁期间与开放以后的时空变化,表现出尘世与纯情的对立。封锁期间,正是一个纯情的世界。

与这一对立相联系的是好人与真人的对立。"好人"是社会文化塑造出来的形象,它体现为道德评价。但这种标准在一定程度上扼杀着人的七情六欲,扼杀着人的丰富矛盾的生命力。可见好人并不等于真人。毫无疑问,"好人"标准有其现实合理性。"世上好人比真人多",但人类文化并未完全适应和发展人的丰富的本质,道德判断和价值判断仍然难以调和统一。"文明及其不满"仍是人类孜孜以求但悬而未决的高难课题。张爱玲的小说表现了这一对立,这是一种难得的敏锐和智慧。

吴翠远是一个好人,她的父母和学生都这样看待她,但她是一个不快乐的好人。父母为好女儿嫁不出去发愁,学生不敢在教师面前讲真话。所以当她在电车上与行为颇为奇异的吕宗桢萍水相逢时,她感到了快乐。"一个真的人!不很诚实、聪明,但是一个真的人!她突然觉得炽热快乐。"好人的道德标准通常是正直、诚实、勇敢、聪明等,但在文化道德的压力下,诚实有时带有被动性与强迫性,也就并不诚实了,诚实的人也就不等于真人了。

当他们是纯粹的男人和女人的时候，他们相爱了。而一旦谈到婚姻这种惟一被社会肯定的保持相爱的形式、这种社会需要时，种种世俗的考虑就来干扰了。为了气气家里的好假人，吴翠远宁可去做一个"坏"的真人，但宗桢退缩了。翠远暗道：

> 完了！以后她多半会嫁人的，可是她的丈夫决不会像一个萍水相逢的人一般可爱——封锁中的电车上的人，一切也不会像这样自然，再也不会。……他白白糟蹋了他自己的幸福，多么愚蠢的浪费！她哭了……他是个好人——世上的好人又多了一个！

为了做好人，谁也不稀罕情感，人间充满了这种愚蠢的浪费。做好人难，做真人更难。吴翠远的哭泣，是真人对好人的哀歌，还是好人对真人的悲歌呢？

有家庭而无爱情，有爱而不能与相爱的人结合，这是婚姻与爱情的对立。

尘世与纯情，好人与真人，婚姻与爱情，作者揭示的正是这样一个尖锐对立的世界。文化束缚了人性，现实不给情感一席之地，好人与真人作对，婚姻与爱情冲突，这是一个多么荒唐的世界啊！作者正是基于这种荒谬感表现出这种荒诞性的。

毫无疑问，构思的精巧，心理描写的微妙，表现内容的深切，使这篇不足六千字的作品足以被视作中国现代短篇小说中的精品。

第七章　一曲难忘 (文坛新人)①

二十三、"张爱玲却出乎意外地出现了"

　　1937 年 11 月，国民党军队弃守上海。这个闻名世界的大都市沦陷了。自此至 1941 年"一二·八"珍珠港事变为止，上海的英法租界孤立于日占区的重重包围之中，成为孤岛，形势十分险恶。此间大批左翼作家和民主主义作家纷纷撤离，四处离散。文学创作队伍日渐庞杂，客观上给一些不知名作者提供了更多的发表机会。而自五四以来的以北京和上海为北南中心的现代文学格局受到了很大突破。因为战争，上海很多有名的大型文学刊物先后停刊，如《文学》《文丛》《中流》《译文》《光明》《作家》等。作家们失去了从容的写作心境，部分作家提倡投笔从戎的前线主义，因此新文学在上海的地盘日渐缩小。部分留居在上海的

---

　　①　"一曲难忘"，张爱玲 1961 年作电影剧本名。本章叙 40 年代中期张爱玲的文学活动。

进步作家如郑振铎、许广平、柯灵、王任叔、唐弢等，利用租界的特殊条件，坚持进步宣传，鼓吹正义事业，力所能及地维护和发扬着新文学忧国忧民的传统。但在 1941 年 12 月日军侵入英法租界后，他们办的刊物先后被迫停刊，许广平、柯灵等亦遭逮捕，史称"孤岛文学"的这一段历史结束了。

之后的上海文坛，除了部分进步作家的零星之作外，大量充斥的是汪伪政府的和平文学和代表市民生活气味的软性文学。大的书局报社受日伪控制，隐名的小书局和报刊纷纷出笼。当时读书圈子很小，图书销售业较为萧条，沦陷区物价飞涨，经济困难，一般作家难以著书维持生计。更因为在侵略者刺刀下，在日伪特务机关的注视下，人们不能自由地谈天说地，发表见解，于是逃避现实，麻木无聊的作品如色情、恐怖、侦探、武打、怪异、掌故、轶事、秘史之类泛滥成灾。软性文学和影剧成为人们的主要精神消费。这种现象，与当时的社会心理也是紧密相关的。这已是抗战后期，抗战文学有一定衰弱。长期的抗战，人们滋长了疲惫心理，疲惫和郁积情绪需要发泄，于是迎合了这种情绪的报刊纷纷出笼。这，正体现了抗日战争相持阶段的相持性。

在上海沦陷区直接受日伪控制的报纸有《申报》《平报》《国民新闻》和被停刊后又强制复刊的《大美晚报》《泰晤士报》。此外，还有一些刊物与汉奸人物有瓜葛，他们有的插手编务发行，但并非都由汪伪政府直接管辖。一般来说，伪政府对报纸控制较严，对杂志相对较松。杂志上也并非篇篇都是汉奸言论，也有一些无关痛痒的以文艺趣味为主的内容。当局对这些消闲性质的报刊，视为点缀其文化"繁荣"的方式，一般不予干涉。屡被后来文学史提及的作家如陈大悲、路易士（纪弦）、袁殊、柯灵、桑弧、周作人等亦在这些杂志上发表文章，张爱玲的主要发表阵地也是这些。

现将这类刊物的背景作一简略介绍：

《紫罗兰》，鸳鸯蝴蝶派性质的杂志，周瘦鹃主编。原为月刊，后为不定期刊，1945年3月出第18期后停刊。

《杂志》月刊，新中国报社社长袁殊主办，吴江枫主编，上海战事之初即已出版。其内容颇杂，独不涉及政治和外交问题。张爱玲撰稿颇多。

《古今》，散文半月刊，社长朱朴，主编周黎庵，上海古今出版社发行，1942年3月创刊。汪精卫、周佛海、周作人等大汉奸有文刊载，苏青、张爱玲亦有散文发表。

《风雨谈》，柳雨生主办，1943年4月创刊。柳为文化汉奸，抗战胜利后被国民政府逮捕，后出逃大陆，在南洋一带教书写作。

《天地》，文学月刊，冯和仪（苏青）主编。张爱玲与冯有较多联系。

《万象》，平襟亚主办，柯灵主编。它是一份半商半文性质的刊物，且新文艺味较浓，在各类杂志中销量最广。柯灵与爱玲有一段文字之交，爱玲在《万象》上发表了《连环套》《心经》等小说。关于他们的结识经过，柯灵有一段生动的回忆：

　　我最初接触张爱玲的作品和她本人，是一个非常严峻的时代。1943年，珍珠港事件已过去一年多，离第二次世界大战和中国抗战胜利还有两年。上海那时是日本军事占领下的沦陷区。当年夏季，我受聘接手编商业性杂志《万象》，正在寻求作家的支持，偶尔翻阅《紫罗兰》杂志，奇迹似的发现了《沉香屑·第一炉香》。张爱玲是谁呢？我怎么能够找到她，请她写稿呢？《紫罗兰》的主人周瘦鹃，我是认识的，我踌躇再三，总感到不便请他作青鸟使。正在无计可施时，张爱玲却出乎意外地出现了。出版《万象》的中央书店，在福州路昼锦里附近的一个小弄堂里，一座双开间石库门住宅，楼下是店堂，《万象》编辑室设在楼上厢房里，隔着一道门，就是老板平襟亚夫妇的卧室。……旧上海的文化，相当一部分就是在这类屋檐下产生的。而我就在这间家庭式的厢房里，荣幸地接见了这位初露锋芒的女作家。那大概是 7 月里的一天，张爱玲穿着丝质碎花旗袍色泽淡雅，也就是当时上海小姐普通的装束，胁下夹着一个报纸包，说有一篇稿子要我看看，那就是随后发表在《万象》上的小说《心经》，还附有她手绘的插图。会见和谈话很简短，却很愉快，谈的什么，已很难记忆，但我当时的心情，至今清清楚楚，那就是喜出望外。虽说是初见，我对她便不陌生，我诚恳地请她经常为《万象》写稿。①

以上的介绍可以看出，张爱玲成名于抗战相持阶段。相持阶段有相对的平静，斗争文学没有了持久的阵地，伪政府的宣传文学无人理睬，软性的消遣之作泛滥成灾，而纯文学的创作几乎成空白。当柯灵试图编品位较高的杂志而不得不在其他报刊上搜寻好作者，便说明了当时作家队伍的匮乏。张爱玲的出现，正是在这样的背景下以一个纯文学作家的身份对上海文坛做了一个漂亮的填空。

真可谓乱世有奇才，奇才逢乱世。她是乱世中出现的一朵奇

---

① 柯灵：《遥寄张爱玲》，《收获》1984 年第 3 期。

艳的花。如果说她是荷花，脚下有污泥；如果说她是牡丹，其土太黑；如果说她是玫瑰，枝上有刺。

是乱世为她提供了成功的机会，是才华使她在乱世中放出了光彩。如果不是当时上海文坛上优秀作家销声匿迹，如果不是当时的纯文学创作领域近乎空白，她的才华完全可能被淹没。从文学史的角度来说，她的出现是一个漂亮的填空。当后人们逐渐把这个空儿看得越来越大的时候，张爱玲填空的分值便越来越高。

二十四、新作研讨会

1943 年、1944 年，张爱玲创作到达极盛期。她像一匹马力十足的写作机器，几乎月月有小说刊出。战时上海的杂志多是短命的，所幸的是张爱玲的声名和作品长存下来了。

短短两年时间，张爱玲著述丰富，作品畅销，红极一时。她是作家聚谈会上的座上客，专门讨论其创作的座谈会接连召开，记者的访问记相继发表，评论文章也陆续出现。出名欲旺盛的张爱玲真的出名了。

1944 年 2 月 7 日下午 3 点，张爱玲在亚尔培路参加了中日文化协会举办的女作家座谈会。共同出席的还有苏青、潘柳黛等中日作家，座谈会的主持人是事务局长周化人。讨论了中日妇女、文学创作、妇女动员等等问题，直到五点多钟才散会。第二天《申报》以"中日文协举行女作家座谈会——晚间设宴招待小林秀雄氏"为题,对座谈会进行了报道。①

3月16日下午2点,在新中国报社内,《杂志》月刊负责人鲁风、吴江枫约请汪丽玲、吴婴之、张爱玲、潘柳黛、苏青、关露等举行女作家聚谈会。她们都是当年活跃在上海文坛的女作家。当早已成名的那些进步的革命作家因环境恶劣纷纷撤离上海之后,这块新文学的重镇一下寂然,只有少数几位左翼作家孤军奋战。这批女作者大都因寂寞和牢骚而拿起了笔。文学之于她们,不是斗争武器,不是唤醒人们奋争的号角,而是一种发泄和消遣。她们的笔下没有政治、没有战争,有的只是家庭的小悲欢,女人永远的烦忧。大浪淘沙,随着时光的流逝,她们中的多数已被历史遗忘,只有张爱玲越来越强地放射着耀眼的光芒。其次是关露和苏青,在此后的文学天幕中有零星的闪现。

在一座洋式住宅的台阶上,错落而随意地摆着十来张椅子,参加者相围而坐,喝茶,嗑瓜子,一片初春的阳光,一种闲适的气氛。主持人首先介绍了这次聚会的缘起,是因为上海的女作家近几年不俗的创作成绩。接着介绍了特别嘉宾,著名女性文学研究者谭正璧先生。他有《中国女性文学史》专著,当时正着手编当代女作家作品选,张爱玲亦被他选入。

座谈会主要有7个议题。涉及自己第一个作品的来历、女作家怎样评论女作家、对外国女作家的意见、取材范围、写什么和怎样写、读书与消遣以及对流行作品的批判。席间对张爱玲赞誉最多。有人说初读爱玲小说,惊讶其文笔之老练、想象之丰富,认为是一个上了年纪的作家,不料见面才知道如此年轻。

---

① 参见邵迎建:《被遗忘的细节——张爱玲、李香兰合影时空考》,《万象》总第37期,2002年6月,第105页。

有人宣称只看张女士的作品，其余女作家一般不看，可谓情有独钟。

谈到女作家的取材特点，主持人问道："有人说，女性作品的题材总是比较狭隘，在座各位对这个说法有什么意见？"大家议论纷纷，苏青基本同意这个说法，认为女作家生活范围较小，自然限制了作品反映生活的广度。但写自己熟悉的生活总是比较顺手，又是一个长处。汪丽玲也是这样看，她说："在这半封建的社会制度下，女性生活的路线自然比较狭隘。……但研究范围的狭隘，也可能表现得较为精细。"张爱玲大体属于这一派，但她有所纠正。她分析说："的确女人的生活较受限制，这是无法可改的，幸而直接经验并不是创作材料的惟一源泉。"关露和潘柳黛则持反面意见。关露说题材的狭隘与否不能以男女分，而应以作家自身生活经历为标准。她举例说，林语堂的作品并不比丁玲的反映面宽广，法国都德的题材也不比乔治·桑广泛。于是话题又扯到男女作家的不同风格问题。张爱玲认为好的作品应有男性美与女性美的调和。女性大都取材于家庭与恋爱，笔调比较嫩弱绮丽，多愁善感，和个人的环境、教育性格有关，不能一概而论。

谈到"怎样写"的问题，主持人特意问张爱玲："张爱玲女士写的故事都很动人，不知如何取材？"爱玲答道："也有听来的，也有臆造的，但大部分是张冠李戴。从这里取得轮廓，那里取得脸型，另向别的地方取得对白。"这个回答颇似鲁迅"嘴在浙江，脸在北京，衣服在山西"的"杂取种种人"的典型化写法。可见，高明的作家自有其相通之处，他们都是观察广泛、概括精当的写人高手。

会上还就各自的读书和消遣，对古今作家的看法交换了意见。张爱玲还谈到他喜欢的作家有毛姆、赫胥黎和斯特拉·本森①。就文学谈文学，没有丝毫政治色彩。大家任意而谈、畅所欲言，时间一过就是好几个小时，终于到了结束的时候。在座诸位女作家中，张爱玲成就最大，她的技巧常为与会者称赞。她本来发表了不少意见，仍老是被点名，请她对许多问题发表看法。她有一句回答引得大家哄笑起来。她说："我的毛病是思想太慢，等到听好想说，会已经散了。"这倒不是俏皮话，它如实地反映了爱玲的思想特点。她不是那种常能急中生智、滔滔不绝的演说家型的作家，也不是那种能不分场合左右逢源的社交型作家。她的特长在于悟，独自的体悟。

这次座谈会可以看作是张爱玲被上海文坛承认的一个标志。也是认识那一特殊时期的女作家的文学观念和创作生涯的珍贵史料。

二十五、"我们文坛最美的收获之一"

1944 年 5 月号的《万象》杂志上，刊载了一篇题为《论张爱玲的小说》的评论文章，署名为"迅雨"。"迅雨"就是以翻译著名的傅雷先生。当时，他正埋头译巴尔扎克、罗曼·罗兰等法语名著，他一生也极少写评论文章。他如此郑重其事地评一位在当时走红的作家，在他的文字生涯中是不多见的。文学修养高

---

① 斯特拉·本森（Stella Benson，1892—1933），英国女权主义者，作家，曾获英国皇家文学协会奖章和法国杰出女性奖，大部分时间在中国度过，病逝于广州，主要著作有《世界内部的世界》《穷人》等。

深、文学趣味高雅的傅雷，敏锐地看到了张爱玲小说对现代文坛的独特价值。也正是这一点，吸引了翻译家的注意力。

傅雷联系新文学诞生以来重题材主题轻艺术技巧的倾向，高度评价了张爱玲小说的意义。他说：

> 我们的作家一向对技巧抱着鄙夷的态度。五四以后，消耗了无数笔墨的是关于主义的论战，仿佛一有准确的意识就能立地成佛似的，区区艺术更是不成问题。其实，几条抽象的原则只能给大中学生应付会考。哪一种主义也好，倘没有深刻的人生观，真实的生活体验，迅速而犀利的观察，熟练的文字技能，活泼丰富的想象，决不能产生一样像样的作品。

傅雷这句话可以说是正戳到了新文学的痛处。在越来越激进的社会形势和文学氛围中，坚持文学之为文学的独特价值的作家本来不多，且处处受挤压。张爱玲踏入文坛前，全然没有受到傅雷所说的那种文坛风气的影响，她以她纯粹的文学态度和职业作家意识进行创作。在傅雷看来，是一个可喜的事件，是一桩难得的奇迹。因此他充分肯定了张爱玲的创作成就。认为《金锁记》对技巧与主义之争"是一个最圆满肯定的答复。情欲（passion）的作用，很少像在这件作品里那么重要"。除了结构、节奏、色彩，在这件作品里有"最幸运的成就"，还有三个优点。"第一是作者的心理分析，并不采用冗长的独白或枯燥繁琐的解剖，她利用暗示，把动作、言语、心理三者打成一片。""第二是作者的节略法（racconrci）的运用……巧妙的转调技巧！""第三是作者的风格。"它是"收得住，泼得出的文章！新旧文字的糅合，新旧

意识的交错，在本篇里正是恰到好处。仿佛这利落痛快的文字是
天造地设的一般"。

> 毫无疑问，《金锁记》是张女士截至目前为止的最完满
> 之作。颇有《狂人日记》中某些故事的风格。至少也该列为
> 我们文坛最美的收获之一。

傅雷给这篇作品的评价相当高。纯正的文学趣味和审美眼
光，使他看到了张爱玲的独特贡献。

也正是因为对《金锁记》作者的创作水准有很高的评价，当
他看到张爱玲还写了一些有缺点的作品时，也就毫不吝惜他的批
评之语。他认为《倾城之恋》中对两个主要人物心理挖掘还不够
深入，作者把笔墨大都用在范柳原和白流苏的调情上去了。"总
之，《倾城之恋》的华彩胜过了骨干；两个主角的缺陷，也就是
作品本身的缺陷。"傅雷更严厉地批评了张爱玲正在刊物上连载
的《连环套》，认为《连环套》的主要弊病是内容的贫乏。"已
经刊布了四期，还是没有中心思想显露。""错失了最有意义的主
题，丢开了作者最擅长的心理刻画，单凭着丰富的想象，逞着一
支流转如踢踏舞似的笔，不知不觉走上了纯粹趣味性的路。……
《金锁记》的作者不惜用这种技术来给大家消遣和打哈哈，未免
太出人意外了。"

在"结论"部分，傅雷出于对才女的爱护，善意地提醒张爱
玲，即使在创作的高潮期也要边创作边提高，不要被技巧所迷
惑，不要太沉溺于旧小说的笔调中。"总而言之，才华是最爱出
卖人的！""文艺女神的贞洁是最宝贵的，也是最容易被污辱的。
爱护她就是爱护自己。"

傅雷最后写道："一位旅华数十年的外侨和我闲谈时说起：'奇迹在中国不算稀奇，可是都没有好收场。'但愿这两句话永远扯不到张爱玲女士身上！"

这是张爱玲研究史上最早的具有学术意义的文章。出于对长期以来忽视技巧的倾向的不满，他肯定了张爱玲的出色技巧；出于对文坛流行的宏大题材决定论、"题材至上"论的不满，他肯定了张爱玲市井作品的题材意义；出于对张爱玲的爱护，他对张的某些作品也提出了批评，某些措辞还相当严厉。

这篇文章是投给柯灵主编的《万象》杂志的。柯灵对傅雷的看法有同感，但他未经傅雷的同意，删掉了其中一段话，曾引起傅雷的不满。在这篇文章开头，傅雷指出新文学技巧的弊端时，曾有一段批评巴金的文字。"我认为未必公允恰当，利用编辑的权力，把原稿擅自删掉一段，还因此惹恼了傅雷，引起一场小风波。"①

编辑删稿，自有他的权力。但也有删得高明不高明之分。值得注意的是，傅雷把张爱玲看作与巴金不同类型作家，是相当敏锐的。以如火的笔表达对黑暗专制、家族制度的憎恶，以写作来表达"我控诉"是巴金作品的特点。他一辈子都宣称自己不是为了当作家而写作的，他从不刻意追求技巧，他是那种不为当作家而写作的作家。张爱玲则不然，写作是她的目的，写作是她的生命本身，所以她在技巧上下了很深的功夫。她具有强烈的文体意识，具有自觉的职业作家意识。因此巴金和张爱玲，分属于新文学的两大不同作家群落。前者和老舍、曹禺一样，是民主主义作家；后者和沈从文、钱钟书一样，是自由主义作家。

---

① 柯灵：《遥寄张爱玲》。

傅雷的文章在《万象》发表的同时，张爱玲的《连环套》也正在杂志上连载。张爱玲当然很快就看到了这篇评论。对此，张爱玲做出了较多的反应。

她写了一篇谈自己创作的文章，题目就叫"自己的文章"。虽没有在文中直接说明是对傅雷的答复，但实际上确是有感而发。她在文章开头谈到写作此文的原因时说："我虽然在写小说和散文，可是不大注意到理论。近来忽然觉得有些话要说，就写在下面。""近来忽然觉得有话要说"就是因傅文而起的。

关于题材问题的看法，张爱玲与傅雷并无明显对立。不过她的表述更多的是从人生的角度而不是学理的角度。她说：

> 现在似乎是文学作品贫乏，理论也贫乏。我发现弄文学的人向来是注重人生飞扬的一面，而忽视人生安稳的一面。
> 我甚至只是写些男女间的小事情，我的作品里没有战争也没有革命。我以为人在恋爱的时候，是比在战争或革命的时候更素朴，也更放肆的。

张爱玲在这里给自己作品的题材意义找了一个坚实的"说法"，那就是男女爱情生活更能表现人生的繁复，生活的底蕴，不论什么题材，都应该解析人的灵魂，探寻人生的奥秘。她的这一观点，也与中国现代自由主义作家一脉相承。谈到自己的写法时，她说：

> 只是我不把虚伪与真实写成强烈的对照，却是用参差对照的手法写出现代人的虚伪之中有真实，浮华之中有素朴，因此容易被人看作我是有所沉溺、流连忘返了。虽然如此，

我还是保持我的作风，只是自己惭愧写得不到家。而我不过
是一个文学的习作者。

从这些话来看，张爱玲对傅雷的批评，有辩解，也有自我批
评。对傅雷关于《连环套》的看法，张爱玲也是同一态度。她较
充分地谈到了自己对霓喜们的姘居现象的看法，应该说现代中国
作家中没有哪一个能像张爱玲那样观察研究过这一现象。《连环
套》的题材还是别有意义的。对于傅雷所批评的这篇小说的旧小
说笔法问题，张爱玲一方面坦陈自己有意为之的缘由是要与时代
氛围一致，另一方面也承认做得不好。她说："有时候未免刻意
做作，所以有些过分了。我想将来是可以改掉一点的。"①

张爱玲的另一个反应是出版小说集。傅雷在文中劝她："少
一些光芒，多一些深度，少一些辞藻，多一些实质，作品会有更
完满的收获。多写，少发表，尤其是服侍艺术最忠实的态度。"
傅雷还希望张爱玲这个文坛奇迹有一个好结局。张爱玲此时正是
如日中天的时候，她希望趁热打铁，因而听不进傅雷"多写，少
发表"的忠告，也听不进柯灵类似的看法，迅速把小说收集为一
册，交《杂志》社刊行，书名就叫"传奇"。在前言中她解释说：

> 书名叫"传奇"，是为了在传奇中寻找普通人，在普通
> 人中寻找传奇。

张爱玲当初看到《论张爱玲的小说》这篇文章时，并不知道
"迅雨"是谁。直到 60 年代中期，在香港时才从一个朋友处得

---

① 张爱玲：《流言·自己的文章》。

知。宋淇先生①回忆说：

> 目前为大家所注意的迅雨那篇登在 1944 年《万象》杂志上《论张爱玲的小说》，引起不少猜测，唐文标说不知作者是谁，怀疑会不会是李健吾。

> 其实这篇文章写得非常严谨，不似李健吾的文笔那么散漫啰唆，明眼人都看得出来。那么迅雨究竟是谁呢？原来是战前即从事翻译《约翰·克利斯朵夫》和巴尔扎克的小说的傅雷。那时的文化工作者多数不愿写文章，即使发表，也用笔名，而且不愿别人知道。单看名字，迅雨和傅雷二者之间倒不能说没有蛛丝马迹可查。

> 爱玲当初也不知道作者是谁，还是南来以后，我告诉她的。她听后的反应是惊讶，但也并没有当作一回大事，因为爱玲向来对自己的作品最有自知之明，别人的褒贬很难动摇她对自己的估价。

> 傅雷终年埋首译作，极少写批评文章，那次破例写这样一篇评论，可见他对爱玲作品的爱之深与责之切。②

宋淇的这篇回忆录，写于 1981 年，但是 1982 年张爱玲给他

---

① 宋淇（1919—1996），原名宋奇，又名宋悌芬（Steoheb Soong），笔名林以亮，无锡人，戏剧家宋春舫之子。1949 年移居香港，就职香港中文大学翻译研究中心主任，曾经担任香港中文大学校长助理，并与电影界也有很深的渊源。与夏志清、张爱玲、钱钟书、傅雷等均有深交。夏志清最初读张爱玲、钱钟书的作品，便出自宋淇的推荐。
② 林以亮：《私语张爱玲》，见 1981 年 5 月皇冠出版社《昨日今日》。

写了一封信，披露的是另外一种情况。原来当年张爱玲不是不知道迅雨就是傅雷，而是另外搞了一个小动作，那就是写了一篇影射讽刺的小说。

1908 年生于浦东的傅雷，家道殷实。但 4 岁时父亲入狱惨死，24 岁的寡母将其拉扯大。他性格孤傲、叛逆、暴躁。1927 年，母亲只好送他自费留法。临行前，在母亲要求下与 14 岁的表妹朱梅福订婚。但到法国后，爱上了法国女子玛德琳，写信给母亲要求退婚未果。不久，傅雷发现玛德琳与多人保持恋爱关系，愤而分手，并差点自杀。1931 年秋，傅雷与刘海粟同船回到上海，10 月，出任上海美专刘海粟校长的校办主任，后为打抱不平和刘海粟绝交。回国后，与朱梅福结婚并给她改名为朱梅馥。朱曾说："婚后因为他（指傅雷）脾气急躁，大大小小的折磨总难免。" 1933 年 9 月，借母丧之机，傅雷正式辞职，从此靠翻译为生。

傅雷待人待己失于过苛。一次杨绛译了篇散文，傅雷称赞了几句，杨绛照例一番谦辞，傅雷忍了一分钟，最终沉着脸发作道："杨绛，你知道吗？我的称赞是不容易的。"傅雷对张爱玲的作品有弹有赞。但两个人都是很有个性的人，第一次写长篇遭此重创，张爱玲自然会迁怒于傅雷，恰好她与刘海粟妻子成家和的妹妹成家榴曾是同学，常有来往，得知了成家榴与傅雷的婚外情。

傅雷律己甚严，但幼年丧父，在强势的"女性爸爸"的阴影下成长，心灵深处埋下了对不伦之爱的渴望。1936 年底，在考察龙门石窟时，傅雷曾与妓女黄鹂有染。1939 年，傅雷与成家榴传出绯闻。

根据从成家榴同学口中听来的绯闻，张爱玲写出《殷宝滟送花楼会》。小说中傅雷成了"古怪、贫穷、神经质"的罗潜之，而成家榴是"殷宝滟"，张爱玲借殷宝滟之口骂傅雷："他那样的神经病的人，怎么能同他结婚呢?"除了人物化名，故事完全照搬，还把自己写了进去，名为爱玲，显然在暗示：文中一切属实。据张爱玲说，小说发表后，成家榴十分恐慌，跑到内地匆匆嫁了人，而成家榴自己则说，是因为傅雷的夫人朱梅馥太善良了，自己只好退出。

对张爱玲这一招，傅雷极为尴尬，曾说："《金锁记》的作者人品竟是这样低劣，真是错看她了。"令傅雷哭笑不得的是，《论张爱玲的小说》也引起左派作家们的不满，他们认为张爱玲的作品充满"垃圾堆的腐臭"，而傅雷居然大加称赞，因此满涛等人化名发文恶骂了一番傅雷。晚年张爱玲重读了《连环套》，此时她的意见比傅雷还激烈："尽管自以为坏，也没想到这样恶劣，通篇胡扯，不禁骇笑。"不论曾有多少误会，二人最终取得共识。

她还说："《殷宝滟送花楼会》写得实在太坏，这篇是写傅雷。他的女朋友当真听了我的话到内地去，嫁了个空军，很快就离婚，我听见了非常懊悔。"1982 年 12 月 4 日，张爱玲写信给宋淇，披露了她发表于 1944 年 11 月的小说《殷宝滟送花楼会》（作为列女传之一）的内幕。① 对此有人进一步分析说，1944 年 5 月，署名迅雨的《论张爱玲的小说》在《万象》上刊登；半个月后，张爱玲回敬了一篇《自己的文章》，为评论里批评的那几篇小说辩护；11 月，张爱玲在《杂志》上发表《殷宝滟送花楼会》。时间点如此契合，让人不多想都难。当然，这也可能是巧

---

① 唐山：《张爱玲与傅雷为何交恶? 傅雷出言太重惹恼张爱玲》，《北京晚报》2016 年 1 月 22 日。

合，傅雷一边和成家榴分着手，一边写着评论，成家榴转身去找老同学张爱玲倾诉，傅和张在不知情的情况下，有了这么一种交集。宋以朗就说，张爱玲写《殷宝滟送花楼会》时，并不知道傅雷就是迅雨，张爱玲是后来到了香港才从宋淇那里听说的，她有点惊奇，但也没深究。这种可能也有，傅雷的那篇评论，是交给柯灵发表的，柯灵跟张爱玲交情不浅，《小团圆》里以他为原型塑造的那位荀先生，又特别爱在女主人公面前说文坛掌故，总之有点八卦，那么，他把这个大秘密八卦给张爱玲听完全有可能。①

二十六、"向来是惜墨如金的"

1944 年 9 月，张爱玲的第一部小说集《传奇》出版。收有《金锁记》《倾城之恋》《茉莉香片》《沉香屑·第一炉香》《沉香屑·第二炉香》《琉璃瓦》《心经》《年轻的时候》《花凋》《封锁》共十个中短篇作品。对于出书，张爱玲有一种等不及的欲念。她坦诚地对读者道出了她的喜悦：

> 以前我一直这样想：等我的书出版了，我要走到每一个报摊上去看看，我要我最喜欢的蓝绿的封面给报摊子上开一扇夜蓝的小窗户，人们可以在窗口看月亮，看热闹。我要问报贩，装出不相干的样子："销路还好吗？——太贵了，这么贵，真还有人买吗？"②

① 闫红：《张爱玲与傅雷的恩怨》，《中外文摘》2015 年第 6 期。
② 张爱玲：《传奇再版序》。

战时的上海，物价飞涨，什么都贵，但《传奇》的销路非常好。"初版不到四日，即已告罄，兹再版重印"，《杂志》社在重印的广告中这样宣传说。《传奇》初版封面是张爱玲自己设计的，在中国现代作家中，除了鲁迅，为自己作品设计装帧最多的是张爱玲。后来在香港出的很多书，都是她自己设计的封面。《传奇》初版封面一色的孔雀蓝，没有图案，只印上黑字，不留半点空白，浓稠得使人窒息。姑姑看着充满油墨香味的新书，对她说，你母亲以前最喜欢这种颜色，衣服全是或深或浅的蓝绿色。"遗传就是这样神秘飘忽——我就是这些不相干的地方像她，她的一点长处都没有，气死人了。"①

"书再版的时候换了炎樱画的封面，像古绸缎上盘了深色云头，又像黑压压涌起了一个潮头，轻轻落下许多嘈切喊嚓的浪花。细看却是小的玉连环，有的三三两两勾搭住了，解不开；有的单独像月亮，自归自圆了；有的两个在一起，只淡淡地挨着一点，却已经事过境迁——用来代表书中人相互间关系，也没有什么不可以。"②

张爱玲在这个时期，除了是好几个座谈会座上宾以外，还是报刊上被关注的人物。5月的《杂志》上刊登了胡兰成的《评张爱玲》。潘柳黛跟着写了《评胡兰成〈评张爱玲〉》，把胡兰成与张爱玲大大地调侃了一番。她戏谑胡兰成，赞美张爱玲"横看成岭侧成峰"是什么时候"横看"，什么时候"侧看"。还把张爱玲的贵族血统，比喻为大洋里淹死了一只鸡，上海人吃黄浦江

---

① 张爱玲：《对照记》，第6页。
② 张爱玲：《传奇再版序》。

的自来水便自说自话是"喝鸡汤",距离太远到不相干。意在"幽他一默"。

6月20日上海出版的日语《大陆新报》的副刊文化专栏刊载了若江得行的文章《爱，爱玲记》。若江得行是上海中文专科学校东亚同文书院的英国文学教授，他评价张爱玲刚刚发表在《天地》第5期的散文《烬余录》："她用主观、客观及各种手法巧妙的描写了战时的香港的情况，而且，她特别注重生动的描绘主要人物，手法不同凡响。"① 这篇散文的日语版也在这家报纸上陆续刊载，翻译者是室伏克拉拉。

1944年8月26日，《传奇》公开面世前几天，下午3点，《杂志》社约请部分作家和学者在康乐酒家举行了一次"《传奇》集评茶会"。出席者除张爱玲与《杂志》社同仁外，还有前云南大学教授袁昌硕先生，谭正璧、尧洛川、钱公侠、谷正魁等作家评论家。谷正魁即沉寂，当时是一位年轻的小说家。② 爱玲的女友苏青、炎樱也参加了讨论会。

主持人吴江枫首先作开场白：此次邀请诸位，为的是本社最近出版的小说集《传奇》问世后，销路特别好，初版在发行四天内全部卖光，现在预备再版，因此请各位来做一次集体的批评，同时介绍《传奇》的作者与大家见面。希望大家对《传奇》一书发表意见，予以公正的不客气的批评。如有缺点，也请提出来。在作者和出版社方面都非常欢迎。

张爱玲脸上泛着微笑，声音很低，谦虚地说："欢迎批评，

① 藤井省三：《张爱玲文学在日本》。参见张妮妮：《张爱玲小说的日本接受史》，《青年文学家》2015年第6期。
② 参见沈寂：《张爱玲的苦恋》，《世纪》杂志1998年第1期。

请不客气地赐教。"这天她特意打扮了一下,穿着黄色绸底的上衣,蓝颜色裙子,头发在鬓上卷了一个圈,再长披而下。戴着玳瑁边眼镜,搽着口红,显出沉静庄重的神情。大概每一个初成名的作家在举行个人作品讨论会时都是这样郑重而心喜、紧张而快乐吧。

座谈会上,主持人请袁教授发表意见。他谈了三点。第一,张爱玲描写的技巧非常成熟,书中人物呼之欲出;第二,女作者为女人说话,微妙细腻,真切感人;第三,西洋文学往往以长篇巨制作为衡量作者高低的重要尺度,希望作者早日出长篇。

爱说俏皮话的实斋先生用"妙极"概括他的阅读感受。说看她的作品,通篇看有味,一句句地看也很有味,真是"横看成岭侧成峰"。

新烫了头发,穿着绿底白花旗袍的苏青女士晚来了几分钟。她风风火火地赶来,喘息未定,就被主持人点名发表意见。她急急地用宁波话说:"我不说,我写下来。"于是摸出纸片,在上面写字。写好后,吴江枫替她念出来:"我读张爱玲的作品,觉得有一种魅力,非急切地吞读下去不可。读下去像听凄幽的音乐,即使是片断地也会感动起来。她的比喻是聪明而巧妙的,有的虽不懂,但也觉得它是可爱的。它的鲜明色彩,又如一幅图画。对于颜色的渲染,连最好的图画也赶不上,也许人间本无此颜色,而张女士真可以说是一个仙才了。我最佩服她,并不是瞎捧。"她的方言难懂,因此这段妙论只好请人代读。一个作家居然当众对别一个作家表示感服,实属不易。她非常直感地道出了张爱玲小说的魅力,从音乐感与绘画美的角度,指出其佳妙处,敏锐而中肯。在谈到阅读感受时,苏青用"吞读"一句非常形象生动地道出了张爱玲的吸引力。

从文而兼商，既写小说也写评论的南容先生在一个比较开阔的背景上谈道："张爱玲的小说没有通常的文体滥调，她有自己的独特风格。"班公说他最先读到的是爱玲的散文，没想到小说也如此漂亮。他将爱玲与赛珍珠做比较，认为："张爱玲是一位从西洋来的旅客，观察并描绘着她喜爱的中国。尽管她的笔法在模仿着《红楼梦》或者《金瓶梅》。"这话初步涉及中外文学对作者的影响问题。班公还谈到了张爱玲在文学史上的地位，他说："我佩服她炼字炼句的功夫，我喜欢她的矜持。她的小说是一种新的尝试，可是我认为她的散文，她的文体，在中国的文学演进史上，是有她一定的地位的。"

谭惟翰分析了张女士小说的三个特色：用词新鲜，色彩浓厚，比喻巧妙。吴江枫又补充了两点。一是张女士制造氛围的手腕很高，二是作品中"凉"字用得特多，读来有一种忧郁感。谷正魁、钱公侠着重谈到作者对变态人物心理的准确把握。这些看法，都接触到张爱玲小说的一般特点。因是座谈的形式，即席发言，也就未能深入。钱公侠后来还有文章谈道："她（张爱玲）至今是一个象牙塔里的闺秀。她对于社会层采取一种孤立主义，远远地站开着，绝不与人缠夹，因为她没有苏青女士那样的泼辣大胆，也没有王渊女士那种浑然无我的感觉，人家看她仿佛又远又高，而她就在那远处高处奏出人间天上的音乐。"①

座谈会上，还对张爱玲的具体作品进行了点评。班公对《金锁记》《倾城之恋》评价最高，南容以为《沉香屑·第一炉香》最佳。柳雨生的书面发言中认为：以结构论，《年轻的时候》《茉莉香片》最好；以深刻论，《心经》最为惬意。而《金锁记》比

① 钱公侠：《谈女作家》，《大上海报》1945 年 7 月 16 日。

《倾城之恋》还要好。对此，爱玲女士自己的看法是：别人喜欢她的《金锁记》和《倾城之恋》，可她自己最中意的是《年轻的时候》，然而很少有人喜欢它；最不满意的是《琉璃瓦》和《心经》，前者浅薄，后者晦涩。真是各有所爱。

那天聚谈会的当事人之一谷正魁后来回忆说：

> 我记得张爱玲那天穿橙黄绸上装，品蓝色长裙，式样奇特，色彩鲜艳，在当时来说算是"奇装异服"。令人惊异的是她把头发在鬓上绕了一圈，长长地披了下来，遮住半边脸，再戴一副眼镜，望过去只见雪白面庞上两个圆圈和一小团红（搽着唇膏的嘴唇）。她沉静得近似一座玉女石像，庄重得令人起敬。伴同张爱玲一起来的是她的印度女友炎樱，身穿短裤，手戴大手镯，像来自热带的女郎。大家的发言都是溢美之词，称赞张爱玲的技巧和文笔，只有谭正璧谈及内容和人物，很简略。我在会前曾谈过傅雷（笔名迅雨）发表在《万象》上的文章《论张爱玲小说》，他指出张爱玲的作品："除了男女之外，世界究竟还辽阔得很，人类的情欲也不仅仅限于一二种，假如作者的视线改换一下角度的话，也许会摆脱那种贫血的感伤情调。"我也读过谭正璧撰写的评论张爱玲的文章："选材尽管不同，气氛总是相似。她的主要人物的一切思想和行动，处处都为情所主宰，所以她或他的行动没有不是出之于疯狂的变态心理，似乎他们的生存是为着情欲……总之，作者是个珍惜人性过于世情的人，所以她始终是个世情的叛逆者，然而在另一方面又跳不出情欲的奴隶。"我同意这两位前辈的见解，在茶话会上也就发表类似的意见。

我还记得，有人在会上问张爱玲，对迅雨和谭正璧的批评有何意见。她说："我有过答复。"

会后，吴江枫告诉我：张爱玲曾在《新东方》杂志上发表《自己的文章》一文。他找出这本杂志借给我看。文章一开始就提出：她只会写"阿妈""少奶奶"之流的人物，因为她熟悉。她决不愿意写骑马驰骋草原，"野玫瑰"式的女性。前面是对迅雨和谭正璧而发，后面的举例却是针对我的小说里的人物。我怕引起误会，以为我曾读过她这篇文章，所以在茶话会上故意发言对她反击。会后要求吴江枫伴我去向张爱玲解释。①

张爱玲成了明星式人物，也有好事者如《杂志》社热心地让张爱玲与其他行业的明星如影星、舞星交往。1945 年春，朝鲜舞蹈家崔承喜来上海，与梅兰芳对谈中国艺术，又与张爱玲等女作家聚谈。崔承喜少女时代即在东京习艺，专研东方乡土舞蹈，后在美洲、欧洲巡回演出，反响颇大，被誉为"日本现代舞后"。1941 年来中国，在北京办班教授中国学生。这是她第二次来上海。4 月 9 日，在华懋饭店八楼三号室，她和上海的女作家聚会，张爱玲亦应邀出席，她来得最迟，又穿得古色古香，话虽不多，却引人注目。一篇采访记写道，她穿着桃红色的软缎旗袍，外罩古青铜色背心，缎子绣花鞋，长发披肩，眼镜里的眸子，如她的性格一般沉静。她老注意着崔承喜，有时像没有听人说话，好像要在崔承喜的脸上找出艺术家的趣味来。在被点名发表"高见"时，张爱玲从各类艺术的共通性出发谈到她对艺术规律的理解。

① 沈寂：《张爱玲的苦恋》。

她说：

> 我觉得在文学上，我们也必须先研究西洋的，撷其精华，才能创进。舞蹈音乐亦正如此。①

座谈会后，记者还给崔承喜、张爱玲、关露等合影留念。为了这次见面，张爱玲和胡兰成还专程去看了崔承喜的《无敌大将军》《花郎》等演出。有一次看完戏之后外面下起了雨，他们在戏院门口叫了一辆黄包车，放下雨篷后张爱玲穿着雨衣坐在了胡兰成的身上。回来后，她还这样评价崔承喜："讽刺也是这么好意的，悲剧也还能使人笑。一般的滑稽讽刺从来没有像这样的有同情心的，卓别林的影片算不得了了，不过我还是讨厌里面的一种流浪人的做派。近于中国的名士派，那还是不及崔承喜的这支舞。到底是我们东方的东西最基本。"②

这年 7 月 21 日，《杂志》月刊社举办"纳凉会"，地点在咸阳路二号，聚会主角是张爱玲和李香兰，一个是当红的女作家，一个是著名的影星。张爱玲的衣服是用祖母一床夹被的被面做成的，象牙色底子上，加上几朵紫黑色的花，头发长长的披在两肩，发上插着青紫的红蝴蝶。陪同爱玲来的有姑姑张茂渊和挚友炎樱，另外的出席者是日本人松本大尉和川喜多长政。川喜的父亲曾在保定军校教书，据说因亲华被日本宪兵杀害。川喜少年寻父而来中国，随后读北大，又到国外留学。1939 年代表日方主持

---

① 洛川：《崔承喜二次来沪记》，参见唐文标主编《张爱玲资料大全集》第 236 页。

② 胡览乘：《张爱玲与左派》。

上海中华电影公司，据称有不受日方干预的先决条件。李香兰与张爱玲的会面，就有请一流作家、一流演员合作的意思，撮合者既有日本人，也有杂志社。

李香兰的身份很复杂，她本名叫山口淑子，日本人，出生在沈阳，求学于北京，后以唱歌演电影出名。到抗战胜利后以汉奸罪审判她时，人们才知她的真实身份。她主演过日本男子爱中国姑娘的电影，颇有敌伪"和平文艺"的味道，令国人反感。也拍过表现鸦片战争的《万世流芳》，受到好评。这年 5 月，她在上海举办过三场独唱音乐会，场场爆满。但中华公司的电影业已经停顿了。当《杂志》社人三番五次问张爱玲是否为李香兰写剧本时，张爱玲总是巧妙地谢绝。她的理由是她写的剧本恐怕不合李小姐的个性。但她对未来的东方电影还是有很多的期许，觉得视觉的艺术对东方人是特别的性情相近。

那时的小报对张爱玲的事业与爱情有一些报道，主持人问她的看法，她回答说："除了有关我的职业道德的，我从来不去辩正。"

又有人问她的恋爱观，她不愿在此多说，只淡淡说道："就算我有什么意见，也舍不得这样轻易地告诉你的吧？我是个职业文人，而且向来是惜墨如金的，随便说掉了岂不损失太大了吗？"①

但在另外的场合，在文章中，在与炎樱、苏青的交谈中，张爱玲却滔滔不绝地谈着爱情……

---

① 《纳凉会记》，原载 1945 年 8 月《杂志》第 15 卷第 5 期。

第八章　流言 (散文创作)①

二十七、关于《连环套》的争议

《传奇》是由发表张爱玲小说最多的《杂志》社印行的，但她最先联系的是中央书店。1944 年 6 月 15 日，张爱玲给中央书店老板平襟亚写信，已谈到了书的促销方式。信中说：

> 我书出版后的宣传，我曾计划过，总在不费钱而收到相当的效果。如果有益于我的书的销路的话，我可以把曾孟朴的《孽海花》里有我的祖父与祖母的历史，告诉读者们，让读者和一般写小说的人去代我宣传——我的家庭是带有贵族气氛的……

---

① "流言"，张爱玲 1945 年出版的散文集名。本章叙张爱玲 40 年代中期其他作品，包括散文和长篇小说创作。

　　可见张爱玲充分捕捉到了一般人的心理，为了书的畅销，她不惜兜售自己的家史。她要以家族的"传奇"去渲染自己的《传奇》，以非文学的方式去推销自己的文学，以便在社会上更好的流传。"当我接受了她的原稿后，她接连来见我好多次，所谈论的无非是'生意眼'，怎样可以有把握风行一时，怎样可以多抽版税，结果是她竟要我包销一万册或八千册，版税最好先抽，一次预付她。我给她难住了，凭我三十年的出版经验，在这一时代——饭都没有吃的时代，除凭特殊势力按户捱买外，简直没有包销多少的本领。因此只好自认才疏力薄，把原稿退给她。"①

　　同时她还给柯灵写了一封信，征询他对她的小说集在中央书店出版的意见。柯灵回忆说：上海出版界过去有一种"一折八扣"的书，专门印古籍和通俗小说之类，纸质低劣，只是靠低价倾销取胜，中央书店即以此起家。我顺水推舟，给张爱玲寄了一份店里的书目，供她参阅，说明如果是我，宁愿婉谢垂青，我恳切陈词：以她的才华，不愁不见知于世，希望她静待时机，不要急于求成。她的回信很坦率，说她的主张是"趁热打铁"。她第一部创作随即诞生了，那就是《传奇》初版本。出版者是杂志社。我有点暗自失悔，早知如此，倒不如成全了中央书店。②

　　不知什么原因，张爱玲不仅没有把书交给中央书店出版，而且还在7月份主动腰斩了在中央书店主办的《万象》杂志上连载的长篇小说《连环套》。可能因为《杂志》上刊载的迅雨的批评《连环套》的文章使她觉得在同一刊物上继续刊登这篇小说很难堪，也可能她匆迫地写一部分登一部分，越来越觉得不顺手，越

①　秋翁：《某女作家的一千元灰钿》，《海报》，1944 年 8 月 18 日。
②　柯灵：《遥寄张爱玲》。

来越应了迅雨的批评。尽管她在《自己的文章》中对《连环套》有所辩解，但她还是觉得难以为继，写作的心境也没有当初那么平静单一了，于是她干脆停了笔。

张爱玲此后一直没有续写《连环套》，而且也没有把它收进集子出版。1976 年，《连环套》像"出土文物"一样被翻了出来，刊在台北皇冠出版社《张看》一书中，张爱玲在自序中说：

> 去年唐文标教授在加州一个图书馆里发现 40 年代上海一些旧杂志，上面刊有我这两篇未完的小说（《创世纪》和《连环套》）与一篇短文，影印下来，写信征求我的同意重新发表。……那两篇小说三十年不见，也都不记得了，只知道坏。
>
> 《幼狮文艺》寄《连环套》清样来让我自己校一次，三十年不见，尽管自以为坏，也没想到这样恶劣，通篇胡扯，不禁骇笑。……当时也是因为编辑拉稿，前一个时期又多产。各人情形不同，不敢说是多产的教训，不过对于我是个教训。这些年来没有写出更多的《连环套》，始终自视为消极的成绩。

张爱玲说话始终是俏皮的。既不断然否定多产必损害质量，又为自己创作日少作了充分的解释。她有她的矜持，也有她的坦诚。比较这篇序和当年写的《自己的文章》，就可看出事隔三十多年，她终于承认了傅雷的观点。

其实，平心静气地看《连环套》，它虽然不是张爱玲小说中的佼佼者，但自有其价值所在。中国现代小说家中，没有谁像张爱玲那样如此集中地关注和描写过"姘居"这种在旧中国较为普遍的男女关系。前面曾经提到过《连环套》的故事来源于张爱玲通过炎樱接触过的几个在华的东南亚人的经历。这部小说可以说是一个女人和她先后姘居过的三个男人的故事。女主人公霓喜原是广东偏僻小镇人家的一个穷小女,十四岁被养母送到香港的一家绸布店的印度籍老板那儿,卖了120元。这是她生命中的第一个男人,叫雅赫雅·伦姆健,他像挑商品一样检查了她有无沙眼和脚气之后买下了她,她是他的生育机器,也是女佣。他总忘不了她是他买的,从不把霓喜当妻子看。"两个人之间没有一点同情和了解,虽然他们都是年轻美貌的,也贪恋着彼此的美貌与年轻,也在一起生过孩子。"这是两人关系的总结。因误会和不理解,因霓喜地位低下,虽然在一起生活了十年,但说闹翻就闹翻,霓喜带着孩子被赶出家门。这时五十七岁的药铺老板窦尧芳看上了她,霓喜又与他生活了五年。窦在乡下有妻室,却给霓喜较宽松的待遇。但他老而病,病而死。本家族人霸了产业,赶走霓喜,使她又陷入孤苦无靠的境地。不久,她在干姊妹家结识了英籍工程师汤姆生。汤姆生因为寂寞,因为贪图她的一双说着顶好的中国话的眼睛,二人又姘上了。又过了五六年,到了民国初年,汤姆生借口探亲回英国正式结了婚。她又一次失去了男人,生活又一次破碎了。她也老了,失去了悍然的美。

这是张爱玲的一部不无缺陷的探索之作。首先,她开掘了从姘居的角度探讨两性关系的新的题材领域。张爱玲说道:"这种姘居生活中国比外国更多,但还没有人认真拿它写过。鸳鸯蝴蝶派文人看看他们不够才子佳人的多情,新式文人又嫌他们既不像爱,又不像嫖,不够健康,又不够病态,缺乏主题的明朗性。"①

---

① 张爱玲:《流言·自己的文章》。

这一分析大体是成立的。鸳鸯派的言情狎妓故事很多，但姘居题材因不够刺激，为他们所不取。新文学作家写过一些同居题材的故事，往往是男女双方因情而结合，既得不到家族的承认以完成旧式的婚礼方式，亦不被法律承认，因为那时代法律意识是很薄弱的。双方惟一的联系是感情，情在家在，情破家亡，无可因形式不完整而厚非。如子君与涓生（鲁迅《伤逝》）、汪文宣与曾树生（巴金《寒夜》）等。姘居与此不同，它是一种有实无名的家庭生活方式。一般来说，女人的地位较低，男人因种种原因与之共同生活。这些原因或是周边没有具有婚姻可能性的异性而又要家园感以填充寂寞（如霓喜与印度人和英国人），或因男性贪色（如霓喜的三个男人）。女性虽行妻子之实，却受门第地位限制不可能成为正式夫妻，她们的地位始终不确定，常有不安全感。

《连环套》开篇写道："赛姆生太太是中国人，她的第三个丈夫是英国人，名唤汤姆生，但是他不准她使用他的姓氏，另赠了她这个相仿的名字。从生物学家的观点看，赛姆生太太曾结婚多次。可是从律师的观点看，她始终未曾出嫁。"在略带调侃的语言中诉说了女主人公的卑微地位，她不过是一个姘居者，毫无法律保障。张爱玲所要探讨的，就是这种不像夫妻关系郑重、比高等调情负责、比嫖妓更人性的在当时较普遍的现象。

其次，张爱玲对霓喜的性格、心理的刻画仍然是"张爱玲式的文笔"。对这个从小无家庭温暖，十几岁就依附男人的女子，她的不安全感、她的敢于破罐破摔的性格，她因生活较穷人富裕而产生的说谎、虚荣、化苦为乐的弱点，把握得较有分寸。比某些新文学作品中把贫穷与善良画等号的描写方式更有人性深度。此外，作者对作为一个女人的霓喜的描述颇见功力，无论穷弱无告时还是生了一串孩子时，她都有男人对她感兴趣，她自然是美的。但那是一种"流动的美，俯仰百变，难描难画"。因为地位不稳，她便抓住了自己的美作为维持生计和心理满足的资本。"惟一维持她的自尊心的方法是随时随地的调情——在色情的圈子里她是个强者，一出了那范围，她仅是人家脚底下的泥。"

窦老板死时，族人皆来，视她为敌人，闹得不可开交。她一人怎敌众人：

> 窦家几个男人一扎堆站着，交叉着胳膊，全部斜着眼朝她看来。霓喜见了，心中不由得一动。在这个破裂的，痛楚的清晨，一切都是生疏异样的，惟有男人眼里这种神情是熟悉的，仓皇中她就抓住了这一点，固执地抓住了……先把那几个男的收伏了，再收拾那些女人。

靠着这个念头，她虽不能说化险为夷，但也顺利下了台阶。老板之死这一节相当精彩地描绘了霓喜心理，是全书的高潮之一。仅上引文字而论，张爱玲对世态人情的理解令人扼腕赞叹。在利益、家族、伦理的纠纷中，两性之间的心理战往往压倒和改变了似乎在外在意义上不可改变的东西。这是我们常在张爱玲的作品中所发现的。

此外，《连环套》虽为长篇作品，其间仍有许多精彩的意象描画，至于它的叙述语言的旧小说笔调，作者自己有一个解释："我当初的用意是这样的：写上海人心目中的浪漫气息的香港，已经隔有相当的距离；五十年前的香港，更多了一重时间上的距离，因此特地采用一种过了时的词汇来代表这双重距离。有时候未免刻意做作，所以有些过分了。我想将来是可以改掉一点的。"① 作者自己承认是一个弱点，并表示改正。但她的动机有可取之处，力图以文字本身的魅力营造清末民初的气氛，仍显示了作者有很强的文体意识。笔者看来，其缺陷主要不在文字的有些刻意做作，而在对背景缺乏必要交代，直到小说快结束时，读者才知道这是民国了，此其一。其二，这是作者的第一篇第一人称小说，"我"是一个旁观者、见证人、穿针引线者。但其后似都为第三人称，叙述方式不够一致。其实，张爱玲本是擅长全知叙事角度的，《连环套》中没有"我"，故事一样能推演下去。

1945 年，《杂志》十四卷六期至十五卷三期上连载了张爱玲的《创世纪》，约三万余字。十九岁的匡潆珠，家境已败，人口又多，只好到药房当店员。遗少家死顾面子，她做事也要偷偷摸摸，她与开灯泡店的青年毛耀球的结识与恋爱也是偷偷摸摸的。家中知道后，既不甘心对方门第太低而屈就，又怕错过了这个小有收入的好机会，态度尴尬。匡潆珠在这种环境中对毛的感情是柔嫩可怜的温情。作者还是想写封建遗少家庭的没落，有时不免冷落了匡毛的爱情戏，人物谈说回叙过多，显得较为散漫零乱，仿佛是一个长篇的开头，即使仅是一个开头，也是散乱的。这篇作品她只好不了了之，没有收煞。

这段时期，她写得太多了。《创世纪》不能算作成功之作。

这年春天，她还写了一个小说《描金凤》。在 4 月出版的《杂志》第十五卷第一期文化报道栏内有一则短讯：张爱玲近顷甚少文章发表，现正埋头写作一中型长篇或长型中篇，约 10 万字小说《描金凤》，将收在于不日出版之小说集中。但这篇小说

---

① 张爱玲：《流言·自己的文章》。

并没有刊印。

二十八、"有关我的职业道德"

《连环套》连载期间，既有迅雨的批评，又有张爱玲的"腰斩"，由此还引发了一场不愉快，即所谓"一千元灰钿"的稿费纠纷。

张爱玲在《万象》连载《连环套》，中央书店老板平襟亚与她约定每期稿费一千元。登了六期，应得稿费六千元。张爱玲主动"腰斩"《连环套》，又把本来答应给中央书店出版的《传奇》给《杂志》社出版了。两件事都未给中央书店做个交代说明，秋翁心中很不舒坦，在《海报》上写了一篇题为《一千元的灰钿》的文章，谈到张爱玲多领了一千元稿费，张爱玲颇为诧然，立即去信《海报》，说明事实经过。原来是头年底平襟亚与张爱玲谈妥次年一月开始连载时，当时就给了张爱玲一张两千元的支票，作为一月二月的稿费，但张爱玲说："讲好了每月一千元，还是每月拿吧，不然寅年吃卯年粮，使我很担心。"于是他收回那张支票，另开了一张一千元的支票。不知为什么账簿上记的还是两千元。

当时张爱玲正在盛名之中，平襟亚的文章自然引起很多热心读者的关注。当时另有两篇文章也在无意中使张的虚领稿费的事"坐实"了。一篇是柯灵写的，他在《海报》上说张爱玲是品格高的人，决不会有意多领，恐怕是一时疏忽。柯灵正在编《万象》，偏偏这时候张爱玲中断了《连环套》，他能为张开脱洗刷，作为编辑是很大度的。另一篇文章是张爱玲的中学老师汪宏声写

的，他在刚创刊的《语林》月刊上发表了一篇《记张爱玲》的长
文，生动记叙了张爱玲的中学阶段的生活与性格。张爱玲对汪先
生一直心存感激。她说："中学时代的先生我最喜欢的一个是汪
宏声先生，教授法新颖，人又是非常好的。"① 从香港回上海后，
她见到老同学就问汪先生近况，听说他不在上海，很惆怅。没想
到她路遇《语林》主编钱公侠，得知汪先生写了一篇记她中学生
活的文章，于是兴冲冲地跟他到印刷所看此稿清样，并在轰隆轰
隆的机器声中，万感交集地写了几行字，表示感念。《记张爱玲》
一文在谈到张爱玲不积极参与校刊的编务与写作，有时连作文也
交得迟，甚至"一篇充作两期"的情况时，他把一千元灰钿的疏
忽与之相提并论，作为张爱玲身为文章高手却生活马虎的传证。
这两篇为张爱玲辩护的文章，都出于好意，却更容易给读者以张
爱玲确实多领了一千元的印象。

于是张爱玲写了一篇《不得不说的话》，再次陈述了事件经
过，并在最后说道：

> 我曾经写过一封否认的信给《海报》，秋翁先生也在
《海报》上答辩，把详细账目公开了。后来我再写第二封信
给《海报》，大概因为秋翁先生情面关系，他们未予发表。
我觉得我在这件无谓的事上已经浪费了太多的时间，从此也
就安于缄默了。

> 平常在报纸上发表与我有关的记载，没有根据的，我从
来不加以辩白，但是这件事我认为有辩白的必要，因为有关
我的职业道德。我不愿我与读者之间有任何误会，所以不得

---

① 《张爱玲手札》，1944 年 12 月上海《语林》第 1 卷第 1 期。

不把这不愉快的事情重述一遍。①

　　作为一个以写作维持生计、以写作实现自己人生价值的职业作家，张爱玲注重职业道德、尊重读者的态度是令人尊重的。她的这篇文章是在读了汪宏声文之后写的，且寄给了发表该文的同一刊物《语林》，钱公侠收到此文后，还请平襟亚"略书数语，与张文同时发表，以避片面攻讦之嫌"。平襟亚的文章叫《一千元的经过》，并在文后附有"张爱玲《连环套》小说稿费清单"，他坚持认为"故就事实言，迄今仍欠本社国币一千元"。② 双方各执一词，并无最后结果。

　　不过，平襟亚心中仍怀不平。有一次某刊物约请十名文人写一篇"接力"式小说《红叶》，平襟亚写的是一对年轻夫妻在家中赏花树，妻子问老园丁园中有没有狐仙，老园丁答道："这里是没有的，而在某家园中，每到月夜，时常出现一妖狐，对月儿焚香祈祷，香焚了一炉，又焚一炉，一炉一炉地焚着。直到最后，竟修炼成功，幻为婵娟美女，出来迷人……"这颇有点影射讽喻的意思了。接"下一棒"的郑逸梅觉得这样做欠妥当，赶紧把话题转向了别处。③

　　这件事，可以算作"一千元灰钿"事件的一个并不有趣的尾声。

----

① 1945 年 1 月《语林》月刊。
② 1945 年 1 月《语林》月刊。
③ 郑逸梅：《女小说家张爱玲》，见《文苑花絮》中华书局 2005 年版。

二十九、"流言——水上写的字"

写小说的同时，她也有一些散文陆续地见诸刊物。1944 年 12 月，这些散文结集为《流言》，由中国科学公司印行，亦大受欢迎。

> 《流言》是引一句英文 writter on water（水上写的字），是说它不持久，而又希望它像谣言一样传得快。①

《流言》的作者很容易让人看出就是《传奇》的作者。这本散文集中，作家对童年生活的回忆，对身边世界的描绘，对文艺问题的阐发，都是生动有趣又极富资料价值的。张爱玲研究资料极为匮乏，这些一手资料就显得极为珍贵。细心的读者不难发现，本书第一、二章的不少材料即取之于此。

然而，远甚于这种资料价值的，是其文学价值。爱玲的散文，同样是精心营造的艺术世界。

这个世界是苍凉的。长的是磨难，短的是人生。经历了太多变幻的张爱玲女士对人类文明、生存意义有着伤感的估价。她的散文比小说更随意、更直接地流露着荒芜、伤痕、漂泊、失落、惊骇与沉重的心境。乱世的人，没有真正的家。

> 我一个人在黄昏的阳台上，骤然看见远处的一个高楼，

---

① 张爱玲：《红楼梦魇》，皇冠出版社 2010 年版。

边缘上附着一大块胭脂红，还当是玻璃窗上落日的反光，再一看，却是元宵的月亮，红红地升起来了。我想着："这是乱世。"①

由此而引起凄凉的身世之感。在爱玲的眼里，再好的月色也带着凄凉，再艳的太阳也是孤独的。孤独是智者的境界，它虽然多少有些可怜可悲，但比盲目的乐观更为可敬。如果不过分地受其伤感的诱惑的话，透过这种情绪，读者会发现作家对生活与文明有不少惊人的真知灼见。张爱玲最敏锐之处，在于她能透过普通平实的日常生活去揭示其"寻常的反常"之处。比如她由衣服的装饰作用谈到一种生活现象：

生活的戏剧化是不健康的。像我们这样生长在都市文化中的人，总是先看见海的图画，后看见海；先读到爱情小说，后知道爱；我们对于生活的体验往往是第二轮的，借助于人为的戏剧，因此在生活与生活的戏剧化之间很难划界。②

因为都市生活的程序化，因为大众传播，因为先验形式，人成为被塑造被规定的"套中人"，失去了原始的自然。这就不知不觉地出现了十分严重的问题：文明对人的反向作用。对于万人夸耀众口称赞的母爱，张爱玲的见解惊人而深刻。她认为在母爱的题目下有太多的滥调文章，母爱这种自然而神圣的感情被过分戏剧化了。

---

① 张爱玲：《流言·我看苏青》。
② 张爱玲：《流言·我看苏青》。

"寻常"的反常是貌似正常实为不正常，能够发现这一点的人，才是其真正的艺术家，因为他们有独立的思想、聪慧的眼光。

张爱玲的散文世界充满了趣味。她谈吃、谈穿、谈钱、谈艺术、谈女人、谈自己的生活，常有令人捧腹叫绝之语。她对生命意义的悲观反而导致了对生活小趣味的近于过分的嗜好，她对"寻常中的反常"的发现使她产生了对万物超然对俗事谅解的洒脱态度。《更衣记》的末尾，她描绘了这样一幅动态：一个小孩骑着自行车冲了过来，卖弄本领，大叫一声，放松了扶手，摇摆着，轻倩地掠过人群，满街人充满了不可理喻的景仰之心。写到这里，她随笔发挥："人生最可爱的当儿便在那一撒手吧？"在这幅习见的情景中，人们通常从童真快乐或游戏危险的角度着想，最多是半夸耀半责备地叹一声："这孩子，真淘气。"张爱玲所感受的是人生的意义，与大道理毫不相干。与此相类似，她还有一句话："人生的所谓生'趣'全在那些不相干的事。"（《烬余录》）这话并不是玩笑，看似无道理，实际上颇能与人的生活体验相印证。她写自己遇急时的情形也要忙里偷闲地描绘一番周边景色（《私语》）；她谈跳舞的姿态和心态的看法会使人们对这种现代男女交际方式有更新更深的理解（《谈跳舞》）；她写香港战争，全是趣味野史，一幅生动的战时淑女图（《烬余录》）；她把公寓描绘成比静穆悠远的乡村更为理想的遁世之所，表现了一个"看透者"的独有心境（《公寓生活记趣》）。她对世俗生活的精细观察是常人不及的，但也因为过分精致，没有悲壮和博大的品格，只是苍凉幽深的美。

当然，张爱玲的精细与随意并不意味着她只有"微观"而没有"宏观"，事实上，她是非常善于从微观中见宏观世界的。比如《中国人的宗教》这篇散文，对中国人的生命观、宗教观的理

解之深透绝不亚于任何一篇学术论文。她说，表面上看中国人是
没有宗教可言的。佛教与普通中国人似乎没有什么太直接的影
响。就因为对一切都怀疑，中国文学里弥漫着大的悲哀。只有在
物质的细节上，它得到欢悦——因此《金瓶梅》《红楼梦》仔仔
细细开出整桌的菜单，毫无倦意，不为什么，就因为喜欢——细
节往往是和美畅快、引人入胜的，而主题永远悲观。一切对于人
生的笼统观察都指向虚无。世界各国的人都有类似的感觉，中国
人与众不同的部分是：这虚空的虚空，一切都是虚空的感觉总像
个新发现，并且就停留在这阶段……

　　由于不太想活着的意义而停留在活着就好的境界上。"我们
怎样处置自己，并没多大关系，但是活得好一点是快乐的，所以
为了自己的享受，还是守规矩的好。在那之外，就小心地留下了
空白——并非懵懂地骚动着神秘的可能性的雾，而是一切思想是
悬崖勒马的绝对停止，有如中国画上部严厉的空白——不可少的
空白，没有它，图画便失去了均衡。不论在艺术里还是人生里，
最难得的就是知道什么时候应当歇手。中国人最引以自傲的就是
这种约束的美。"

　　由宗教而人生，由人生而艺术，又由艺术回到人生。张爱玲
简约顺畅地描绘了中国人的生命状态和生活素质。

　　张爱玲还谈到了中国的"读书人"与"愚民"对宗教的不同
态度和共通的宗教背景。中国人的地狱观，投胎的意识，对于棺
木的过分热心等，对于后一点，她的解释很妙：

　　　　在中国，为人子的感情有着反常的发展。中国人传统上
　　虚拟的孝心是一种伟大的，吞没一切的感情；既然它是惟一
　　合法的热情，它的畸形发达是与其他方面的冲淡平静完全失

去了比例的。

在这里，对传统仁义道德的批判可谓一针见血，但她并不用
"批判"的口气，仍然在随意的铺叙中生发着。比如她谈中国人
念念不忘的人生原则"做人"：

> 然而要把自己去适合过高的人性的标准，究竟烦难，因
> 此中国人时常抱怨"做人难"。"做"字是创造、摹拟、扮
> 演，里面有吃力的感觉。

谈到中国人的法律意识，张爱玲说，中国人喜欢法律，也喜
欢犯法。所谓犯法，倒不一定是杀人越货，而是小小的越轨举
动，好在无目的。路旁竖着"靠右走"的木牌，偏要走到左
边去。

张爱玲又谈到孔教与民众、外教在中国的情形。在一个宗教
没有根底、似有似无、似信非信、互相牵扯的状态下，她这样界
定了中国宗教的限度——

> 对于生命的来龙去脉毫不感到兴趣的中国人，即使感到
> 兴趣也不大敢朝这上面想。思想常常源流到人性的范围之外
> 是危险的。邪魔鬼怪可以乘隙而入，总是不去招惹它的好。
> 中国人集中注意力在他们眼前热闹明白的，红灯照里的人生
> 小小的一部分。在这范围内，中国人的宗教是有效的，在那
> 之外，只有不确定的，无所不在的悲哀。什么都是空的，像
> 阎惜姣所说："洗手净指甲，做鞋泥里塌。"

这篇文章发表在《20 世纪》第 5 卷第 6 期上，编者按说道："作者神游三界，妙想联翩，无意解开宗教或伦理的疑窦，却以它独有的妙悟的方式，成功地向我们解说了中国人的种种心态。"《中国人的宗教》属于张爱玲早年散文中比较费读者心力的一篇，但仍然是逸趣横生，妙语如珠，既能给读者以智慧的启迪，又能给读者以美的享受。

"张爱玲前期散文中有一个关键词经常出现，那就是'中国'，中国、中国人、中国女人、中国化、中国式、中国气味、中国文学、中国故事、中国的心……几乎比比皆是，出现频率之高，大大超出我们的想象。……'中国人'如何如何，一直是张爱玲所关心所不断讲述的。"[①] 在这一点上，跟 20 年代的鲁迅的杂文，动不动就是中国怎么样，中国人怎么样，异曲同工，一脉相承。他们都有一种世界视野下的家国审视、国民性探究意识。

张爱玲的散文世界有着舒缓的节奏，有着奇异的音响，有着沉郁的色彩。她的琐记与私语，她的谈艺与品戏，全没有大悲大勇，而是舒曼轻柔，淡中出奇。如同她所欣赏的巴赫的曲子，笨重凝固而又得心应手；她对颜色、声音、气味的敏感使她的散文如同在音乐声中徐徐展开的一幅幅繁丽有味的图画；奇妙的比喻更是俯拾即是。有的比喻，如果张爱玲没有用，你绝想不到。有了这样的比喻，你再也想不出更好的比喻。而在现代散文家中，熟练地大量地运用着"五官通感"技巧的，当首推张爱玲。

张爱玲的《流言》实为中国现代文学史的优秀之作，与任何一位现代散文名家相比，她都不逊色。她比冰心深刻，她没有朱

① 陈子善：《从鲁迅到张爱玲》，北京大学出版社 2017 年版，第 164—165 页。

自清的士大夫气，她比周作人开阔，她没有徐志摩的华丽堆砌，她比林语堂灵隽，她没有何其芳的刻意精致。尤其在散文创作比较平寂的 40 年代，她的文明意识，她的人生体悟，她的俏皮风格，她的独特文体，更显得珍贵难得。

《流言》出版再版好几次，甚至汉口也有再版本。系"南北丛书"之一种，汉口交通路十八号"大楚报社"发行印刷，印数 3000 册，定价中储券 4000 元。再版本之主体内容虽与 1944 年 12 月张爱玲兼任著作者与发行者的《流言》初版本一致，但在封面文字与排列方式、目录编排与字体、"画页"顺序内容与正反等方面都存在细节差异，其误植空格、横字斜字、标点字形等差别都说明并未沿用初版纸型，而是重排再版。它是在特殊的时间特殊的地点出版的一部特殊的书籍，版权页标注的 1945 年 8 月 1 日，距 8 月 15 日日本宣布投降和抗战胜利结束仅两周，距 8 月 27 日《大楚报》停刊不足一月，距 9 月 18 日日本第六方面军司令官冈部直三郎在汉口中山公园签降也不到 50 天。它是张爱玲抗战时期出版的最后一本作品集，也是张爱玲民国时期在上海之外出版的唯一一本散文集。①

在《流言》之后，张爱玲还有一些篇幅短小的散文发表在上海的一些小报上。比如：《罗兰观感》，1944 年 12 月 8 日、9 日《力报》；《关于〈倾城之恋〉的老实话》，1944 年 12 月 9 日《海报》；《秘密》，1945 年 4 月 1 日《小报》；《丈人的心》，1945 年 4 月 3 日《小报》；《天地人》，1945 年 4 月 15 日《光化日报》。她看中的是小报的浓浓的"生活情趣"中所体现的"都市文明"。

---

① 凌孟华：《张爱玲〈流言〉之大楚报社版疏考》，《旧刊有声：中国现代文学佚文辑校与版本考释》，中国社会科学出版社 2020 年版。

在一个聚谈会上，她说：

> 我一直从小就是小报的忠实读者，它有非常浓厚的生活情趣，可以代表我们这里的都市文明。还有一个特点：不论它写什么，写出来都是一样的，因为写的是它自己。总可以很清楚地看见作者的面目，而小报的作者绝对不是一些孤僻的，做梦的人，却是最普遍的上海市民，所以我看小报的同时也是觉得有研究的价值的。我那里每天可以看到两份小报，同时我们公寓里的开电梯的每天也要买一份，我们总是交换来看。有时候漏了几天没送来，就耐不住要跑到报摊上去翻翻了。我也从来不去想到一种刊物应当不应当存在的问题，总之，有这样的读者就有这样的刊物——譬如从前的《古今》，我也是对于它的读者的心理比对它本身更感到兴趣的。小报上有些文章说到我，除了有关我的职业道德的，我从来不去辩正，也不怎么介意，因为大家都喜欢讲讲别人的。我也在小报上写过文章，大约因为体裁不相宜的缘故，不知为什么登了出来看看很不顺眼，所以我想以后对于小报还是就保持着忠实读者的地位罢。①

尽管张爱玲生于上海，却因镇日读书，涉世未深，与现实社会难免暌隔。想要融入十里洋场的新环境，她需要走出书斋，与外界多打交道。而为了尽快熟悉都市风尚，免不了多翻报纸，尤其是小报。张爱玲爱读小报。在她心目中，"只有中国有小报；只有小报有这种特殊的，得人心的机智风趣"。这看法略嫌夸张，

---

① 《纳凉会记》。

也未必准确，却反映了她对小报抱以极高的认同感。1945 年 7 月
21 日，《新中国报》社在咸阳路二号召开"纳凉会"茶宴。席
间，《海报》社长金雄白问及张爱玲对小报的意见，张答复说：
"一直从小就是小报的忠实读者，它有非常浓厚的生活情趣，可
以代表我们这里的都市文明。"张爱玲对小报的认同感，也体现
在她的散文创作中。《私语》写她小时候与父亲同住，"雾一样的
阳光，屋里乱摊着小报"，并且"直到现在，大叠的小报仍然给
我一种回家的感觉"。《诗与胡说》又说，自从路易士发表怪诗
《散步的鱼》，遭小报逐日嘲讽，张爱玲竟也"全无心肝"地
"跟着笑，笑了许多天"。

《公寓生活记趣》述及一位"开电梯"的人，"我们的《新
闻报》每天早上他要循例过目一下方才给我们送来。小报他读得
更为仔细些，因此要到十一二点钟才轮得到我们看"。在那次纳
凉茶会上，张爱玲进一步重申："我那里每天可以看到两份小报，
同时我们公寓里的开电梯的每天也要买一份，我们总是交换来
看。"稍加推理可知，回沪后的张爱玲与姑姑同住，除了《新闻
报》，她们也订小报，所以每日闲读，成了忠实读者。①

张爱玲还在 1946 年 6 月 15 日创刊的《今报》上，以"世
民"为笔名发表了散文《不变的腿》。以美国女影星、美腿女神
玛琳·黛德丽（Marlene Dietrich）为由，漫谈中外对待女性身体
尤其是大腿的不同的流行观念以及折射的中外性别文化。

张爱玲既然是小报的热心读者，有时也就会成为它的作者。
这些文字，也是短小隽永、令人回味的佳构。

---

① 祝淳翔：《小报青年张爱玲与小报报人的交往与分离》，《收获》
2016 年第 4 期。

第九章　气短情长 (女友们)①

三十、"找寻实际的人生"

煐煐十岁时被母亲正式取名为爱玲。十年后，这个名字红遍上海滩。她的小说有灵气、有仙气，但她写的是世俗生活，俗世中的尴尬，俗世中的荒凉。她是大雅又大俗的。在一篇散文中，她谈到"我自己有一个恶俗不堪的名字。明知其俗而不打算换一个，可是我对于人名实在是非常感到兴趣的"。接着谈到了中外取名的一些趣事，她最后总结道：

> 中国是文字国。皇帝遇着不顺心的事便改元，希望明年的国运渐趋好转。本来是元武十二年的，改叫大庆元年，以往的不幸的日子就此告一结束。对于字眼儿的过分的信任，

① "气短情长"，张爱玲1945年所作散文名。本章叙传主40年代的日常生活、交际往来，套用"气短情长"形容传主与女友们的交往。

是我们的特征。

中国的一切都是太好听,太顺口了。固然,不中听,不中看,不一定就中用;可是世上有用的人往往是俗人。我愿意保留我的俗不可耐的名字,向我自己作为一种警告,设法除去一般知书识字的人咬文嚼字的积习,从柴米油盐,肥皂,水与太阳之中去寻找实际的人生。①

作为一个年轻的女性,身处现代都市,张爱玲也有现代女性常有的爱好。喜欢服饰、精致小点心、小报、逛商店、与好友聊天等,从衣食住行方面来说,她是既普通又别致的。譬如穿衣,她喜欢穿漂亮的衣服,与一般女性一样;但常以奇装炫人,她又不一样了。譬如住家,她对家常有一种温馨的眷念,与常人并无二致;但她不喜欢独门独户的私家院,也不爱郊野之居,她喜欢公寓生活的情趣,与很多人的心理相反。张爱玲是一个很在乎自己的人。小处不自私,大处却很自私,她这样评价自己。② 所谓大处自私,是说她顽强地活在自己的世界里,在不妨碍、不伤害他人的前提下随心所欲,做自己想做的事,不在乎外人的评价,不在乎习俗的传统。张爱玲常被人视为"奇人""怪人",其实,正是这些地方显示了她心性的硬朗、人格的魅力。

张爱玲曾对弟弟说:"一个人假使没有什么特长,最好是做得特别,可以引人注意。我认为与其做一个平庸的人过一辈子清闲生活,终其生,默默无闻,不如做一个特别的人,做点特别的事,大家都晓得有这么一个人。不管他人是好是坏,但名气总归

① 张爱玲:《流言·必也正名乎》。
② 张爱玲:胡兰成:《今生今世》。

是有了。"① 这是张子静的回忆，字句不一定很准确，对，当时是什么样的语境下说这个意思也没有交代。但也在一定程度上表明了张爱玲做人的哲学。对于名，她有坦然的追求；对利，她也是该得就得，不该要的不要，分得很清。

说到张爱玲的衣着打扮，有一些生动的故事。在这一点上，她有点像她母亲。黄逸梵当年爱做衣服，张廷重取笑说："一个人又不是衣裳架子！"那时张爱玲才几岁，她就恨不得马上长大成人，好好打扮自己。十二三岁时她的习作《理想村》中就有盛大的时装表演。中学时代她仍想着比林语堂更出风头，要穿最别致的衣服周游世界。可是，正当她长到青春期时，到了可以自由地打扮自己的年龄，她却不能自由地打扮自己。我们曾经谈到，中学时代她穿继母旧衣的难堪，使她成了"衣服狂"。她在与姑姑张茂渊的闲谈中，也曾提到过那些不愉快的过去。她说："姑姑虽然经过的事很多，这一类的经验是没有的，没做过穷学生、穷亲戚。其实我在香港的时候也不至于窘到那样，都是我那班同学太阔了的缘故。"

张茂渊笑了一下，表示理解侄女在港大的情形。但又不解地问她："你什么时候做过穷亲戚的？"

爱玲回道："我最记得有一次，那时我刚离开父亲家不久，舅母说，等她翻箱子的时候她要把表姐们的旧衣服找点出来给我穿。我连忙说：'不，不，真的，舅母不要！'立刻红了脸，眼泪滚下来了，我不由得要想：从几时起，轮到我被周济了呢。"

作家是面向世俗人生的，而且能够将世俗人生经历转化为某种人生体验和美学情趣。这件旧事，她记得非常牢，并发了一番

---

① 参见张子静：《我的姊姊张爱玲》。

感慨：

> 真是小气得很，把这些都记得这样牢，但我想于我也是好的。多少总受了伤，可是不太严重，不够使我感到剧烈的憎恶；或是使我激越起来，超过这一切；只够使我生活得比较切实，有个写实的底子；使我对于眼前所有格外知道爱惜，使这世界显得更丰富。①

张爱玲的文学世界是丰富多彩的，她的个人生活也很有趣味性。成年以后，她卖文为生，自己养活自己，随自己的心愿花钱买衣料、做衣服，这对她是写作之年的一大快事。刚从香港回来时，张子静去看她，她穿着一件矮领子的布旗袍，大红颜色的底子，上面印着一朵一朵蓝的白的大花，两边都没有纽扣，是跟外国衣裳一样钻进去的。领子低得几近于无，也近于无袖，长度只到膝盖。张子静从没见过这样的旗袍，问她是不是新款式。张爱玲淡漠地笑道："你真是少见多怪，在香港这种衣裳太普通了，我正嫌这样不够特别呢！"

这话吓得张子静不敢再往下问。有一次，张爱玲参加朋友哥哥的婚礼，穿的是一套前清老样子绣花的袄裤，满堂宾客惊奇不已。又一次，她穿着奇装异服到苏青家里去，巷子里的人惊奇地看着她，大人们说不出什么感觉，小孩子追在后面叫着闹着。张爱玲仍如入无人之境一般，我行我素。还有一次，她为出版《传奇》到印刷厂去校稿样，整个工厂的人都停了工，纷纷跑来看她的衣装，可她仍是一副泰然自若的神情。

---

① 张爱玲：《流言·我看苏青》。

女作家潘柳黛生动地记叙了她和苏青去访张爱玲的情形：

> 有一次我和苏青打电话和她约好，到她赫德路的公寓去看她，见她穿一件柠檬黄袒胸露臂的晚礼服，浑身香气袭人，手镯项链，满头珠翠，使人一望而知她是在盛装打扮之中。
>
> 我和苏青不禁为之一怔，问她是不是要上街，她说："不是上街，是等朋友到家里吃茶。"当时苏青和我的衣饰都很随便，相形之下，觉得很窘，怕她有什么重要客人要来，以为我们在场，也许不方便，便交换了一下眼色，非常识相地说："既然你有朋友要来，我们就走了，改日来也是一样。"谁知张爱玲却慢条斯理地说："我的朋友已经来了，就是你们俩呀！"这时我们才知道原来她的盛装正是款待我们的，弄得我们俩感到更窘，好像一点不懂礼貌的野人一样。①

潘柳黛以女性作家的细腻捕捉到张爱玲在待人接物上的独立性，这是一种非常可爱可敬的性格，盛装待朋友，哪怕是熟悉的朋友，也是对人对己的尊重。在遵守时间这一点上，张爱玲也是非常地西方化的。潘柳黛记述道：

> ……她在上海时，又一度攻读于圣约翰大学，虽然没有毕业，但教会学校的神髓被她领会到了。所以在处世待人的手法上，有时虽不合于中国人的习惯，但是却颇合乎"外国

---

① 潘柳黛：《记张爱玲》，香港《南北极》第 58 期，1975 年 3 月出版。

人"脾气。比方与人约会，如果她和你约定的是下午三点钟到她家里来，不巧你若没有把握准确，两点三刻就到了的话，那么即使为你应门，还是照样会把脸一板，对你说："张爱玲小姐现在不会客。"然后把门嘭的一声关上，就请你暂时尝一尝闭门羹的滋味。万一你迟到了，三点一刻才去呢，那她更会振振有词地告诉你说："张爱玲小姐已经出去了。"她的时间观念，是比飞机开航还要准确的。不能早一点，也不能晚一点，早晚都不会让她通融。所以虽然她是中国人，却已经养成了标准的外国人脾气。①

张爱玲的个性化的生活方式包括奇装异服等透露的是自信与"自私"——为自己活着的自私。她在衣着上也有着艺术的匠心、创造的乐趣、游戏的喜悦。她的散文《更衣记》可以说是现代中国谈服饰文化的最具睿智与魔力的作品，从清末到民国，服装的变迁与世态人心的变化的微妙关系，服装与人的关系，她写得颇具深度。她说："我们不大能够想象过去的世界，这么迂缓、安静、齐整——在满清三百年的统治下，女人竟没有什么时装可言！一代又一代的人穿着同样的衣服而不觉得厌烦。"接着她详细地描写了清代服饰的特征，是"对于细节的过分的注意"，点缀装饰物太多太滥。她分析说："这样聚集了无数小小的有趣之点，这样不停地另生枝节，放恣、不讲理，在不相干的事物上浪费精力，正是中国有闲阶级一贯的态度。惟有世界上最清闲的国家里最清闲的人，方才能够领略到这些细节的妙处。"在对服饰的品评中也融进了她对传统中国审美文化的批判。

----

① 潘柳黛：《记张爱玲》。

然而，一个女人到底不是大观园，太多的堆砌使兴趣不能集中。"我们的时装的历史，一言以蔽之，就是这些点缀品的逐渐减去。"在对民国以来的服装变化与社会心理的关系做了一番精妙的描述之后，张爱玲有一段十分精彩的议论：

> 时装的日新月异并不一定表现活泼的精神与新颖的思想。恰巧相反，它可以代表呆滞；由于其他活动范围内的失败，所有的创造力都流入衣服的区域里去。在政治混乱期间，人们没有能力改良他们的生活情形。他们只能够创造他们贴身的环境——那就是衣服。我们各人住在各人的衣服里。①

三十一、"我喜欢听市声"

衣服，是人的一个袖珍的家，而住房，是人的另一个自我空间。张爱玲一生，搬家的次数很多，尤其在她与父亲同住的时期，搬来搬去，她始终没有安全感、温馨感，始终没有摆脱"在那阳光里只有昏睡"的感觉和对父亲的房间"永远是下午"的厌倦。当她长大成人，开始自食其力时，她与姑姑住在公寓里。她是喜欢公寓的。《公寓生活记趣》这篇散文就是一个现代女性对现代生活方式的感受。古典的大家闺秀、小家碧玉或村姑农妇，是绝对发现不了张爱玲所发现了的公寓生活的乐趣的。

---

① 张爱玲：《流言·更衣记》。

　　煤贵了之后，热水汀成了装饰品。没有水的热水龙头被错打开之后，"九泉之下"发出空洞凄怆之轰隆声；如果风不对着窗门吹，高楼听雨是可爱的。放眼望去，是碧蓝的潇潇的夜，淡灯摇曳；越在高楼，越听得清街道的喧嚣，如同年纪越大的人越记得少儿时的生活。

　　说到自己，她坦然地说："我喜欢听市声。比我较有诗意的人在枕上听松涛，听海啸，我是非得听见电车响才睡得着觉的。……长年住在闹市里的人大约非得出了城之后才知道他离不了一些什么。城里人的思想，背景是条纹布的幔子，淡淡的白条子便是行驶着的电车——平行的、匀净的，声响的河流，汩汩流入下意识里去。我们的公寓邻近电车厂，可是我始终没弄清楚电车是几点钟回家。……"联系到柴米油盐的实际的人生，张爱玲认为恐怕只有女人才能充分了解公寓生活的特殊优点。她还把公寓生活和乡居生活做了一番有趣的比较：

　　　　公寓是最合理想的逃世的地方。厌倦了大都会的人们往往记挂着和平幽静的乡村，心心念念盼望着有一天能够告老归田，养蜂种菜，享点清福。殊不知在乡下多买半斤腊肉便要引起许多闲言碎语，而在公寓房子的最上层你就是站在窗前换衣服也不妨事！①

　　跟许多由乡村逃往上海、北京等大都市的青年文人不同，张爱玲生于都市，长于都市，她具有很纯粹的"都市人"感觉，因而她的创作能抓住上海的灵魂，将之上升到都市哲理的高度。现

---

　　①　张爱玲：《流言·公寓生活记趣》。

代文学作品中最成功的题材领域是农村生活和由农村而城市的知识分子生活，这与中国是一个农业大国分不开。不少身居都市进行创作的作家，由于在青少年时期生活于乡村，其生活方式和价值观念已初步定型，因而他们往往对城市有一种先入为主的偏见。张爱玲是都市单身女郎，她心目中有都市之魂，她的创作的成功也有这方面的原因。

写这篇《公寓生活记趣》的文章时，她就住在一幢公寓里。1939 年，她与母亲和姑姑在该楼 51 室住过一阵。由港返沪后，她与姑姑一起搬入 65 室（现为 60 室），直至 1948 年前后母亲出国迁居为止。

这是一幢七层楼的西式公寓，矗立在静安寺路（今南京西路）与赫德路（今常德路）交会的路口，坐西朝东。当时称为Edingburgh House（爱丁堡公寓，现名为常德公寓）。30 年代以来，郁达夫、郑振铎、郭沫若、徐志摩、施蛰存、辛笛等著名作家都在静安寺地区居住过。而张爱玲前后生了七年的爱丁堡公寓如今也成了读者景仰、文人垂注的处所。她的不少传世之作都是在这里写的。

在别人眼里，张爱玲的住宅高贵、神秘、雅致、脱俗。胡兰成是出入张宅最多的男子，他的印象是：

> 她房里竟是华贵到使我不安，那陈设与家具原简单，亦不见得很值钱，但竟是无价的，一种现代的新鲜明亮几乎是带刺激性。阳台外是全上海在天际云影白色里，底下电车当当的来去。①

———————————

① 胡兰成：《今生今世》。

海派作家李君维也曾造访过这间房子。他在 20 世纪 90 年代初回忆说：

> 我有幸与张（爱玲）的女友炎樱大学同学；一时心血来潮，就请炎樱作介前往访张。某日我与现代的翻译家董乐山一起如约登上这座公寓大楼，在她家的小客厅做客。这也是一间雅致脱俗的小客厅。张爱玲设茶招待……①

美籍华人学者司马新在 80 年代后期造访张爱玲旧居时说：

> 次日去访张爱玲在赫德路之旧居（今名常德路），那幢公寓想来是 20 年代所建，颇有 Art Decor 之况味，与纽约东区一些高楼大厦相似。那公寓对我倒是记忆犹新，因我在 50 年代所进之小学，即在公寓附近。新房客很客气，容许我们内进参观，并准许在阳台上拍照。此间公寓非常宽敞，一客室二卧室，又有大型厨房。在大阳台上可鸟瞰整个上海市……②

台湾女作家萧锦绵这样写道：

> 在离开上海的最后两个小时，终于我寻到了这一方阳台。……

---

① 李君维：《在女作家客厅里》，1990 年 8 月 10 日《新民晚报》。
② 习马新：《张爱玲二三事》，《明报月刊》1988 年 3 月号。

　　此刻，从这方阳台望出去，右前方的哈同花园，只剩下一点点也。隔着马路的正对面，古旧厚实的围墙内，是公安局。隔壁的起士林咖啡馆，目前是一个卫生防疫处。

　　阳台后侧有一间不大的偏房，是 40 年前的法式玻璃，门窗格局。我轻触着早已锈蚀的手把，门居然很快开了——里面，一个老人在一张旧床上躺着。①

　　上海女作家陈丹燕以 "在她那套公寓里……" 为题，写她在 90 年代造访这间房子的感想：

　　　　说到熟悉，是去了张爱玲小说里写到的地方访问，看到她写的阿小做娘姨的地方，后楼梯还在老楼房的背阴面窄窄地通下楼去。她写到的信箱，还在那里，窄窄的一细条，前面堆着自行车。她和胡兰成朗诵乐府的那个阳台，现在连阳台的把手都还在，被别人的手掌摩挲得黄黄亮亮。她写到的那个爱发脾气的楼房暖水系统，会嗡嗡地长响不停的，现在竟然还在响，时事变迁，上海的房子拆得连几年不来上海的人都认不出来路了，居然它还未改变。在她那个公寓里打转的那个上午，我心里真是奇怪，还有一些惴惴，我想不清是不是算得侵犯了张爱玲的隐私权。我只是太想了解上海到底是一个什么样的城市……②

---

　　① 萧锦绵：《上海的这一方阳台》，《女性人》1989 年 2 月创刊号。以上所引几处关于张爱玲住所的文字转引自陈子善《人去楼空有谁知》一文，载《私语张爱玲》，第 285—288 页。

　　② 1995 年 9 月 21 日上海《文学报》。

　　这几位作家都不约而同地提到了张爱玲的阳台。阳台很大，阳台围栏的上方撑着一个竹帘子，已经很破了，夏天挡不住日晒，冬天也仍挂在那里。每天红通通的太阳落山，或是下雨，高楼外的天色一片雪白，破竹帘飘来飘去，很有芦苇的感觉。

　　张爱玲在《〈太太万岁〉题记》和《我看苏青》等处也写到这方阳台。在《我看苏青》的末尾，她有一段漂亮的描绘和沉沉的联想：

　　　　她走了之后，我一个人在黄昏的阳台上，骤然看见远处的一个高楼，边缘上附着一大块胭脂红，还当是玻璃窗上落日的反光。再一看，却是元宵的月亮，红红地升起来了。我想到："这是乱世。"晚烟里，上海的边疆微微起伏，虽没有山也像是层峦叠嶂。我想起许多人的命运，连我在内的，有一种郁郁苍苍的身世之感。"身世之感"普通总是自伤、自怜的意思罢，但我想是可以有更广大的解释的。将来的平安，来到的时候已经不是我们的了，我们只能各人就近求得自己的平安。

　　有人记叙过张爱玲出名之后，有人到六楼去看望她的情形。因为电梯不是 24 小时开放，有时候就只有爬到六楼，精疲力竭。胡兰成曾经介绍一个张迷去看她。期期艾艾的，见面 20 分钟就告辞。当作囧事回去给胡兰成汇报，他忽然大笑起来，笑完之后说：有一次，上海有几个作家联袂去看张爱玲。他们走了六层楼，已经把全身力气消耗完了，谈话的时候，他们把态度故意弄得很自然、漂亮、大方。约莫连讲了一刻钟罢，把一些大道理都搬了出来，张爱玲一句话也不说，只是含笑看着他们，招待他们。……这样一来，作家们觉得空气不对了，逐渐萎缩起来，弄得非常尴尬。自此以后，他们就有裹足不前之势。胡兰成口中讲的几个作家去看张爱玲的故事，很可能是指几个作家爱惜新进作家名声，前来规劝她不要附逆不要给汉奸报刊投稿不要和附逆文人来往（讲大道理）而受到张爱玲漠视的事情。张爱玲一贯远离政治、远离是非、葆有自我的态度令人印象深刻，那时她还只有二十三岁。①

公寓，是张爱玲求得平安的处所，她在阳台上看风景、观世情、想人生，又回到书桌上写春秋，写人物的命运。她是一个"公寓人"，是一个公寓里的现代作家。她以公寓为据点，生活在都市，体验着人生。1936 年的秋冬之交，她天天出去买菜，作为一个充实的自食其力者。买菜的途中她常有诗意涌出。梧桐树的落叶，慢慢地飘来飞去，在张爱玲的眼里，落叶也有它的爱。天的刀光，老楼尘梦，落叶吻着它地上的影子。像一个中年人似的，它和它的爱，静静地睡在了一起。冬天，大街上的人们穿着带补缀的蓝布衫，她感叹道："我们中国本来是补丁的国家，连天都是女娲补过的。"外国人画出的中国人总是乐天的，狡猾可爱的打哈哈。难怪中国人中有那么多"琐屑、难堪和失面子的屈服"。那种愉快的空气想起来真教人伤心。

沿街有一个道士在化缘，他敲着竹筒，"托——托——"敲着，敲在张爱玲的心上，她联想道："时间与空间一样，也有它的值钱地段，也有大片的荒芜。不要说'寸金难买'了，多少人

---

① 黄恽：《房紫笔下的张爱玲：和胡兰成谈张爱玲》，《收获》2020年第 1 期。

想为一口苦饭卖掉一生的光阴还没人要。"这是多么令人寒心的事实呀。

张爱玲从公寓到菜场，从咖啡店到商场，在细琐的日常生活中观察体验，因此避免了一般象牙塔中文人咬文嚼字、空洞幻想的积习。买菜归来的女佣、拎着锅送饭的小女孩、剁肉的店伙计及好讲人是非的老板娘，都在她的观察范围之内。一家店铺里，无线电娓娓地唱着申曲，也是同样的入情入理有来有去的家常是非，使她想起一个唱本的开篇："谯楼初鼓定天下——隐隐谯楼二鼓敲……谯楼三鼓更凄凉……"第一句口气很大，那种由汉唐传下来的万家灯火的中国，景色壮丽，令张爱玲欣喜，然而，也令她忧伤，因为万家灯火"在更声中渐渐静了下来"。

冬日的阳光，硬直的水泥路——"我真快乐我是走在中国的太阳底下。我也喜欢觉得手与脚都是年轻有气力的。而这一切都是连在一起的，不知为什么。快乐的时候，无线电的声音，街上的颜色，仿佛我也都有份；即使忧愁沉淀下去也是中国的泥沙。总之，到底是中国。"

"中国"在张爱玲的心中，不是一个庞大而空洞的理念，而是在日常生活中的每一处地方、每一个人物、每一桩事件中，虽然也有污秽和创伤，但它是和睦可亲的，有血有肉的。这个公寓女郎，是中国的儿女，她身居公寓，想着中国的日夜——

> 我的路
> 走在我自己的国土。
> 乱纷纷都是自己人；
> 补了又补，连了又连的，
> 补丁的彩云的人民。

我的人民，

我的青春，

我真高兴晒着太阳去买菜回来，

沉重累赘的一日三餐。

谯楼初鼓定天下；

安民心，

嘈嘈的烦冤的人声下沉。

沉到底。……

中国，到底。①

三十二、"一点点的毁了我的爱"

在爱丁堡公寓，张爱玲度过了她一生的黄金岁月。这里是她
的小说和散文的出产地，是她"欲仙欲死"的爱巢，是她接待周
瘦鹃等文人的处所，也是她常与女友们谈天说地寻开心的地方。

爱玲并不是独处 6 楼 65 室，她与姑姑住在一起。张茂渊也是
一个特立独行的职业女性。她对其兄张廷重的言行十分不满，二
人后来竟完全闹翻。不仅因为张廷重吃喝嫖赌的劣迹，兄妹二人
也有财产方面的纠纷。1930 年，她提出要由她、张廷重及同父异
母的兄长张志潜三人平分父亲张佩纶留下的一批宋版书。当时宋
版书很值钱，全在张志潜的手中。但他不愿平分，于是打起了官

---

① 张爱玲：《传奇增订本》。

司，张廷重兄妹为一方、张志潜为一方。各请了律师，诉讼期间，证据于他二人有利，但不久竟判了张志潜胜诉。张茂渊后来才明白，由于张志潜答应给张廷重一笔钱，他就背叛了她这个亲手足。这一年，张廷重和黄逸梵离婚了，张茂渊和黄逸梵搬出宝隆花园洋房，在当时法租界（今延安路以南）一幢西式大厦租了一层有两套大套房的房子。在张爱玲保留的照片中，有一张照的正是房屋一角的夜景：雅洁的地毯、高脚台灯、梳妆台、穿衣镜、盆景，张茂渊正在沙发上看书。宽敞而静谧。这是姑嫂俩自己设计的。那幢楼里住的多是外国人。她们买了一部白色的汽车，雇了一个白俄司机，还雇了一个法国厨师，生活很阔气。

1932年，黄逸梵又出国去时，张茂渊在怡和洋行做事，她"姑代母职"，承担了照顾张爱玲姐弟的责任。当时张廷重经济上还很宽裕，她的照顾是精神和道义上的。她和黄逸梵在英国游学四年，有很多共同的见识，也有着超过了夫妻情和兄妹情的姑嫂情。黄逸梵走后，她又搬到一处稍小一些的房子去住，这是开纳路（今武定西路）的开纳公寓。这时爱玲已长得快跟她一般高了，她玩笑般的"央求"爱玲，可不能再长高了。她还把姑侄二人在屋顶阳台上的合影寄给远在异国的黄逸梵。在照片的背面，她用铅笔写着：

> 我这张难看极了小煐很自然所以寄给你看看
> 这地方是汽车间顶上小孩顽（玩）的地方
> 我们头顶上的窗就是我的 sitting room 的。

张茂渊这时虽与爱玲姐弟分开住，但常打电话关心二人的生活与健康。1935年，张廷重一家搬回麦根路那栋原属张志潜的大别墅。张茂渊怕爱玲姐弟遭后母的亏待，特地为他俩各买了一张新床、一个衣橱、一张有玻璃台面的写字桌及一把椅子。亲自安顿好了之后才放心地离开。有一次姐弟患了重感冒，发烧不止。张茂渊得知后，立刻请了个外国医生，坐她的汽车来治病，亲自担任翻译。取药后又关照老保姆如何吃药及其他注意事项。

1938 年，张爱玲逃出父亲家后，就与住在开纳公寓的母亲、姑姑共同生活。黄逸梵是 1936 年回国的，她这回还带了一个美国男友。他是个生意人，四十多岁，长得英俊漂亮，别人称他维葛斯托夫。爱玲曾见过他，但她没有向弟弟提起过。这时她对母亲的感情似乎淡漠一些了。原因可能是对母亲的情感转移十几岁的少女一下子还难以轻松地接受，更重要的原因是经济方面的。

1939 年初，她们三人搬到了爱丁顿公寓。她们的房子有一个大客厅、大餐室、贮物间以及两套大套房。那时张茂渊卖掉了汽车，辞退了厨子，只雇用了一个男仆，每周来二三次，帮着购一些伙食用品，其他的家务都需自己料理。爱玲这时已是一个大姑娘了，但她什么家务活也不会干。

爱玲在《天才梦》中提到，她十六岁时，母亲从法国回来，才将暌违多年的女儿研究了一下。"'我懊悔从前小心看护你的伤寒症'，她告诉我，'我宁愿看你死，不愿看你活着，使你自己处处受痛苦！'"

这里所说的处处受痛苦，指的是张爱玲生活自理能力的欠缺。黄逸梵希望她能在一两年内学会生活，学会居家过日子，学会适应环境。教她煮饭、洗衣，练习走路的姿势，看人的眼色，点灯后要拉窗帘，对镜研究面部表情，以及说话的艺术。张爱玲认为她没有完全学会这些淑女风范。生活的艺术，她不是不能懂得。但她擅长的是个人的体验，而不是人与人的交际，母亲正是在后一方面强于她并要求她的。或者说，黄逸梵是交际型、务实型的女子，而张爱玲是体验型的女子。

多年来，黄逸梵都是靠卖古董维持生活，那是先辈留下的遗产，每次出国，她都是带一些古董出去换钱。眼下，这些货越来越少了，又要张罗爱玲留学的费用，因此精打细算。张爱玲的突然投靠，对她的经济与情感生活产生了一定影响。张爱玲暗自思忖："我母亲是为我牺牲了许多，而且一直在怀疑着我是否值得这牺牲。"她对母亲的情感也有了些变化。她说：

> 在她的窘境中三天两天伸手向她拿钱，为她的脾气磨难着，为自己的忘恩负义磨难着，那些琐屑的难堪，一点点的毁了我的爱。①

所以，她感到，"这时候，母亲的家不复是柔和的了"②。

黄逸梵和维葛斯托夫于1939年去了新加坡。在那里搜集来自马来西亚的鳄鱼皮，加工成手袋、腰带出售。1941年底，新加坡被日军占领。大轰炸中，黄逸梵的男友死于战火。这对她来说，是极大的打击。她一个人在那里苦撑，经济上损失很大，一度行踪不明，与家人失去了联系。后来才得知去了印度，曾做过尼赫鲁姐姐的秘书。

在一点点地毁掉母爱时，张爱玲也从更广大的背景中思考着从前称颂的母爱中的虚饰和不健康成分，她说：

---

① 张爱玲：《流言·童言无忌》。
② 张爱玲：《流言·私语》。

母爱这大题目，像一切大题目一样，上面做了太多的滥调文章。普通一般提倡母爱的都是做儿子而不做母亲的男人，而女人，如果也标榜母爱的话，那是她自己明白她本身是不足重的，男人只尊敬她这一点，所以不得不加以夸张，浑身是母亲了。其实有些感情是，如果时时把它戏剧化，就光剩下戏剧了；母爱尤其是。①

令人不得不佩服张爱玲的清醒和睿智。母爱是一种原始之爱，万全之爱，本能之爱，它是女性的一种伟大的情感，但绝不是女人的全部。现代中国有一种过分强调母性而忽视人性、过分强调女人的妻性而忽视女人应是一个全面发展的人、是一个独立的个体的倾向，滥调的文章太多了。张爱玲能直面人性的深处，反对盲目地将生活戏剧化的态度，从这一点来说，她比大多数女作家深刻得多。

张爱玲与姑姑待在一起的时间比跟母亲在一起长得多。她与姑姑既是长幼关系，又像是平辈的朋友。"乱世的人，得过且过，没有真的家"，她说，"然而我对于我姑姑的家却有一种天长地久的感觉。……她的家对于我一直是一个精致完全的体系，无论如何不该让它稍有毁损。"② 这个"家"，就是她们合住的赫德公寓。张爱玲1942年夏天从香港回上海，就与姑姑住在这里，那年姑姑四十岁了，她才二十二岁。

张茂渊说自己："我是文武双全，文能够写信，武能够纳鞋底。"在爱玲的眼里，她说话有一种清平的机智见识，近于周作

① 张爱玲：《流言·谈跳舞》。
② 张爱玲：《流言·我看苏青》。

人的冲淡平和。但她不喜欢文人，处处撇清。可是有一次她也这样说："我简直一天到晚地发出冲淡之气来。"有一个时期她在无线电台上报告新闻，诵读社论，每天工作半小时。她感慨地说："我每天说半个钟头没意思的话，可以拿好几万的薪水；我一天到晚说着有意思的话，却拿不到一个钱。"

有一天夜里非常寒冷，急急要往床上钻的时候，她说："视睡如归。"爱玲听了，觉得有趣，认为是一首小诗："冬之夜，视睡如归。"

又有一次，姑侄二人吃萝卜煨肉汤，爱玲问起胡萝卜从外国传入的一些问题，张茂渊作了一个简洁的回答，有解释，有悬念，有情节，爱玲把它一字不移地写下来，称之为时髦散文，"妙在短——才起头，已经完了，更使人低徊不已。"①

1944 年张茂渊生过一场病，病后久久没有复原。她带一点儿嘲笑，说道："又是这样的恹恹的天气，又这样的虚弱，一个人整个地像一首词了！"

爱玲与姑姑趣味相投，所以她在姑姑的日常说话中也找到了生活的趣味。当然，姑姑好读书、留过学，长期从事文职工作，在同时代的女性中品位高，才会有如此的妙语汩汩涌出。她对爱玲的小说一般不看，爱玲押着她看了苏青和她对谈的记录，其中有关于职业妇女的看法，姑姑也有自己的意见。她找起事来十分挑剔。理由是："如果是个男人，必须养家糊口的，有时候就没有选择的余地，怎么苦也得干，说起来是他的责任，还有个名目。像我这样没有家累的，做着个不称心的事，愁眉苦脸赚了钱来愁眉苦脸活下去，却是为什么呢？"

_____

① 张爱玲:《流言·说胡萝卜》。

　　曾与张茂渊在一起共事的人回忆说，张茂渊很有十八九世纪英国闺秀的风范。对于中国人习以为常地"做人""送人情"之道，她一向不屑。她公开声明不参与同事中的红白喜事之类的应酬。① 从这些情况来看，张茂渊和黄逸梵多年的海外生活，使她们养成了一种健全的个人主义气质。不为他人活着，不做勉强自己心性的社会应酬，不过分表面化地做出重亲情、友情的姿态，尤其讨厌装出那种习见的为他人牺牲自己、委屈自己的吃力相。从正面来说，也就是为自己活着，在不伤害他人的前提下做自己意愿的事，不在乎别人的反应。在我们中国这个太重"礼"的社会里，为自己活着是需要几分坚强的，也特别容易被人视为"怪"。现代人格的塑造，在有着悠久传统的中国是一件太难太难的事。

　　张爱玲明显受到她们的影响，她也是一个健全的个人主义者。对她的大俗大雅，她的清坚决绝，她的炫人装扮，她的婚姻态度，人们总用好奇的眼神去打量，总摆脱不了惯有的思维模式。以旧有的习俗礼义、生活方式的价值观去评价她的生活方式，自然感觉到"奇"与"怪"了。其实，从价值多元、个人自由的角度来看，张爱玲的生活方式和人生价值观，是十分理性的，当然也是很正常的。

　　炎樱从小在香港长大，两人在港大同学，自此由相识而结为朋友。港战爆发后炎樱一家搬到上海，因而与爱玲仍常有往来。炎樱的英文比中文好，她也颇有当作家的意向，积极学习华语，常在街头大声读招牌广告，不识的字就问爱玲。从五四起汉字书

---

　　① 朱曼华：《张爱玲和她的姑姑》，见《张爱玲研究资料》，海峡文艺出版社 1994 年版。

写的顺序既有传统的从右到左，又有借鉴西方的从左到右，因此常使炎樱犯难，每每闹出笑话。不过她的汉语很快有了大长进，也开始写文章了。她之所作，大都为散文。如《死歌》《生命的颜色》《女装·女色》《浪子与善女人》等都很流畅可读。后两篇文章还是爱玲翻译的，其间颇多佳句。在上海期间，她俩的作品常在同名同期的刊物上发表，排列顺序也很近。其《女装·女色》一文，告诫人们要克服"为了学时髦的缘故而牺牲了自己"的毛病，① 还精细地谈到了服装与身材、肤色的搭配方式，着装的趋时与守旧的效果，很有心得，直到今天仍然是一篇对女性产生吸引力的妆饰指南。此间上海一家杂志登出过一则广告，上写："炎樱姊妹与张爱玲合办时装设计大衣旗袍背心袄裤西式衣裙，电约时间，电话三八一三五，下午三时至八时。"可见两人不仅是服装鉴赏家，还想做设计家了。不过，是否真的开办这项业务，不得而知。

有一天诗人路易士与张爱玲、炎樱一起在一个咖啡店里喝咖啡聊天，路易士与张爱玲见过多次面，但见炎樱是第一次。后来他写过一篇短文专谈炎樱。在他眼里："炎樱是圆脸，会说话，中等身材，其整体的感觉，不是'西洋的'，也不是'东方的'，而是'世界的'，是'现代的'。当然，我说这话的意思，并非指'物质生活'的现代化，而是指'精神状态'的现代化。……总之，炎樱，这个女孩子的见解，有许多地方的确是可称赞的。那写了论文恶意地攻击现代新兴绘画的人们，应该听听炎樱说

---

① 炎樱:《女装·女色》，见《张爱玲与苏青》，安徽文艺出版社，1994 年版。

的话!"①

一个现代派的诗人欣赏一个现代派的女子,是十分自然的事。也正是因为炎樱性格的可爱,一生不爱交友的张爱玲与炎樱成了一生的挚友。

爱玲为炎樱翻译文章,炎樱也常为爱玲的作品题画,如同她有时亲自为张爱玲设计装扮一样。她十来岁就对绘画下过极深的功夫,她的画笔一直超过文笔。她说:"我并不是一个多产的画家,但是自从十岁起,空白的墙壁就诱惑着我,一直我最大的愿望是让我有一堵墙可以尽情涂抹。"② 她在文章中对色彩也是极力铺陈,描绘过毒粉红、埃及的蓝、权威的紫、牢监的灰、春雨的绿、土地的绿、处女的粉红、风暴的蓝、凡·高的向日葵的黄等奇异的色彩。爱玲对她的这种能力十分佩服,专门谈到过炎樱用"盲人的黑"形容一个非常黑的黑头发女人的妙处。在她眼里,满世界都是色彩的世界。"每一种情调、每一件事都可以用一种颜色来翻译。……每个人都是颜色的跳舞、色调的舞剧。"

除了为《传奇》再版封面绘了草图,炎樱还为《流言》扉页的作者玉照做了精心设计,炎樱仿佛是维多利亚时代的导演,她让爱玲的头发当中分路,蓬蓬地披下来,露出肩膀,但仍是一副守旧的样子,因为炎樱不让她笑出来,要笑在眼睛里。照片印好后,炎樱在极热的下午骑自行车去照相馆取回,拿着放大的照片,兴冲冲地对爱玲说:"吻我,快!还不谢谢我!……啊,你现在可以成天吻着自己了。——没见过爱玲这么自私的人。"

在解释为什么要在自己的作品集上印作者照片时,张爱

---

① 路易士:《记炎樱》,见《张爱玲与苏青》。
② 张爱玲:《一封信》,见《张爱玲与苏青》。

玲说：

> 印书而在这里面放一张照片，我未尝不知道是不大上品，除非作者是托尔斯泰那样的留着大白胡须。但是我的小说集里有照片，散文集里也还是要照片理由是可想而知的。纸面上和我很熟悉的一些读者大约愿意看看我是什么样子，即使单行本里的文章都在杂志里读到了，也许还是要买一本回去，那么我的书可以多销两本。我赚一点钱，可以彻底地休息几个月，写得少一点，好一点；这样当心我自己，我想是对的。①

她俩常在一起品茗看戏，谈书论人，买鞋试衣，情同手足。外出的时候，不论出发时为什么，结局总是吃。在咖啡馆里，虽然各出各的钱，美国式的"AA制"，但仍旧很热心地互相劝诱："不要再添点什么吗？真的一点都吃不下了吗？"一副主人让客人的口吻，真是好笑。接着就是长篇大论地对谈起来。一次炎樱说她参加了一个圣诞晚会，主人提议玩一种游戏：向最智慧的鞠躬，向最美丽的下跪，向最爱的接吻。后来大家乱吻一阵，也不知谁吻谁。这种游戏很傻，但这样的场合下一个人不加入，就更显得傻。不过炎樱仍有不洁之感。于是两人的话题就转到女人与爱。炎樱做了一个大胆的假设："譬如说，我同你是好朋友，假使我有丈夫，我老在他面前说你的好话，他只知你的好处，所以非常喜欢你，我又不情愿了。"

"我也要嫉妒的。"爱玲说。

---

① 《"卷首玉照"及其他》，1945年2月《天地》月刊第17期。

"如果有一天我发现我的丈夫在吻你，我怎么办？……我嫉妒的是你而不是他。"

爱玲大笑起来："自然应当是这样。这有什么奇怪呢？"

炎樱又断断续续说道："我想我还是会大闹一场。隔了几天又会后悔，一个电话打给你。说：'张爱玲，几时来看我吧！'"

"我是不会当场发脾气的，大约是装着没看见，就像英国式的。等客人走后，再悄悄问他到底是怎么回事。其实问也是多余的，我觉得一个男人有充分的理由吻你。不过原谅归原谅，到底是不行的。"

爱玲又补充说："在我们之间可以这样，换了别的女人就不行。"由此可见二人的亲密程度。两人还谈到多妻主义、日本女性，又由日本女性谈到各国文明，由人生谈到艺术。从咖啡馆出来，已经是深夜，天上有冬天的蛾眉月和许多星，地上、身上是没有穿衣而泼了水的透亮透亮的寒冷。两人一个住东，一个住西，远近差不多，可炎樱一定要爱玲送。送到门口，张爱玲才觉自己吃了亏："为什么要送你这一趟？又不是你的男朋友？"于是坚持要炎樱出一半她一个人回家的车钱。她们的账其实向来还来还去，很少有算清的时候。

炎樱说："我们两人在一起是很合理想的滑稽搭档。"她们在一起玩得很开心，但张爱玲成名后，常有女学生跟在后面喊着唱着："张爱玲！张爱玲！"就像是追星族追歌星、球星一样，妨碍了两人的谈话，她觉得与张爱玲一起外出有点"讨厌"了。

真是气短情长、可笑可爱的一对女友。

三十三、"谋生之外也谋爱"

一天，张爱玲和炎樱在新新公司附近的游艺场玩乐，炎樱看到了一幅广告画，画中一女人浅红的鹅蛋脸，人情味极浓的笑脸，有一种"叽里喳啦"的美，炎樱看到她，想起了她和张爱玲的一个共同的朋友——苏青，提议道："去看看苏青好吗?"爱玲还没从画中回过神来，不由一怔，炎樱又加了一句："我们的苏青。"

其实，苏青与爱玲认识在先，再通过爱玲认识炎樱的。先有爱玲的苏青，才有"我们的苏青"。她是与爱玲同时驰名于上海文坛的一位女作家。苏青原名冯允庄，又名冯和仪，宁波人。曾任中华联合制片公司编剧、天地出版社发行人，并主编《小天地》月刊。此外，还担任过上海特别市政府专员、中日文化协会秘书。这两个职务是很不光彩的伪职，苏青的政治身份之复杂可见一斑。

但她主要还是个作家。她也是书香门第出身。祖父是清末举人，父亲是庚子赔款的留美学生，母亲也从事过教育工作。在宁波中学读书时，成绩出众，写作能力更为师生注目，曾被同学称为"天才的文艺女神"。但她父亲死得早，母亲又失去了工作，因此家境不太好。念书时寄宿在学校，以读书为消遣，且读的都是新文艺书籍。她曾考上南京国立中央大学英语系，尚未毕业便奉命回家完婚，又因怀孕中断了学业，后随夫迁居上海。丈夫是个少爷气十足的男人，她生了个女儿一家人不喜欢，时时给她难堪。苏青便不理他们，躲在房里带小孩、看书。最爱看的就是30

年代颇有影响的《论语》《人间世》。有一天突然技痒起来，就把自己生孩子的感受写下来，题为《产女》投给《论语》，编辑部将题目改为《生男与育女》发表。这是她创作之始，时为1935年夏，但她此时还无当职业作家的意思，并不多写。婚后夫妻常有不睦。有一次，苏青向丈夫索要家庭开支，发生激烈争吵，丈夫竟打了她一耳光，还说："你也是知识分子，可以自己去赚钱啊！"① 1942年冬，夫妻反目，她带着两个孩子加用人共五口，求职因无文凭没有人要，代课没几天又被辞，生活无着落，于是试着投稿。当时著文为生者较少，发表作品相对容易，她就出了名。

她的主要作品有四部：散文集《浣锦集》（浣锦是苏青家乡的地名），1944年4月出版；小说《结婚十年》，1944年7月出版；《续结婚十年》，1947年出版；散文集《涛》，1945年出版。她的全部作品描绘和表现的都是女人的生活和爱情，没有出过女人的圈子。女人写女人，有其方便，也有苦衷。对此，苏青深有感触，她曾在一次聚谈会上说过："女作家写文章，有一个最大的困难的地方，便是她所写的东西，容易给人们猜想到她自己身上去。……我自己是不大顾到这一层的，所以有很多给人说着的地方。"②

苏青这话是有感而发。她影响最大的作品是自传性质的长篇小说《结婚十年》，以惊人的坦率和大胆的笔触描绘了一个女人的不幸婚姻以及离婚后抚育小孩和寻找职业的故事，曾创造了印刷36版的惊人纪录。其主题用作者自己的话概括就是："生活在

① 蔚明：《一个女作家的沉浮》，见《张爱玲与苏青》。
② 《女作家聚谈会》，《杂志》1944年第B卷1期。

这个世界中，女人真是悲惨。嫁人也不好，不嫁人也不好，嫁了人再离婚出走更不好。但是不走不行，这是环境逼迫她如此。""希望普天下夫妇都互相迁就些，可过的还是马马虎虎。过下去吧，看在孩子份上，别再像本文中男女这般不幸。"①

可怜的希冀，难堪的企求。要求不太高，境界也不高，却赢得了很多人的同情，可见那时妇女的心态。这是《结婚十年》引起轰动的一个原因，还有一个原因是它被认为有"色情"描写，一时沸沸扬扬。作品畅销，她的生活有了改善，但声名却大受损。有人以提"苏青"为不齿，有人称之为"文妓"。如果把那时报刊上谈及苏青的文字辑录起来，可装订成几大册。其实《结婚十年》并未有意渲染色情，不过对作为夫妇生活之一部分的性心理作了少量的如实描写。

就涉及性爱的中国现代爱情文字而言，20年代有郁达夫的《沉沦》，它在中国文学史上第一次直言肯定了性爱是人生的正当要求；30年代有丁玲的《莎菲女士的日记》，它正面展示了女人对爱的灵与肉的双重要求，也具有石破天惊的现代意识；40年代有苏青的《结婚十年》，它平实地描绘了一个已婚妇女的生理尤其是心理苦楚，虽限于笔力，不够深入，但也自有其写实意义在。

不同于爱玲的繁茂艳丽，苏青的文笔是单纯的白描。不太讲文法修饰。不注重技巧，一任生活之流汩汩涌出，属于生活实录实感体。其特点是真切但缺少回味，坦诚却缺乏升华。

她的文风如同她的长相。波浪般的鬈发，端直的五官，宽平

---

① 《结婚十年正续·后记》，上海书店影印，四海出版社1948年版。

的双肩，颇有几分男性化的风味，一览无余，清澈见底。她不能忍受生活的空白，不甘寂寞，喜欢世俗的热闹，爱与朋友交际。她往往与女人们在一起很拘谨，与男同胞在一起却很开心，滔滔不绝。一个因婚姻和职业吃过苦的女人，通常没有女人们常有的处世武器：矜持，而多了几分干练豁达。女人的苦闷、希冀、生活方式是她的主要话题，虽然谈的不过是常识，没有过人的理性，但是恳切朴实，单纯明快。在张爱玲的眼里，她就是"女人"，"女人"就是她。爱玲欣赏她的这一切，常为她说好话，为她的单纯笔调辩护。她称苏青的单纯是"伟大的单纯"，并说："如果必须把女性作者特别分作一栏来评论的话，那么，把我同冰心、白薇她们来比较，我实在不能引以为荣，只有和苏青相提并论，我是心甘情愿的。"①

40 年代上海文坛上苏青是一个响亮的名字。她的名不仅因为文章，也因她的出众的性格。"苏青是与众不同的苏青"，"苏青留给我的第一个印象，是她的爽直、豪放，和饶有男子汉气概。……我们在眼前见到的是一个烫发时装的现代佳人，然而我们闭上眼后，只听她的高言谠论，活似一个辩才无碍的男子汉了。"② 这是一位当年见过苏青的作家的描绘。

胡兰成说张爱玲是一个个人主义者，他还说苏青的作风"是近于自然主义的"。在对苏青的有着"男孩的俊俏"的外貌做了一番描画之后，胡兰成还对苏青的人生经历和性格特点作了一番恳切平实的点评。他说：

---

① 张爱玲：《流言·我看苏青》。
② 实斋：《记苏青》，见《张爱玲与苏青》。

　　她的离婚，很容易使人把她看作浪漫的，其实不是。她的离婚具有几种心理成分，一种是女孩子式的负气，对人生负气，不是背叛人生；另一种是成年人的明达，觉得事情非如此安排不可，她就如此安排了。她不同于娜拉的地方是，娜拉的出走是没有选择的，苏青的出走却是安详的。所以她的离婚也是冒险，但是一种正常的冒险。她离开了家庭，可是非常之需要家庭。她虽然做事做得很好，可以无求于人，但是她感觉寂寞。她要事业，要朋友，也要家庭。她要求的人生是热闹的，着实的。①

　　抗战胜利后，苏青也成为人们攻击的对象，两顶脏帽子轮番戴在她头上，一顶是"文化汉奸"，一顶是"色情作家"。她作专文予以澄清。新中国成立后，她为上海越剧团编过《屈原》《司马迁》等历史剧。她的古文根底好，历史知识丰富，工作出色。但 1955 年胡风事件牵连到她，被打入狱中。起因是她曾为历史剧《司马迁》的创作问题写信向复旦大学贾植芳教授求教，而后来贾植芳被视为"胡风分子"，抄他家时发现了苏青的信，于是苏青被关进提篮桥监狱达一年半之久。之后，她又被剧团辞退，生活艰难，在冤屈、拮据和病患中她可怜无助地走着自己的人生道路，走向了晚年，走到了生命的尽头。1982 年 12 月 7 日，身患多种疾病的苏青，大口吐血后，悄无声息地离开了人间，享年六十九岁。

---

① 胡兰成：《谈谈苏青》，见《张爱玲与苏青》。

三十四、渴望激情的爱

苏青生命中的辉煌是在 40 年代，这是她用自己的才华和勤奋创造出来的。她和张爱玲的友情也是在这一时期。她比张爱玲大六七岁，但两人的经历有某些类似：都是书香门第之后，自小都缺乏父爱，中学时都是有名的才女，大学都未读完，都以情爱生活为题材写作，同时成名于上海文坛，等等。但她们的性情、文风却有很大的区别。一个爽直热烈，风风火火；一个矜持平和，文文静静。当然，这并不妨碍她们成为文友。

张爱玲是苏青办的《天地》杂志的固定作者。爱玲能文能画，经常为该刊配画。第八期《生育问题特辑》中，苏青写有《救救孩子》一文，批评为国家生孩子的反人道的生育观和只顾生不顾养的不负责态度造成的生命质量低下的状况，呼吁"救救孩子"。张爱玲为它配了一幅画：一个胖女婴，梳着羊角小辫，手和嘴唇支在栏杆上，脸上是受惊吓的表情，令人担忧和同情。《天地》十一至十四期的封面也是爱玲设计的。天上的朵朵云彩与大地的沉稳安详和谐地配在一起。苏青后来办的《小天地》杂志上，《女像陈列所》一文，也是张爱玲配的画。

人们总以为张爱玲和苏青来往密切，其实两人见面并不多。二人的关系不过是编辑与作者之间的关系，一个约稿出刊物，一个交稿得稿费。偶尔见了面，话匣子就关不住，常有恋恋不舍之感。因为苏青的宁波腔很重，有时一个意思要讲半天才明白。末了她总是说："是的，我知道……你能够完全懂得的。不过，女朋友至多只能够懂得，要是男朋友才能够安慰。"这是多么结实的真实。苏青的不少看法，爱玲认为可贵，就问她："你为什么不把这个写出来？"苏青总是先一愣，仿佛从未想到这一层。然而过不了多久，这些意见就在她的文章里出现了，这使爱玲很感荣幸。

苏青最佩服的作家是张爱玲。她曾当着不少女作家的面说："女作家的作品我从来不看，只看张爱玲的文章。"她熟读张爱玲的作品，而且还不无遗憾地问过她："怎么你小说里从来没有一个像我的？我一直留心看，总找不到。"

在《天地·编者的话》中，每有提到张爱玲处，苏青总是一片赞扬。在第四期中，她说："张爱玲女士学贯中西，曾为本刊二期撰《封锁》一篇，允称近年来中国最佳之短篇小说。在三期刊载之《公寓生活记趣》亦饶有风趣。本期所刊《道路以目》尤逼近西洋杂志文之格调，耐人寻味。"

第十四期《编辑后记》中她热情介绍张爱玲的作品集，这样写道："张爱玲女士蜚声文坛，众口交誉，其作品价值已不必编者赘述。观乎其最近出版之小说集《传奇》畅销情形，已可见南北读者对其热烈拥护之一斑。今日编者更有一好消息，可以抢先报告，原来张女士又集其年来所写的散文郑重付刊了，书名《流言》，预料其出版后的畅销情况又必空前的。"

一次爱玲同炎樱谈到苏青，炎樱说了一句极俏皮极准确的评论：

"我想她最大的吸引力是：男人总觉得他们不欠她什么。同她在一起很安心。"

然而果真不欠吗？恐怕只是男人觉得而已。对于苏青的打扮，张爱玲也有评价。她的话显出女人对女人的理解："对于她，一件考究衣服就是一件考究衣服；于她自己，是得用；于众人，是表示她的身份地位：对于她立意要吸引的人，是吸引。苏青的作风里很少有'玩味人间'的成分。"①

苏青曾对张爱玲谈到过她的理想生活，这一理想印证了张爱玲所说的"苏青的作风"。苏青希望丈夫有男子汉气概，不是小白脸，有点儿架子，又有点落拓不羁。夫妇住在自己的房子里，常请客，都是谈得来的朋友。但女宾必须比她大好几岁，或者比她长得差一些，免得麻烦。而丈夫的职业最好带点儿短期旅游性质，家庭生活也才有节奏和变化。

这幅理想图中，既有旧式女人的权利，也有新女性的自由。这原是一般现代女子的通性。

然而她常常失望。因为天真，把男人看得太好，又因为认真而很快发现了男人的缺点，一次次的憧憬破灭了。如同张爱玲一针见血之所言："有几个女人是因为灵魂的美被男人所爱的？"②

于是，苏青常说："没有爱。"微笑的眼神中有藐视。

她就是这样一个女人——谋生之外也谋爱。

谋生是物质上的需求，爱则是精神上的享受。女人的生存状态和爱的追寻，一直是张爱玲、苏青们的思考焦点。在抗战胜利在即的黎明前的黑暗时期，黑暗是可怕的，相对来说也是沉寂的。没有固定职业、没有完整家庭的张爱玲，总是躲在她的僻静的一隅独自思索着天长地久的男人和女人的爱。她对女人的最基本认识是："在任何文化阶段中，女人还是女人。男子偏于某一方面的发展，而女人是最普通的，基本的，代表四季循环，土地，生老病死，饮食繁殖。女人把人类飞越太空的灵智拴在踏实

---

① 张爱玲：《流言·我看苏青》。
② 张爱玲：《流言·谈女人》。

的根桩上。"① 张爱玲作品中的女人也是最基本的女人，生活的心计，爱的喜悦烦恼，无爱的悲哀病态，都有淋漓尽致的表现。读过她的小说的人，都会为她对女性心理言行的准确细致描写所折服。

她的散文中也有很多关于女人的文字。前述她评炎樱论苏青的话已见她对女性的深入理解。《我看苏青》中张爱玲还有一句妙语"所有的女人都是同行"，这话很耐人寻味。在男性中心主义社会里，女人的价值在很大程度上是通过男人实现的，她们的主要心思在男性身上，取悦于男性是她们价值确证的方式，在这一点上，所有的女人都是同行——隐含着中国的一句古话——同行生嫉妒。当然如果考虑到后来被人们通过《小团圆》"索引"的张爱玲苏青胡兰成短暂的隐性的三角故事的话，也可以理解，这里面话里有话。

"我想我喜欢她过于她喜欢我。"现在回头来看张爱玲《我看苏青》这篇文章，有真诚的赞美，也有言过其实的讨好，还有话里有话的玄机。有人考证，苏青1947年2月出版的自传体小说《续结婚十年》，第11章叫《黄昏的来客》中的当过次长、社长的政论家谈维明原型就是下一章的男主人公胡兰成。谈维明用各种精彩的话语蛊惑了独居的女主人公，两人竟然上了床。一番激情之后，谈维明抱歉地说：你满意吗？女方无语。过了一会儿，他又讪讪地问："你没生过什么病吧？"② 后来张爱玲在《小团圆》里写一个女作家叫文姬，大概有点像欧美日本的女作家，不修边幅，石像一样清俊的长长的脸，身材趋向矮胖，旗袍上照见

① 张爱玲：《流言·谈女人》。
② 黄恽：《凶终隙末的苏青与张爱玲》，《万象》2008年第12期。

臃肿的咖啡色线绒衫，织出葡萄串花样。《续结婚十年》出版后，两人似再无来往。有人指出，也就是苏青与张爱玲永远绝交的时候了。"而张爱玲也以《小团圆》来报复 30 年前的旧恨"①，只是这个书印行的时候，苏青已经离开人世了。

在《有女同车》中张爱玲引述了一个讲普通话的女人和一个讲上海话的女人的对谈，谈的都是男人。一个谈自己的丈夫，一个谈自己的儿子。于是概括道：

> 女人——女人，一辈子讲的是男人，念的是男人，怨的是男人，永远永远。

真是俏丽隽永，一语中的。

《流言》还有一篇十分有趣的散文，题为《谈女人》。文章有一半篇幅是摘录英国无名氏的《猫》中关于女人的奇谈怪论，另一半则是她自己的妙语。她谈到女人的弱点是全由环境所致，学校教育也不顶用，文凭、眼镜的厚度并不能帮助女子解决情爱问题；她说正经女人虽然痛恨荡妇，可是自己若有机会，没有一个不跃跃欲试的。这话虽然粗听起来似乎有悖公理，为女性所不容，但实际上是现代妇女心理学和部分勇敢的女子所承认了的；她认为女子择夫，何尝不留心到相貌，可是不似男子那么偏颇，更多考虑的是智慧、健康、谈吐、风度、自给的力量等项；她还说，女人取悦于男人的方法有许多种，单单看中她身体的人，必会失去许多珍贵的乐趣。但也毋庸讳言，有美的身体，以身体悦人，有美的思想，以思想悦人，其实也没有多大区别。

1945 年 2 月 27 日下午，上海滩上两个最走红的女作家张爱玲和苏青举行了一次对谈会。地点在张爱玲寓所，策划者为《杂志》社，主题是"爱情婚姻家庭"。谈话内容发表在当年 3 月的《杂志》上，正文上有一段记者写的"前言"，这样介绍两位发言者：

> 当前上海文坛上最负盛誉的女作家，无疑地是张爱玲和苏青。她们都以自己周围的题材从事写作，也就是说，她们所写的都是她们自己的事。由女人来写女人，自然最适当，尤其可贵的，似乎在她们两位的文章里，都代表当前中国知识妇女的一种看法，一种人生观……

两人谈的内容具体而广泛。苏青因是做过媳妇和母亲的女人，比张爱玲多一些实际体验。苏青首先谈到了职业妇女的苦衷，谈到女人最可怕的事件是"失嫁"，"过时不嫁有起生理变态的危险"。她坦然地说："不过知识浅的人还容易嫁人，知识高的一时找不到正式配偶，无可奈何的补救办法，说出来恐怕要挨骂，我以为还是找个情人来补救吧，总比做人家正式的姨太太好。"

她继续说道："丈夫是宁缺毋滥，得到无价值的一个（整个），不如有价值的半个甚至三分之一。……知识妇女自有其生活能力，不妨仅侵占别人（指原配夫人）的感情而不剥夺别人的生活权利。"其言之大胆，确有招骂之虞。这些话鲜明地反映了 40 年代部分女性的思想心理，爱的价值观压倒了家庭伦理贞节德行的价值观，未尝不是历史进步的一个侧影，是极有认识价值的思想材料。

苏青向来是泼辣大胆的。40年代的文化圈中盛传她的一句名言："饮食男，女人之大欲存焉。"巧妙地把"饮食男女，人之大欲存焉"的古训改动了一个标点，准确风趣地表明了女子的社会地位及由之产生的对男性的依附状态。

对谈会上，张爱玲的见解也颇有见地。她说某些女人本来是以爱为职业的。而家庭妇女若一心只知道打扮，跟妓女其实也没有太大不同。她还说："女人要崇拜才快乐，男人要被崇拜才快乐。"这也出自她精细别致的观察体悟。

最后两人谈到了择偶标准。苏青条分缕析地列了五条，皆是人们大都赞同的标准。爱玲的看法是："常常听见人家说要嫁怎样怎样一个人，可是后来嫁到的，从来没有一个是像她的理想，或是与理想相近的。看她们有些也满意似的。所以我决定不要有许多理论。……不过我一直想着，男子的年龄应该大十岁或十岁以上，总觉得女人应当天真一点，男人应当有经验一点。"

对谈发表之后，引起读者极大兴趣，《杂志》先后刊登了十几篇参加讨论的来稿，可见当时有一定影响。

什么是爱？张爱玲从没有为之下过定义。但她有一篇散文《爱》。篇幅不长，以一个女子的故事表明了爱的人生意义，于平淡的叙述中阐发着自己的见解，可谓淡中出奇。她讲述了一个小康之家的漂亮女儿，有无数的求婚者，但有一个夜晚，她伫立在村头的一棵树下，一个不相识的男青年对她说了一句："噢，你也在这里吗？"之后再无言语就各自走了。后来她远嫁他乡，吃了不少苦，但心头永远萦绕着这句话，一阵阵甜蜜的忧愁。张爱玲不带感情不加修饰地写了这个故事之后，写道：

于千万人之中遇见你所要遇见的人，于千万年之中，时间的无涯的荒野里，没有早一步，也没有晚一步，刚巧赶上了，那也没有别的话可说，惟有轻轻地问一声："噢，你也在这里吗？"①

这就是爱！它不是一个有着明确的开端、发展、高潮、结局的过程，没有一定的婚姻指向，甚至也不一定被对方所知晓，它是一种存在于心灵的状态，是沉睡潜伏的暗流，突如其来的奔涌，是一个悠久的回味，是生命中突然开放只为另一个人开放的一朵艳丽的花。

曾经有人问张爱玲，假若要她编一个爱情题材的剧本，该如何表现。她的回答是——

需要激情的爱，不要平凡的、公式化的爱。②

激情的爱，是天马行空、超凡脱俗的浪漫之旅，是抛弃了一切非情感因素的男人和女人的结合，是两颗纯粹的心灵的碰撞……

当张爱玲这样表白的时候，她的爱——激情的爱，已涨满了她的心田。

也许，这是生命中惟一的爱，欲仙欲死的爱……

---

① 张爱玲：《流言·爱》。
② 《纳凉会记》。

第十章　倾城之恋 (才女初恋)①

三十五、小说之媒

开电车的人开电车。……

如果不碰到封锁，电车的进行是永远不会断的。封锁了。摇铃了。"叮玲玲玲玲玲"，每一个"玲"字是冷冷的一小点，一点一点连成了一条虚线，切断了时间与空间。

1944年初春的一天，南京的一座美丽庭院的草坪上，有一个躺在藤椅上翻读一本杂志的成年男人。当他翻到一篇题为"封锁"的小说时，才读到上面这个开头，就不由得坐直了身子，一口气读完了。他还不满足，又仔仔细细地读了一遍。他惊异于作品对人性刻画之精妙，感服于作品对爱情的把握之精微。于是脑

---

① "倾城之恋"，张爱玲1944年作小说名，本章借用指称传主的爱情。

海中深深地印下了作者张爱玲的名字。

这个男人，叫胡兰成。他是浙江嵊县人，生于1906年。从小家贫，吃过很多苦，一生全凭聪明和算计打天下，赤手空拳，却也有青云直上、飞黄腾达的经历。少年时，读小学、中学就有一些顽劣。曾经因为跟校方意见不合被开除。他做过杭州邮政局的邮务生，因与局长作对，三个月后即被除职。二十一岁时，像现代史上的很多有志气有文化的乡村青年一样，跑到北京求个人的发展。瞒着已有生命的妻子跟中学同学借了钱，只身到京。当时他有两个昔日同窗在燕京大学，在他们的介绍之下，在燕大副校长室抄写文书，有空便到教室旁听。后来他回到浙江一带教书。1932年，又回到家乡嵊县。这一年，他的发妻玉凤病逝。手头拮据的胡兰成四处借贷，以葬妻魂，却求助无门，十分凄寒。从此他对人生人际又多了一份清醒与刻薄，对自己也多了一份发奋努力的反向动力。他后来回忆说："我对于怎样天崩地裂的灾难，与人世的割恩难爱，要我流一滴眼泪，总也不能了。我是幼年时的啼哭，都已经还给了母亲，成年的号泣，都已还给了玉凤。此心已回到了如天地之不仁！"① 这个从生活底层爬出而只身闯世界的人，为了自己的挣扎，为了改变命运，对人格、尊严、道德的价值观念已相当淡然漠视，一副铁石心肠。

1932年秋天到1936年夏天，去广西一带教书，还花过一些工夫专门研究马克思主义。曾因发表异见而遭军法审判，监禁月余。1937年春天，他任上海《中华日报》编辑，沪战后到香港任《南华日报》"撰述"，当时月薪仅六十元。就在这时，汪精卫为组织伪政府而四处物色人选，包括文人。他不可能真正拉拢到第

---

① 胡兰成：《今生今世》。

一流的文化名人，因此注意在一些有能力而无名气又极想出人头地的人中发展对象。1939 年初胡兰成的社论《战难，和亦不易》引人注目，成为他成名之作，不久受到汪精卫夫妇赏识，汪精卫的得力干将、伪中宣部部长林柏生等人看上了胡兰成。1939 年 12 月，汪精卫托人带给胡一张字条向他致意，表示好感，之后汪的夫人陈璧君又在香港跟胡兰成见过一面，给他的月薪猛涨了六倍即三百六十元，另给了两千元的机密费。从此，这个早就不顾人间是非黑白的自私者就被牵入了泥海，成为为他人所不齿的民族罪人。先后出任伪行政院宣传部政务次长、伪行政院法制局长、《中华日报》《国民新闻》主笔，是一个高级文化汉奸。胡兰成有很大的政治野心，他的才华颇受日本人和汪政府的赏识，汪精卫总是称他"兰成先生"，常向他问询对政局的看法。"胡这个人，无事好打太极拳，练习书法，推崇托尔斯泰、萧伯纳。胡喜为人题词写字。（日本军官）清水、池田的会客室与房内挂的长长的条幅，均出自胡之手。"① 抗战胜利后，他化名潜逃在浙江农村。新中国成立之时，又逃至东京，与汉奸吴四宝之妻佘爱珍结婚，在东京开酒吧为生。胡生平最崇拜吴四宝，曾写文章吹捧吴四宝夫妇，还将吴的照片放大悬挂于家中，被人们称为怪物。

当时胡兰成手下的一个学员倪弘毅，与他交往甚密，还见过应英娣和张爱玲，后来参加了新四军。在老年的时候接受采访，谈到了他心目中的政论家胡兰成。

他一身西装，潇洒。家里墙上挂了一幅他本人的油画。
书法写得好，比汪精卫还好。除了太极拳，他还喜欢喝酒、

---

① 倪弘毅：《胡兰成二三事》，《钟山风雨》2001 年第 4 期。

抽烟。他的谈吐幽默的，很有意思。他字写得好，诗文脱口
而出。胡兰成很有修养，我从来没看到他发脾气。他最佩服
的是鲁迅，人家请他写条幅，他很多写的是鲁迅的诗。日本
人池田笃纪问他为什么动不动就写鲁迅的呢，他就跟池田说
鲁迅诗的风格高。他这个人很清高，个人主义，我行我素，
他这个人政治素质很高，日本的侵华能人、政客、特务老手
一般很佩服他。日本人战败以后形势不好，请胡兰成谈话，
请教他，他说，二战结束半年以后，你们就有机会，那时苏
联和美国会发生矛盾。那个时候日本鬼子还没有完全战败，
胡兰成已经看到了战后的复杂问题了。我这不是宣扬他，捧
他的场，他发表对国际问题的演讲，他讲课时很有教授的风
度，一个专题是世界经济危机和世界大战，从商品经济、马
克思的剩余价值讲到各国的矛盾，好口才，只要他高兴，他
就高兴讲。

　　他交往的日本人在南京都是掌大权的。日本驻华大使谷
正之，经常请胡兰成谈论政治。胡兰成什么都议论，他可以
批评日本人的非法行径，日本人不敢跟他顶嘴。在日本人眼
中，胡兰成是个了不起的人物。他在武汉办一个报纸《大楚
报》，要成立一个中国人民委员会，这个不得了，谁敢讲要
日本人撤军，谁敢讲这个话，就只有他！胡兰成在日本人面
前敢说话。①

　　此刻，这个躺在藤椅上懒洋洋地翻杂志的胡兰成，正在闲居
养病。前不久因为政见不合，得罪汪精卫，一次趁胡兰成在鼓楼

①　三焦：《倪弘毅先生访谈》。

附近散步时，将他绑架，胁迫他认错悔过，不再写东西指责当局。事为胡的老婆应英娣知悉，应本名英弟，胡兰成以为欠雅乃改为英娣。她原为上海百乐门红舞女，颇有点神通，获悉胡的危险处境，随即去鼓楼南日本大使馆密告。由于有日本军政要人撑腰，胡又重新出来了。

胡兰成看的这本杂志，是苏青主编的《天地》杂志的第十一期，他与苏青当年是文友，杂志也是苏青寄来的，他自己也有一篇议论文《"言语不通"之故》发表在同一期上。文人读到好文章，比商人做成一笔大买卖还要高兴，胡兰成读过《封锁》之后，喜不自胜，立即给苏青写了一封信，对张爱玲的小说大加赞扬了一番，并表示极愿与作者有相识之好，要直接向作者倾吐感服之情。苏青回信说作者是位女性，才分颇高，更是令他念念不已。不久，他又收到苏青寄来的《天地》十二期，上面不仅有张爱玲的文章，而且还登有爱玲的照片。看着照片，如见其人，仿佛神交已久，更有喜不自胜而将信将疑之感。这就是张爱玲吗？这就是他心目中的才女吗？

2月1日，他到了上海，一下火车就去找苏青，要以一个热心读者的身份去拜见张爱玲。苏青婉言劝他，张爱玲从不轻易见生人，就是她弟弟偶尔来看她，她也没有三五句话。而且还要事先打电话预约。除了弟弟，似乎也没有别的男性到她家做过客。胡兰成执意要见，向苏青索要地址。苏青迟疑了一下，才写给他——静安寺路赫德路口192号公寓6楼65室。

胡兰成如获至宝，第二天就兴冲冲地去了。上了六楼，激动地敲门，但没有敲开。张爱玲不见生客，谁也不见，果真是个怪人。但胡兰成哪肯死心？就从门缝里递进去一张字条，上面介绍了自己拜访原由及家庭住址、电话号码，并乞爱玲小姐方便的时候允见一面。

胡兰成回家之后，不敢外出。隔了两天，就在他失望之际，电话铃响了，是张爱玲打来的。问明接电话的人是谁之后，她只说了一句话："明天来看你。"不让他访她，她却又来访他，张爱玲的主意变得好快。其实张爱玲早知胡兰成的大名，当然是苏青告诉她的。在胡兰成开罪汪精卫被拘押期间，她还陪苏青到周佛海家去说情。他是个才子，还是个浪子？恍恍惚惚地，张爱玲对他有这样的印象。

胡兰成的家在大西路美丽园，距张寓并不远。张爱玲如约来了。

久念其人，把她想了无数遍。可真见其人，跟想象中的任何一种都对不上号。胡兰成第一个怪异之感就是她身材之高，仿佛不应该有那么高一样；第二个奇怪的是张爱玲并无明显的文人作家相，并不是热情大方、开朗健谈的样子，她像一个放学回家的小女孩，一人在路上独行，遇见有同学叫她也不理睬，神情漠然而沉稳。

但他们一谈就是五个小时。胡兰成说他对爱玲小姐心仪已久，颇佩服她的才华，且感叹她如此年轻。他赞叹在《封锁》中张爱玲把两个陌生人的戏写得真切自然，把吴翠远的心理刻画得细腻入微。尤其是小说结尾，吕宗桢回家后审查女儿成绩单，俨然一个好父亲的样子，而在中国这样的男子是很多的。他们的社会角色和内心角色往往是分裂的。在外界，他们或是人们公认的"好人"或"坏人"，但在人性的基本要求上，都是一样的。张爱玲也很感激胡兰成如此关心她的作品。别人读她的小说是读故事，而他读出了人性的思考。别人对她说《封锁》是写高等调情的空虚无聊，而他读出的是对文明与人性的观照。胡兰成微笑着说："因为相知，所以懂得。"

两人从爱玲的作品谈到时下流行的创作，谈到稿费。胡兰成的话多，爱玲的话少，她更像一个认真的听众。胡兰成的话语中带着关切和询问，爱玲的答话中也有着对他的探索和思忖。一个成熟的男人，额前清晰光净，几无皱纹，刮得干干净净的方正的脸，不太有变化的脸色，清晰而低沉的嗓音——"她又看了他一眼。太阳红红地晒穿他鼻尖下的软骨。他搁在报包上的那只手，从袖口里出来，黄色的，敏感的——一个真的人！不很诚实，也不很聪明，但是一个真的人！她突然觉得炽热、快乐！"

张爱玲突然想到了《封锁》中的这段描写，难道她自己也像吴翠远一样在一个陌生的有家室的男人面前坠入情网了？

春日的黄昏，迷彩的色调，一个在封闭阴沉的世界里关得太久的人感到了迷乱的光芒，惶惑的新奇，崭新的充实。他送她到巷堂口，二人并肩走着，胡兰成突兀而又隐含试探地说了一句："你的身材这么高，这怎么可以？"

爱玲很诧异，似乎要辩驳似的扭头看了胡兰成一眼，但半张的口又合上了，头也低了下去。这句话，前半句是写实，后半句则是站在另一个人的角度对一个人的评价。"这怎么可以"的潜台词是跟我在一起你的身材比我高是不可以的。它的前提是可以把两人在一起比较了。而这不是一般性的比较，而是男女间的比较，而且是从"般配"的角度对一对男女的比较。

张爱玲起初的反应是一怔，但随即感到一个成熟男性的一句话把他俩拉得这样近，近得没有了距离。

于千万人之中遇见你所要遇见的人，于千万年之中，时间无涯的荒野里，没有早一步，也没有晚一步，刚巧赶上了，那也没有别的话可说，惟有轻轻地问一声：

"你的身材这么高，这怎么可以？"

爱玲遇上了，她知道。这就是爱。

三十六、"从尘埃里开出花来"

第二天胡兰成去张爱玲的寓所。她的门不再向他关闭，她的心也不再为他关闭。张爱玲穿着宝蓝绸袄裤，戴着嫩黄边的眼镜。脸如满月，而胡兰成就是阳光。他滔滔不绝地谈自己的生活，张爱玲则是一个虔诚的听众。胡兰成回到家中，余兴未尽，冲动中写了一首像五四时期风格的情诗寄给张爱玲，直率而幼稚，连他自己事后也觉得难为情。爱玲答道："因为懂得，所以慈悲。"二人心心相印，满眼全是情，哪里还顾得什么文字技巧，表达方式？"从此我每隔一天必去看她。才去看了她三四回，张爱玲忽然很烦恼，而且凄凉。女子一爱了人，是会有这种委屈的。她送来张字条，叫我不要再去看她，但我不觉得世上会有什么事犯冲，当日仍又去看她，而她见了我亦仍又欢喜。以后索性变得天天都去看她了。"① 爱玲的"烦恼""凄凉"是怕爱上了一个不该爱的人，欲爱又止，对自己把握不定。胡兰成的"聪明"就在深懂男女初恋之时那种"抽刀断水水更流"的微妙，一如既往地去看她，终于冲破了她的心的防线。

胡兰成曾提到他曾痴迷地看过《天地》上张爱玲的玉照，爱玲便送了一张给他，还在背面题上几句话：

---

① 胡兰成：《今生今世》。

见了他，她变得很低很低，低到尘埃里，但她心里是喜欢的，从尘埃里开出花来。

这是张爱玲的情诗。她把自己完全投入到情爱的海洋里去了，她把自己完全熔化在爱恋的火焰中去了，她把自己完全焚毁进恋狱的囚牢里去了。

胡兰成常去南京办公。一回上海，先不到自己的家，而是直奔张爱玲的寓所，进门的第一句话总是："我回来了！"

这是他的心居，虽然他的家在美丽园。这是张爱玲的新居，虽然还是这间屋子。胡兰成一月回一次上海，一住八九天，晨出夜归只看爱玲。牵牛织女鹊桥会，喁喁私语无尽时。男欢女悦，忘记了一切。光阴如梭，忽又天明，又是一个冻白的早晨。这一对沉溺于爱河的男女总有小别。一个去"办公"，一个得有工夫写文章。分别时并不泪雨涟涟，因是爱的小憩。反正这个心居是为你独开的。

胡兰成对爱玲所知甚多，理解甚深。他熟知她的身世教养，生活习俗，因而理解她对人伦亲情的超然态度，理解她在生人面前的孩子气的胆怯。他把她看作是生在俗世而超越了俗世的人。"爱玲是凡她的知识即是与世人万物的照胆照心。"① 他感激爱玲不在乎他是个"坏人"而只把他当作一个"真人"。和她相处，胡兰成总觉得她是贵族，她有她的高贵。"站在她眼前，就是最豪华的人也会感受威胁，看出自己的寒伧，不过是暴发户。这绝不是因为她有着传统贵族的血液，却是她的放恣的才华与爱悦自己，作成她的这种贵族气氛的。"

---

① 胡兰成：《今生今世》。

"她是个人主义的。苏格拉底的个人主义是无依靠的，卢梭的个人主义是跋扈的，鲁迅的个人主义是凄厉的，而她的个人主义则是柔和明净。"胡兰成给她一个个人主义的定位，是非常精准的。联想到前面她自称的"自私"，其实就是"自我"，反常态的人际交往和迁就，顽强地活在自己的世界里。他也认为张爱玲自私："爱玲种种使我不习惯。她从来不悲天悯人，不同情谁，慈悲布施她全无，她的世界里是没有一个夸张的，亦没有一个委屈的。她非常自私，临事心狠手辣。她的自私是一个人在佳节良辰上了大场面，自己的存在分外分明。她的心狠手辣是因她一点委屈受不得。"这一点可以说胡兰成是张爱玲的知音。

才子遇才女，他们的恋情中就特别富有智慧的快乐、艺术的喜悦。在智慧的爱情对谈中，才女张爱玲比才子胡兰成似乎更胜一筹。对爱玲的才华学识，胡兰成自知不是对手，他心甘情愿地一次次表示着佩服之情。她知识的丰富和运用的自如，英文的流畅和古文的熟稔，常常是信手拈来，浑然天成。"用一切定型的美恶去看她总看她不透"，胡兰成觉得，在爱玲面前自己的言语就像是生手拉胡琴般吃力。他认为自己被太多的理论和概念所拘囿，既不及爱玲理性的清晰，也不及她感性之敏锐。胡兰成说："爱玲极艳，她又极壮阔，寻常都有石破天惊。她完全是理性的，理性得如同数学，她就只是这样，不着理论逻辑，她的横绝四海，便像数学的理直，而她的艳又像数学的无限。我却不准确的地方是夸张，准确的地方又贫薄不足，所以每要从她校正。前人说夫妇如调琴瑟，我是从爱玲才得到调弦正柱。"[1]

张爱玲不喜生客，与胡兰成相恋期间更不愿见人。但也有有

---

[1]　胡兰成：《今生今世》。

人拜访的时候。前文提到 1944 年 8 月新中国报社座谈会上谷正魁与吴江枫要向张爱玲解释会上发言的误会，他俩有一天闯去了——

> 我们一起到张爱玲所住的公寓，她从里屋出来，接待与她相熟的吴江枫，没想到还有我谷正魁。吴江枫代我说明来意。张爱玲毫无表情，不置可否。正在谈话之际，又从里屋出来一位男子，一身纺绸衫裤，折扇轻摇，飘逸潇洒，与吴江枫点头招呼后，坐在一旁，默默聆听。我们稍坐一会便告辞，张爱玲礼貌相送。在路上我问吴江枫，看张爱玲的神色，似乎并不愉快，吴江枫笑道："她不愉快，是因为我们在她家里看到了她的秘密客人胡兰成。"
>
> 关于张爱玲与胡兰成的恋爱关系，虽未公开，可是在文化圈内已有传闻。在熟悉的朋友中，都暗暗为张爱玲惋惜，因为胡兰成的履历，足以说明他丑恶的心灵。[1]

两人的小天地是艺术性的。一日晚在灯下，胡兰成盯着爱玲的脸，如盛开的莲花，如满月，说道："你的脸好大，像平原缅邈，山河浩荡。"爱玲笑答说："像平原是大而平坦，这样的脸好不怕人。"接着问他记不记得《水浒》中宋江见玄女的一段描写，胡兰成熟读《水浒》但也记不住这类细节，爱玲告诉他是"天然妙目，正大仙容"，胡兰成这才想到"正大仙容"形容爱玲是最合适的。又一次，胡兰成想形容爱玲走路的样子，却苦于无恰当的词句。爱玲于是提到"《金瓶梅》里写孟玉楼，行走时香风细

---

[1] 沈寂：《张爱玲的苦恋》。

细，坐下时淹然百媚"。胡兰成觉得"淹然"用得妙，并问："那么我与你在一起像什么呢?"爱玲说："你像一只小鹿在溪里吃水。"

他们常在一起谈音乐、影剧、绘画，谈得更多的是文学。在一起读《诗经》，中有"既见君子""邂逅相见"等句，爱玲十分感慨地说："怎么这么容易就见着了?"读到"倬彼云汉，昭回于天"，她又一惊，真真的是大旱年岁啊。读汉乐府诗，有一首写逆旅主妇为一位浪子补洗衣服，这时"夫婿从门来，斜倚西北眄"，爱玲打趣说："眄，上海话就是眼睛描发描发。"诗的下一句是"语卿且无眄"，爱玲又感叹说："啊!这样困窘还能滑稽，怎么能够呢?"一起读《古诗十九首》，中有"燕赵有佳人，美者颜如玉。被服罗裳衣，当户理清曲"，爱玲惊诧地议论道："真是贞洁，那是妓女呀!"又念南朝《子夜歌》，"欢从何处来，端然有忧色"，这回轮到爱玲叹气了，她低声说："这'端然'真好，而她亦真是爱他!"胡兰成不得不服地说："我才知我平常看东西以为懂了，其实竟未懂得。"

在外国文学方面，爱玲更是胡兰成的先生了。她给他讲她喜爱的现代英国作家，如萧伯纳、赫克莱斯（奥尔德斯·里奥纳德·赫胥黎）、毛姆、劳伦斯等。每讲完之后，总说："可是他们的好处到底有限制。"对西洋古典作家如莎士比亚、歌德、雨果，她并不太喜爱。一次胡兰成竟敢说出《红楼梦》《西游记》胜过托尔斯泰的《战争与和平》或歌德的《浮士德》，爱玲并不以为怪，平然答道，当然是《红楼梦》《西游记》好。

在他们相处一起的日子里，充满了这种富有情趣的对谈。此时的爱玲，创作上突飞猛进，情感生活也充实饱满。这是她难得的快乐时光。

为什么会爱上这样一个男人？——从家庭方面来说，胡兰成已有妻室，她好像并不在意。她在一封信中对胡兰成说："我想过，你将来就是在我这里来来去去亦可以。"她似乎并不去想"天长日久"的事；从政治身份来说他是个汉奸。张爱玲品位特别，思想奇异。虽然她没有只言片语提到过这一点，但我们多少可以寻出一些线索。

首先，她的生活圈子很狭小，她接触的男性极为有限。她的家境使她很难在"门当户对"的范围内遇到多少具有婚姻可能性的男子。虽然她此刻是自由身，但作为背景的身世是存在的。

其次，从小无父爱的女子往往表现出对大龄男性的特别的亲近感，中年男子的成熟的魅力比年轻小伙的青春的活力对这种女子更具诱惑性，她们寻求的往往是比"丈夫""男人"更多的成分。张爱玲在与苏青的对谈中，什么择夫条件都否定了，但认为年龄应相差十岁或十岁以上，她认为女人应当天真些，男人应当有经验些。这一看法应该说与她的出身经历相关的。

再次，张爱玲对人间的价值观否定的成分大于肯定的成分，超然的态度强于接受的态度，所以她不在乎胡兰成的政治身份，不关心他到底干什么具体事务，也不嫉恨胡兰成已有妻室。在一般情况下，我们评判人物时，往往重其政治行为，轻其道德行为。但女人的态度是相反的，她们把男人是否爱她和是否可爱作为最大的评价标准，而对男人是不是"坏蛋"则可能忽略不计的。男人只爱漂亮聪明的女人，女人则可能爱上各式各样的男人。她们凭感觉，而忽略理性。因此，一个连对方已有妻室都不在意的女人，也可能更不在乎对方的政治身份。

复次，一个在政治上失误和卑劣的人，未必在人生的所有行为上都是可耻的。在政治之外的日常生活中，他的性格特点、他的待人方式、他的爱好趣味、他的七情六欲，与常人一样，并无明显的黑白高低之分。这也使他具有可爱之处或有人爱他。

最后，在旁人看来有一千种不可爱之处的男人或许对某一女子来说正是一千种可爱之处，即使男人确"不可爱"，但仍会有人爱他。或者把话说回来，女人爱男人，就因为她爱了，不需要任何理由。爱从来就没有该爱不该爱之分，那是理性王国的划分尺度，但爱是情感之神操纵的。就像米兰·昆德拉所说的那样："爱情要么是疯狂的，要么什么也不是。"

当我们记叙这一爱情故事的时候，我们不要忘了张爱玲是一个女人，是一个有些"怪"的女人。她不计较胡兰成的一切，她什么也不要，只要他——这一个男人，这个在别人看来也许有污点的男人。男女双方，当对方不是身份地位，不是任何社会角色，不是含金量，而只是"纯粹"（在心理感觉上）的男人和女人的时候，他们才是恋人。在初恋时的张爱玲，一切非情感因素与她无关，都在九霄云外。她惟情是尊，惟情是大，痴醉沉迷，乐而忘返。

她常指着胡兰成的脸说："你的眼睛，你的鼻子，你的嘴，还有你的手……"有时她天真地将信将疑地痴问："你的人是真的吗？你和我这样在一起是真的吗？"

他们处在一种"非时空状态"，身心被极度唤起，灵魂中只有爱火在燃烧。这就是张爱玲的爱。欲仙欲死的爱……

三十七、"天涯地角有我在牵你招你"

事情有了变化，对常人来说是喜，对张爱玲呢——

爱玲不问胡兰成将来对她怎样，也不管自己以何身份与胡在一起，但胡的第三任妻子英娣不满意了，她提出离婚。不久，真离了。5 月 26 日，胡兰成在《申报》刊登广告，与应英娣女士解除婚姻。① 在胡兰成张爱玲结婚前，应英娣曾经在胡兰成的对头的教唆下去张爱玲的住处大闹。②

这对胡兰成和张爱玲来说，应该是一次升华的机会吗？

情侣关系变为了夫妻关系，但并无法律程序。胡兰成惟恐时局变化会拖累爱玲，没有举行任何仪式，只写婚书为凭：

> 胡兰成张爱玲签订终身，结为夫妇。愿使岁月静好，现世安稳。

前两句是胡兰成写的，后两句出自张爱玲之手。证婚人为炎樱。

是年胡兰成三十九岁，张爱玲二十四岁。

办完婚礼后，大家要去吃饭，张爱玲胡兰成和炎樱三个人去吃了，是去一个小饭店厢房里吃的，去大饭店怕暴露。这是胡兰成的侄女青芸的回忆。③

民国时期，传统婚姻、西式婚礼、纸约婚礼、无婚礼的姘

---

① 秦贤次：《谎言与真相——胡兰成生平考释》，《新文学史料》2011 年第 1 期。

② 张润三：《南京汪伪几个组织及其派别》，《文史研究资料》，第 99 集，1984 年 11 月。参见耿立《胡兰成：以江湖义气颠覆大义》，《青年作家》2009 年第 11 期。

③ 张伟群：《红烛爱玲及其他——青芸亲见亲闻张、胡生平事迹证续》，《印刻文学生活志》2005 年第 21 期。

居，形式多种多样。这一张纸片儿，后来成了小资的一个心结，岁月静好也被用得太滥。其实，它没有多少法律效力，也没有什么道德约束力。它就是一种心境，一个当时的承诺。如果这个承诺是在 1945 年的话，那就不仅只是一个前者应英娣的问题了，还有一个后来人周训德。但是目前，几乎所有的材料都指向"岁月静好帖"诞生在 1945 年，而不是以前大家以为的 1944 年。总之，那个时候的婚姻够乱的，胡兰成这个人够花的，张爱玲这个人够难的。

欲仙欲死的飘浮在天空的爱终于落在了现实的婚床上，但他们的生活似乎没有太多的改变，彼此不愿以婚姻限制对方。胡兰成有时发表意见讲给张爱玲听，未等反应，又说："照你自己的样子就好，请不要受我的影响。"爱玲总是笑道："你放心。我不依的还是不依。虽然不依，但我还是爱听。"这话很能反映两人对对方的态度，尊重而不勉强，相爱又保持个性。

那时，胡兰成与张爱玲已很有交情，有"知情者"回忆说：

> 张爱玲与胡兰成从相识到相爱，是两人钦佩对方的才情而发展成爱情。在性欲的漩涡中，两人如梦如醉，一个忘我地痴情迷恋，一个有意诱惑和玩弄，竟然到达如仙如幻、欲仙欲死的境地。然而他们不能、不想，也不敢公开。胡兰成有妻子，背后还有女杀手监视，张爱玲也不想让人知道自己和有妻室的汉奸相恋而影响她在社会上的声誉。有一次，两人游玩兆丰公园，想在百花丛中抒发浓蜜的爱情。不料被佘爱珍得悉，追踪到公园，猛掴张爱玲一记耳光，可怜驰名文坛、骄矜自负的女作家，被女魔王辱打，只得双手捂脸，狼狈逃离，把胡兰成让给凶狠的情敌。他们害怕舆论，更惧怕

余爱珍。连郑重的婚约，也是躲在家中偷偷地私订终身。①

他们的生活非常有情趣。在一起品味文学艺术，日常所见也变成了趣闻佳话，一谈大半天。但这只是乱世中的小天地的欢悦，是上海滩上闭锁一隅的畅快。1945年初夏的一个晚上，两人在阳台上眺望霓虹闪烁的夜上海，西天的余晖未尽，有一道乌云清森遥遥。胡兰成触景生情地说，时局不安稳，来日大难，而自己身陷贼船，在劫难逃。张爱玲听了十分震动，想起了汉乐府的诗句："来日大难，口燥唇干。今日相乐，皆当喜欢。"在欢喜的影子里有惘惘的威胁，可是正因为有惘惘的威胁，越发舍不得每一个欢喜。爱玲道："这口燥舌干好像你对他们说了又说，他们还是不懂，我真是心疼你了。你这个人啊，我恨不得把你包包起，像个香袋儿，密密的针线缝缝好，放在衣箱藏藏好。"这几个叠字，一往情深尽在其中。随后她进房给他倒茶。她端起茶杯走到房门边，胡兰成迎上去接茶，她腰身一侧，喜洋洋地看着胡兰成，满眼是笑。胡兰成禁不住赞叹道："啊，你这一下姿势真是艳！"她答道："你是人家的好处容易得人感激，但难得满足。"

胡兰成对时局的看法来自实感。结识张爱玲期间，他与伪政府中人往来极少，自办了一份综合性刊物《苦竹》，在上海印行，只出了四期，中有张爱玲的三篇创作。他同时还办了一份政治性刊物叫《大公周刊》，在南京发行。这是一份"反战"性质的刊物。上面连续发表了关于日本撤兵，反对列强在华作战等内容的论文，提出日本撤出中国；撤销日军控制下的粮油征购机关；召开各党派代表会议解决军事问题等主张，还刊登了延安、重庆的

① 沈寂：《张爱玲的苦恋》。

电讯，调子与伪政府中的很多人不一样，但仍有为日本辩护之辞。这个刊物问世后，在上海设有办事处，销路特好，一再加印，亦可见当时社会"反战"情绪高涨。胡兰成深知伪政府的大限就要到了，而自己又身系那一边，有朝一日夫妻定会各自东西，因此对夫妇之乐格外敏感珍惜。他对张爱玲说："我必定得逃。惟头两年要改名换姓，将来与你虽隔了银河亦必定得见我。"

爱玲答道："那时你变姓名，可叫张牵，或叫张招，天涯地角有我在牵你招你。"

爱，就其本身来说，最浪漫的莫过于一见钟情式的。现代社会的一个重要特征就是：一个陌生的异性可能在突然间成为你最亲近的人，这全取决于相见相识的一刹那是否有心灵的撞击。人们常称这种爱是罗曼蒂克的。但"我们这时代本不是罗曼蒂克的"。它惊艳可爱，但永远不长久，在中国尤其难有例外，何况在兵荒马乱的战时。随着日本侵略者放下屠刀，缴械投降，当年依附于日寇讨生活的胡兰成随即远走高飞，隐姓埋名，蛰伏温州一带。

他确实变为张姓，但不叫张牵、张招，而叫张嘉仪。他本不是一个管得住自己的人，恐慌之中更急切地想抓住一点儿实在的东西，于是又"牵""招"了一个叫范秀美的女子，跟她结了婚。他本以为自己戴罪潜逃，不知何时才有安稳，更不知什么时候能见到爱玲，这段情算是完了。又怕连累这个已很有名气的作家妻子，因此逃走后就没告诉她地址。没料到张爱玲竟从他密友处探得去处，一路寻来。

三十八、"我将只是萎谢了!"

寒冷的 1946 年 2 月,张爱玲远去温州,去看望她的夫君。胡兰成惊而不喜,甚至有怒。对此他后来的解释是,夫妻难中相别,妻子寻踪探夫,本是令人感动的人情之常,但爱玲是超凡脱俗的,就不宜了。这种解释是无力的,更真实的原因是并没有告诉他与秀美的事,"不是为要瞒她,因我并不觉得有什么惭愧困惑。"男人向来是只顾原谅自己,不愿委屈自己的。

爱玲一路上却是心事重重。她对胡兰成说:"我从诸暨丽水来,路上想着这是你走过的,及在船上望得见温州城了,想着你就在那里,这温州城就像含有宝珠在放光。"君本多变,侬仍痴情,女人对感情向来比男人持久认真。张爱玲住在公园旁的一家小旅馆里,胡兰成白天去陪她——爱玲,晚上去陪她——秀美。这次的相见,亲近中已有了生分。有时四目相视,半晌没有一句话,忽听得牛叫,两人面面相觑,诧异发呆。一日爱玲告诉胡兰成:"今晨你尚未来,我一人在房里,来了只乌鸦停在窗口,我心里念诵,你只管停着,我是不迷信的,但后来见它飞走了,我又很开心。"

因爱可以爱屋及乌,因爱亦可以感时恨别,见鸟心惊。但爱玲心中的黑乌鸦是永远赶不走了。她此番来,一为看夫君,二为要与他摊牌。她要胡兰成在她和另一个女人之间选择。这另一个女人不是秀美,而是周训德,一个在武汉与胡兰成有染的女子。

胡兰成从 1944 年 11 月至 1945 年 9 月初,在武汉生活过十个月。此时他已预感到汪伪政权支持不了多久了。在日本靠山池田的安排下，他主持武汉的《大楚报》，这是日寇企图扶植傀儡创立"大楚国"的一个组成部分。胡兰成任社长，他带了沈启无等人任助手，由汉阳县衙门安排，住在县立医院楼下的两间大房子里，他们每天渡江去汉口上班。报社的发行量，由原来的1万份增加到2万份，最高时达3万份。

胡兰成在汉阳显正街上的天主教堂做过《延安往何处去?》《南京往何处去?》《重庆往何处去?》等演讲。教堂位于汉阳显正街163号，建于1936年。正对面是武汉市第五医院，据说其前身就是汉阳医院。五医院的前身由高隆庞修女创办，抗战时期为高隆庞医院，1946年更名为圣柯隆伴医院。1950年，该院才更名为"汉阳医院"。而胡兰成当时住宿的"汉阳医院"实为当时伪汉阳县府的县立医院。从今天的五医院所处位置，沿显正街往东约一二百米的样子就是昔日的汉阳医院所在地。

那是一个时常有警报和空袭的时期，有一天胡兰成在半道上遇到轰炸，人群一片慌乱，他跪倒在铁轨上，以为自己要炸死了。绝望中他喊出的两个字是"爱玲"。可来武汉不到一个月，他便与汉阳医院的一个十七岁的小护士周训德如胶似漆。周是见习护士，学的是产科，在冬天穿着蓝布夹旗袍，做事干练，很有青春朝气。她的父亲是银行职员，已经去世了。她是父亲与小老婆生的，因此，对胡兰成要求结婚的反应是，不能娘是姜，女儿也是姜。于是胡兰成又举行了一次结婚仪式，虽然他早已与张爱玲有婚姻之约，而且他告诉过周训德他与张爱玲的关系。

九个月后，日本投降了，武汉又回到中国人手中，胡兰成成了丧家之犬，开始了逃亡之路。8月31日清晨，剃成光头，化装成日本伤兵，与伪湖北省政务兼财政厅长陈维政、伪湖北省合作总社社长杨伟昌等，搭乘日轮逃出汉口。先到上海，与张爱玲相处一夜，第二天去了杭州，又往绍兴，到了诸暨斯家。斯家是他中学同窗斯颂德的家。胡兰成年轻时在他家住了一年，却对同学的妹妹有非分之想（他当时已结婚），被斯家礼貌地请出。不多久，他又来斯家做客，这家人仍把他当客。现在，他逃亡的落脚点还是斯家。斯家人带他东躲西藏，仍不安生，又由斯家人带他去了温州。投奔斯君的丈人家即范秀美的母家。

范秀美大胡兰成两岁，与斯家老爷生有一女。老爷亡故后，她在一家蚕桑场工作。12 月 1 日，她送胡兰成去温州，8 天之后他们结成了夫妻。他给自己找的说法是："我在忧愁惊险中，与秀美结为夫妇，不是没有利用之意。要利用人，可见我不老实。"① 他忘记了张爱玲、周训德没有？而此时，周训德正因与他的关系入狱受苦，而张爱玲呢？一路寻过来了。

在温州的这两个女人和一个男人，无论怎么短暂的三角关系，亦是一个尴尬的故事。胡兰成曾回忆过这么一件事："爱玲并不怀疑秀美与我，因为都是好人的世界，自然会有一种糊涂。惟一日清晨在旅馆里，我倚在床上与爱玲说话很久，隐隐腹痛，却自忍着。及后秀美也来了，我一见就向她诉说身上不舒服。秀美坐在房门边一把椅子上，单问痛得如何，说等一会儿泡杯午时茶吃就会好的。爱玲当下很惆怅，分明秀美是我的亲人。"而张爱玲，她像是"第三者"或是客人了。

有时三人一起上街，有时三人一起在旅馆里聊天。秀美却不愿意爱玲上她家，怕邻居们对三人的关系做种种猜忌，自己不好做人。一日爱玲夸秀美长得漂亮，并要给她画像。这本是爱玲的拿手戏，三人兴味十足。秀美端坐着，爱玲疾笔如飞，胡兰成在

① 胡兰成：《今生今世》。

一边看，看她勾了脸庞，画出眉眼鼻子，正待画嘴角，却突然停笔不画了，说什么也不画了，她也不解释，一脸凄然之情。

秀美走后，胡兰成一再追问原委，她半晌才说："我画着画着，只觉得她的眉神情，她的嘴，越来越像你，心里好不震动，一阵难受就再也画不下去了。"言下不胜委屈。一个女人心里只装着一个男人，而这个男人心中却有着几个女人，她如何能不感伤？

半个世纪之后，炎樱对为张胡婚姻作证人一事，她已无印象。但记得有一次张爱玲对她说，胡曾坦白外面爱上另一人，不过未发生关系。张爱玲苦笑道："难道他要我送他一枚奖章不成？"①

胡兰成自有辩护。他问爱玲，早先在上海时，也曾两次谈到他和周训德的事，爱玲虽不悦，却也无话，为何现在当了真？他说他和爱玲的爱是在仙境中的爱，与周、吴的爱是尘境中的爱，本不是一档，没有可比性。他还说他待爱玲如待自己，宁可委屈爱玲，也不委屈周训德，如克己待客一样。视妻为己，视情人为客，两相冲突时而"克己待客"，这本是某些喜欢拈花惹草而道德感未彻底丧失的男子的通性，因此，胡兰成的这一条解释或有部分真实。但整个的辩解只能视为狡辩，只能看作男人移情别恋、推诿责任的不实之词。他还对爱玲说："我等你，天上地下，没有得比较。若选择，不但于你是委屈，亦对不起小周。人世迢迢如岁月，但是无嫌猜，安不上取舍的话。而昔人说修边幅，人生的烂漫而庄严，实在是连修边幅这样的余事末节，亦一般如天命不可移易。"

---

① 司马新：《炎樱细说张爱玲逸事》。

爱玲自有其理:"《美的画报》上有一群孩子围坐吃午时茶苹果,你要这个,便得选择美国社会,是也教人看了心里难受。你说最好的东西是不可以选择的,这个我完全懂得。但是这件事还是要请你选择,说我无理也罢。"而且她第一次做了这样的质问,"你与我结婚时,婚帖上写现世安稳,你不给我安稳?"

胡兰成答道,世景荒芜,已没有安稳,何况与小周有无再见之日也无可知。爱玲道:"不!我相信你有这样的本领。"她叹了一口气,自伤自怜地说:

> 你到底是不肯。我想过,我倘使不得不离开你,亦不致寻短见,亦不能够再爱别人,我将只是萎谢了!①

第二天,她走了。胡兰成送她,天下着雨。不几日爱玲有钱寄来,亦有信来:"那天船将开时,你回岸上去了,我一人在雨中撑伞在船舷边,对着滔滔黄浪,伫立涕泣久之。"都说女人情多泪亦多,但张爱玲是很少流泪的。与父亲反目时,她大哭过,在香港求学时有次放假炎樱没等她,先回了上海,她伤心痛哭又追她而去。再就是这一次……

天公应离情。二十多天的温州寻夫行结束了,阵阵春雨,淅淅沥沥,缠缠绵绵。雨水和泪水中满腔的哀怨包围了爱玲,把昔日的热焰浇泼殆尽,把欲仙欲死的爱境冲刷得人去楼空,把一代才女的爱之繁花打落得残红遍地……

这期间,张爱玲写了一个长篇游记体散文《异乡记》,半个

---

① 胡兰成:《今生今世》。

多世纪之后才问世。"这是第一人称叙事的游记体散文，讲述一位"沈太太"（即叙事者）由上海到温州途中的见闻。现存 13 章，约 3 万多字，到第 80 页便突然中断，其余部分始终也找不着。……那么我们几乎可以断定，《异乡记》其实就是她在 1946 年头由上海往温州找胡兰成途中所写的札记了。……不但详细记录了张爱玲人生中某段关键日子，更是她日后创作时不断参考的一个蓝本。就前一点而言，《异乡记》的自传性质是显而易见的，甚至连角色名字也引人遐想。例如叙事者沈太太长途跋涉去找的人叫'拉尼'，相信就是'Lanny'的音译，不禁令人联想起胡兰成的'Lancheng'……《异乡记》的发表，不但提供了有关张爱玲本人的第一手资料，更有助我们了解她的写作意图及过程。"①

《异乡记》本是张爱玲为爱奔赴的一场风雨崎岖的旅途，逶迤却不失脉脉深情。生命中越过自身原本轨道的情事，都应被当作是远游。张爱玲浑身遍体都是都市的，她爱那团嘈杂安宁的俗世气息，她可以面对那里的一颦一笑、一砖一瓦，直到死……而这回，她却要撞破那方异乡的土地，蹚入那早被她煞有介事地埋怨过"多买半斤腊肉便要引起许多闲言闲语"的中国内地农村，她的大惊小怪，她的难为情，她的无话可说就是意料之中、情理之内的事了。在路途中的人打破他们原有的生活模式，没有秩序和原则，有的只是方向的随时变更，充满不信任，显得既执着又多情。因而，这部三万多字的残稿最大的文学价值之一，还在于叙述者用敏感丰盛的心智去丈量茫然、穷苦的广袤黄土，在窗外寂静无声地往屋内彷徨、打量。由此它超越了狭隘的私己哀乐，而呈现出伟岸、幽谧的大气象大境界。"因为懂得，所以慈悲。"

---

① 宋以朗：《关于张爱玲〈异乡记〉》。

只是有时候人与人的陌生感，任何一种方式的接近都不会构成解读。和乡村与生俱来的坚固隔膜，让张爱玲从头到尾还是个局外人。

"悲凉"是《异乡记》的情感基底。通篇被染上萧条、惘然的色调。"我"在途中一个小杂货店里看到明星照片的倩笑，竟然"分外觉得荒凉"，一种栖栖惶惶之感。这是破旧、迟滞、昏沉的中国农村。投宿处人家磨米粉的声音，"'咕呀，咕呀，'缓慢重拙的，地球的轴心转动的声音……岁月的推移……"；"太阳像一条黄狗拦街躺着。太阳在这里老了"；阳光下的珍珠米粉，"金黄色泛白的一颗颗，缓缓成了黄沙泻下来。真是沙漠"。她原先所持有的生活经验在这异样变形的世界里开始转弯，走到对岸，吞噬她的只是惊诧沉闷。没有归途。文中多次出现对茅厕的描写，这最基本最底线的生活所需。其中有一段尤为"触目惊心"，那滑腻污秽的景象着实无法让人惘然不顾。只剩"两三茅草"的半截帘子，"被尿淋得稀湿的"厕所座子，不能坐，只能站。又恰逢经期，累赘的冬天的层层衣物，两手简直不得空闲，加之一汽车的人在等着，上个厕所，"我又窘，又累，在那茅亭里挣扎了半天，面无人色地走下来"。平实的叙述，让痛楚被推远而迟钝，但内心却有一个缺口被无声分裂。也许没有安全感的人，身体上总有洁癖。长相思，此去山长水远风高浪急，她身披两场大雪，孤身去寻丈夫，这样的酸涩煎熬，因着曾经的幸福，以及幸福的短暂。

张爱玲如同一个破坏生态平衡的入侵者，扦格地乖张生长，也是隔岸观火人，跟少女时代的她隔了这么远的路又鬼气地重叠了。从前，当用人们一团和气地观看烽火连天起的河面，她却拿出画板，自作主张地描画起来，把场面弄得意兴阑珊，仿佛硬要别人看她。在人与人交接的场合，她像只怪物。这样的她更是无法握住乡村生活的心脏，也难以窥视人物的内心世界，她只能够对自己完全不了解的人事保持适当的沉默。因此，《异乡记》中写到的几十个人，她都以过路人的姿态，远看细摹，不跻身其中。她写农村夫妇金根月香在整个劳作、吃饭的冗长乏味的过程中除了"唔唔""喂喂"的几句，始终不说话；她写许多乡下孩子对着汽车照镜子，吃吃地笑，"仿佛他们每个人自己都是世界上最滑稽的东西"。而对于这样的圆脸细眼的小孩——我们的同胞，她第一次见到竟是在美国新闻记者拍的照片里，这下亲眼看见了，不由地怀疑，"真的是我们的同胞么？""我们对于生活的体验往往是第二轮的，借助于人为的戏剧，因此在生活与生活的戏剧化之间很难划界。"① 虚实真假的须臾瞬间，一堵密不透风的墙横亘在她和这异乡的一切之间。异地他乡，暧昧，怯弱，无言，贫瘠而粗鄙。

感情是截然清爽的结构，不余留可供第三者风舞飞扬的空间。张爱玲曾以为胡兰成是灯，是救赎。是她冷寂人生里唯一值得的际遇。殊不知，只是奔赴另一场苦难。一切辗转纠葛，走到最后都会有一个脉络清晰的解释和结束。所有的感情故事，精彩的是怎么开始，肝肠寸断的却是怎么结束。她不会不懂，他们之间业已落定，可仍几近哀求地问他："你与我结婚时，婚书上写'现世安稳'，你给不给我安稳？"他却执意不肯，只是笑说："好的牙齿为什么要拔掉？要选择就是不好……"言，言而不忠。她成为他的妻，不过三四余载。似乎嫁给他，就是为了送他一程。此时她所能做的，就是无声无息地在大雨倾盆中离开，不再多说

---

① 张爱玲：《流言·童言无忌》。

一句话。如海深情，从此海晏河清，终作了结。所以，《异乡记》残缺了，在而后的相当长一段时期张爱玲都不愿回顾这份感情，有些伤可以愈合，但有些，划下去，就是一生一世。所以，张爱玲也"失语"了，直到多年以后写作《小团圆》，她终于可以正视这段无疾而终却耗尽气力的恋情，从而走出"失语"，从自己的角度审视和书写"张胡恋"，给世人"留下来一份不同于胡兰成版本的张爱玲版证言"。①

温州一别之后，张爱玲胡兰成仍偶有通信往返，但日渐疏稀。到了 1947 年春天之时，爱玲的信亦有了"我觉得要渐渐地不认识你了"之类的词句。但她仍常给他寄钱，用自己的稿费接济他。也还托斯君给胡兰成带过外国香烟和安全剃刀片。这时胡兰成的情况有了松动，虽然还是隐姓埋名。此时他正在撰写论中国社会与现实的书：《山河岁月》（这本书费时数年，几易其稿，后来在日本出版）。他还在温州中学和淮南中学教书。他仍然怀着"要出去到外面天下世界"的梦想，"想法子结识新人"。时逢梁漱溟先生调停国共纷争，屡屡被时人注意。胡兰成就给他写信，称他"于学问之诚，可算今日中国思想界第一人"。梁先生回信说："几十年的老友中，未有针砭漱溟之切如先生者。"于是二人常有通信往来。胡兰成有时也去听温州戏："我看了温州戏，想着我现在看一样东西能晓得它的好，都是靠的爱玲教我。又我每日写《山河岁月》这部书，写到有些句子竟像是爱玲之笔，自己笑起来道：'我真是吃了你的涎唾水了'。"

1947 年 11 月，胡兰成悄悄来到上海，他在张爱玲处住了一

---

① 刘思谦：《张爱玲〈小团圆〉中的"胡张之恋"》，《扬州大学学报》2010 年第 4 期。

夜，又走了。他不忏悔和谴责自己的滥情，反倒指责张爱玲在日常生活中的某些细节处理"不当"。他又问张爱玲对自己写的那篇含有与周训德交往内容的《武汉记》印象如何，又谈起与范秀美的事，张爱玲十分冷淡。当夜，二人分室而居。第二天清晨，胡兰成去张爱玲的床前，俯身吻她，她伸出双手紧抱着他，泪涕涟涟，哽咽中一句"兰成"就再也说不出话来。

这是两人最后一次见面。

几个月后，胡兰成收到张爱玲的诀别信，时间是 6 月 10 日。

> 我已经不喜欢你了。你是早已经不喜欢我的了。这次的决心，是我经过一年半的长时间考虑的。彼惟时以小吉故①，不欲增加你的困难。你不要来寻我，即或写信来，我亦是不看的了。

随信还附加了 30 万元钱，那是爱玲新写的电影剧本《不了情》《太太万岁》的稿费。

1947 年 6 月 9 日，上海遭到了狂风暴雨的袭击，货棚被掀翻，到处有积水，交通亦中断达二十四小时之久。吴淞口外的渔船被吹翻了一百多艘。在这样的恶劣环境下，张爱玲的心境也更悲戚吧？

如果张爱玲那封决绝信是在 6 月 9 日狂风暴雨中写的，那心情该有多凄惨？

曾经沧海难为水。到底曾经爱过，而且是铭心刻骨的爱，哪怕虽有千般委屈，但委实难以放下，因而拖了一年半的时间才有

———————————

① 小吉，即小劫，劫难之隐语。

最后的决断。爱情的酸甜苦辣是可以忍受的，因为毕竟还是情味，而无爱的苦涩却是无可奈何的。

收到诀别信后不久，胡兰成曾想通过爱玲的挚友炎樱从中缓和关系，以再修好。他写信给炎樱，说："爱玲是美貌佳人红灯坐，而你如映在她窗纸上的梅花，我今惟托梅花以陈辞。佛经里有阿修罗，采四天下花，于海酿酒不成，我有时亦如此惊怅自失。又《聊斋》里香玉泫然曰：'妾昔花之神，故凝今是花之魂，故虚，君日以一杯水溉其根株，妾当得活，明年此时报君恩。'年来我变得不像往常，亦惟冀爱玲以一杯水溉其根株耳，然又如何可言耶？"炎樱没有理他，张爱玲也没有理他。

台湾作家三毛①有名作《滚滚红尘》，其男女主人公章能才和沈韶华即是以胡兰成、张爱玲为原型的。电影中有些情节可以实指，但更多的是虚构加工。有一个细节是很感人的，不在乎章能才的身份地位、不怕自己不清白、不计较他已有妻室的韶华，到乡下去寻找章能才，偶听到章能才用常以"小乖乖"称叫她而此刻称呼了他的妻时，她不能忍受了，在雨中夺门而出，不愿再与他见面——这就是爱，这就是女人的爱，这就是张爱玲的爱。

这是张爱玲惟一的爱，她不会有第二次。她爱得如火如荼，如生如死，全身心投入而忘了一切。她曾经得到千万人之中遇见惟一的人的欢悦，她曾经得到千万年之中守住恋爱一刻的永恒，但欢悦无永恒，永恒无欢悦，因为似乎到底不是那惟一的人……

————————

① 三毛（1943—1991），女，原名陈平，浙江定海人。因喜欢漫画家张乐平创造的"三毛"形象而用作笔名。曾留学西班牙、德国、美国。回台湾后在大学任教。著有散文集《撒哈拉的故事》《万水千山走遍》，短篇小说集《稻草人手记》《送你一匹马》等。

　　张爱玲到中年时对好友爱丽丝谈过这段感情。"张爱玲说自己对丈夫的感情，多半也因丈夫欣赏她之文才，又给她文学上的挑战。他又会欣赏她的华服，但是她热恋的丈夫，结果还是背弃了她。"

　　"他离开我之后，我就将心门关起，从此与爱无缘了"。① 她爱得伤心、伤情、伤了灵性。这里的创伤，不仅影响了她的生活，而且影响了她的创作。她勤奋的笔耕得慢了，生花的笔开得淡了，全身心品味的感觉钝化了，对意态情致的体悟淡泊了。张爱玲风格弱化了。

　　她曾对胡兰成说："我自将萎谢了。"萎谢的不仅是青春，亦是文采，一代才女的才情。

---

　　①　参见周芬伶：《哀与伤——张爱玲评传》，上海远东出版社 2007年版，第 37 页。

第十一章　留情 (沉寂岁月)①

三十九、"有几句话要同读者说"

张爱玲最辉煌的年代，是她"传奇"阶段，1943 年到 1945 年抗战胜利时。之后一年多时间里，因为她与胡兰成的关系出现危机，也因为抗战胜利后她原有的写作和发表环境的改变，是她最沉寂的时期。张子静回忆说："抗战胜利后的一年间，我姊姊在上海文坛可说销声匿迹。以前常常向她约稿的刊物，有的关了门，有的怕沾惹文化汉奸的罪名，也不敢再向她约稿。她本来就不多话，关在家里自我沉潜，于她而言并非难以忍受。不过与胡兰成婚姻的不确定，可能是她那段时期最深沉的煎熬。"②

1945 年 4 月出版的上海《杂志》第十五卷第一期的"文化报

---

① "留情"，张爱玲 1945 年作小说名。本章叙述抗战胜利后张爱玲的生活与电影创作。

② 张子静：《我的姊姊张爱玲》，第 136 页。

道"栏内有如下一则短讯:"张爱玲近顷甚少文章发表,现正埋头写作一中型长篇或长型中篇,约十万字之小说:《描金凤》,将收在其将于不日出版之小说集中。"它透露了两个重要讯息:一是张爱玲正在撰写新的长篇《描金凤》,二是张爱玲计划出版新的小说集。《传奇》既是"小说集之一",按照常理,还会有"小说集之二",说明当时张爱玲早有出版新小说的打算。写作《描金凤》也就可能不是心血来潮,而是酝酿已久的。虽然那时的上海已是"山雨欲来风满楼",众多"张迷"还是翘首以待,期望早日读到《描金凤》,毕竟,这是张爱玲创作长篇的最新尝试,先前她写过《连环套》,却因遭到批评而半途而废了。直到次年年底,超级"张迷"唐大郎因《传奇增订本》出版喜赋打油诗一首,还特意提到"传奇本是重增订,金凤君当着意描",后半句的注释为"张有《描金凤》小说,至今尚未杀青"。有专家这样推测,继《传奇》之后的第二部小说集,应该包括《描金凤》和后来补入《传奇增订本》的《留情》《鸿鸾禧》《红玫瑰与白玫瑰》《等》和《桂花蒸阿小悲秋》。后面这五篇短篇另出一本集子是太单薄了,加上"中型长篇或长型中篇"的《描金凤》,才能成为"张爱玲的小说集之二",也许这个张爱玲的"小说集之二"书名就叫《描金凤》。"然而《描金凤》注定要胎死腹中。就像张爱玲晚年撰写又反复修改的《小团圆》,最终还是决意销毁一样。所不同的是,我们对《小团圆》至少知道它写到了张胡恋情,而且已经写出了初稿;对《描金凤》,写了些什么,到底写了多少,是否完成了初稿,我们一无所知。我们只知道,抗战胜利,意味着张爱玲的传奇人生必然要发生重大转折,无论是她的情感史还是创作史,都走到了一个十字路口。《描金凤》

是不可能再写下去了，因为张爱玲必须搁笔"①。

当时的情况的确对张爱玲很不利。抗战胜利后，全国人民把愤怒的矛头对向了那些在抗战年代里有卖国言行的汉奸。张爱玲有两点为人所诟病。一是她与胡兰成的关系，二是她曾在一些背景不太干净的报刊上发过作品。1945 年下半年出版的《女汉奸丑史》《女汉奸脸谱》，将张爱玲与汪精卫之妻陈璧君、周佛海之妻杨淑慧、陈公博的外室莫国康、吴四宝的妻子佘爱珍和川岛芳子列为女汉奸。这两本小册子都未署名，也没有版权页，《女汉奸丑史》封面署"上海大时代社刊行"，《女汉奸脸谱》连哪里印的也不作交代。

《女汉奸丑史》和《女汉奸脸谱》中关于张爱玲的章节，连标题都如出一辙，前者为《无耻之尤张爱玲愿为汉奸妾》，后者为《"传奇"人物张爱玲愿为"胡逆"第三妾》。两文均言辞尖刻轻佻，属于人身攻击，无稽谩骂。《女汉奸脸谱》这样为张爱玲画像："她的小说《倾城之恋》，曾经搬上舞台，这是剧坛上的污点。她与苏青不同之点，即好高骛远，俨然是个了不得的绝世佳人。因为绝世，所以不大出外交际，更因为自命佳人，所以异装得近乎妖怪。但她们间也有个共同点，即都是惯会投机，懂得生意眼，且又不择手段，毫无灵魂的女人。""张爱玲的文字以'啰唆'为特色，看得人'飘飘然'为她的目的。她之被捧为'和平阵营'中的红作家，便因她的文字绝无骨肉，仅仅是个无灵魂者的呻吟而已。"

《爱读》的《张爱玲做吉普女郎》，披露"独家"新闻："前

① 陈子善：《一九四五至一九四九年间的张爱玲》，见《沉香谭屑——张爱玲生平和创作考释》，上海书店出版社 2012 年版。

些时日，有人看见张爱玲浓妆艳抹，坐在吉普车上。也有人看见她挽住一个美国军官，在大光明看电影。不知真相的人，一定以为她也做吉普女郎了。其实，像她那么英文流利的人有一二个美国军官做朋友有什么稀奇呢？"①

上海曙光出版社署名司马文侦的著作《文化汉奸罪恶史》，张爱玲被两次提到，一篇是在揭发《伪政论家胡兰成》的时候，另一篇叫《"红帮裁缝"张爱玲："贵族血液"也加检验》，将张爱玲与张资平、关露、潘予且、苏青、谭正璧等另外16个作家名列其上，历数张爱玲的卖国行为、罪恶事例，如在汉奸刊物发表文章，还参加了亲日性质的文化活动。

张爱玲这三个字不像女作家名字，十足的"舞女"气，堂子娟妓气，她的命运也就跟欢场女子相仿，红了一阵子，很快很快的完了。

讲到张爱玲这个女妖的文章，能独创一格，可以说是很有希望的，可是她爱虚荣，要出风头去，被一群汉奸文人拉下水，又跟胡兰成那种无耻之徒鬼混，将一生葬送了……《杂志》上刊登了她的文章。引起了袁殊的注意，就下令小喽啰们大捧张爱玲，从此张爱玲就不清白了，汉奸杂志出她最高的稿费，商办的刊物都无法得到她的作品……

文中还提到，袁殊虽捧张爱玲，可是当时张爱玲还是十足的小姐派，不大出来，袁殊一心要见见她，可是没有机会，他手下的狗头军师们替他想了一个办法，举行"春游大会"邀了一群汉

---

① 1946年3月30日《海派》周刊。

奸文人到苏州去玩，张爱玲也在被邀之列，结果别的人都到了，而张爱玲却推故不去。但是，经不住种种的诱惑，张爱玲出来交际了，不时跟着苏青跑跑权宦之门。从此，她也像苏青一样，变成娼妓式的女文人了，小说也写不好了，架子也大了……

"如果'司马文侦'的说法基本属实（最多只能是'基本属实'，添油加醋之处恐怕在所难免），那么张爱玲在《杂志》上发表小说和散文，在杂志社出版《传奇》初版本，就都与袁殊有关了。而且，不是一般的有关，都应该是袁殊拍板决定的。

"袁殊何许样人？30 年代在上海主编《文艺新闻》的左翼作家，中共秘密党员。40 年代成为潜伏在汪伪政权内部的中共地下组织的主要成员之一，直接隶属潘汉年领导。他是一个传奇式的人物，是所谓的'多面间谍'，与国民党中统、军统和日本情报机关都有过密切关系。1992 年 8 月，南京出版社出版的《袁殊文集》在介绍其风云诡谲的生平时，特别指出：

> 袁殊在党的授意下，"公开投敌"，串演反派角色，但还主持一张报纸——《新中国报》，和一个刊物——《杂志》。而且，这两个报刊虽同属汉奸性质，却为我地下党人掌握，在宣传上起到了真正汉奸报刊所起不到的作用。

"事实上，当时的《杂志》是在中共地下党的掌控之中，主编吴江枫也是中共地下党员。如此看来，张爱玲在沦陷时期为《杂志》撰稿（她也曾为《新中国报》副刊撰稿），并非什么大逆不道的事。当然，张爱玲本人对这一切毫不知情，她直到去世也不知道袁殊的真实身份。历史就是这般复杂，这般吊诡!"①

当时进步文化界，也曾有意让张爱玲远避污泥。柯灵回忆说："张爱玲在写作上很快登上灿烂的高峰，同时转眼间红遍上海。使我一则以喜，一则以忧。因为环境特殊，清浊难分，很犯不着在万牲园里跳交际舞。——那时卖力地为她鼓掌拉场子的，就很有些背景不干不净的报章杂志，兴趣不在于文学而在于为自己撑场面。上海沦陷后，文学界还有少数可尊敬的前辈滞留隐居，他们大都欣喜地发现了张爱玲，而张爱玲本人自然无从察觉这一点。郑振铎……要我劝说张爱玲，不要到处发表作品，并具体建议：她写了文章，可以交给开明书店保存，由开明付给稿费，等河清海晏再印行。……可是我对张爱玲不便交浅言深，过于冒昧。……我恳切陈词：以她的才华，不愁不见之于世，希望她静待时机，不要急于求成。她的回信很坦率，说她的主张是'趁热打铁'……"二人可谓文友。1945年6月，柯灵被日本宪兵队逮捕，关在贝当路美国学堂旧址里，张爱玲得知后由胡兰成陪同去柯家慰问，并留言给他。之后胡兰成还对日本宪兵说，让他们能释放则释放。柯灵回家后看到张爱玲的留言，用文言给张爱玲回复了一个短信。

由此可见，当时的进步文学界对这个才女是多么关切，爱护之心，溢于言表。亦可看出，张爱玲的兴趣全在文学，全在个人的创作活动，为此而不顾一切，连个人的其他声誉也不顾。她后来的被少数人误为"汉奸文人"虽然确是个误会，但她自己也有责任。

我们不要忘了她是个怪才。怪才通常是容易遭人误会的，张

———————

① 陈子善：《一九四五至一九四九年间的张爱玲》。

爱玲一辈子都在人们的误会之中生活。她从小生活在一个封闭而痛苦的环境之中。一个没有父爱、少有母爱的人是很可能把常人看得很重的观念看轻的，也很可能把别人固守的价值看得不太重要。人生的苦难、时代的变幻，几次求学之梦做到一大半就被突如其来的时局变化所打碎，于此她深感个人的渺小无力，因而对政治、对时局她是有意隔膜麻木不仁的。对上海当时的一系列事变，她常抱的是听之任之、不闻不问的态度。比如米价屡涨、灯火管制、抢购黄金、交易狂潮、恐怖演习、市民证、防疫证等与上海生活相关的事件，在她的文字中从无表现。她惟一关心的就是创作，是自己的书能否出版。那时常有作家出书自己负责印刷的情况。上海因物价猛涨而出现了各种抢购囤积风潮，白报纸在日本殖民政府的控制下，胡兰成任总主笔的《中华日报》是汪伪政府机关报，配置的白报纸特别多。张爱玲惟一的囤积品就是白纸，她甚至晚上睡觉也睡在一堆白纸上①。这一细节逼真地反映了张爱玲的生活态度。她的作品也是有力的证明，她笔端不沾政治，没有对战争的具体描绘。她的创作焦点是人，是乱世中人性如何体现出来。那时上海的日伪军常以一个随便的理由在街头实行封锁，给人们带来紧张和不便，张爱玲的《封锁》表现的不是对制造封锁者的仇恨，也不是封锁给人们生活带来的影响，而是把封锁视为一个相对封闭与世隔绝的空间，以这个空间中一对陌生男女的短暂爱情故事，表现道德与人性、俗世与纯情的冲突。在一个不纯的文学背景中描写了一个纯文学（人学）的故事。这就是张爱玲之为张爱玲。

　　总之，苦心营造艺术精品，不顾时代风云变幻，张爱玲以文

---

　　①　水晶：《张爱玲的小说艺术》，第48、49页。

学为自己表明了一种有异于当时绝大多数中国人的"活法"。在人格上，她留下了误会；在创作上，无论怎样她在这时成功了，也许只有在这时她才会成为如此醒目的成功者。

对此，龚之方的评价比较客观，他说：

> 张爱玲非但是写小说的好手，而且是一名快手，作品连续诞生，刊登在各种报刊上，其时上海报刊的背景十分复杂，有的是受国民党什么派的津贴办的，甚至有的与汪伪有干系的，张爱玲没有政治头脑，因此对发表园地也不去考虑是否合适。①

眼下，仿佛是应验了"福祸相依"的古语，张爱玲要为她昨日的大红大紫付出代价，付出遭受舆论指责的代价。有的报刊拿她个人隐私做文章，有的甚至把她当文化汉奸来看待，有人断言张爱玲时代已经结束，发出"张爱玲哪里去了"的感叹。连她的朋友柯灵为《传奇》再版问世在自己主编的《文汇报》副刊上刊登了一条短讯都受到当局的警告。②

尤其有人把张爱玲参加"大东亚文学者大会"的报道翻了出来，指责她参与了日伪为鼓吹所谓"和平文学"而办的活动，以便证实她的"文化汉奸"身份。如果说某些风言风语张爱玲还能保持沉默的话，但在这样载于白纸黑字的报刊的"证据"面前，她就不得不开口了。1946年底，她借《传奇增订本》发行的机会，为自己作了辩白。其实，她出书的动机之一，也就是要利用

① 季季、关鸿：《永远的张爱玲·离沪之前》。
② 陈子善：《私语张爱玲》，第226、227页。

《传奇》的影响为自己作有力的辩护。她有几句话要同读者说，她清清白白地告诉读者，事实并非如此——

> 我自己从来没想到需要辩白，但最近一年来常常被人议论到，似乎被列为文化汉奸之一，自己也弄得莫名其妙。我写的文章从来没有涉及政治，也没有拿过任何津贴。想想看我惟一的嫌疑要末就是所谓"大东亚文学者大会"第三届曾叫我参加，报上登出的名单内有我；虽然我写了辞函去，（那封信我还记得，因为很短，仅只是："承聘为第三届大东亚文学者大会代表，谨辞。张爱玲谨上。"）报上仍旧没有把名字去掉。
>
> 至于还有许多无稽的谩骂，甚而涉及我的私生活，可以辩驳之点本来非常多。而且即使有这种事实，也还牵涉不到我是否有汉奸嫌疑的问题；何况私人的事本来用不着向大众剖白，除了对自己家长之外仿佛我没有解释的义务。所以一直缄默着。

张爱玲的心情是复杂的，但她的这番辩白是聪明的，甚至仍旧体现出她高贵的气质。她只在需要解释处加以解释，而对某些越辩越会引起小报和读者好奇的地方，以隐私权为理由挂起了免战牌，以退为进，堵住别人的嘴。

类似的意思她也在《诚报》上再次表白。《诚报》是份八开四版的小报，创刊于 1946 年 8 月 15 日，停刊于 1949 年 4 月 30 日。漫画家黄也白在上海沦陷时期就主编过《力报》，向张爱玲约过稿。张爱玲也回过信，表示对小报没有偏见，认为"只有中国有小报，只有小报有这种特殊的得人心的机智风趣"。1944 年

12月8日、9日，《力报》连载的《罗兰观感》，也是张爱玲在小报上发表的第一篇作品。抗战胜利以后，黄也白新编《诚报》，又向张爱玲约稿，张爱玲遂以《寄读者》付之①。张爱玲当时或许也正需要借《诚报》发出自己的声音，她已整整一年没有发表作品了。

《寄读者》开头就说："我总有这种信任的心——我觉得对于能够了解的读者是甚么事都可以解释得清楚的"，同时也承认"最近一年来似乎被攻击得非常厉害，听到许多很不堪的话，为甚么我没有加以更正，一直沉默到现在，这我在《传奇增订本》的序里都说到过，不想再重复。"两个多月后，《传奇增订本》问世。《寄读者》中说，她"从来没有写过违背良心的文章，没拿过任何津贴，也没出席过所谓大东亚文学者大会"。"细心的读者一定会惊讶地发现，《寄读者》中的有些话与《有几句话同读者说》相似乃至相同，有几句等于重说了一遍，特别强调。这在张爱玲创作中是颇为少见的，由此可知张爱玲对这些'攻击'的愤懑。"②

当时也偶有正面为张爱玲张扬的文字。就在张爱玲写《有几句话同读者说》前不久，郑振铎请刚从大后方返回上海的女作家赵清阁撰文评析了张爱玲的创作。郑振铎所以找赵清阁，考虑到她是女作家，非党人士，从大后方来，由她出面写文章对各方面都会有影响。赵清阁遵嘱写成文章后送给洪深，发表在他主编的《大公报·戏剧与电影》版上。如果在张爱玲走红时，报刊上多一篇少一篇这样的评论无关紧要。但这时张爱玲处境尴尬，在文

---

① 张爱玲：《寄读者》，1946年8月25日上海《诚报》第二版。

② 陈子善：《说张爱玲集外文》。

坛上寂寞无声，这篇文章犹如知音，张爱玲深表感谢。为此，张爱玲曾在一家餐馆请赵清阁吃过一顿饭，并且赠给她一本《传奇》，作为致谢。①

在张爱玲"处境尴尬"的时候，当年与她齐名的苏青受到了更大的冲击。有人说"敌人投降了，苏青大哭三天三夜"，还有人拿她的作品中的所谓"色情"描写做文章，搞得她声名狼藉。但苏青的风格与张爱玲不同，她挺身而出，理直气壮地为自己辩护。她说："是的，我在上海沦陷期间卖过文，但那是我'恰逢其时'，亦'不得已'耳，不是故意选定的这个黄道吉期才动笔的。我没有高喊什么打倒帝国主义，那是我怕进宪兵队受苦刑，而且即使无甚危险，我也向来不大高兴喊口号的。我以为我的问题不在卖文不卖文，而在于所卖的文是否危害民国的。否则正如米商也卖过米，黄包车夫也拉过任何客人一般，假如国家不否认我们在沦陷区的人民尚有苟延残喘的权利的话，我就是如此苟延残喘下来了，心中并无愧怍。"她还说道："在这里我还要郑重说明：当时我是绝对没有想到内地去过，因为我在内地也是一个可靠的亲友也没有的。假如我赶时髦地进去了，结果仍旧卖文，而且我所能写的文章还是关于社会人生家庭妇女这么一套的，抗战意识也参加不进去，正如我在上海投稿也始终未歌颂过什么大东亚一般。"②

苏青为自己辩护的理由在很大程度上也可以当作为张爱玲辩

① 赵清阁的原文尚未被发现。有关情况参见魏平、李江编《张爱玲——自传画传别传》，新疆青少年出版社1996年版，第409页。

② 《结婚十年正续·关于我——代续》，上海书店1989年据四海出版社1948年版影印本。

护的理由，她俩最过硬的一点，是身为作家没有为日伪写过一个字的歌功颂德的文字，笔端不沾政治。

虽然张爱玲的部分作品发表在鸳鸯蝴蝶派甚至汉奸主办的刊物上易遭误解。有人将之贬为通俗消闲小说作家，有人将之斥为汉奸文人。但在当时除此之外，别无发表阵地。她要使自己的作品得到承认，就不得不有所依附。但有一点可以肯定，她是以自己的优秀作品立足文坛，并大受欢迎的。从她自己拿稿子登门找一些编辑部"推销"，即可看出她的自主性。诚然成名之后有刊物向她约稿，但她那时没有半句涉及政治和有损人格的文字，这是毋庸置疑的事实。

对"大东亚文学者大会"，张爱玲辞而不去，当是聪明之举。但她周围的某些文人却是伪"和平文学"的鼓噪者。她既有了名，就有被利用的危险，只是她未被利用罢了。当时日伪的高官，如宇垣大将、池田、熊剑东等人，都想通过胡兰成的引荐认识张爱玲，都被她一一拒绝了。至于作者的私生活，指的是张爱玲与汉奸胡兰成相识同居，自然不能避嫌。对政治一向清高的张爱玲，在爱情方面也表现出对政治的清高，有些让人难以理喻。中国人向来是把夫妻的账算在一起的，但这种算法未必合适。爱情与政治是两码事，张爱玲对胡兰成的社会行为是不闻不问的，她只关心二人的情感。这样对待爱情和爱人，颇近西方现代人的方式，以中国人的眼光实在不易理解。

在张爱玲创作的高峰期，她遇到了胡兰成。由热心读者而为热恋情人而为自由夫妻，然而这一切终究成为过去，成为一个"long long ago"的故事，一个苍凉的手势。从抗战胜利胡兰成逃避温州、张爱玲与之出现裂缝到与他正式分手的一年半时间里，以写作为业的张爱玲完全停了笔，她的 1946 年几乎是创作的空白。《沪报》1946 年 9 月 8 日，有报道说她头一天曾到上海警察局黄浦分局，呈文要求局长传讯书贩商人陈德远，因为有人反映《传奇》被陈盗版了。①

直到 1947 年，她的小说《华丽缘》、电影剧本《不了情》（依据自己的中篇小说《多少恨》改编）、《太太万岁》的出现，人们才又见到了张爱玲的名字。在三四月间，她申请加入上海文艺作家协会。5 月 4 日下午 2 点，参加了在贵州路北京路口湖社举行的上海文艺作家协会成立大会，被委任为联络委员会委员。

抗战胜利后，报人邵琼离开重庆《民主报》，应邀加盟上海《世界晨报》。到报社落脚后，邵琼接受的第一个任务不是采访，而是让她去和张爱玲交朋友，这让邵琼颇感意外。她怎么也没想到，叶以群会代表组织，要她去接近张爱玲。说主要是了解张的政治倾向，是站在"左"边还是"右"边，是否能团结过来，争取她站到革命阵营中来。第一次见到张爱玲是一天下午，在幽雅的"新雅"小包房内，她们和张爱玲寒暄后，喝着茶，聊着天，无外乎家长里短、吃喝玩乐之类。邵琼当然带着任务而去，悄悄观察张爱玲，见其像一个时髦女郎，一套淡粉色缀花旗袍，长发呈波浪式披着，待人有点冷淡，有点矜持，或者说她过分清高了。这是张爱玲给邵琼最初的印象。这天回家后，邵琼把张爱玲的一言一行整理成文，向叶以群做了汇报。这样的下午茶去多了，邵琼也心生厌烦，没多大兴趣了。而叶以群总是耐心开导她，说了解张爱玲，也是党的文化工作之一，做好了，可争取她

---

① 参见萧进：《旧闻新知张爱玲》，华东师范大学出版社 2009 年版，第 57 页。

站到我们这边。有一次，张爱玲在闲聊中，竟情不自禁地哼唱起
"好花不常开，好景不常在"的小调来。这是抗战电影《孤岛天
堂》中的插曲《何日君再来》，张爱玲唱得凄楚而无奈。第二天，
邵琼见到叶以群，说张爱玲从不谈政治，也不涉及他人，歌倒唱
得蛮动听的。叶闻后，皱皱眉头，很失望的样子。少顷，只得对
邵琼说，此事就算了，你回报社做采访工作吧。后来，邵琼知
道，当时叶以群在我党的外围组织中外文化联络社，做的是团结
上海文化界知名人士工作，争取张爱玲自然成了他的目标之一。①

抗战的胜利给人们带来了新的兴奋点，上海也早已不是沦陷
区，不是"孤岛"，"正宗"的新文学又回到了上海。揭露国统区
黑暗的讽刺文学成为一时潮流。

张爱玲的空白该做何解释？她没有明示，但有两点似乎是可
以考虑的。一、抗战胜利后的新形势，内战引起的新灾难，一系
列问题突然堆在国人面前，人们还来不及作及时的反应，而张爱
玲笔下的遗少生活、洋场故事、男女情爱的题材在此时显得苍白
冷寂。她的停笔亦是一种反思。作家的创作自有其周期性、阶段
性，写过不少佳作也偶有败笔的作家需要有新的思考和新的调
整。她不熟悉新生活，写不来轰轰烈烈的大场面、大悲壮，此刻
她面临着新的考验，需要超越过去。二、她与胡兰成的感情破裂
给她带来了难以平复的心灵创伤，使她一时难以提笔为文。"我
自将萎谢了"的喟叹里有力重千钧的悲伤，"我已经不喜欢你了"
的回绝里有无可奈何的哀怨。在长达一年半的时间里，她该有多
少次灵魂的苦斗，内心的纠缠？其心情之沉重使她提笔也无力。

"创作总根于爱。"这是鲁迅先生的一句未被广泛重视的至

---

① 韦泱：《我见过张爱玲的》，《新民晚报》2015 年 11 月 12 日。

言。鲁迅精练地概括道："人感到寂寞时，会创作；一感到干净时，即无创作，他已经一无所爱。"① 这是对作家创作冲动期心态的正确描述。诗人裴多菲亦有类似的见解。他在题给某夫人的诗中写道："听说你使你的丈夫很幸福，我希望不至于此。因为他是苦恼的夜莺，苛求他吧，使他从此唱出甜美的歌来。"两位文学大师皆指出了苦恼、寂寞是作家创作的内驱力这种普遍的心理现象，这是一些作家创作道路可以印证的。但苦恼、寂寞并非是创作的直接媒介，它往往需要作者对之的咀嚼和超越，没有这一个过程则只是一个"哑口作家"。感情太热的时候是不适宜作诗著文的，也因为没有咀嚼超越。自幼失去父爱母爱，中学时代郁郁寡欢的张爱玲，因为自由的香港生活使她走出了童年记忆中的阴影，才能清峻地看清了阴影下的生存图景，因而才有《传奇》《流言》的汩汩流出。她失去了太多的爱，失去了人们通常轻易得到的爱，因而成年的她更渴切地需要更成熟的男子的爱。她得到了。这是情感的栖息地，是避风的港湾，是抚慰旧伤的良剂。所以她太投入，欲仙欲死。然而她又很快失去了。当尘境弥漫升腾而驱散了仙境，剩下的只是苦痛悲情时，她的心灵受到了猝不及防的打击，她难以承受。承受不了则难以超越，难以超越则难有佳作。

抚平心中的创伤需要时间，但似乎是永难平复的，这一次的情感裂变，对她的影响实在太大，不可低估。就创作而言，她的笔不再繁艳；就生活而言，她更孤寂，更封闭，更像是个"怪人"。

———————————

① 《而已集·小杂感》，《鲁迅全集》第 3 卷，人民文学出版社1981 年版。

这个自称现实世界中的"废物",自称生来就会写小说的人,在沉默了一年半之后,终于"复出"了。她不仅写小说,而且编了几个电影剧本。

四十、电影剧本创作

张爱玲不仅是优秀的小说家,散文家,而且还是优秀的剧作家。她创作的电影剧本和话剧剧本不仅在当时影响颇大,而且在时隔半个世纪后的今天也仍有人津津乐道。在中国现代话剧史和电影史上,张爱玲也应有一席之地。

在"触电"之前,张爱玲还写过一个话剧剧本,她把自己的小说《倾城之恋》改编成四幕八场话剧,大中剧艺公司于1944年12月16日起在新光大戏院隆重演出,连演八十场,场场爆满。这是张爱玲在现代话剧舞台上创造的又一个"传奇"。

为了这个话剧处女作,张爱玲费了不少功夫。从写作到上演,花了近一年的时间,她回忆说:

> 我编了一出戏,里面有个人拖儿带女去投亲,和亲戚闹翻了……中国人从《娜拉》一剧中学会了"出走"。无疑地,这潇洒苍凉的手势给予一般中国青年极深的印象。
>
> 过阴历年之前就编起来了,拿去给柯灵先生看。结构太散漫了,末一幕完全不能用,真是感激柯灵先生的指教,一次一次地改,现在我想是好得多了。
>
> 人家总想着,写小说的人,编出戏来必定是能读不能演

的……我应当怎样去克服这成见呢？①

年底，"戏尚未上演，上海的宣传媒体已纷纷开动，各种报道连篇累牍，有男女演员人选，渲染排练花絮的，有预告张爱玲本人也将'跑龙套'的，还有人吟诗作文热情鼓吹……"② 张爱玲本人兴味极高。写作过程中，她请富有编剧经验的柯灵参考指点。剧团排练时，她几乎天天到场，不时发表意见。正式演出前夕，她专门写了《写〈倾城之恋〉的老实话》《罗兰观感》两篇文章。③ 她表示："编成戏，因为是我第一次的尝试，极力求其平稳，总希望它顺当地演出，能够接近许多人。"

剧本的导演朱端钧，当时与费穆、黄佐临、吴仞之并称为上海话剧界"四大导演"，主要演员也是当红明星。白流苏的饰演者是罗兰，范柳原由舒适来扮。张爱玲对罗兰的演技十分欣赏。在《罗兰观感》中她赞道："罗兰演得实在好——将来大家一定会哄然赞好的，所以我想，我说好还得赶快说，抢在人家头里。"显然，这是张爱玲看了罗兰排练后写的。

剧本的上演，柯灵出了许多力。他介绍张爱玲与大中剧团的负责人周剑云见面。在一个饭馆里，张爱玲穿着一件拟古式齐膝的夹袄，宽身大袖，水红绸子，用特别宽的黑缎镶边，右襟下有一朵舒卷的云头。长袍短套，罩在旗袍外面。周剑云见过无数的

①　《流言·走！走到楼上去》。

②　陈子善：《张爱玲话剧〈倾城之恋〉二三事》，见《私语张爱玲》。

③　这两篇文章由陈子善先生搜寻发现，收入他编的《作别张爱玲》一书。

奇装异服，名媛靓女，但见了张爱玲如此显赫的外表，联想到她文坛盛名，也不由得态度有些拘谨。对于柯灵的鼎力相助，张爱玲十分感激，事后送了他一匹衣料，以表谢意。

话剧上演后，轰动一时，有好几位著名文人如苏青、柳雨生①、陈蝶衣等都写过剧评。有人称之为"一九四四至四五年间的一出好戏"，有人盛赞其"情调之美"，有人比之为"一首诗，一支悲歌"，也有人对之进行了批评，认为它不能"直接有益于国计民生"，"仅仅供贵族阶级欣赏"，"实在是一个并不爽快的戏"。

综观一部中国现代文学史，优秀小说改编成话剧仍然获得成功的范例实在乏善可陈，田汉、许幸之、陈梦韶等人改编的《阿Q正传》早已被人遗忘，吴天改编的《子夜》、罗明改编的《鲁男子》，又有几人记得？巴金的《激流三部曲》都有人改编过，但也只有曹禺的《家》有幸成为保留剧目，个中原委错综复杂，不必在此赘言。相比之下，张爱玲就显得与众不同了。何况作者把自己的小说匠心独运的转化为舞台形象，更属凤毛麟角，恐怕只有秦瘦鸥的《秋海棠》差可媲美。尽管迄今为止的各种现代话剧史著作对《倾城之恋》只字不提，张爱玲对40年代话剧发展所作的特殊贡献毕竟

---

① 即后来著名的汉学家柳存仁（1917—2009），1939年毕业于北京大学，后获伦敦大学哲学博士及文学博士学位。曾任澳大利亚国立大学中文系主任、亚洲研究学院院长，澳大利亚人文科学院首届院士、英国及北爱尔兰皇家亚洲学会会员。著有《和风堂文集》《中国文学史》《道教史探源》等。

值得大书一笔。①

后来的评论家所说的"迄今为止"的"今"是90年代，隔
《倾城之恋》上演已半个世纪了。

这是张爱玲惟一的话剧创作。几年后，她又有了电影剧本创
作的尝试。她之"触电"，并非有意为之，而是当时的电影圈中
的某些人看中了她的才华，极力怂恿的结果。

如前所述，1946年是张爱玲郁郁寡欢的一年。这年7月的某
一天，柯灵请张爱玲参加一个宴会，说是电影界几位朋友想结识
她。宴会在石门一路旭东里桑弧的家中举行。张爱玲随柯灵而
去，仍是一副沉默寡言的样子。桑弧比张爱玲大四岁，血气方
刚，雄心勃勃，正欲与老电影家、民族资本家吴性裁合办文华影
业公司。好电影要好剧本，好剧本要好剧作家来写。他们于是想
到了张爱玲。由于与张素不相识，便请柯灵从中牵线搭桥。那天
的客人，除了张爱玲外，还有柯灵、炎樱、魏绍昌、唐大郎等
人。后来张爱玲在香港时曾经对朋友提到，那时候导演个个上她
的门，根本不见，就见桑弧一个②。此后成为著名学者的魏绍昌
先生回忆说："这一天是我初次见到张爱玲，她沉默寡言，不带
着女性的矜持，大约她是'敏于思而讷于言'的吧，这是她给我
的第一个印象。"③ 当天并未直接导出请写剧本的事，但张爱玲
已与他们结下了友谊。"不过吃了这顿饭后，我们和张爱玲的交

① 陈子善：《私语张爱玲·张爱玲话剧〈倾城之恋〉二三事》。

② 杨曼芬：《矛盾的愉悦——张爱玲上海关键十年揭秘》，第75
页。

③ 季季、关鸿：《永远的张爱玲》，第175页。

往合作维持了六年，直到 1952 年她离开上海。"当事人之一的龚之方后来回忆说。①

那时，龚之方在文华电影公司负责宣传工作。在聚餐不久，他就和桑弧一道去派克公寓拜访张爱玲，请她写电影剧本。起初她还面露犹豫之色，说她没写过，很陌生。但在二人的极力鼓励下，她后来终于站起来说："好，我写。"

看电影一直是张爱玲多年的喜好，她的出道也是从写影评、剧评开始的。把文字幻化为立体的视听效果，对她来说是一个迷人的诱惑。于是她很快就构思好故事，开始动笔了。这就是《不了情》。

《不了情》是张爱玲的电影剧本处女作，也是文华影业公司的处女作。该公司 1946 年 9 月方成立，次年 2 月才开始制片，3 月末就拍完了，一炮打响，卖座极佳，其间当然有张爱玲的功劳。一个电影公司的第一部影片出自一个从未触电的作者之手，既见出作者的才华，也可看出公司的眼力。

《不了情》由桑弧执导。当时的名演员陈燕燕、刘琼分别扮演家庭女教师和工厂经理，阵容很强。1947 年 4 月，该片在上海公演，获得很高评价，有人称之为"胜利以后国产电影最最适合观众理想之巨片"②。

《不了情》的成功，使文华公司大受鼓舞。桑弧想乘胜追击，又请张爱玲继续合作。他已构思了一个喜剧的腹稿，说与张爱玲听。张爱玲慨然应允，又一口气写出了第二个剧本，也是文华公司的第二部作品《太太万岁》。

《太太万岁》描写了"在一个半大不小的家庭里周旋着"的

① 参见张子静：《我的姊姊张爱玲》，第 162 页。
② 1947 年 4 月 6 日上海《申报》。

"贤惠"而"大度量"的太太，怎样照应丈夫、为他受尽委屈、自我牺牲而吃力不讨好的故事。这位太太名叫陈思珍（蒋天流饰），她工于心计，用圆滑的处世技巧敷衍周围的人，处处替丈夫吹嘘掩饰，为娘家撑场面，四处讨好，八面玲珑。婆婆（路珊饰）觉得她是个好媳妇，小姑觉得她是个好嫂子。她甚至不惜用撒谎的办法，使她势利的父亲（石挥饰）资助丈夫唐志远（张伐饰）办起了企业公司。但丈夫发迹后却全然不顾她的恩情，照讨姨太太（上官云珠饰）不误，而且此时婆婆也对她多方责难。在精神上她受尽折磨，但依然是忍气吞声，顾全家庭，对丈夫百依百顺。这就是有着几千年男权统治国度的一代又一代女性的生活写真。陈思珍和《心经》中的许仪峰太太，《等》中的奚太太、包太太、童太太一样，是传统道德压力下老一代女性的悲剧形象。对这类人物，张爱玲写起来得心应手，毫不费力。

四十一、"作家是天生给人误解的"

1947年12月14日起，《太太万岁》在上海的皇后、金城、金都、国际四大影院同时上演，前后放映了两个星期，观众十分踊跃，即使天气奇寒，大雪纷飞，仍然场场爆满。当时上海各报刊竞相报道上映盛况，誉之为"巨片降临""万众瞩目""精彩绝伦、回味无穷""本年度影坛压卷之作"。①

---

① 分别载于1947年12月13日、27日上海《大公报》《申报》和《新闻报》，转引自陈子善编《私语张爱玲·围绕张爱玲〈太太万岁〉的一场论争》。下引材料未注明出处者皆出自该文。

然而，与观众和传媒对《太太万岁》的不绝于耳的赞美声相比较，上海评论界围绕这部影片展开了一场不小的争论。争论在公映前就已开始了。起因是张爱玲写的《〈太太万岁〉题记》，该文发表于 12 月 3 日《大公报·戏剧与电影》第五十九期。在这篇文章中，她谈到笔下的人物时说："《太太万岁》是关于普通人的太太，上海的弄堂里，一幢房子就可以有好几个她……她的生活情形有一种不幸的趋势，使人变得狭窄，小气，庸俗……现代中国对于太太们似乎没有多少期望，除了贞操外也很少要求……"关于女主人公陈思珍的结局，张爱玲这样概括道：

> 她最后得到了快乐的结局也并不怎么快乐，所谓"哀乐中年"，大概那意思就是他们的欢乐里面永远夹杂着一丝辛酸，他们的悲哀也不是完全没有安慰的。我非常喜欢"浮世的悲哀"这几个字。但如果是"浮世的悲欢"，那比"浮世的悲哀"其实更可悲，因为有一种苍茫变幻的感觉。

"浮世的悲欢"可以说相当准确地总结了这部电影的基调。张爱玲在这里，是要通过"普通的太太"的"浮世的悲欢"，表现一种人性的存在。她借用 Jone Gassher 评美国作家 T. 怀尔德的 Our Town（中译为《小城风光》）的话来表明《太太万岁》的创作意图：

> 将人性加以肯定，一种简单的人性，只求安静地完成它的生命与恋爱与死亡的循环。

为了与这种"简单的人性"相吻合，她追求的是一种"静的戏剧"的效果。她觉得剧情的发展，应该"像日光的移动，漾漾地从房间的这一角落照到那一角落，简直看不见它动，却又是倏忽的"。这样做的目的，是"冀图用技巧来代替传奇，逐渐冲淡观众对于传奇戏的无厌的欲望"。当然，为了照顾观众的趣味和电影效果，张爱玲也注意运用了巧合误会、噱头、笑话等常见的喜剧手法。

仿佛有一种《太太万岁》将要招致非议的预感，张爱玲还特别强调了她写出陈思珍这类人物并不是认同这类人物，她说："在《太太万岁》里，我并没把陈思珍这个人加以肯定或袒护之意，我只是提出有过这样的一个人就是了。""出现在《太太万岁》的一些人物，他们所经历的都是些注定要被遗忘的泪与笑，连自己都要忘怀的。"

在发表这篇《题记》时，主编洪深特地加了一段《编后记》。他说：

> 好久没有读到像《〈太太万岁〉题记》那样的小品了。我等不及地想看这个"注定要被遗忘的泪与笑"的 IDYLL 如何搬上银幕。张女士也是《不了情》影剧的编者；她还写有厚厚的一册小说集，即名《传奇》！但是我在忧虑，她将成为我们这个年代最优秀的 High Comedy 作家中的一人。

High Comedy，即"高级喜剧"。洪深的这一番话，连同张爱玲的题记，不久即遭到笔伐。在以苏商"苏中友好协会"名义向当时的上海市政府有关部门注册登记的报纸《时代日报》的 12月 12 日的副刊《新生》上，有署名"胡珂"的一篇《抒愤》，把矛头对准了张、洪二位及《太太万岁》。该文含沙射影，贬斥

张爱玲为"敌伪时期的行尸走肉",挖苦洪深的《编后记》为"歇斯底里的绝叫",并严厉责问道:

> ……难道我们有光荣历史的艺园竟荒芜到如此地步,只有这样的 High Comedy 才是值得剧坛前辈疯狂喝彩的奇花吗?

有意思的是,该文发表时,《太太万岁》并未上演,因此,胡珂的先入为主的评论无限上纲的指责是不够严肃的。然而,更令人意想不到的是,胡珂放的空炮,却为随后的关于《太太万岁》的评论定了基调。《大公报》《新民晚报》《中央日报》发表了多篇评论,对这部影片基本上都持的是否定态度。

王戎在《是中国的又怎样?——〈太太万岁〉观后》中,针对张爱玲在《题记》中说这部影片"倒觉得它更是中国的"观点,反问说:"在中国这块被凌辱了千百年的土地上,到处都是脓包,到处都是疖疤,一个艺术工作者,是不是就玩弄、欣赏、描写、反映这些脓包和疖疤呢?这是不应该的。而张爱玲却是如此地写出了《太太万岁》。"王戎还指责了作者没有给女主人公指明出路,是一种消极病态的创作态度。显然,王戎在这里是把作家描写的对象与作家的态度横蛮地混为一谈了。方澄在《所谓"浮世的悲欢"——〈太太万岁〉观后》中,认为影片和《题记》为张爱玲"自己画了一张很好的素描"。所谓"浮世的悲欢"不过是作者的一种"装饰"。由于作品无法揭示"人生的真谛",表明作者对人生已经麻木,并迷失了方向,只有"对镜哀怜","想画一个安慰自己的梦",做"一分无可奈何的挣扎!"文章还捎带对为张爱玲叫过好的洪深进行了攻击。还有一位叫沙易的作者,在《评〈太太万岁〉》中,批评张爱玲对影片的主题

"没有经过深切的考虑",只知迎合小市民的趣味,"结果却失败了"。

这些批评要么抱有先入为主的成见,要么带有"左"倾眼镜,对作品没有仔细研读,因此是没有多大说服力的。要求作家直接跳出来对作品中人物进行善恶褒贬,或者硬要作者表明光明的前途,都是不尊重艺术规律之举。至于把作者与作品中人混为一谈,等量齐观,更是缺乏文艺常识了。在众多评论中,较为冷静客观的,是东方缀蝀(李君维)的《〈太太万岁〉中的太太》一文。他认为主人公陈思珍是"介乎安分与不安分的女人","她的胜利一定掬了一把辛酸的眼泪"。他指出了影片的题材的普遍性,"只是一个社会新闻里最不引人注目的一条",他认为关键在于怎样处理这样的题材。而这部影片的正面意义和积极效果是"一出 High Comedy,稍微给你笑了之后,你会发觉你的笑是苦味的"。而这,正是"典型的张爱玲风"。①

值得注意的是,洪深起初对这场与他相关的论争保持缄默,却在论争几乎平息,同时影片首映告一段落之际,在他主编的《大公报·戏剧与电影》第六十四期上刊出两篇长文。一篇是署名莘薤的《我们不乞求,也不施舍廉价的怜悯——一个太太看〈太太万岁〉》,另一篇是洪深本人的《恕我不领受这番盛情——一个丈夫对于〈太太万岁〉的回答》。两篇文章一个以太太眼光,一个用丈夫口吻,一唱一和,中心调子是否定《太太万岁》。前

---

① 目前已知最早提出"张派"这个说法的是王兰儿,她在1947年4月首次使用"张派文章"的提法,认为东方缀蝀"简直像张爱玲的门生一样"。东方缀蝀也认为"张爱玲虽不欲创造一种风气,而风气却由她创造出来了"。见陈子善:《爱玲小馆》,《时代周报》2012年12月6日。

文把影片与当时的政治形势联系在一起，严厉地问道："时代是在'方生未死之间'，反动的火焰正图浇灭新生的种子，袖手旁观的人儿是麻木无情呢？还是别有用心？"

洪深的态度是一百八十度的大转弯。他先是为发表张爱玲的《题记》及自己的《编后记》作了一番辩解。说是因为《题记》可帮助批评者更准确地理解作者的戏剧创作，文章又十分有"才气"，因此才"欣然把它发排"。之后，洪深从三个方面否定了《太太万岁》，一是影片"没有健全而清明的批评"，对太太怜悯过多，感情用事，构不成"高级喜剧"；二是影片对恶俗的丈夫"毫无惩罚，亦无训诫"，"且把人们的道德生活开玩笑"；三是"未能自圆其说，贯彻到底"，"既不好玩，更是虎头蛇尾的败笔"。

对于洪深态度的转变，有研究者作了严肃的探讨。"且不管洪深内心深处当时是怎么想的，这篇文章说明他已接受胡珂的'批评'，公开认错。我们现在已无从知晓在那段时间里上海文艺界内部发生了什么事，洪深是否受到了什么压力，但从他的文章中隐隐约约透露出胡珂并非等闲之辈。这场论争最后以洪深让步发表自我批判的文章而告终。"①

"作家是天生给人误解的"②。张爱玲对围绕《太太万岁》的非议一直没有发表意见，但当时文华影业公司准备把《金琐记》搬上银幕的计划却流产了，这之间也许有着微妙的联系。当时专业刊物曾刊出一则消息云：张爱玲继《太太万岁》之后，新作为《金锁记》，该片将仍由桑弧导演，女主角可能为张瑞芳，张爱玲

---

① 陈子善：《围绕张爱玲〈太太万岁〉的一场论争》。

② 张爱玲：《续集·自序》。

为编写是剧，曾与张瑞芳商讨是剧之内容。可惜的是电影后来没拍成，张爱玲的剧本亦不知所终，否则我们将可看出她从小说到电影剧本间改写的过程。①

四十二、摇头、再摇头和三摇头

文化影业公司有桑弧、龚之方这样的得力干将，也有一位有事业心的老板吴性裁。他有数十年的电影从业经历，却从不在他经营的影片的片头上署名。这个不好名的老板却极好客，常宴请电影圈内的朋友。出于对张爱玲的生活习惯的尊重，他一般不请张爱玲赴宴。不过，有一次为庆祝文华公司拍片成功，吴性裁提议到无锡吃"船菜"，这是十分有名也有趣的吃法。船游太湖中，当场捕捞鱼虾，当场烹调。这次请了桑弧、龚之方和唐大郎，也请了张爱玲。在游玩中，对面开来一条船，有人在船上大声谈笑，吴性裁一下就听出是洪深的声音，便邀他到他们这条船上来一起品尝船菜。吴性裁此举还有一个动机就是让张爱玲与洪深相识、交好。他当然知道不久前洪深的自我检讨与对张爱玲批评的事，知道洪深说了一些不太中听的话，希望两人的关系有所缓和。他的苦心真还没有白费，洪深与张爱玲认识了，两人的观点是接近的。

对这次太湖之行，张爱玲兴味十足。她对龚之方说："印象深刻，别致得很。"

龚之方还和唐大郎一起，协助张爱玲出版了《传奇增订本》。

---

① 《电影杂志》1948 年第 7 期。

唐大郎也是当红作家，人称"江南一支笔"。他谈锋极健，常常戏谑他人，不忌生冷。张爱玲全不在意，反而常提到他。

张爱玲返沪后发表的首篇中文散文《到底是上海人》，此文先是兴致盎然地抒发对上海人的好感：外表白与胖，内心则遇事通达。遂举例细数上海人的"通"：一是逛街时，听店里的学徒口齿伶俐地对其同伴解释"勋""熏"二字的分别；二是《新闻报》上的广告，文字"切实动人"。当谈及上海到处是性灵文字时，则抄引小报上的一首打油诗，并给予高评：

> 去年的小报上有一首打油诗，作者是谁我已经忘了，可是那首诗我永远忘不了。两个女伶请作者吃了饭，于是他就作诗了："樽前相对两头牌，张女云姑一样佳。塞饱肚皮连赞道：难觅任使踏穿鞋！"多么可爱的，曲折的自我讽嘲！这里面有无可奈何，有容忍与放任——由疲乏而产生的放任，看不起人，也不大看得起自己。然而对于人与己依旧保留着亲切感。

打油诗的作者，经张爱玲的同龄"粉丝"李君维披露，说是唐大郎。唐大郎在 20 世纪 30 年代即享誉沪上。他常年为多家小报执笔，作品之多，简直浩如烟海。《社会日报》在主编陈灵犀的刻意标举下，成功打通新、旧文学的樊篱，吸引了众多新文学作家。鲁迅就以笔名"罗怃"为该报撰文，而曹聚仁、徐懋庸、郑伯奇、周木斋、金性尧等名家，也都替其供稿。不过，若论其中最知名、稿件最丰者，自非小报的自家人唐大郎莫属。《高唐散记》自 1936 年起一直写至 1945 年，总数达千篇以上，另有笔名大唐、大郎、云裳、云哥、云郎，等等。

1944 年 12 月 2 日，唐大郎以"刘郎"笔名在《海报》发表《见一见张爱玲》，文中说自从读完苏青与张爱玲的作品《浣锦集》和《传奇》，便对她们景仰备至，称"现在上海出风头的许多男作家，他们这辈子就休想赶得上她们"。他听说苏青"比较随便"，然而"张爱玲则有逾分的'矜饰'，她深藏着她的金面，老不肯让人家一见的"。两三月前，唐大郎遇到一位李先生，是张爱玲的表兄，唐同他说"曾经想请她吃饭，结果碰了个钉子"。李先生拍胸脯为其牵线，竟也"消息杳沉"，李后来答复说，"她姑母病了，她在伺候病人，分不开身"。短文的收尾令人感觉唐大郎心情激愤：

> 《倾城之恋》在兰心排戏了，据说张爱玲天天到场，大中剧团为了她特地挂出一块谢绝参观的牌子。我从这里明白张爱玲委实不愿意见人，她不愿意见人，人何必一定来见她？我就不想再见一见这位著作等身的女作家了！任是李先生来邀我，我也不要叨扰了。

不久，《倾城之恋》公演于新光大戏院，观剧后的唐大郎撰有剧评，不但对舞台上两处表演细节提出一己见解，还指摘说："剧中对白，文艺气息太浓，如'这一炸，炸去了多少故事的尾巴'在小说中，此为名句，用为舞台台词，则显然为晦涩得使人费解。"① 也从侧面显示，当时唐、张关系并不热络。

1945 年 4 月 14 日，唐大郎与龚之方合作创办小报《光化日报》，该报第二号发表张爱玲六百余字的杂感《天地人》，标志着

① 《〈倾城之恋〉杂话》，《社会日报》1944 年 12 月 2 日。

两人正式开始合作。以后唐大郎再提张爱玲时，便多见推崇之辞，并常为张爱玲出头，侍护甚周。爱举一例：

1947 年 2 月 17 日，唐大郎在《铁报》发表《彩色的鸭子》，先说"最近又把她的《传奇增订本》，也反复看了几遍，她的著作，是传世之作，我本人对她则是倾倒万分"。继而聚焦于短篇《留情》，"有许多小地方都是所谓信手拈来，都成妙谛"，最后调侃某人认为张爱玲不识鸳鸯，而唤作彩色的鸭子，其欣赏力尤其"别致"。"唐文看似无意，实则有感而发，所针对的目标为《张爱玲不识鸳鸯?》，署名孤鹜。这笔名让人联想起《小团圆》里的汤孤鹜，只是此孤鹜的本尊是否周瘦鹃，需进一步探究。"①

1947 年 10 月，唐大郎打算把三十岁至四十岁所作的诗，整理一次，到年底印一本《定依阁近体诗选》。有人对书名提出异议，因此想改题《唐诗三百首》，碰着张爱玲，她也以为这名字来得浑成，并建议选诗工作，应委之别人。而当唐大郎打算放弃一部分打油诗时，又为张爱玲劝阻，并告诉他为"四十生日所作的八首打油诗，有几首真是赚人眼泪之作"。唐大郎计划以张爱玲送他的《传奇增订本》封面背后的几句题词，作其诗集的短跋，并请桑弧写序②。这设想尽管美好，诗集却终未付印。张爱玲的题词保留至今，字里行间洋溢着张爱玲对唐大郎文才的钦慕之情：

> 读到的唐先生的诗文，如同元宵节，将花灯影里一瞥即逝的许多乱世人评头论足。于世故中能够有那样的天真；过

---

① 祝淳翔：《小报青年张爱玲与小报报人的交往与分离》。
② 《序与跋》，《铁报》1947 年 12 月 2 日。

眼繁华，却有那样深厚的意境……我虽然懂得很少，看见了也知道尊敬与珍贵。您自己也许倒不呢！——有些稿子没留下真是可惜，因为在我看来已经是传统的一部分。①

张爱玲似乎与龚之方更熟悉一些，并表示要向他学习上海话。龚之方觉得很奇怪，大家平常不都是说着上海话吗？张爱玲解释说："我对上海话研究过，有的词汇以及它的发声，很有魅力。你的上海话接近这个标准。"作为一个特别研究语言艺术的作家，张爱玲是一个不会放过任何一个学习语言的机会的。在写《不了情》的同时，张爱玲找到龚之方，说她想出《传奇增订本》，请他帮忙处理一些出版方面的事务。龚之方和朋友们极为热心替张爱玲张罗。他和桑弧一起去拜访当时驰名上海的金石书法家郑龚翁（散木），请他写了"张爱玲：传奇增订本"八个字，用的是凝重的楷体。编排和封面设计，是张爱玲自己一手操办的。她对正文的校对十分严格，每一页都亲自校过。版权页上印有"版权所有，翻印必究"的话，张爱玲还用印泥一本一本在版权页上盖上自己的印章。可见她十分郑重。

出书一定要有堂堂正正的刊行者和总经销，"增订本"上打的是"刊行者：山河图书公司"的牌子。这个公司完全是龚之方的虚构，所刊出的联系地址和电话号码是龚之方和唐大郎写稿所共享的地方。

《传奇增订本》的封面可以说是中国现代出版史上最精妙的设计之一。它由张爱玲的好友炎樱主创设计，借用了点石斋石印的一幅晚清仕女图，再辅以富有现代感的构思。画面上，一个面

---

① 祝淳翔：《小报青年张爱玲与小报报人的交往与分离》。

无喜色、衣着华贵的少奶奶坐在太师椅上神情专注地在大圆桌上玩着骨牌，旁边是一个抱着小孩的奶妈在观看。少奶奶的头顶上灯笼高挂（这一切都是写实笔法，用的是红色），而她的身后的栏杆上，一个现代女子，双颊用布相蒙、双肘支在栏杆上，静静地俯视着她们（这里用写意笔法，用的是绿色）。整个图案的寓意是"一个现代人眼中的古中国"，而这个女郎不是别人，正是张爱玲自己。这个封面，非常贴切地传达了张爱玲小说的独特意蕴。张爱玲对这个封面十分满意，她说：

> 很突兀地，有个比例不对的人形，像鬼魂出现似的，那是现代人，非常好奇地孜孜往里窥视。如果这画面有使人感到不安的地方，那也正是我希望造成的气氛。

"增订本"与初版《传奇》有些不同，它增加了《留情》《鸿鸾禧》《红玫瑰与白玫瑰》《等》《桂花蒸阿小悲秋》等小说，另有前言《有几句话同读者说》、跋语《中国的日夜》。增订本是1946年11月出版的。出过了这本以上海香港的中产阶级生活为主的惊世传奇之后，张爱玲此后的小说创作风格开始朝"淡中出奇"的方向转化。

因为柯灵的关系，张爱玲结识了影剧界的诸多朋友，也有过几次漂亮的合作。由于张爱玲编的两个剧本都是由桑弧执导的，彼此接触很多，都对对方很尊重，有好印象。加之两人都是单身，于是一些小报开始编排起二人的恋情故事来，电影界中也有好心人试图撮合。桑弧原名李培林，最初在银行工作，因爱好电影，又因与著名导演朱石麟相识，便开始尝试写剧本，之后索性放弃银行事务，专心从事电影艺术的创造。在朱石麟的鼓励下，他也开始当上了导演。

与张爱玲合作时，他已是个资深的电影人了。1949 年上映的《哀乐中年》，署名为编、导桑弧，但也有张爱玲的功劳。剧本写的是中年续弦的故事，桑弧提供构思情节，张爱玲执笔写出。张爱玲拿了些剧本费，不具名。她晚年还谈到，这"始终是我的成分最少的一部片子"。①

剧本 1949 年 2 月由上海潮峰出版社出过单行本，也是张爱玲的主意。② 可见两人合作是很愉快的。二人的成功合作，引起了人们的关注。"在旁人看来，张爱玲与桑弧不是天生的一对吗？实际上，从他们本人来说，张爱玲的心里还凝结着与胡兰成这段恋情，没有散失（这点在当时我们是理会不到的）；桑弧则性格内向，拘谨得很，和张爱玲只谈公事，绝不会斗胆提及什么私事来的。"当时的知情人龚之方还接着叙述了张爱玲对此事的反应——

可是，桑弧的朋友"瞎起哄"的事情还在发展，我不知道别人做过什么，我则有一次与张爱玲见面，婉转地向她提过此类的想法，她的回答不是语言，只对我摇头、再摇头和三摇头，意思是叫我不要再说下去了。我就此碰了个硬钉子。因之，我可以在此作证，所有关于张爱玲与桑弧谈恋爱的事，都是没有事实根据的。③

① 苏伟贞：《张爱玲书信选读》，1995 年 9 月 10 日台北《联合报》。

② 参见郑树森：《张爱玲与〈哀乐中年〉》。

③ 龚之方：《离沪之前》，见季季、关鸿编《永远的张爱玲》。

龚之方是一片好心，但他当时并不太知晓张爱玲正处在情感创伤之中，张爱玲紧锁心扉，对他"摇头、再摇头和三摇头"就是自然而然的了。有意思的是，善良的龚之方在晚年谈到张爱玲与胡兰成的恋爱时，称之为"恶果累累"的一场"孽缘"，他的心是向着张爱玲的。张爱玲把自己的隐私向来隐得很深，她后来没有只言片语提到过她情感生活中的男人，连《对照记》这本传记性图文合集也不例外，可见她的态度之决绝。

上海解放后，张爱玲也很关注桑弧的创作，专门写文章评论他的电影《太平春》。她说："桑弧在《太平春》里采取的手法也具有一般民间艺术的特色，线条简单化，色彩特别鲜明，不是严格的写实主义的，但是仍旧不减于他的真实性与亲切感。"桑弧谈到他受了解放区年画的影响，追求拙厚与鲜艳的统一。张爱玲肯定这种追求，称之为一种"健旺的气息"。并对年画的民族性和划时代意义予以了高度肯定。①

桑弧的朋友魏绍昌回忆到，龚之方曾经受夏衍委托，去劝张爱玲留下来。劝的时候说是文华影片公司老板吴性裁等人的嘱托，还想为她和桑弧撮合亲事。说还有一次桑弧请他到家里吃饭，张爱玲也来了，两人关系是很好的，张如能不走又有归宿，岂非两全的美事。张爱玲听见之后说面对龚之方默然良久，最后说了一句，恐怕这两件事都不太可能。龚、魏后来的文章，虽然都记载了提亲的事，但语焉不详，对于张爱玲婉拒的原因，两人是否有爱慕之情，之后两人关系如何等问题都一概回避。老年魏绍昌先生被采访时说，桑弧十岁的时候父母双亡，一直由大哥

---

① 张爱玲：《年画风格的太平春》，《亦报》1950 年 6 月 23 日。

照顾抚养，对大哥非常尊敬，而他与张爱玲的婚事遭到了大哥和家里人的反对，他的家里人认为张爱玲靠写作为生，没有正当工作。这可能是因为张爱玲与胡兰成那段不堪关系而反对的搪塞之词。1951年，桑弧瞒着张爱玲结了婚，等于正式宣告和张爱玲分道扬镳。足以想象当时张爱玲有多么困窘、难堪和痛苦，有人推测，这应该也是让她决心离开心爱的上海的主要原因。①

但从她50年代跟好朋友邝文美的聊天中，可以看出来。桑弧跟她的关系是不一般的。她说："只要这样，同你在一个城市，要见面的时候可以见面——即使忙得不能常常见面也不要紧——我就放心了。我真怕将来到了别的地方，再也找不到一个谈得来的人，以前不觉得，因为我对别人要求不多，只要人家能懂得我一部分（炎樱和桑弧等对我的了解都不完全，我当时也没有苛求），我已经满足。可是自从认识你，知道这世界上的确有人可以懂得我的每一方面，我现在反而开始害怕"。② 同性的只提了大学同学、上海玩伴炎樱，异性的那么多作家、那么多朋友只提到桑弧。这肯定还是有一点不一般的故事在里边。

当然，在许多人看来永远是个谜的"张桑恋"，在《小团圆》尾声才终于有了解惑之暗示。《小团圆》里，柯灵、桑弧都出现了。不过他们是化名。形象也不是单纯的朋友和男朋友了，而是有男人毛病的男人。时为《万象》杂志主编的荀桦疑为柯灵，以汉奸妻视九莉，觉得汉奸妻人人可戏，在电车上用腿猥亵之。电影导演燕山，疑为桑弧，使女主人公阴道折断。这个故事就有点惊悚了。当然，这毕竟是小说，不宜过分地猜忌和对号入座。

---

① 杨曼芬：《矛盾的愉悦——张爱玲上海关键十年揭秘》，第87页。
② 宋以朗：《张爱玲私语录》，第67页。

第十二章　不了情（新的选择）①

四十三、"一个行头考究的爱情故事"

1947 年 4 月，张爱玲在龚之方、桑弧等人创办的杂志《大家》创刊号上发表了短篇小说《华丽缘》。可见，张爱玲不仅与他们有"电影缘"，而且还有"小说缘"。

龚唐于一九四六年春成立空壳公司"山河图书公司"，龚之方称："山河图书公司实际上是一块空招牌而已，所刊出的地址、电话是我与名作家唐大郎（云旌）写稿的地方。"实际上"山图"只出版过一种单行本，即张爱玲的《传奇增订本》，还有就是《清明》与《大家》杂志。

《大家》一九四七年四月创刊号出版，出版人龚之方，编辑人唐云旌。相对于战前的十几个杂志阵地，现在张爱玲只剩《大

---

① "不了情"，张爱玲 1947 年作小说名。本章叙张爱玲在抗战胜利后和上海解放前后的文学创作，以及张爱玲"已了""未了"的大陆情。

家》一个阵地。张爱玲对于杂志有着感恩的态度："以前的文人是靠着统治阶级吃饭的，现在的情形略有不同，我很高兴我的衣食父母不是'帝王家'而是买杂志的大众。"

《大家》创刊号的"编后"两处提到张爱玲，一是说本期要郑重向读者介绍的是赵超钧先生的短篇，张爱玲小姐的小说，黄裳先生的游记，吴祖光先生的杂写，马凡陀先生的诗，风子小姐的小品。二是特别郑重地强调：

> 张爱玲小姐除掉出版了《传奇增订本》和最近为文华影片公司编写《不了情》剧本，这二三年之中不曾在任何杂志上发表过作品，《华丽缘》是胜利以后张小姐的"试笔"，值得珍视。

第二期刊出张爱玲《多少恨》（即《不了情》），丁聪作一幅插图。第三期续完《多少恨》，丁聪又作一幅插图。丁聪从未提过为张爱玲作插图这件事，也没有人在张爱玲火遍神州后向丁聪求证这个花絮。第三期《编后》称："本期将张爱玲小姐所作《多少恨》小说刊完，占十九面篇幅之多，这是应多数读者要求，我们特地烦恳张小姐赶写的。"幸亏一鼓作气连载完毕，第三期是《大家》的最后一期，《多少恨》最后一段竟成为张爱玲留在大陆杂志的绝笔："隔着那灰灰的，嗡嗡的，蠢蠢动着的人海，仿佛有一只船在天涯叫着，凄清的一两声。"①

《华丽缘》是一篇散文化的小说，它有一个长长的副标题：

---

① 谢其章：《〈大家〉与张爱玲友善》，澎湃新闻 2017 年 11 月 3
日。

"这题目译成白话是'一个行头考究的爱情故事'。"从篇名来看，仍有《传奇》诸篇题目的古色古香。作者对人物性格的细致把握、对人物肖像的华丽描绘也依然如初。如写贫窘的十六婆婆的笑："脸上是一种风干了的红笑——一个小姑娘羞涩的笑容放在烈日底下烤干了的。"这种绝妙的形容非张莫属。然而，这篇小说与此前的创作有了很多不同之处。它没有采用常用的第三人称全知叙事，而以第一人称"我"作为基本视角。在叙述方式上，也不是《倾城之恋》《沉香屑·第一炉香》似的有头有尾、曲折细腻的故事结构，而是"戏中戏"的组合方式。绍兴乡下演绍兴戏，乡下人看戏，"我"则既看戏又看乡下人如何看戏。剧团演的是一出爱情剧。闭锁深闺的表妹，一遇表兄就产生了爱情。就如古中国所有的表兄妹故事都是爱情故事一样，他俩情意突萌，欲火中烧。表妹的老祖母阻止不成无可奈何，二人终于发展到乡下观众早就急切盼望的上床地步。表兄回家去请媒人，途中又与一小姐打得火热。作者推测道：

> 他表妹知道了，做何感想呢？大概她可以用不着担忧的，有朝一日他功成名就，奉旨完婚的时候，自然一路娶过来，决不会漏掉她一个。从前的男人是没有负心的必要的。

戏到这里，已是非常的恶俗不堪。而这，正是古中国通常的爱情模式和文学艺术表达爱情的模式。作者对之的鄙薄贬斥态度是不言而喻的。

但这篇小说的主旨并不在于复述或编造一个古典爱情故事，而在于在戏剧的演进过程中一步步展示看戏人的心态。戏班要来演出的消息传来，一时成为人们的议论中心。他们本是难得看到一场戏的，却一个个地拼命压抑自己的兴奋企盼，装作不以为然、满不在乎的样子，以示"撇清"。他们的内心情感弯弯曲曲地变了形，不能质朴地表达出来。这也反映了闭锁的中国人在小范围内的某种心态，国民性在这里得到了侧面的展示。看戏过程中，他们更是挑三拣四，指长论短，挑剔演员如何不美，够不上理想中的"意淫"情人的标准，又急不可耐地等候高潮（即上床）的场面早日出现。他们不重过程，只管结局。看戏之后，台下充斥着村民们的调笑和回味。一个被唤作水根嫂的只带着儿女来看戏的女人（她丈夫是否还在未做交代）亲切大方地与许多男人打着招呼，男人们无不停下来与她说笑一番，回家路上充满了快活的空气。"每个人都是几何学上的一个'点'——只有地位，没有长度与厚度。整个的集会全是一点一点的，虚线构成的图画。"这幅作者抽象出来的村民图正是全文之所谓"文眼"。当台上的戏剧性减少到零的时候，台下的戏却是热闹而脏腻的。他们太"淫戏"了。"淫戏"正是不少中国人填补空虚无聊、满足白日梦的方式。

《华丽缘》以戏场写人生世态，其贬抑的态度是隐约可见的。这种"戏中戏"式的结构难度颇大，行笔不免有些散漫，主题也有欠集中深入。

与此同时"试笔"的还有短篇小说《郁金香》，从1946年5月16日起连载于《小日报》，分16次连载完，每节约600余字，共约近万字。有趣的是，《小日报》连载《郁金香》一年半之后，1948年11月3日出版的上海《海光》文艺周刊复刊第1期又重新发表《郁金香》，并且注明系"中篇小说"。11月10日《海光》第2期连载后，未见第3期出版。《海光》连载的《郁金香》仅两期就半途而废了，已经发表的篇幅约占全文二分之一。《海光》的"社长兼编辑"不是别人，正是已经停刊的《小日报》编者之一的黄转陶。很可能因《小日报》销路不佳，影响甚微，而复刊后的《海光》又需名家大作为之增色，所以黄转陶重刊《郁金香》以广流传。谁知《海光》只出了两期就寿终正寝，重刊的《郁金香》竟然未能连载完。

依然是男女情感纠葛的故事。一个旧式大家庭中，女仆金香与大少爷宝初真心相爱，而二少爷也对金香展开了虚伪的追求，同时贯穿着家族中正房、侧室的明争暗斗，描摹出尴尬的人物和情感处境。小说结尾，也充满着浓郁的"张爱玲体"，月亮、深夜中突兀的声音等张爱玲最喜爱的意象。但故事发展比较平实，对话也较平淡。

这篇作品张爱玲从未提及，更未编入她的各种集子之中，直到 2005 年才由大陆学者发掘"出土"，重新刊行后还就其"真伪"有过讨论，只因它比《传奇》的风格淡化了许多。

这一两篇"试笔"之作，是部分地消解了"张爱玲文体"的张爱玲小说。它是作者文风改变的一个信号。

张爱玲文体转变的一个更重要标志是她的中篇小说《多少恨》。

作品从上海一家电影院门口写起。电影院是现代都市生活的一个象征物。在每天变幻的人流中，每一张面孔都是陌生的。然而，如前所述，现代社会的一个重要特征就是一个陌生人可能突然会变成你最亲近的人，这全在相见的瞬间印象或是第二次的不期而遇。孤身一人在上海求职的青年女子虞家茵，本与女友约定一道看电影，但女友因故未来，多的一张票在售票员那里拐了个弯退给了一个中年男子。他们成了邻座，散场时说了几句"真挤"之类的无关痛痒的话，男子要用汽车送家茵回家，被婉拒。

不久女友介绍她到一个工厂经理夏先生家做家庭教师，学生小蛮很喜欢她。小蛮生日时，家茵买生日礼物又在礼品店碰到了那位男士，到了夏府才知道两人是为同一个人买的礼物，那位男士就是小蛮的因忙很少回家的父亲。这样两人因似乎有缘而熟识，而亲近。夏太太在乡下，夏先生又忙，家茵成为他灵魂的小憩之地。这时，浪荡了一辈子终于不名一钱的虞先生来上海，他利用女儿的关系在夏宗豫的厂里谋差混饭吃，还常背着女儿找夏宗豫借钱，终因闹得太不像话被辞退。家茵极恨父亲之所作所为，常觉羞愧难堪。

夏家的老妈子十分势利，眼见得夏家父女对家茵的感情日增，出于看不惯，也出于自己的地位受到威胁，就回乡下添油加醋地告诉了夏太太。夏太太病中赶来，与宗豫大闹。本是包办婚姻，宗豫早有离异之心，此刻更急于向家茵表明心迹。而家茵受到夏宗豫、夏太太和父亲的三面夹击，不知所措。

作品最有分量的地方是这种情形下对虞父和夏太太的刻画。为了混几个钱，虞老太爷不惜自作主张地要女儿做小妾以讨好夏太太。夏太太则喜出望外："只要他不跟我离婚，我什么都肯。"家茵本已千般委屈，夏太太则反复哀求家茵："不过我求你等几年，等我死了……""到底我有个丈夫，有个孩子，要不然，给人家说起来，一个女人给人家休出去的，死了还做一个无家之鬼。"

为了道义上的理由，家茵几经反复之后，决定舍弃情缘，远走高飞。她谎称要回乡下与表哥结婚以堵住夏宗豫的嘴，让他死心。他们恍如做了一个梦，"梦里的时间总觉长的，其实不过一刹那，却以为天长地久的，彼此已经认识了多少年了，原来却不算数的。"

第二天夏宗豫来送，家茵已走。人去楼空，斯人独怅。他推开窗子，"窗外有许多房屋与脊梁。隔着那灰灰的、嗡嗡的、蠢蠢动着的人海，仿佛有一只船在天涯叫着，凄清的一两声。"

这是一个世俗的故事。男女的情爱纠葛、道德与情谊的冲突、孤寂天真的女子与情爱失落的男子的悲欢，如果按《传奇》式的笔触写下来，张爱玲一定是浓墨重彩，不放过任何一个渲染的机会。作品一定是华丽旖旎，无限风光。然而这篇几乎用的是纯写实的笔法。家茵与宗豫的两次邂逅、小蛮对家茵的情感依恋、家茵与父亲的别扭、父亲对夏家的讨好等情节，作者都是以超然客观的笔触写出，既无主观评价，亦无情感倾斜甚至连她最擅长的对人性直面冲突交锋的描写，如宗豫与家茵的多次小楼相见、宗豫的倾诉衷肠、亦没有情景交融、扬扬依依的华美，只是所见所感的"实录式"。尤其是夏太太与家茵的揪人心肺的对谈，也只有对谈话内容和流泪叹息的介绍笔法，没有极尽渲染铺述。心理描写一直是张爱玲的拿手戏，这篇作品用的却是直白的描述方式。

读《传奇》，读者非要调动自己的全部艺术感官才不致疏漏了其佳妙处。而读《多少恨》，只要顺着故事情节读下去，就可获得对其主题人物的基本了解。张爱玲的味道淡多了。

张爱玲一直十分喜爱中外通俗故事。她爱张恨水，也爱小报，对英美通俗文学也读得津津有味。《多少恨》她也是当通俗作品看的，对这篇小说的故事性她很满意。在这篇小说的序中，她坦然道出了写作的原委：

　　我对于通俗小说一直有一种难言的爱好，那些不用多加解释的人物，他们的悲欢离合。如果说是太浅薄，不够深入，那么，浮雕也是一种艺术呀。但我觉得实在很难写。这一篇恐怕是我能力所及的最接近通俗小说的了，因此我是这样地恋恋于这故事……

这篇小说所写的内容不是租界洋场，而是普通城市平民。《传奇》中的洋场味不见了，与之相伴随的繁复的色彩也消失了。以平实的手法写平民的故事，这就是张爱玲风格变化的重要特点。遗老遗少的生活、洋场男女的世界，在张爱玲心中留下了浓郁的沉淀。当她写作《传奇》时，她的笔触、她的灵气、她的感觉是繁丽多姿的。但中国人民抗战胜利的锣鼓震跑侵略者，租界又回到人民手中，因此洋场的淫靡之气也逐渐消散。洋场不见了，遗少们的最后栖息之地也失去了，芸芸众生组成的都市更加平民化。张爱玲自然要面临新的选择。最初创作时，正是青春最旺的时候，也是感性最强的时候。她倾注太多，太投入，灵智之花难以永远鲜艳。时光的流逝、阅历的丰富，使人增加理性的同时也可能消解感性。

她有选择和变化的理由，结果却未必好。人们更乐于提到的还是她绮丽华美的《传奇》。

四十四、文风渐变

如果说《华丽缘》只是张爱玲文体风格转变的一个信号的话，那么《多少恨》正表明了作者改变文风的方向，那就是以平实的笔触描绘平实的生活、淡中出奇、平淡而近自然的风格。进而，写于1948年的《十八春》则是这一风格的定型化作品。

如果要介绍《十八春》的故事情节，是很烦难的。简单地说，它记叙的是女主人公曼桢从少女到中年的十八年的生活经历和情爱纠葛。但这并非是"一个行头考究的爱情故事"，而是充满了辛酸无奈的凡人悲剧。

作品中的主要人物及其相互关系可用下列线条概括：①

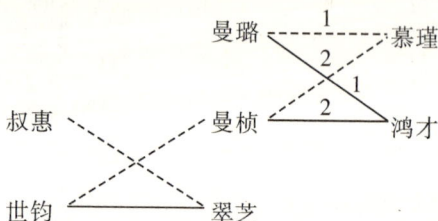

南京世家子弟世钧在上海寄住在同学叔惠家中，两人同在一家工厂任实习工程师。曼桢是厂里的打字员，三人过往甚密，但并未构成情爱三角。世钧和曼桢由同事而朋友而恋人，没有什么波折，也没有激动人心的高潮。但曼桢家境贫穷且有难言之处，她姐姐曼璐为一家三代人的生计，从十几岁起就当舞女做暗娼，现在嫁给了浪子祝鸿才，牺牲了自己的前程，牺牲了她和家乡的医生慕瑾的爱情，也麻痹了自己的良心和道德感，成为一个高等乞食者。为了不让世钧过早地负担他们的小家和自己的娘家，曼桢迟迟不愿与世钧结婚。正在这时，世钧因父重病而辞职回南京继承父业。曼桢的家中又来了来上海办事的慕瑾。为了弥补姐姐对慕瑾的伤害，曼桢对他关怀细致，慕瑾却仿佛在昔日恋人曼璐的妹妹身上找回了先前的自我。曼桢的母亲和祖母也颇希望两人

---

① 中间三位为女性，左右四位为男性；实线表示男女间实有的以婚礼的形式肯定过的关系，虚线表示恋爱关系；而"1""2"表示姐妹俩与另外两个男人的或虚或实关系的先后顺序。

成亲。同时世钧的父亲对曼桢的家境颇为不满。这样，世钧和曼桢误会渐深、裂缝渐大。

事情的不可逆转的突然变化是在这之后，曼璐为拖住祝鸿才的浪荡之心，不惜与祝合谋让祝鸿才骗奸了曼桢并将她禁闭。世钧不得消息又误听她与慕瑾成了婚，之后就与南京的石翠芝小姐举行了婚礼。曼桢生下儿子荣宝之后从医院逃跑出来，既寻不见世钧也寻不见自己的家（全家已迁走）。她一个人另寻职业单过，不久姐姐也死了。当她得知儿子在祝家病重而无人照顾时，果断地以母性的巨大责任心以错就错地下嫁祝鸿才。

叔惠早在抗战时就投奔了解放区。全国解放时他回上海组织干部支援东北建设。在新社会的新气象感召下，这一群经历过无数磨难的已近中年的男女，纷纷响应政府号召到了沈阳，以摆脱昔日生活的浓重的阴影。曼桢与世钧意外相见，两人百感交集，说清了一切后心情平静。已来沈阳的慕瑾得知曼桢也在这里，未等欢迎会终场便找她去了。世钧惘然地为他们祝福。

一连串凡人的悲欢构成十八年的历史，各主要人物的经历和性格也真实可信。健谈能干、投身革命的叔惠，自傲而自卑、矜持而消极的世钧，善良软弱、一错再错的曼桢，久染风尘、失去真情的曼璐，人面兽心、投机钻营的鸿才，不闻政治又屡为政治所害的慕瑾，"小姐气"十足的翠芝，以及被贫困销蚀了是非感的小市民顾母，都写得有血有肉，给人难忘印象。

仍然不离作者所擅写的家庭婚姻爱情领域，但其内涵和描写方式已有了不少变化。故事是曲折的，其间运用了较多的巧合误会，但作者细致的铺垫和平实的描绘使这些地方并不失真。作品注意对人物言行心理的细腻展示，对白圆熟老练，但已失去了《传奇》式的立体的油画般的色彩。尤为突出的是，一向被张爱玲淡化处理以致令读者不太留意的背景描写，在这部作品中被凸显出来。社会环境和具体历史事件成为作品内容的不可或缺的组成部分。抗战、日本投降、解放等一系列现代中国的大事件直接进入了作家的艺术世界，成为作品中人物言行性格的相关背景和依据。

张爱玲曾撰文表白她不爱描写飞扬雄壮的人生和革命场面，但在这部作品中有了明显突破。由在大背景（文明的背景）上专注人性的发掘而变为展示在一个个具体事变中的人生命运，由情欲而政治，由家庭而社会，这一变化是惊人的。作品中的人物多次谈到他们的政治观，这在此前作品中是罕见的。世钧曾说："我想，只要是一个有一点思想的人，总不会否认我们这社会是畸形的，不合理的。"作者写曼桢性格的特点也紧扣时代，她"是在国民党的统治下长大的，那一重重的压迫与剥削，她都习惯了，在她看来，善良的人是永远受苦的，那忧苦的重担似乎是与生俱来的。……她总是这种黯淡的想法。正因为共产党是好的，她不相信他们会战胜，正义是不会征服世界的，过去是如此，将来也是如此"。世钧还说："我对新中国的前途是绝对有信心，可是对我自己实在缺少信心。"叔惠介绍解放区："完全是一种新气象。我觉得中国要是还有希望的话，希望就在那边。"这些话，无疑显出了作者当时思想倾向的进步性和政治态度的明朗化，这哪里还有《传奇》的"荒凉"气息？

不过，《十八春》的艺术光彩并不在这些政治性的词句上，而是在对旧式家庭各色人物的描绘上。第九章写世钧回南京后，病重的父亲从姨太太处搬到大太太（世钧生母）的身边，虽然守了很长时间的活寡，但此时的大太太满脸生光，充满了因为丈夫死在自己身边的自豪。她长期孤寂的生活，已习惯了抑制感情的毫不困难的"装样"。从这些描写中可以看出旧式人的悲哀心情是多么沉重，其悲凉境况是多么惨痛。作者写曼桢的一步步走向泥坑、一错再错的原因："她究竟是涉世未深，她不知道往往越是残暴的人越是怯懦，越是在得意的时候横行不法的人，越是禁不起一点挫折，立刻就矮了一截子，露出一副可怜相。"正是因为善良和软弱使她越陷越深，使她相信了鸿才对别的女人是无聊对她才是真心爱慕的假话。"像这一类的假话，在一个女人听来是很容易相信的，恐怕没有一个女人是例外。"这些段落，既有对世态的描写，也有对女性心理的刻画。如果没有这些铺垫，后来曼桢下嫁祝鸿才就成为令人反感难以置信的突兀之笔了。

张爱玲喜欢描写"反高潮"。《倾城之恋》中范柳原和白流苏的高等调情似乎永无休止，作者突然地让他俩在港战中以平实的方式结合。其用意在于无论什么等级、什么经历的人，当他在"生存"这个第一需要出现危机的时候，全部注意力都会在这一点上。人性的底蕴就这样表现出来了。《封锁》中吴翠远和吕宗桢有了短暂爱情，作者并不写他们如何思恋与发展，而是让吕宗桢回到原来的座位上，使吴翠远幡然大悟："封锁期间的一切，等于没有发生。"这都是"反高潮"写法的实例。这种写法在《十八春》中也有好几处。曼桢和世钧感情基础很好，中间屡有误会，读者的愿望是"有情人终成眷属"。古代中国小说也都是这种模式。张爱玲却让他俩误会更深，她把曼桢推给了曼桢的敌人祝鸿才，令读者奇异而不满足。一旦细细品味，就得接受张爱玲的安排。世钧的谦和与无主见，曼桢的善良和天真，作为一个女人的母性和女性，使她走上了她自己起先万万想不到的这一步。"人的理性，本来是十分靠不住的，往往做了利欲的代言人，不过自己不觉得罢了。"这句精辟的议论显示了作者理解人性的过人之处，她比一般人更懂得女人。曼桢下嫁祝鸿才正是人物性格合逻辑的发展。作者写世钧与翠芝的结婚，一个是因情爱的创伤、多次的误会而无可无不可的男人，一个是永远生活在一个圈子上，惟一的出路是与一个地位相当的男子结婚的不乏小姐气的浪漫遐想的女子。他不满她的平淡，她又觉得他不够浪漫，然而他们又可以找出很多理由地结合了。人生中的很多婚姻也是这样的吧，你以为很慎重，其实形式大于内容，重的是形式。热闹的婚礼之后是出奇的静止，他们彼此都明白自己对对方的感情多么薄弱，坦然表白已经来不及改变了。

"反高潮"的写法使人性的一面走向极致而突然露出另一面，使读者在惊愕之中不得不回味深思。有一种蓦然回首还是这个人的反观照效应。因而更立体化，更有深度。

偶用意象描写，《十八春》仍有《传奇》般的手笔。不过所用不多，往往被忽略，难以构成特色。小说借曼桢的眼光让曼璐第一次出场，她的旗袍上有舞客的手汗印，化了妆的脸上远看固然美，近看却狰狞可怖。她正在笑着打电话。"她是最近方才采用这种笑声的，笑得呵呵的，仿佛有人在那里胳肢她似的。然而很奇异的，那笑声并不怎样富于挑拨性；相反的，倒有一些苍老的意味。曼桢真怕听那声音。"寥寥几笔，把这个以貌悦人但并不悦己、长期沦落、失去自我的风尘女子形象活脱脱地表现出来了。

当曼桢向慕瑾谈到自己决定嫁给祝鸿才时，她用破了的红纱巾当抹布抹桌子，两只手又拎着它在窗外抖灰。那红纱巾在夕阳与微风中懒洋洋地飘着。在与慕瑾告别时，"她站在桌子跟前啜泣着，顺手拿起那块抹布来预备擦眼泪，等到明白是抹布的时候，就又往桌上一掷，那敝旧的红纱巾懒洋洋地从桌上滑到地下去。"破旧的红纱巾正是红颜薄命女子的象征物，它滑下桌子是对其不能主宰自己命运的形象描绘。这个意象很容易使人想到《茉莉香片》中把传庆母子比作屏风上的鸟的比喻。

这就是《十八春》，虽然部分地保留着前期作品的特点，但变化是明显的。由洋场风景到凡人悲欢，由超然讽世到客观写实，由繁复意象到专注故事，由心理挖掘到白描言行，由内部活动到外部社会，是我们阅读《十八春》之后对其文风转变的总体印象。

四十五、《十八春》

《十八春》在张爱玲的创作道路上具有特殊意义。不仅因为它是作者第一个有二十余万字篇幅的完整的长篇小说，也不仅因为其文体特点的转换，而且还因为它是作者从旧中国到新社会的跨越两个时代的作品，是研究作者思想发展的重要材料。因此，这部小说可以说是新中国成立之后最早表现这一时期的历史特点和因时代变化带来人物性格命运变化的作品，在中国当代文学史上自有其特殊意义。

由于张爱玲 1947 年开始触"电"，她结识了影艺界和报界的一些朋友，如龚之方、唐大郎等。1949 年 5 月 27 日，上海解放了。此前，上海的十几种小报，都自动停刊了。当时负责上海文化工作的夏衍，戴着解放军的臂章重回上海，他找龚之方等人谈话，说上海不能成为没有小报的城市，新中国允许小报的存在，但要在注重趣味性、通俗性的同时力避迎合小市民的低级趣味的倾向。他希望龚之方、唐大郎等人组织一个能力强素质过硬的小报班子，这样《亦报》就诞生了。当时还有一个叫《大报》的小报，与《亦报》同时于 1949 年 7 月创刊。新生的小报，面貌一新，《亦报》吸引了不少名家。"《亦报》作者几乎都使用笔名、化名……本报存续的年月，处在新政权建立之初的'敏感'时期，又因其特殊的民营性质，故仍旧保持着同仁刊物的办刊传统，自然来稿和外稿，少用或基本不用。连载的稿子，更是编辑或主编专门邀约'特撰'。并且，周作人、张爱玲分别与主编唐大郎私交甚笃，有资料证明，他们加入《亦报》作者群体，完全是唐大郎、龚之方主动邀请的结果。"①

周作人的《鲁迅的故家》《鲁迅小说中的人物》这两本书都是先以单篇的形式在《亦报》上发表的。丰子恺也在上面发表过一些散文。在这家报纸上，周作人与张爱玲还有"互动"。张爱玲专门写了一篇文章表扬报纸上发的周作人的文章：《〈亦报〉的好文章》。"看似信手拈来。但轻描淡写中，其实，她有自己的用意。……抬出周作人来，或许还意味着，她一直在期盼周作人的提携，望其替《十八春》美言几句。"周作人在《亦报》上发表两篇文章，回应女作家的"美意"。……苦雨斋老人的趣味风格之类，言辞热烈、奢华的张爱玲，未必在"示好"之前，已有充分的思想准备。受此冷遇，反应如何，《亦报》没有留下蛛丝马迹。但是，周作人与张爱玲的"互动"，仅就止于此了。②

连载小说是小报吸引读者的通常手段。于是龚之方、唐大郎就想到了请张爱玲，于是这才有了《十八春》的连载。

---

① 巫小黎：《周作人与张爱玲：〈亦报〉空间的"互动"》，《鲁迅研究月刊》2013 年第 6 期。

② 巫小黎：《周作人与张爱玲：〈亦报〉空间的"互动"》。

张爱玲虽然爱看小报，但很少在小报上发过作品。这次她答应为《亦报》写稿，但坚持要用一个笔名。龚之方推测说，她用笔名恐有两个原因。一是《连环套》的教训，她怕边写边登，水准不一，改都没法改。二是她与胡兰成的事情在她心中还有隐伤，她怕别人见其大名又联系起这些事，搞得她被动，对新中国她还抱有观望态度，先不太张扬才稳妥些。龚之方对张爱玲小说的质量有信心，就同意张爱玲署笔名。她用的是"梁京"这个名字。① 据说这个笔名是桑弧取的，由此有人猜测二人关系比较密切②。张爱玲自己在《余韵》代序里请编辑解释过，作者借用"玲"的子音"张"的元音，切为"梁"；"张"的子音"玲"的元音切为"京"，<u>丝毫没有其他的用意。③</u>

《十八春》连载前三天，《亦报》就大作宣传，称将刊载"名家小说"《十八春》。连载前一天，又发表署名"叔红"的评论：《推荐梁京的小说》，文中称"梁京不但具有卓越的才华，他的写作态度的一丝不苟，也是不可多得的。在风格上，他的小说和散文都有他独特的面目。他即使描写人生最黯淡的场面，也仍使读者感觉他所用的是明艳的油彩"。文章还肯定即将与读者见面的《十八春》是"疏朗""醇厚"之作，"在思想感情上，他也显出比以前沉着而安稳，这是他的可喜的进步"。可以看得出来，评论者是知道作家的性别的，但故意用了一个"他"，不知

---

① 《十八春》从 1950 年 3 月 25 日开始连载，次年 2 月 11 日载完，单行本也同时由《亦报》社印出。

② 郑树森：《结缘两地：台港文坛琐忆》，台北洪范书店 2013 年版，第 202 页。

③ 张爱玲：《余韵》，皇冠出版社 1987 年版，第 10 页。

何意。

作品发表后，曾引起良好的社会反响。有个跟曼桢经历相仿的女子，在报社探得张爱玲的地址，终于找到了她心仪已久的作者。她一见面就倚门大哭，使张爱玲不知所措。这时她仍跟姑姑住在一起，姑姑好说歹说才把她劝走。9月中旬，桑弧来看望张爱玲。爱玲指着桌子上的一堆读者来信说，没想到读者竟然这样关心小说里的人物的遭遇，使她很高兴，也使她很惶恐。因为她担心人们有一种误解，以为故意把曼璐现在最悲惨的经历用廉价的手法骗取好心肠的读者的眼泪。还说如果读者读到曼璐被辱的部分有一种突兀或不近人情的感觉，是她写作技术上的失败。但是仍然要说，曼璐这一典型并不是她凭空虚构的怪物。与其说曼璐居心可诛，毋宁说她也是旧社会的牺牲者，但是曼璐陷害曼桢，最主要的理由还是应该从社会的或经济的根源去探寻……①

《亦报》社还组织了"与梁京谈《十八春》"的讨论会。会上张爱玲畅谈了她的创作意图，就是要写出旧社会中的种种牺牲者。她说对于读者对《十八春》的关心，她既感到高兴又感到恐惧。

一个在黑暗中生活太久的人，些微的光亮就会使她欣喜若狂。如果是明丽的太阳，再冰凉的心也会融化。张爱玲看惯了洋场鬼魅的糜烂生活，对国统区的种种腐败现象早有憎恶（《流言》中有篇散文叫《打人》，对警察以打无辜者为乐表示出了张爱玲式的愤恨）。她对现实是很容易灰心失望的。当她眼见得外战内战结束，社会清明，民心安定，而这一切又是在共产党的领导下

---

① 陈子善：《〈亦报〉载评论张爱玲文章辑录小引》，见于青、金宏达编《张爱玲研究资料》，海峡文艺出版社1994年版，第478页。

取得的，她怎能不有所触动，进而为之讴歌呢？

因此在《十八春》中，我们看到了一个倾向进步的、对新中国抱有好感和信心的作家张爱玲。

《十八春》载完后，许多读者投书报社，希望能再看到梁京的新作，报社也有意要张爱玲再写一本连载小说。唐大郎以"高唐"为笔名写了一篇《访梁京》，透露早在《十八春》载毕前一个月就有续请之意，说读者不会放过她，《亦报》也不会放过她这么一个好作者。① 爱玲同意了，这就是中篇小说《小艾》。不过，方式上略有变化。她坚持要写完后一起交稿，而不愿边写边发。她觉得这样写很逼人，影响写作的心境和质量。自 1951 年 11 月 4 日《小艾》开始连载，次年 1 月 24 日载完，署名仍为梁京。

自 1945 年 4 月 15 日在《光华日报》上张爱玲发表小杂感《天地人》，拉开了张爱玲与龚之方、唐大郎两人八年愉快合作的序幕，到中篇小说《小艾》。龚之方唐大郎，慧眼识宝，一手促成。"在张爱玲的文学生涯中，龚、唐两人所扮演的角色实在是太重要了"。②

《小艾》写的是在大户人家做女佣的小艾的一生。因书中牵涉印刷厂工人的生活，她对姑姑谈到希望能有机会找个印刷厂看看。恰巧姑姑所在电影公司的一位同事因做编辑工作常跑印刷

---

① 1951 年 2 月 19 日《亦报》。

② 蔡登山：《张爱玲文坛交往录，1943—1952 上海》，《新文学史料》2011 年第 1 期。

厂，于是牵线搭桥，让张爱玲到那里去了解过一些情况。①

　　小艾从小就被卖到席家做五太太的丫环。她不知道自己的姓名，不知自己家居何处，被卖时逢端午节，中国人有以艾草避邪的习俗，于是席五太太就叫她"小艾"。这是一个令人恶心的家庭。席五老爷景藩一娶再娶，五太太本是续弦，之后又有更年轻也就更得宠的姨太太。她在家中没有地位，四处讨好，四处受气。但还有一个她可以欺负的人，那就是小艾。席五太太把她在别处所受的气都发泄在小艾身上，挨打挨骂是家常便饭。这一家人各个都欺负小艾，她没有过一天安生日子。后来老爷奸污了她，致使她怀了孕。五太太和姨太太更是怒火中烧，打得小艾怀的孩子流了产。经过如此折磨，小艾恨透了这个家中的人，她认识到在这个世界上谁也不把她当人看。她冤仇似海，却不知如何报仇雪恨。她安慰自己："总有一天我要给他们看看，我不见得在他们家待一辈子，我不见得穷一辈子。"

　　她认识了在邻家阳台上每天看书的冯金槐。他是一个排字工人，给她讲了很多穷苦人受剥削的情形和道理，两人慢慢产生了感情，结了婚。婚后，小艾不能生育，在"蒋匪帮在上海的最后一个春天"，她领养了一个女儿。

　　解放了，小艾过上了好日子。医院治好了她的病。她生了个儿子。夫妻二人幸福生活在一起。冯金槐常把书上的大道理讲给她听。她想到自己的一生，想到将来，说："将来孩子长大以后，不知道是怎样的一个世界，要是听见他母亲从前悲惨的遭遇，简直不大能想象了吧？"

---

　　① 朱曼华：《张爱玲和她的姑姑》，见于青、金宏达编《张爱玲研究资料》。

《小艾》发表以后，反响不如《十八春》。这本是张爱玲驾轻就熟的题材，作品对五太太的刻画也较出色。但整部作品过于平淡，缺乏心理描写的深度，缺乏拷问灵魂的力度。尤其是小说后部分写到解放后的小艾生活，图解政治的倾向十分扎眼。其实，这种情况在《十八春》结尾也存在。两部小说各有一条"光明的尾巴"，冲淡了作品的悲剧气氛，描写又太表面化，人物性格的转化也太突然。可以说，这两部作品是没有"张爱玲文笔"的张爱玲小说。

张爱玲后来对这两部作品并不满意。她后来把《十八春》改为《半生缘》，删去了原作结尾。她还在一本书的"代序"中说："我非常不喜欢《小艾》。友人说缺少故事性，说得很对。"谈到《小艾》最初的构思与发表的情节有些不同，她说：

> 原来的故事是另一个婢女（宠妾的）被奸污怀孕，被妾发现后毒打囚禁，生下孩子抚为己出，将她卖到妓院，不知所终。妾失宠后，儿子归五太太带大，但是他憎恨她，因为她对妾不记仇，还对她很好。五太太的婢女小艾比他小七八岁，同是苦闷郁结的青年，她一度向他挑逗，但两人也止于绕室追逐。她婚后很像美国畅销书中的新移民一样努力想发财，共产党来后，怅然笑着说："现在没指望了。"①

显然，按这个构思在当时的情况下是不可能写出发表的。很可能张爱玲早就有这样一个构思萦绕在心头，现在借《亦报》约稿的机会，把它写出，但有了重大变动，结尾是大团圆。

---

① 张爱玲：《余韵·代序》。

"梁京"的名字，首次出现在《亦报》，是 1950 年 3 月 2 日，《亦报》以"编者"的名义发表《大家》一文，提醒读者特别注意即将登台亮相的"梁京"，到张爱玲用本名发表《〈亦报〉的好文章》，4 个多月里，该报先后发表 7 篇短文，如击鼓传花一般，为《十八春》摇旗呐喊，躲在幕后力挺"梁京"。1950 年 3 月 21 日，《亦报》又登出广告："名家小说，日内起刊。梁京作《十八春》。"并且，一连登了 4 天。第 4 天，即 3 月 24 日，报纸同时发表署名"叔红"的《推荐梁京的小说》，文章虽短，但在《亦报》，却是长文，作者以熟谙内情的行家口吻对梁京的创作（小说和散文）赞赏有加，不仅挑明"梁京不但具有卓越的才华"，更暗示读者，"他"曾发表过许多佳作，是早已誉满文坛的一位名家，同时也向读者预告了梁京小说风格和思想的转变。25日，千呼万唤的《十八春》登场。此后，到 7 月 25 日，《〈亦报〉的好文章》见诸报端。其间，发表在《亦报》，盛赞"梁京"及其《十八春》的文章，计有：传奇的《梁京何人?》、鲁男的《红手套的心情》、齐甘的《〈十八春〉的声色和造型》、高唐的《归齐》和《青菜还是卷心菜》、蕉叶《卷心菜索隐》六篇。文章虽短，密度却大，众星捧月的阵势，实属罕见，可谓盛况空前。似乎一颗文坛新星，正冉冉升起在上海的文学天空。

从这两部作品可以看出，尽管张爱玲在这两部小说中有些迎合时代的努力，但她心中仍有着拂不去的阴影。她的出身，她与胡兰成的关系，她的旧时的作品，都使她感到紧张。因为眼下文坛及社会的政治空气是较紧张的。在这个时候，她心里七上八下地摇摆着。

对于这种摇摆，甚至包括写什么文章，用什么笔名，在后来的文学史家看来都是有讲究深意的。"梁京"的声望，正在与日俱增之时，报纸却偏偏弃"梁京"的名字不用，而亮出新政当局十分敏感文学圈子中人不怎么欢迎的"张爱玲"三个字，《亦报》因"梁京""张爱玲"名字而引发的一系列"小动作"，大概可以理解为，是张爱玲的"忠粉"，征得其本人同意，借《亦报》空间，探测公众和新政府，对张爱玲的接受和容忍程度。

张爱玲因上海沦陷时期过于活跃，频繁出入于那些背景复杂、态度暧昧的出版机构和文化团体，抗战结束后，一直陷于公众舆论的漩涡，与胡兰成的情变，更是备受争议。但是，"粉丝"无数的她，颇得许多好心和热心人士的鼎力相助。作为公共空间的《亦报》，给"梁京""张爱玲"制造频频亮相的机会，或许，其意正是为困境中的张爱玲，解决生计问题，提供一点便利。另一方面，是替张爱玲谋划未来的出路，寻求生存策略探测虚实。隐曲之举，是中共接管上海后，政治气候扑朔迷离的投射。"此后，任何大众媒体，不再出现张爱玲的本名……其在《亦报》的日子里，或许已经获取了能够比较准确地预测未来命运走向的大量信息，预感到最坏的日子，正在后面尾随而来，因此，她才如此决绝。由此可知，张爱玲及《亦报》同仁，书生外表下，潜藏着惊人的政治智慧。"①

自从与胡兰成分手后，她就与姑姑搬了家。先后在华懋公寓（Cathay Mansion）和梅龙镇巷内重华新村 2 楼 11 号小住。1950 年又搬到南京西路"远东第一高楼"国际饭店背后的六层楼扇形公寓卡尔登公寓（Carlton Mansion，今名长江公寓）。《十八春》和《小艾》就是在这里写成的。

---

① 巫小黎：《周作人与张爱玲：〈亦报〉空间的"互动"》。

　　1946 年的一天，张茂渊收到黄逸梵的信，说她要回国了。回国那天，张茂渊和张爱玲、张子静及表哥去码头迎接。黄逸梵下了船，戴着眼镜，很瘦，形容憔悴。张茂渊对她说："哎唷，好惨！瘦得唷！"

　　张爱玲在一旁默不作声，但她的眼睛红了。

　　黄逸梵这次回国，带回数十个箱子，里面大都是皮件。与姑子和女儿在重华新村同住了一年多时间。张子静劝母亲这次回来就不要再走了，找间房子，把姐姐接来同住。黄逸梵淡漠地说："上海的环境太肮脏，我住不惯，还是国外环境比较干净，不打算回来定居了。"张子静认为这个理由太勉强，又不便多问。哪知不久母亲又出国了，且一去不回。

　　这时，张爱玲的父亲张廷重及后母已经沦落为贫民了。抽鸦片、吃大菜、打牌、玩小汽车，万贯家财被败光了，最后搬到一个只有 14 平方米的小房子里蜗居。这是一栋洋楼中的一间。原先的主人是一对开诊所的美国夫妇，后来易主为一个大律师的住宅。之后才变为小家小户的格局。张廷重 1953 年因肺病去世。张子静从郊区赶回时，没赶上最后见一面。他给姑姑打电话报丧，姑姑只答了一声"晓得了"就挂断了电话。

　　张爱玲早不与父亲来往，母亲又去了英国。弟弟解放后在上海郊区小学教书，她和姑姑两人住在一起。而解放后的新的环境还令她感到吃不准。在这个时候，她心里就十分茫然了。张子静回忆说：

　　　　1951 年，我记得很清楚，大概是《十八春》连载结束后，有一次我去看她，问她对未来有什么打算，我们虽然不谈政治，但对政治环境的大改变不可能无知。尤其像她那么聪明的人，经历过香港沦陷、上海沦陷、抗战胜利，对于各阶级的变化，一定有她独特的观察和发现。……我问她对未来有什么打算，就是因为我对整个客观环境已经有所考虑。但是姊姊默然良久，不作回答。

她的眼睛望着我，又望望白色的墙壁。她的眼光不是淡漠，而是深沉的。我觉得她似乎看向一个很遥远的地方，那地方是神秘而且秘密的，她只能以默然良久作为回答。①

过了几个月，张子静从乡下到卡尔登公寓找张爱玲。开门的是张茂渊，她只说了一句话："你姊姊已经走了。"然后就关上了门。

张子静下了楼，忍不住哭了起来。

4年前，在与好友苏青的对谈中，苏青觉得还是要向上，虽然究竟怎样是向上很模糊，自己不大知道。并问张爱玲将来到底是不是要有一个理想的国家。张爱玲说她想是有的，可是最快也要许多年，即使他们看得见的话，也享受不到了，是下一代的世界了。②

---

① 张子静：《我的姊姊张爱玲》，第 137、138 页。
② 张爱玲：《流言·我看苏青》。

下部

(1952—1995)

第十三章　创世纪 (重回香港)①

四十六、罗湖桥畔

这是张爱玲小说《浮花浪蕊》中的一个情节，它讲述的是一个叫洛贞的三十来岁的女人怎样离开上海，乘火车南下广州，又从深圳罗湖桥"脱逃"到香港的经过：

> 罗湖的桥也有屋顶，粗糙的木板墙上，隔一截挖出一只小窗洞，开在一人之高上，使人看不见外面，因陋就简现搭的。大概屋顶与地板是现有的。漆暗红褐色。细窄横条桥板，几十年来快磨白了，温润的旧木略有弹性。她拎着两只笨重的皮箱，一步一磕一碰，心慌意乱中也像是踩着一软一

————————

① "创世纪"，张爱玲1945年作长篇小说名（未完）。自本章起叙传主的海外生活，出走大陆，且一去不回，有一个艰难的选择，故称"创世纪"。

软。桥身宽，屋顶又高，屋梁上隔老远才安着个小电灯，又没多少天光漏进来，暗昏昏地走着也没数，不可能是这么个长桥——不过是边界上一条小河——还是小湖：罗湖。

桥堍有一群挑夫守候着。过了桥就是出境了，但是她那脚夫显然认为还不够安全，忽然撒脚飞奔起来，倒吓了她一大跳，以为碰到了路劫，也只好跟着跑，紧追不舍。

是个小老头子，竟一手提着两只箱子，一手抡着扁担，狂奔穿过一大片野地，半秃的绿茵起伏，露出香港的干红土来，一直跑到小坡上两棵大树下，才放下箱子坐在地上歇脚，笑道："好了！这不要紧了。"

广东人有时候有这种清瘦的脸，高颧骨，人瘦毛长，眉毛根根直竖披拂，像古画上的人物。不知道怎么童心大发起来，分享顾客脱逃的经验，也不知是亲眼见过有人过了桥还给逮回去。言语不大通，洛贞也无法问他；天热，跑累了便也坐下来，在树影下休息，眺望着来路微笑，满耳蝉声，十分兴奋喜悦。

在大陆解放之初，从罗湖桥到香港并非难事，只有到了1955年前后才管严了。这里花了较多的文字引用原文，是为了说明作者对这一带的情况是十分熟悉的，难道她到过这里？

作品是这样描写洛贞外貌的：

其实她并不是个典型的上海妹，不过比本地人高大些，脸色暗黄，长长的脸有点扁，也有三分男性的俊秀，还有个长长的酒窝，倒是看不出三十岁的人；圆圆的方肩膀，胸部也还饱满，穿件蓝色密点碎白花布旗袍，又没衬硬里子，一望而知是大陆出来的，不是香港回来探亲的广东同乡。

这洛贞的外貌我们似曾相识，她酷似一个人，谁呢？她像本
书的传主张爱玲。

张爱玲怎么会熟悉广东深圳的地形和边界呢？

——因为她刚从罗湖桥走过。

她像洛贞一样匆匆地惶惶地走过去了，而且一去不回。这是
1952 年的夏天。

张爱玲是以到香港完成被战事中断的学业为理由申请出境
的。大约在 1952 年春天提出申请，她可能是用张煐的名字，没有
暴露自己的作家身份，初夏获批准，然后就准备出发了。行前，
她特地去杭州游玩了一次。她还与姑姑约定，彼此不再联系，以
免给姑姑带来麻烦。姑姑也是出于避免麻烦和作为纪念两方面的
原因，把关于家族的照片都让爱玲带走了。张爱玲没有带太多的
行李，连自己的小说手稿也几乎没有带上。孑然一人，行李简
单，奔向了由广州去香港的行程。直到老年，她还记得离开大陆
前后的一些细节。她回忆说：

> 离开上海的前夕，检查行李的青年干部是北方人。但是
> 似乎是新投效的，来自华中一带开办的干部训练班。
>
> 我惟一的金饰是五六岁的时候戴的一副包金小藤镯。有
> 浅色纹路的棕色粗藤上镶有蟠龙蝙蝠。他用小刀刮金属雕刻
> 的光滑的背面，偏偏从前的包金特别厚，刮来刮去还是金，
> 不是银。刮了半天，终于有一小块泛白色。他瞥见我脸上有
> 点心痛的神气，便道："这位同志的脸相很诚实，她说是包
> 金就是包金。"

我从来没听见过这等考语。自问确是脂粉不施，穿着件素净的花布旗袍，但是二三个月前到派出所去申请出境，也是这身打扮，警察一听说要去香港，立刻沉下脸来，仿佛案情严重，就待调查定罪了。

幸而调查得不很彻底，没知道我写作为生，不然也许没这么容易放行，一旦批准出境，马上和颜悦色起来，因为已经是外人了，地位仅次于国际友人。像年底送灶一样，要灶王爷"上天言好事"。①

于是，张爱玲到了大陆的边地，到了罗湖桥。罗湖桥的桥面是粗木铺的，中英两方的军警各守着桥的两端，戒备森严。过大陆海关检查时，因用的是化名，张爱玲心里忐忑不安。检查员大概是个文学爱好者，端详着照片和真人，问她："你就是写小说的张爱玲？"她心里一惊，不知怎么回答，含混了一声："是。"生怕被扣下来。谁知那人只笑了笑，就放她过去了，去等候港方的检查。当香港警察把入境者的一个个入境证拿去查验时，张爱玲和其他人心事重重地等着，等了很长时间，还没有丁点消息。一个还有几分少年的稚气和北方农村人憨气的大陆士兵，对这群在烈日下暴晒了个把小时的人说："这些人！大热天把你们搁在这儿，不如在背阳处去站着吧。"他边说边示意他们退到阴凉的地方去，可他们谁也没有动，客气地讨好地对战士笑了笑，依旧紧贴着栅栏，生怕入境时掉了队。终于开始放行了。只有到这时，当他们的双脚踏在了香港的土地上，他们悬着的心才放下来。本节开头所引小说《浮花浪蕊》中的一段话，正是张爱玲出

① 张爱玲：《对照记》，第77页。

走经过和心境的实录。

十三年前，她来到这里时，是一个单纯的学生。三年多的大学生活，是她难得的快乐时光。但她是喜欢上海的，上海给她家的感觉。在她只身面对世界，卖文为生的日子里，她在上海是如鱼得水，自有一番天地，自有一种乐趣的。如今，她离开她出生和成长、成名的上海，而且一去不复返了，她的心情是百感交集，万念俱灰的。

表面上看，张爱玲此次去香港，只是为了完成未竟之学业，理由正当，其情可解。但她一开始做的就是去而不回的准备，她割断了与在大陆一切亲友的联系，连弟弟也没有通知。只有姑姑知道她的计划、她的心思，而且她随后又割断了与姑姑的联系。从她不多的关于 50 年代初的生活包括出走前后的带有倾向性的文字中，比如上引小说情节和办出境手续的回忆，可以明显看出她当时对自己在上海继续生活下去没有信心，对那时的环境有一种不适应的感觉。可见，她试图以复学为契机，换一个生活环境，重寻自己的人生之路。

四十七、参加文代会

翻开 1950 年 7 月下旬召开的上海市第一次文代会会员集，上面赫然印有张爱玲的名字。她的应邀出席，说明新中国文艺界并未忘记这个曾红极一时的作家，也说明张爱玲愿意走出昔日的阴影，投身于新的事业。上海一直是各种不同性质的文艺家聚集的大都市，这次大会就是要在广泛团结的基础上，总结过去，制订任务，建立统一的领导和组织，以便更好地贯彻毛泽东的文艺思想。会上，陈毅市长做了关于国内外形势的报告，夏衍做了关于一年来文艺工作的回顾和今后努力方向的报告。各界委员们进行了广泛热烈的讨论。出席和列席的七百余名与会者代表着当时上海万余名文艺工作者，会议总主席夏衍，副主席梅兰芳、冯雪峰、周信芳，秘书长陈白尘，这是一次空前的文艺盛会。

会场是在一个电影院里——

她坐在后排，旗袍外罩了件网眼的白绒线衫，使人想起她引用过的苏东坡词句"高处不胜寒"。那时全国最时髦的装束，是男女一律的蓝布和灰布中山装，后来因此在西方博得"蓝蚂蚁"的徽号。张爱玲的打扮，尽管由绚烂归于平淡，比较之下，还是显得很突出（我也不敢想张爱玲会穿中山装，穿上了又是什么样子)。①

这是三十多年后张爱玲的老友柯灵先生的生动回忆。可以想象一下，一片蓝灰色的中山装里，500多人的中山装海洋里，只有张爱玲，一袭旗袍，外面罩了件网眼的白绒线衫。奇装异服、自由打扮、随意生活本是张爱玲的一贯作风，她和清一色的中山装们在一起时不免有些隔膜，她曾对弟弟说那样的衣服她绝不会穿。她不能想象在一个在穿着上都有很多限制的环境中如何面对生活。她那不合规矩惧怕规矩的性格使她难以契合的恐怕不仅仅是时装。

与会者中，有一部分是过去国统区的作家、艺术家，他们对于新的文艺政策多少存在着一些戒惧和疑惑，因此有的怀着孤雁

---

① 柯灵：《遥寄张爱玲》。

失群的心理，有的带着怀才不遇的感慨，有的有着反正别人瞧不起的自卑。也有不少人坦诚检讨，积极表态投身于新的阵营中来，如以"甜姐儿"形象走红的黄宗英、创作过风靡一时的流行歌曲《毛毛雨》的黎锦晖、编辑靳以、作家巴金、赵景深等激昂慷慨地贬斥旧我，表示要重塑新我。①

柯灵还介绍说，左翼文学阵营中不乏喜爱张爱玲的作家（以才论人本也是文艺界的通常态度），左联元老夏衍即是其中之一。抗战结束，他从重庆回上海，听说沦陷区出了个张爱玲，就读过她的作品，留有较深的印象。解放后，他身为中共上海市委常委、宣传部部长、市政府文化局局长，是上海文艺界一号人物。《十八春》连载不久，夏衍就找《亦报》负责人问"梁京"是谁。当龚之方告知就是张爱玲时，夏衍听了很高兴，说"这是个值得重视的人才"。② 也正是因为他的提名才有张爱玲去参加文代会。后来夏衍调到文化部当副部长，柯灵还在上海书店的书库里，购了《传奇》和《流言》，寄到北京去送给他。

夏衍晚年，他过去的秘书李子云说："您是左联的发起人之一，奇怪的是您居然能接受被'直接为政治服务论者'认为不能入流的作品。最明显的例子是您能欣赏张爱玲的作品。她的作品实在是离政治太远了。但是您在 1950 年曾介绍我看她的作品，说她是写短篇小说的能手。当年没有一个革命作家敢承认张爱玲在小说创作上的成就。"夏衍的回答耐人寻味：

我认识张爱玲和读她的作品，是唐大郎介绍的。唐大郎

---

① 《上海市第一次文代大会侧记》，见《文艺报》1950 年 11 期。
② 《〈十八春〉发表前前后后》，上海《文学报》1997 年第 33 期。

也是一个有名的"江南才子"，所以，也可以说，欣赏张爱玲的作品和希望她能在大陆留下来，一是爱才，二是由于恩来同志一直教导我们"要团结一切可以团结的人"这一方针。

夏衍去世前一年多为《大江东去——沈祖安人物论集》作序时再一次提到张爱玲，不但对张爱玲的评价简要而中肯，而且披露了极为重要的史料：

> 张爱玲一直是个有争议的人物。她才华横溢，二十多岁就在文坛上闪光。上海解放前，我在北京西山和周恩来同志研究回上海后的文化工作，总理提醒：有几个原不属于进步文化阵营的文化名人要争取把他们留下，其中就谈到刘海粟和张爱玲。总理是在重庆就辗转看过她的小说集《传奇》，上世纪50年代初我又托柯灵同志找到一本转送周总理。但是张爱玲后来到了香港，走上反共的道路，这是她自己要负责的。

如果夏衍的回忆无误，那么他在这段话中清楚地告诉读者：不是别人，正是周恩来，在上海解放前夕指示他设法争取张爱玲留下来。或者也可理解为，邀请张爱玲出席上海第一届文代会，正是贯彻了周恩来的指示。这是张爱玲研究界所从来不知道的。而柯灵回忆的夏衍调回北京工作后，托他代购的小说集《传奇》，原来转送给了周恩来。这也是张爱玲研究界所从来不知道的。至于夏衍批评张爱玲"后来到了香港，走上反共的道路"，应该视为限于当时大陆所知的史料和认识，还无法得出更为积极和全面的结论。①

紧接着上海电影剧本创作所成立了，身为著名影剧作家的夏衍亲任所长，柯灵任副所长。夏衍也知道张爱玲编过成功的话剧和电影剧本，颇惜其才，欲邀张爱玲任编剧。但当时"左"的势力较重，有人反对，所以他想等一些时候再正式决定。柯灵来不及把消息透露给张爱玲，就听说她去了香港。

我们以年表的形式对新中国成立之初文艺界的一些重要活动予以搜索检寻：

1949 年初，郭沫若、茅盾、周扬等较为明确地成为新中国文艺界负责人。6 月，上海军管会接管了国民党经营的和民营的各电影厂，并为上海电影制片厂。7 月，第一次文代会在北京举行，总结了三十年新文艺的经验，提出了新中国文艺的社会主义方向。10 月，上海《文汇报》讨论该不该写及如何写小资产阶级的问题。1950 年 1 月，茅盾在《文艺报》一卷五期上撰文分析目前的文艺创作问题。

上半年，讨论如何写正面人物和反面人物；阿垅做自我批判；《清宫秘史》放映两个月后被令停映。年底，《武训传》开始放映。

1951 年 2 月，《文艺报》开始批评碧野的长篇《我们的力量是无敌的》，作者做自我检查。2 月，开始评论和批判《武训传》。4 月，茅盾在上海作报告，提出文艺界三大任务：保卫和平、抗美援朝、镇压反革命。6 月，萧也牧《我们夫妇之间》以"玩弄人民、低级趣味"之罪名被批判，作者在 10 月做自我批

① 陈子善：《张爱玲与上海第一届文代会》，见《沉香谭屑——张爱玲生平和创作考释》。

评。1952 年 1 月，文艺界响应中央号召，开展"三反""五反"，全国文联要求各地文艺工作者积极参加。

上半年，文艺界整风运动紧锣密鼓地进行；许多重要报刊强调塑造新人、英雄人物，同时批评创作中公式化、概念化倾向。

这里的概括显然是不完全的，但大致反映了那一时期的文艺形势。可以看出它与此前的文坛有这样一些不同的特点：首先，文艺界真正进入了全面领导管理阶段，从组织机构、人员编制到出版阵地、创作思想，无一例外；其次，更加密切了文艺与政治、政策的关系，因为有组织上的保证；第三，在具体创作方面，对题材、人物等问题不仅仅是引导和提倡，而且开始限定；第四，作家和作品接连受到包括来自决策者和机关报刊的批评、批判，作者常被迫作自我批判；第五，"左"的影响较为明显。

在当时的宣传、出版、文艺、影剧、新闻皆全面进入领导统一管理的状态下，张爱玲虽然不可能对之一一留心，但绝对不可能不闻不问，她一定有自己的反应态度、价值判断。显然，她的反应和判断是偏离了大多数文艺工作者的反应和判断的。她的出走，与她赖以安身立命的自由写作环境的改变息息相关。她不适应、不习惯新的文艺形势，而且她还有心理阴影和不虞之感，"解放初期在组织工作中还多少存在着关门主义倾向。"夏衍说，① 因此这个来自沦陷区在汉奸刊物发表过作品的人难免有着疑惧之色。

一日，在黄河路上开办"人间书屋"的沈寂，去对面卡尔登公寓探望一个朋友，刚进大楼，与正从电梯里走出来的

---

① 《上海第一次文代大会侧记》，《文艺报》1950 年第 11 期。

张爱玲撞个"满怀"。张爱玲脱口而出："谷先生吗?"她习惯称沈寂为谷先生,她已从报上知道沈寂因进步行为被驱逐出港。"是。张小姐多年不见,你好吗?"听这一问,张爱玲显得无精打采:"还是老样子,除了动动笔头,呒啥好做的。"他们有一搭没一搭地闲聊着。沈寂看得出,张爱玲情绪低落。正要告别,张爱玲说:"对了,最近正好出版了一本小说,送你看看。"说着,转身上楼去取书。①

"无精打采"是张爱玲当时状况的真实写照。

还可以想见的一个原因是,一直以稿费为生的张爱玲,难以在此时写出能够发表的作品,生计问题也未尝不是个问题。在1944年1945年,张爱玲每月的稿费折合银圆大概在450块大洋左右,而在当时8块大洋可以买一石大米。张爱玲每月稿费可以买9000斤大米。但新中国成立后,张爱玲每月稿费只能买150斤大米,是新中国成立前的六十分之一。②"很早就有人猜想张爱玲写《小艾》时期生活拮据。张爱玲过世以后,有人访查到,她在上海的最后居所尤其简陋,推测她出国前穷困潦倒,这些分析应该是可信的。我们确知她离沪赴港前后,曾得姑姑与国外亲戚

---

① 韦泱:《听沈寂忆海上文坛旧事》,《文汇报》2015年7月31日。
② 杜英:《重构文艺机制与文艺范式》,上海三联书店2011年第127—129页。转引自杨曼芬:《矛盾的愉悦——张爱玲上海关键十年揭秘》,第58、59页。

的帮助。"① 1949 年后，自由的职业作家已失去了生存空间，张爱玲要么归顺，要么出走，没有第三条道路。

从张爱玲的一贯思想行为而言，她的出走是完全可以理解的。

她是一个悲观主义作家。她对人类文明一直抱着消极态度。对中外势力在华夏大地上的较量，对沦陷区国统区的黑暗腐朽，她一直以为是完不了的。然而，混战的局面结束了，新的秩序——新中国出现了。这对她来说，对任何一个中国人来说，都会带来心灵的巨大震动。她对自己的人生态度发生了短暂怀疑，所以她的笔下开始有了政治，有了共产党，有了新社会，有了《十八春》。《十八春》是她惟一的非张爱玲式的作品，表明了作者力图与新生活合拍的努力。但从艺术上来说，它的欢乐结尾是较为苍白涩滞的，它的欢乐是勉强生硬的。艺术魅力并无增加，因为它与作者的悲观气质不合。与这种悲观气质不合的，不仅是《十八春》的结尾，还有类似《十八春》结尾的生活。

她是一个在黑暗中生活得太久的作家。从心态来说，她永在"荒凉"之中。放大黑暗、玩味和嘲弄黑暗、挖掘人性的阴暗面是她的特长。对于新的、正在滋长的东西她总是迟钝和隔膜，缺乏深切的体会。《十八春》结尾的匆忙和苍白，也说明了这一点。因此，一个在黑暗中生活得太久而至于灰心的人，对光明的想象

---

① 参见高全之：《张爱玲学》，台北一方出版有限公司 2003 年版，第 132、133 页。所引台继之：《另一种传说——关于〈小艾〉重新面世之背景与说明》，台北《联合报》副刊 1987 年 1 月 18 日；《近距离看张爱玲——她不孤绝，只是潦倒》，美国《世界日报》，1995 年 11 月 26 日；以及司马新对于张爱玲姑姑的书面采访。

是超现实的幻化了的仙境，对太阳下的阴影又格外敏感多疑。在这一点上，她的理解力并不高深，并未大彻大悟。因此她的反应比其他作家脆弱。如同一个久居黑暗的人突见光明，颇觉刺眼、晕眩、不习惯，甚至有赤裸裸地暴露在天底下的不安全感。退到熟悉的旧环境几乎成为一种本能反应。

她是一个"纯艺术"的作家。永在潮流之外，超然政治是她的一贯态度，因此她是一个政治盲童。上海解放初期的镇压反革命、没收富财、公私合营、农村土地改革斗地主分田地等变革，是这个政治盲童难以理喻的。永在潮流之外的态度现在也受到了挑战。新中国文艺的一统局面、共同潮流使她会感到如果拿起笔的话，不可能不卷入潮流，卷入就会淹没，她难以跟随，写不下去了。原来封闭的生活圈子荡然无存，而走出圈外，她就是六神无主的弱者，创作泉水将日渐枯竭。《十八春》的转换也就是创作危机的反应，因此她有一种焦灼感。

她是一个自由主义作家。在沦陷区上海的文坛冷寂的时刻，她以《传奇》等作品来了一个闪电般的漂亮填空。她的成功，靠她的惊人才华，也靠当时相对封闭的有着不少夹缝的环境。没有固定职业，笔端不沾政治，只身独处，独立写作，卖文为生是她《传奇》阶段的基本生活方式。因此她是独立性较强、写作方式较为散漫的作家。新中国成立后，文艺创作完全进入有领导有组织有干预有批评的新局面。主流意识形态对文艺的理解和要求的着眼点不是审美娱乐而是宣传教育乃至斗争的工具，长期以来的"文艺战线"这种军事化提法便说明了这一点。不难想象这个在心态上属于自由主义作家的张爱玲是难以理解、难以习惯、难以接受的。这样，她觉得自己的创作前途也许会蒙上一层阴影。

以上这些，或许就是张爱玲之所以匆忙选择、一去不回的深层心理原因。而这，也正体现了张爱玲之所以为张爱玲——一个怪异孤僻、我行我素的张爱玲。

四十八、创作《秧歌》

再见香港，张爱玲发现香港有了很大变化。但她不是来观光的，她要寻的是安身立命之所。

1952 年 4 月，张爱玲得到香港大学注册处的入学通知。7 月，她重返香港，到港大重修当年未完之学业。她母亲的老朋友、时任港大工学院讲师的吴锦庆先生曾致信给文学院贝查院长，请他帮助张爱玲完成复学手续并获取助学金。贝查院长以三点理由说服校方。一、张爱玲曾在 1941 年获何福奖学金，是最优秀的学生；二、张爱玲现在已是难民，生活困难；三、她申请重读，应当得到助学金。在多人的帮助下，张爱玲于 8 月 20 日正式到港大注册，并获得了 1000 元的助学金。

但张爱玲只读了两个月，就给学校打报告退学，未等学期结束就离开了港大，她匆匆忙忙地去了东京。

原来，她的好友炎樱此刻正在日本且很快就要去纽约。张爱玲急着与她见面，并试探在日本发展的可能性，甚至从日本到美国的可能性。

也许因为未来充满了太多的不确定性，抱着试一试运气的这样的念头，张爱玲求了两卦，第一签以牙牌问炎樱的近况。签上写道：问炎樱事，不知彼已乘船赴日。去日本前又求了一签，签文是"中下、下下、中平"，"求人不如求己，他乡何似故乡"，

"蓦地起波澜，迂回蜀道难，黄金能解危，八九得平安。"① 但她碰了一鼻子灰，到东京找不到合适的工作，便于 1953 年 2 月回到香港。

1950 年 3 月，胡兰成逃离上海到香港，得到佘爱珍的资助，9 月偷渡到日本。两年后张爱玲也从香港到日本，关于她的日本之行只有一本散漫的小说《浮华浪蕊》略有提及，但从 1952 年底到 1953 年初在日本三个月她做了什么事情？找了什么工作？和早到日本的胡兰成有过联系吗？至今为止，张爱玲、胡兰成、炎樱都没有提到这趟日本行，也没有任何文献提供这段旅程内容。张爱玲赴美后，1955 年 10 月 25 日给邝文美的第一封信，提到过赴美过境日本和当年日本行的比较，提到她曾经去过的神户、银座、横滨。回横滨的时候搭错了火车，以前来回都坐汽车，所以完全不认得。1966 年 5 月 7 日，在给夏志清的信中这样提道："读了不到一个学期，因为炎樱在日本。我有机会到日本去，以为是赴美捷径。匆匆写信给 Registrar's Office 辞掉奖学金……我三个月后回港道歉也没用。"② 以为是能够从日本到美国，也是一句话带过。"日本行，才是张爱玲生命中最大的谜团"。③ 她去日本，除了炎樱的缘故之外，一向独立的她，只怕是为自己想与胡兰成"在一起"或"离不远"的真实意愿找一个骗人骗己的借口。直到多年以后在美国，她还是屡屡想起，犹如浸入"痛苦之

① 冯晞乾：《张爱玲的牙牌签》，《南方周末》2009 年 2 月 5 日。
② 夏志清：《张爱玲给我的信件》，长江文艺出版社 2014 年版，第 29 页。
③ 杨曼芬：《矛盾的愉悦——张爱玲上海关键十年揭秘》，第 99、100 页。

浴"，"浑身火烧火辣一样"。不论爱恨，这段感情终究耿耿于怀。

张爱玲的退学之举激怒了校方，当她想再回港大当学生则很难了。她要求补发以前应得的奖学金，学校则认为她欠港大457元，爱玲讨价还价，承诺分9次偿还。同时，她向贝查院长道歉，并送了一个祖传的小银器给他。然而，校方再未答应她入学的请求。不仅如此，张爱玲后来多次致函母校要求提供学习情况证明，也遇到过曲折，以至于她不得不向英国驻美国大使馆求助。①

孤单孤苦的张爱玲，不得不通过报纸广告找点事做。

幸运的是，她凭着自己过人的英汉语文字功底，很快在美国新闻处（United States Information Agency，又称美国驻港领事馆新闻处，简称"美新处"）找到了一份翻译工作。她从报纸上看到美国新闻处要聘请海明威《老人与海》的中文翻译者，便翻译了华盛顿·欧文的《睡谷故事》去应聘。当时在美国新闻处译书部任职的宋淇先生，看到应聘名单上有张爱玲，就和麦卡锡一起约见了她。

> 我入美新处译书部任职，系受特殊礼聘，讲明自一九五一年起为期一年，当时和文化部主任 Richard M. McCarthy（麦君）合作整顿了无生气的译书部（五年一本书没出）。在任内我大事提高稿费五六倍，戋戋之数永远请不动好手。找到合适的书后，我先后请到夏济安、夏志清、徐诚斌主教（那时还没有去意大利攻读神学）、汤新楣等名家助阵。不久

---

① 参见《张爱玲致华府英国大使馆函》，载苏伟贞主编《张爱玲的世界·续编》，第189—192页。

接到华盛顿新闻总署来电通知取得海明威《老人与海》中文版权，他和我商量如何处理。我们同意一定要隆重其事，遂登报公开征求翻译人选，应征的人不计其数，最后名单上赫然为张爱玲。我们约她来谈话，印象深刻，英文有英国腔，说得很慢，很得体，遂决定交由她翻译。其时爱玲正在用英文写《秋歌》，她拿了几章来，麦君大为心折，催她早日完稿，并代她在美物色到一位女经纪，很快找到大出版商Scribner接受出版，大家都为她高兴。

宋淇这段回忆不但交代了他结识张爱玲的经过，也大致交代了张爱玲翻译《老人与海》的经过。也就是说，张爱玲当时在香港报纸上看到《老人与海》征求译者的广告，投书应聘，才被宋淇慧眼相中，于"不计其数"的应聘者中脱颖而出，这当然也与张爱玲1940年代在上海文坛走红有关。①

宋淇，中国古典文学专家，研究《红楼梦》尤见功力。宋淇在燕京大学念比较文学，其妻邝文美②则在上海圣约翰大学念文学。他俩在上海时，经营卖药、出入口等生意，有一条街的物业。初来香港时，带着很多钱，一心想要信便信上海人，把钱存进上海人开的四海银行。后来开银行的夹带私逃，他们由最有钱变成最穷，逼着要外出打工，靠翻译小说赚稿费。其间，宋淇认识了邹文怀、胡金铨，上海人信上海人，被拉拢入了电影圈，10

---

① 陈子善：《范思平，还是张爱玲？——张爱玲译〈老人与海〉新探》。

② 邝文美（1919—2007），曾在美国新闻处工作，以"方馨"为笔名翻译文学作品。

年里，先后加入电影懋业公司，邵氏和嘉禾，拍国语片卖埠。①

夫妻二人生活于上海时就知张爱玲大名。"当年我们在上海时和张爱玲并不相识，只不过是她的忠实读者。那时，像许多知识分子一样，我们都迷上了她的《金锁记》《倾城之恋》《沉香屑·第一炉香》。"② 认识宋淇和同在新闻处兼任译员的宋太太邝文美，是张爱玲一生的幸运。宋淇夫妇对张爱玲有很多帮助照顾，他们成了终生挚友。张爱玲后来在一封信里面这样说："你的友情是我的生活的 core（中心），我绝对没有那样的妄想，以为还会结交到像你这样的朋友，无论走到天涯海角也再没有这样的人。"③

张爱玲起初住在女青年会，因为她的翻译作品的出版，有的读者就设法找到她的住处拜访她，这使她十分不安。在宋淇夫妇的热心努力下，在宋家附近为张爱玲租了一间房子，家具陈设虽然简陋，但她可以不受干扰，专心写作了。

这时上海文坛仍然有人惦记着她，希望她能回来发挥才华。有人回忆说：

　　我 1953 年从北京经过上海，带了小报奇才唐云旌给她的一封信，要我亲自给她，替我打听她住址的人后来告诉我，

① 黎佩芬：《上海人在香港：上海帮第二代的告白》，《明报》2006年10月1日。

② 宋以朗：《张爱玲私语录》，第23页。

③ 宋以朗：《书信文稿中的张爱玲》，《中国现代文学研究丛刊》2009年第4期。

她已经到美国去了。这使我为之怅然,那封信,正是唐大郎奉夏衍之命写的,劝她不要去美国,能回上海最好,不能,留在香港也好。

四十二年以后,我才知道自己当时受了骗,骗我的不知道是张本人,还是我托他打听的人。这当然是表示她无意回上海,或她的朋友无意让她回上海。①

张爱玲在香港的头两年,为美国新闻处先后翻译了海明威的《老人与海》、玛乔丽·劳林斯的《小鹿》、马克·范·道伦编辑的《爱默森选集》、华盛顿·欧文的《无头骑士》等。她喜欢海明威,但译另几人的作品则是"硬着头皮"做的。她说:"译华盛顿·欧文的小说,好像同自己不喜欢的人说话,无可奈何地,逃又逃不掉。"

"我逼着自己译爱默森,实在是没办法。即使是关于牙医的书,我也照样会硬着头皮去做的。"但是她给《爱默森选集》写的《译者序》很精彩:"爱默森并不希望有信徒,他的目的并非领导人们走向他,而是引导人们走向他们自己,发现他们自己。"

张爱玲译海明威中篇小说《老人与海》是她中译美国文学的第一部单行本。香港出版的张译《老人与海》的三种主要版本:中一出版社1952年12月初版,译者署名"范思平"。中一出版社1955年5月三版,译者署名"张爱玲",书前仍有"译者代序"《海明威》一文2页。今日世界社1972年1月初版,译者署名"张爱玲"。书前有Carlos Baker著、李欧梵译《序》。

① 罗孚:《怅望卅秋一洒泪》,香港《明报》1995年9月25日。

　　既然《老人与海》是张爱玲翻译的第一部美国小说，而且在她翻译时就已经"深得批评家一致热烈的好评"，她自己也很喜欢这部作品，那她为什么要在译本出版时署笔名"范思平"？似不符合她早就宣告过的"出名要趁早呀"。她本人后来也从未提及此事，不像"梁京"笔名，她对研究者正式承认过。因此，这成了一个谜。但有两点不能不估计到。一是她甫到香港，对1950年代初的香港文坛几乎一无所知，她不想过早亮出自己曾毁誉参半的真名。这有一个有力的旁证。据慕容羽军在《我所见到的胡兰成、张爱玲》中说，他在《今日世界》编辑部结识张爱玲，后来他参与香港《中南日报》编务，拟连载张爱玲翻译的一部小说，张爱玲不愿自己的真名见诸报端，坚持使用笔名，与他再三交涉，几经改动，从"张爱玲译"到"张爱珍译"再到"爱珍译"，才算告一段落。虽然这篇翻译小说还没有发现，但慕容羽军的回忆应是可信的。

　　两年之后，海明威获得诺贝尔文学奖，颁奖词中《老人与海》被特别提出赞美。而张爱玲自己翻译的由香港天风出版社陆续推出的《小鹿》《爱默森选集》也均已署了真名，于是她欣然为《老人与海》重印新写了《序》，已知的三版本译者署名也就改回了真名。至于二版本译者署名是否已改回真名，仍存疑，需原书出现才能见分晓。这样，《老人与海》就成了张爱玲所有译中最为特殊的一种：初版本署笔名，三版（或二版?）以后署真名，而这初版本，已经确知存世仅二册。①

张爱玲为《老人与海》写的译者序："老渔人在他与海洋的搏斗中表现了可惊的毅力——不是超人的，而是一切人类应有的一种风度，一种气概。海明威最常用的主题是毅力。他给毅力下的定义是：在紧张状态下的从容……因为我们产生了这样伟大的作品，与过去任何一个时代的代表作比较，都毫无逊色。"对作品中的人物和作品的价值作了精妙的概括。

有学者考证，张爱玲的翻译缘是很早很早的。她公开发表的第一篇译文叫《谑而虐》。是她读大一的时候。翻译的玛格丽特·哈尔斯（Margaret Halseys）一部关于域外文化考察的日记，发表在 1946 年《西凤》杂志夏季号。沟通中西文化是张爱玲中学时代的梦想。她的翻译和她的创作，都有这样的意义。无论是她翻译欧美作家的作品，还是把自己的作品中英文互译都是这种努力的尝试。②

1953 年间英国东南亚专员公署招聘翻译，她前往应聘，本有录用意向。但公署到她住的何东女子宿舍调查时，有人称她"可能是共产党特务"，不仅当不成翻译，而且三度被警方传讯。③

在翻译谋生的同时，张爱玲仍不忘小说创作。她开始了英文小说 The Rice Sprout Song（中文名《秧歌》）的写作。由于没有

---

① 陈子善：《范思平，还是张爱玲？——张爱玲译〈老人与海〉新探》，《中国现代文学研究丛刊》2011 年第 11 期。

② 何杏枫：《张爱玲作为译者——论〈谑而虐〉的翻译》，见《重探张爱玲：改编·翻译·研究》，中华书局（香港）有限公司 2018 年版。

③ 参见黄康显：《张爱玲的香港大学因缘》，载苏伟贞主编《张爱玲的世界·续编》，第 159—184 页。

书桌，她是在床侧的小几上写字的。由于是第一次用英文写小说，她并不十分自信。初稿写成之后，她把它送给已经熟悉的宋淇夫妇看，请他们提意见，然后把稿子寄给美国经纪人。

这部书稿对于张爱玲站稳脚跟、找回自信、重塑形象、再造辉煌是十分重要的。因此她焦急地等待着结果，宋淇夫妇也暗自企求它有好运。宋淇对这段经历的回忆十分有趣，他说："在寄到美国经纪人和为出版商接受期间，有一段令人焦急的等待时期。那情形犹如产妇难产进入产房，在外面的亲友焦急万状而爱莫能助。我们大家都不敢多提这事，好像一公开谈论就会破坏了成功的机会似的。"①

一天，夫妇二人意外翻出从上海带来的一本牙牌签书，为她求卦。说来奇怪，求来求去的总是这样一副：

中下　中下　中平

先否后泰　由难而易

枉用推移力。沙深舟自胶。

西风潮渐长。浅濑可容篙。

解曰：

君家若怨运迍遭。一带尤昭百快先。

失之东隅虽可惜。公平获利倍如前。

断曰：

双丸跳转乾坤里。差错惟争一度先。

但得铜仪逢朔望。东西相对两团圆。

两得中下双丸之象。中下与中平相去不多。

---

① 林以亮：《私语张爱玲》。

故特是占。

签书的意思向来都是难懂的，但这一副被他们认为是上上签。"西风"指英文版，"东西相对"被理解为中英文先后出版。事实也正如签书所言。纽约的查理·司克利卜纳公司（Charles Scribner's）同意出版《秧歌》。张爱玲还把《秧歌》译为中文，在香港《今日世界》杂志自 1954 年 10 月起开始连载。

《秧歌》以上海郊区在解放初期的土改运动为背景，表现这一时期农民的生活状态和情绪心理。主要人物有金根兄妹、金根的妻子月香、村干部王霖、体验生活的剧作家顾冈。金根曾当过劳动模范，其妹金花嫁到邻村。但家穷，陪嫁的只有一面镜子，这事后来金根妻子知道后还隐隐不快。月香到上海当了三年用人之后回家乡生产，他们家分了田和地契，但经济条件太差，以致月香常后悔不该回来，因为在上海还可以多挣几个钱。邻人都以为她在上海攒了一些钱，常来借但借不出，很得罪了几个人。其实她一家常吃不饱饭，老是喝稀粥，女儿阿招老是在喊饿。有一次饭做得稍微干了点，恰好村干部来了。一家人万般掩盖，生怕被看见。而这一家在村子里还算好的，不少农民比他们还糟得多。剧作家顾冈在农民家吃饭住宿，因老挨饿而变得很馋，多次悄悄地步行很远的路到镇上买东西，又悄悄地躲在楼上吃掉，像小偷一样。

年关已近，村民们都在为怎样过年发愁。这时村干部挨家挨户收取钱财，每家按规定要出半头猪和四十斤年糕，作为给军属拜年的礼物。村民们没有办法交出指定的东西，于是发生了冲突。村民们要求贷款过年，干部不答应。他们忍无可忍，就去抢由民兵把守的粮仓。民兵开枪了，出现了流血事件。阿招在乱中被人踩死，金根受了重伤。月香急忙要掩藏丈夫，把他送到金花那里，金花不敢收留奄奄一息的骨肉至亲，金根也怕连累家人，悄悄地躲在山林中死去。月香走投无路，气愤失态，放火烧了粮仓，自己也葬身火海。

事态平息之后，一切照旧。村民们在干部带领下备齐礼物，扭着秧歌，挨家挨户给军属拜年。

有人对张爱玲如何能如此细致写出农村生活感到惊奇，一说是她曾随上海文艺代表团到苏北参加过土改，但亲友们都否认这种说法，认为以张爱玲的性情，这是不可想象的事。还有一说是张爱玲看了50年代初《人民文学》杂志上一个作家对自己关于土改的糊涂认识的检讨后得到故事材料的。张爱玲自己从没有谈过这方面的生活积累和故事来源，因此她是否参加过土改，以前被认为是一个无从知晓的秘密。但现在基本上大家认定，在参加完上海第一次文代会后，张爱玲确实下乡参加过土改。虽然有人曾问过张子静，海外一直传说新中国成立后张爱玲曾去苏北参加过土改，他回答是，不知道，姐姐没跟他提过这个事儿。不知道，没提过，并不是完全否认。1968年张爱玲接受殷允芃访问的时候，曾经提到过写《秧歌》之前曾经在乡下住了三四个月，魏绍昌也曾经说过，张爱玲曾到苏北参加过两个多月的土改。萧关鸿在访谈张爱玲的姑父李开弟的时候，也曾经记录过，上海解放后主管文艺工作的夏衍爱才很看重张爱玲，点名让她参加上海第一届文代会还让她下乡参加土改。当时张爱玲还是愿意参加这些活动，她希望有个工作主要是为了生活。这跟后来她姑姑接受采访的时候说，她后来为什么要去香港，是因为在上海没有工作也是吻合的。

"读了《秧歌》，我们会感觉到张爱玲还有另外一面——她是一位非常关心我们国家的命运，关心我们人民的命运的作家。"①
《秧歌》最初在香港《今日世界》连载，1954年出版单行本，还
是插图本。《秧歌》的封面喜气洋洋，张爱玲在《秧歌》跋中说：
"书的封面，蒙薛志英先生代为设计，非常感谢。"小说写得很
顺，张爱玲曾对宋淇夫妇说："写完一章就开心，恨不得立刻打
电话告诉你们，但那时天还没有亮，不便扰人清梦。可惜开心一
会儿就过去了，只得逼着自己开始写新的一章。"② 张爱玲不是
那种磅礴壮阔的作家，《秧歌》作为一部小长篇恰好适合她的才
气，使她超越了自己闺秀、市井的格局。从篇幅和故事的宏度上
看，这部长篇也让她的才华和抱负发挥到极致。通篇布局均匀，
落笔利索，细节也结结实实，完全没有了张爱玲以前花哨和琐碎
的风格。③

　　小说英文版出版后，外界反映上佳，受到美国一些重要报刊
的高度评价。1955年四五月间有近10篇书评推介。

　　1955年4月3日《纽约时报》肯定了 *The Rice Sporut Song*
（《秧歌》）的书评《无水的根》（*Roots without water*），作者是
John J. Espey，书评中写道：

　　　　张小姐的长篇小说，貌似中国农村日常生活的随性描
　　述，实为结构紧凑与精心调制的杰作。他不在乎忠奸立判黑

　　① 止庵语，见宋以朗、付立中主编《张爱玲的文学世界》，新星出
版社2013年版，第42页。

　　② 谢其章：《张爱玲〈秧歌〉初版本》，《今晚报》2014年3月28
日副刊。

　　③ 哈金：《英文中的张爱玲》，《青年作家》2019年1月31日。

白分明的模式，顾（冈）与王（同志）始终可以理解，甚或
动人。

4月9号《纽约时报》的时报推荐好书 *Books of the times* 栏又
刊登了 Nash K. Buger 的评论，称之为"极佳的精短的长篇小说"：

> 《秧歌》写法让人联想到中国诗画般的简练与含蓄，同
> 时也精绘出一个古老大地和它的人民。

4月17日《纽约前锋论坛》写道：

> 张小姐是成功的中文剧作家与短篇小说家，曾为美国新
> 闻处做过可观的翻译工作，中译了两部美国长篇小说。这本
> 动人而谦实的小书是她首部英文作品，文笔精练，或会令我
> 们许多英文母语读者大为歆羡。更重要的是，本书展示了她
> 作为小说家的诚挚与技巧。

4月25日美国《时代杂志》、5月1日纽约《图书馆杂志》、
5月21日《星期六文学评论》都有佳评。纽约《可克斯书店服
务会报》"推荐这本涵涉鲜为人知主题的优秀小说"。《耶鲁评
论》夏季号也发表了对《秧歌》的书评。

张爱玲特别在意的是《时代》周刊有无反应。该刊选书极
严，评价极苛，一般作品难以上榜。有一天，宋淇手持一份新出
的《时代》周刊，要给张爱玲一个惊喜。她似有预感，抢先就
问："是不是《时代》终于有书评了？"打开一看，赞美之词
颇多。

《秧歌》第一版很快售完，但并不算畅销书。它的外语版权卖出了二十三种，包括并河亮翻译为日文版的《农民音乐队》，由东京的时事通讯社出版。还被改编成电视剧，在"国民广播电台"播出。张爱玲赴美后在荧屏上看到了，给宋淇信中的评价是："惨不忍睹"。

四十九、"迁就"之作

还是在那间斗室的小几上，张爱玲开始了第二部英文长篇小说 *Naked Earth*（中文名《赤地之恋》）的写作。

在这本书的三百字的《序》里，她反复强调的一个词就是"真实"：

> ……我确实爱好真实到了迷信的程度，我相信任何人的真实的经验永远是意味深长的，而且永远是新鲜的，永不会成为滥调。
>
> 《赤地之恋》所写的是真人真事，但是小说究竟不是报道文学，我除了把真正的人名与一部分的地名隐去，而且需要把许多小故事叠印在一起，再经过剪裁与组织。①

《赤地之恋》的内容十分广泛，它包括了土改、三反、抗美援朝这三件新中国成立初的大事。主人公叫刘荃，他和一群来自北京高校的毕业生被分配到北方农村参加土改运动。刘荃他们的

---

① 张爱玲：《赤地之恋》，皇冠出版社 1991 年版。

村子本无地主，只好把矛头对准中农。刘荃和一名叫黄绢的女同志相爱了，他们相濡以沫，互相照顾。后来刘荃被派到上海宣传动员人们抗美援朝，他结识了许多新面孔。这些人当初满怀理想，加入了共产党，现在却失望灰心，萎靡不振。戈珊如同女色鬼，作风放荡；赵楚和崔平本是曾有生死之谊的好友，但在"三反"中，为了保全自己，崔平出卖了赵楚。不久，刘荃也因赵楚一案牵连，被判了死刑。黄绢设法救出了刘荃。刘荃出狱后，志愿参加了抗美援朝部队。战争中，他们遇到了险情，被战友叶罗奎相救。叶曾是一个忠心耿耿的共产党员，但后来受到怀疑，他一直有蒙不白之冤的怨愤。当他和刘荃当了战俘又被遣返时，他就去了台湾。刘荃为了道义上的责任，为了报答曾为他牺牲过肉体和感情的黄绢，回到了大陆。

这部作品的写作情形与《秧歌》略有不同，它不是张爱玲完全独立创作的，而是由美国新闻处委任张爱玲为主要创作者，他人协助完成。

一篇访问记披露道："《赤地之恋》是在授权的情形下写出来的，所以很不满意——她主动告诉我。因为故事大纲已经定了。"① 对此事，有人专访过时任美新处处长的理查德·麦卡锡。麦卡锡毕业于爱荷华大学，主修美国文学。1947 年至 1950 年派驻中国，任副领事，后转至美新处服务。1950 年至 1956 年派驻香港，历任资讯官、美新处副处长及处长等职。②

---

① 水晶：《张爱玲的小说艺术》。

② 美国乔治城大学图书馆所藏美国外交研训协会外国事务口述历史计划的档案资料。参见高全之：《张爱玲与香港美新处——专访麦卡锡》，见《张爱玲学》。

麦卡锡回忆说，张爱玲是他认识的"两位文学天才之一"，初到香港时她经济颇为窘迫，他愿施以援手。美新处有一个"中国报告计划"，包括报刊电台新闻及学术论文；还有一个"美国书籍中译计划"，包括梭罗、爱默生、福克纳、海明威等名家名作的中译计划。"为此，我们请爱玲翻译，此为结识的开端。她为我们翻译了三四本书，她的海明威中译立即被称许为经典。"关于《秧歌》《赤地之恋》的"授权"说、"代拟大纲"说，他予以否认，说道："那不是实情。我们请爱玲翻译美国文学，她自己提议写小说。她有基本的故事概念。我也在中国北方待过，非常惊讶她比我还了解中国农村的情形。我确知她亲拟故事概要。"麦卡锡说他"确实读过她准备好的故事大纲"，"她是作家，你不能规定或提示她如何写作。不过，因我们资助她，难免会询问进度。她会告诉我们故事大要，坐来与我们讨论"，"我们的会议简短而且扼要。我们无法使《秧歌》更好"。

麦卡锡还回忆道，那年美国大红大紫的作家马宽德（John P. Marquand，1893—1960）访问香港，他请马宽德吃饭，张爱玲等作陪。张爱玲盛装出席，还在脚指头上涂了绿彩，马宽德好奇不已，张爱玲窘迫地回答说是外用药膏。"席间张爱玲破例和他讲了很多话"。那天麦卡锡把《秧歌》英文版的头两章给马宽德看后，他立即说"我肯定这是一流作品"。《秧歌》在美国出版，马宽德有推荐之功。① 后来马宽德还有推荐张爱玲别的小说在美国报刊出版社，可见在他的心目中，张爱玲还是够分量的。

《赤地之恋》是张爱玲一生的创作中她最不满意的作品。台

---

① 高全之：《张爱玲与香港美新处：访问麦卡锡先生》，见高全之《张爱玲学》。

湾水晶先生在 70 年代初访问她时，她对水晶先生坦然承认过她的不满意。早在 1955 年也即这两本书问世的第二年，她也有类似表示。在给胡适的一封信中，她介绍说："最初我也就是因为《秧歌》这故事太平淡，不适合我国读者的口味——尤其是东南亚的读者——所以发奋要用英文写它。这对我是加倍的困难，因为以前从来没用英文写过东西，所以着实下了一番苦功。写完之后，只有现在的三分之二。寄出给代理人，嫌太短……所以我又添出了一二两章……还有一本《赤地之恋》，是在《秧歌》以后写的。因为要顾到东南亚一般读者的兴味，很不满意。而销路虽然不像《秧歌》那样惨，也并不自己见得好。我发现迁就的事情往往就是这样。"① 刚刚在上海写过《十八春》《小艾》这样有光明尾巴的小说，没几年在香港又写出了表现土改和 50 年代初期大陆的问题小说，以至于在台湾有人把《秧歌》认为是"反共小说"。针对大陆的左翼评论家和台湾的右翼评论家联手将其打成"反共小说"，有学者指出："但张爱玲毕竟不是台湾的反共文人，她是在香港用自由主义立场书写两岸政权都不喜欢的厌共怨共但未必仇共同时又混杂有拥共内容的复杂作品。"②

宋淇的牙牌签卦为《秧歌》占卜了一副好卦，张爱玲居然对这副牙牌真的感了兴趣，出书、出行和其他事也用以卜占。她为《赤地之恋》算的一卦是一个中下签：

勋华之后。降为舆台。安分守己。仅能免灾。

---

① 张爱玲：《张看·忆胡适之》。
② 古远清：《国民党为什么不认为〈秧歌〉是反共小说?》，《新文学史料》2011 年第 1 期。

美国书商对这本书兴趣全无，她在香港分别出版了中文本和英文本。中文本销路尚可，但英文本无人问津。这一次的经历使她更坚定了只写自己感兴趣的人物和故事的写作原则。从《十八春》到《赤地之恋》的这四五年间，可以说是张爱玲写作的一个摇摆期，她的创作出现了下滑的趋势。有了这些教训，当宋淇好心劝她写一本畅销作以重新唤起读者对她的注意，并为她提供了一个可以参考的故事时，她干脆地谢绝了。她说："不！我决不写自己不想写的人物和故事。"

写作《赤地之恋》期间，宋淇夫妇经常去张爱玲的陋室小坐，以解她形单影只的寂寞。有时是邝文美一人去的，她俩在一起有说不完的话，但每到晚七点多钟，张爱玲就催邝文美回家，以免丈夫担忧。后来她还给邝文美送了一个 My 8 o'clock cinderella（"我八点的灰姑娘"）的雅号。

那时，宋淇在电影界从事剧本审查工作，香港当红影星李丽华早知张爱玲的写作才华，欲与张爱玲合作，期望张爱玲能像当年为文华影业公司开张时写出好剧本一样，为她将创办的电影公司写剧本。她得知宋淇与张爱玲相识相熟后，就恳请他玉成此事。宋淇深知张爱玲不愿见人的脾气，又经不住李丽华的软磨硬磨，而且觉得这对张爱玲来说未尝不是个机会，于是再三劝说，终于获得了张爱玲的首肯。

约定见面的那天下午，李丽华盛装打扮，早早地来到宋淇家里等候，等了很长时间，张爱玲才来。患有深度近视又不愿戴眼镜的张爱玲，也觉得李丽华光彩照人。但她那时忙于写作《赤地之恋》，而且对自己是否在香港继续发展有了否定的意向，她已开始申请去美国，所以她对与李丽华合作的事并不热心，托口有事，坐了一会儿就先走了。

第二天，她对宋淇夫妇说："越知道一个人的事，越对她有兴趣。现在李丽华渐渐变成立体了。好像一朵花，简直活色生香。以前只是图画中的美人儿，还没有这么有意思。"身为作家，她总是好观察人的，表述也很别致。

她在香港仍然是飘浮无定的，此刻，她的心飞向了美国。

第十四章　相见欢 (初到美国)①

五十、拜会胡适

1955年秋天的一个傍晚，张爱玲乘上克里夫兰总统号（President Cleveland）轮船漂洋过海去美国，宋淇夫妇在码头为她送行。张爱玲又要把自己抛向一个未知的海岸，当维多利亚港已远离了她的眼帘，夜和海包围了她乘坐的轮船时，三十五岁的张爱玲禁不住掩面而泣。

因为对自己的前途不放心，她才离开大陆到香港；还是因为对自己的命运的不甘心，她决定移居到美国。1953年，美国有一个难民法令，允许少数学有专长的人士到美国，成为美国永久居民，日后也可再申请为美国公民。在远东地区，三年中共有五千个名额：三千给本地人，二千给外地人。张爱玲就是根据这个法

---

① "相见欢"，张爱玲50年代作短篇小说名。本章叙传主初到美国的情形。

令提出移居申请的。美国驻香港的文化专员、美国新闻署香港美国新闻处处长理查·麦卡锡曾与张爱玲有工作接触，他担任了张爱玲的入境保证人。

船刚抵日本，张爱玲就给宋淇夫妇写了一封长达六页的信，记上了自己三等舱内外所见所闻。信中说道："别后我一路哭回房中，和上次离开香港的快乐刚好相反，现在在写到这里也还是眼泪汪汪起来。"宋淇夫妇读得很辛酸。行到半程就开始写信，是因为"有许多小事，一搁下来就不值一说了，趁有空的时候就快写下来"。此后她一直保留着这个习惯，一有机会就给他们写信。在港的几年间多亏了宋淇夫妇照顾，连这次出国的箱子都是邝文美帮她收拾的。她认为世事变化万千，只有少数几个朋友是可长期交往的，她忘不了他们。她还要宋淇夫妇多给她来信，反正一天到晚惦记着的。

10月22日，乘船到达夏威夷州的首府和港口城市檀香山，在这里办移民手续。检查官是一位日裔美国人。张爱玲身高五英尺七英寸，体重一百零二磅，可能是因为这个日本人个子矮而清瘦的缘故张爱玲显得特别高，他错写成了六英尺七英寸。对这件小事，张爱玲也免不了一番人性的分析。她说："其实是个Freudian Slip（弗洛伊德式的错误）。心理分析宗师弗洛伊德认为世上没有笔误或是偶尔说错一个字的事，都是本来心里就是这样想，无意中透露的。我瘦，看着特别高，那是这海关职员怵目惊心的记录。"[1]

然后，轮船向东直驶到旧金山50号码头，然后她乘火车到纽约，要与先到那里的炎樱相会。这已是11月中旬，只身一人

---

[1] 张爱玲：《对照记》，第81页。

在海上漂行月余，终于到达目的地，又遇到了老朋友，她的心稍
觉踏实。此时的纽约是世界的商业和文化中心，张爱玲不过是一
个初来乍到的难民。在炎樱的介绍下，她在坐落在哈得孙河岸的
救世军（Salvation Army）的女子宿舍住了下来。这是一个救济难
民的处所，杂居着酒鬼和上了年纪的老太太，管理员全是女性，
被大家称"中尉"或"少校"。住在这样的地方，张爱玲只好
将就。

到纽约刚一个星期，张爱玲就去拜访也在这里的胡适先生，
人地生疏的她几乎是迫不及待地要见到胡适，希望他能给她父亲
般的关怀和温暖。此前，她与胡适有过好几个回合的文字之交，
此次前去拜访是顺理成章的事儿，何况胡适对她早就留有好
印象。

1954年秋，张爱玲给胡适寄了一本中文版《秧歌》，另附有
一封短信，大意是说读过胡适先生作序的 30 年代亚东版晚清韩
邦庆的章回小说《海上花列传》，她知道胡适对《海上花列传》
评价很高，她自己对这本小说也是爱不释手，对其"平淡而近自
然"（胡适语）的风格十分欣赏。她写《秧歌》时也有意追求这
种风格，因此很想听听胡适的意见。这封信的原文被胡适先生粘
贴在 1955 年 1 月 23 日的日记里，原文如下：

　　适之先生：请原谅我这样冒昧地写信来。很久以前我读
到您写的《醒世姻缘》与《海上花》的考证，印象非常深。
后来找了这两部小说来看，这些年来前后不知看了多少遍，
自己以为得到不少益处。很希望你肯看一遍《秧歌》。假使
你认为稍稍有一点接近"平淡而近自然"的境界，那我就太
高兴了。这本书我还写了一个英文本，由 Suibueio 出版，大

概还有几个月，等印出来了我再寄来请你指正。

张爱玲
十月廿五

后面附有用英文写的在香港的地址。①

胡适仔细读过小说后给张爱玲回了一封信。信中说：

爱玲女士：

　　谢谢你十月廿五日的信和你的小说《秧歌》。

　　请你恕我这许久没给你写信。

　　你这本《秧歌》，我仔细看了两遍，我很高兴能看到这本很有文学价值的作品。你自己说的"有一点接近平淡而近自然的境界"，我认为在这方面你已经做到了很成功的地步！这本书从头到尾写的是"饥饿"——也许你曾想到用"饿"做书名，写得真好，真有"平淡而近自然"的功夫。

　　你写月香回家后的第一顿"稠粥"，已很动人了。后来加上一位从城市来忍不得饿的顾先生，你写他背人偷吃镇上带回来的东西的情形，真使我很佩服。我最佩服你写他们出门去丢蛋壳和枣壳的一段，和"从来没注意到（小麻饼）吃起来哼嗤哼嗤，响得那么厉害"一段。这几段也许还有人容易欣赏，下面写阿招挨打的一段，我怕读者也许不见得一读就能了解。

　　你写人情，也很细致，也能做到"平淡而近自然"的境

---

　　①　参见韩石山：《也谈张爱玲与胡适》，《文汇读书周报》1998 年 9 月 26 日。

界。如 131—132 页写那条棉被，如 175、189 页写的那件棉袄，都是很成功的。189 页写棉袄的那一段真写得好，使我很感动。

"平淡而近自然的境界"是很难得一般读者赏识的，《海上花》就是一个久被埋没的好例子。你这本小说出版后，得到什么评论我很想知道一二。

你的英文本，将来我一定特别留意。

中文本可否请你多寄两三本过来，我要介绍给一些朋友看看。

书中 160 页"他爹今年八十了，我都八十一了"，与 205 页的"六十八喽"相差太远，似是小误。76 页"在被窝里点着蜡烛"，似乎也可删。

以上说的话，是一个不会做文艺创作的人胡说，请你不要见笑。我读了你十月信上说的"很久以前我读你写的《醒世姻缘》和《海上花》的考证，印象非常深，后来找了这两部小说来看，这些年来不知看了多少遍，自己以为得到不少益处"。我读了这几句话，又读了你的小说，我真很觉高兴！如果我提倡这两本小说的效果单止产生了你这一本《秧歌》，我也应该十分满意了。

你在这本小说之前，还写了些什么书？如果方便时，我很想看看。

匆匆敬祝

平安

胡适敬上
一月廿五，一九五五
（旧历元旦后一日）

张爱玲不久给胡适先生写了回信，她在信中说：

适之先生：

收到您的信，真高兴到极点，实在是非常大的荣幸。最使我感谢的是您把《秧歌》看得那样仔细。

接着她介绍了《秧歌》和《赤地之恋》的写作情况，对自己迁就他人和读者而写作表示了不满。信的末尾，张爱玲谈了她对《海上花》的看法，并表示愿意在这本小说上花些功夫：

《醒世姻缘》和《海上花》一个写得浓，一个写得淡，但同样是最好的写实的作品。我常常替它们不平，总觉它们是世界名著。《海上花》虽然不是没有缺陷的，像《红楼梦》未写完也未始不是一个缺陷。缺陷的性质虽然不同，但无论如何都不是完整的作品。我一直有个志愿，希望将来能把《海上花》和《醒世姻缘》译成英文。里面对白的语气非常难译，但也并不是绝对不能译的。我本来不想在这里提起的，因为您或者会担忧，觉得我把事情看得太容易了，会糟蹋了原著。但是我不过是有这样一个愿望，眼前我还是想多写一些东西。如果有一天我真打算实行的话，一定会先译半回寄了来，让您看行不行。祝近好。

张爱玲

二月廿日

可见，《海上花列传》是联系胡适这个文坛老将和张爱玲这个文坛新秀的纽带，他们对"平淡而自然"的艺术风格有共同的兴趣。此后张爱玲确实花了许多时间翻译《海上花列传》的白话文和英文版，详情后叙。

此外，张爱玲家族和胡适家族也有过来往。胡适的父亲胡传认识张爱玲的祖父张佩纶。张佩纶曾经给胡传帮过一个忙。张爱玲的母亲黄逸梵和姑姑张茂渊也曾与胡适同桌打过牌。胡适虽然写过麻将误人误国的文章传诵一时，但他偶尔也有打牌的记录。梁实秋曾生动地记叙过胡适与潘光旦、王云五等著名文化人打牌输钱的旧事，十分有趣。抗战胜利后，报上曾登过卸任中华民国驻美大使胡适回国的大幅照片，西装革履，打着蝴蝶式领结，笑容满面，张茂渊看着感叹道："胡适之这样年轻!"

胡适的著作也在张廷重家的藏书之列。张爱玲在少年时代就坐在父亲窗下的书桌上看《胡适文存》，《海上花列传》是张廷重看了胡适的考证后才去买的，张爱玲读得津津有味。同时期另一名作《醒世姻缘》也是那时候找父亲要了四块钱去买的。买回来后弟弟张子静抢去舍不得放手，张爱玲就从第三本开始看起。胡适作《〈水浒传〉考》作为亚东版《水浒传》的序影响很大。在他的指导下，亚东图书馆又相继出了其他新式标点的传统小说，包括《海上花》和《醒世姻缘》。由于张爱玲事先看过这些考证，从《醒世姻缘》的中间看起她也没觉得有多大理解上的不便，头两本就让弟弟先看了。

想到马上就要见到胡适先生了，张爱玲脑海里一下子浮现起这么多旧事，她有些激动。在她眼里，胡适宛如神明，她是敬重有加的。

是他，30多年前在美国书写了中国五四文学革命的第一篇论文，叫出了第一声文学革命的呐喊；是他，30多年前在美国创作了第一首白话新诗。他的笑容永远是那么和蔼可亲，他穿西装的样子永远是那么漂亮潇洒。

而他，竟然跟自家长辈还有故交。他亦师亦友，那么谦和，对自己的作品读得这么仔细，评价那么高。想着马上要见着他了。真真正正只有四个字：敬若神明。

五十一、忘年之交

张爱玲邀着炎樱与她一同去看胡适。在 12 月 18 号给邝文美的信中，谈到了跟炎樱现在相处的情形："Fatima 并没有变，我以前对她也没有 illusions（幻想），现在大家也仍旧有基本上的了解，不过现在大家各忙各的，都淡淡的不大想多谈话。我对朋友向来期望不大，所以始终觉得，像她这样的朋友也算是了不得了，不过有了你这样的朋友之后，也的确是 spoil me for all the friends（宠坏了我，令我对其他朋友都看不上眼）。"① 渐近中年，又在异域环境，各忙各的，她和炎樱后来的来往日渐稀疏。

走到胡适所在的大使级住宅区东城 81 街，一排白色水泥方块房子出现在她们的面前。再走近些，到 104 号公寓门口，门洞里现出了楼梯，完全是港式公寓建筑。那天下午阳光灿烂，张爱玲不由得恍惚起来，觉得又回到了香港。上了楼，进入胡宅，室内的陈设也觉得熟悉得很。而听着胡适太太的安徽口音，因外祖父是安徽人而家族中有不少安徽腔，张爱玲从小听惯了，眼下更觉得熟悉亲切。

① 宋以朗：《张爱玲私语录》。

此时胡适先生已六十四岁了，穿着长袍子，戴着眼镜的先生已让张爱玲不能像姑姑那样有他年轻的感觉。1949年4月，胡适也是乘坐克里夫兰总统号到美国的，他做起了流亡寓公。对政治已失望的胡适"取消一切约会，关起门来继续考他的《水经注》"。① 第二年，夫人江冬秀也到纽约。平时无甚积蓄的胡适夫妇，此时没有固定收入，雇不起用人，自己学会了做家务，成了一个"老来穷"。1950年5月，胡适谋得普林斯顿大学葛斯德东方图书馆管理员职务，两年后卸任。之后他又再去台湾讲学。张爱玲这次来拜访后的第三年（1958年）他去了台湾，再也没有来过美国。

看到温和的胡适先生，喝着玻璃杯里泡着的绿茶，听到他与炎樱用国语吃力而有趣的交谈，张爱玲的"时空交叠"的感觉更浓了。她也想起了人们所言的胡适夫妇是旧式婚姻罕有的幸福的例子。

在与胡适一见之后，炎樱有次突然像有重大发现似的对张爱玲说："喂，你那位胡博士不大有人知道，没有林语堂出名。"其实，毕竟是文学圈、学术圈外人，炎樱的发现未必准确。对此，张爱玲另有解释：

> 我屡次发现外国人不了解现代中国的时候，往往是因为不知道五四运动的影响。因为五四运动是对内的，对外只限于输入。我觉得不但我们这一代与上一代，就连大陆上的下一代，尽管反胡适的时候许多青年已经不知道在反些什么，我想只要有心理学家荣（Jung）所谓民族回忆这样的东西，

---

① 易竹贤：《胡适传》，湖北人民出版社1994年版，第435页。

像五四这样的经验是忘不了的，无论淹没多久也还是在思想背景里。荣与弗洛伊德齐名。不免联想到弗洛伊德研究出来的，摩西是被以色列人杀死的。事后他们自己讳言，年代久了倒又倒过来仍旧信奉他。①

这是张爱玲为数不多的谈论五四的文字。虽然她十分在意五四运动的价值与影响，也一并承认着作为五四新文化干将的胡适的影响。不管怎么说，张爱玲也是吃五四的奶汁长大的。在这里，她还注意到了50年代中期大陆对胡适的批判和台湾对要"自由中国"的胡适等人的冷遇，那时正是胡适两面不讨好的时期。然而，张爱玲认定胡适等人开创的五四精神不会消失，胡适的价值也不会永受误解。她巧妙地借弗洛伊德关于摩西与以色列人的关系的观点，暗示胡适的贡献将会得到承认。"年代久了倒又倒过来仍旧信奉他。"张爱玲真还有点先见之明。张爱玲后来在台湾对王祯和也谈道，"现代的中国与胡适之的影子是不能分开的"②。80年代和90年代对胡适的研究在海峡两岸都很火热。不论胡适与张爱玲有多大的年龄差异、兴趣差异、贡献大小的差异，但有一点他们是相通的，那就是：他们都是现代中国的自由主义文人。

在1955年11月10日这天的日记中，胡适记下了有关两家交往的故事——

这天收到张爱玲《秧歌》英译本。

① 张爱玲：《张看·忆胡适之》。
② 丘彦明：《张爱玲在台湾》，《联合文学》第29期。

始知她是丰润张幼樵的孙女。

张幼樵（佩纶）在光绪七年（1881）作书介绍先父（胡传，字铁花）去见吴愙斋（大澂）。此是先父后来事业的开始。

幼樵贬谪时，日记中曾记先父远道寄函并寄银二百两。幼樵似甚感动，故日记特书此事。（《涧于日记》有石印本）

《幼樵日记》中竟收此介绍一个老秀才的信，——我曾见之，——可见他在当时亦不是轻易写此信也。

由此可见，在张爱玲走后，胡适认真查了资料，理清了两家先辈之间的关系。张爱玲的祖父给胡适的父亲帮的可不是一个小忙，而是帮了大忙。胡传是知恩图报的人，胡适也是。他对张爱玲特别关心，是自然而然的。[1] 1955 年，正是内地大规模开展批判胡适思想运动的高潮期。胡适那些在香港和曼谷的朋友们零零碎碎地为他剪寄了《人民日报》《光明日报》上刊登的清算俞平伯和胡适思想的资料。所读的《秧歌》这本小说里描绘的某种倾向似乎很符合彼时胡适对内地的想象。[2]

后来张爱玲又去看过胡适一次，如果说上次与炎樱同去是在客厅中的礼节性见面的话，这次她只身前往，且在胡适的书房与他对谈了很长时间。书房里有一整面墙全是书架，高齐房顶，似乎是定制的，但没搁多少书，全是一沓一沓的文件夹子，多数乱

① 韩石山：《也谈张爱玲与胡适》，《文汇读书周报》1998 年 9 月 26 日。

② 姜异新：《一代文宗刹那锦云——也是鲁迅，也是胡适》，福建教育出版社 2016 年版。

糟糟露出一截纸，这大概是胡适考证《水经注》的材料吧，张爱玲看着就心悸。话题也就从看书开始。

胡适问她在纽约看书方不方便，说："你要看书可以到哥伦比亚图书馆去，那儿书很多。"

张爱玲笑着说，她常到市立图书馆借书，但还没有到大图书馆看书的习惯。这种回答其实婉拒了胡适的建议。

胡适又谈到他父亲与张佩纶的旧交，但张爱玲表示不知道此事，因为她家里从来不提祖父。张爱玲曾在另一处谈到，张廷重从来不在子女面前谈上一代的事。"我姑姑、我母亲更是绝口不提上一代。他们在思想上都受五四影响……"① 大意是说五四时期提倡人格独立，个人选择，反对门第观念，因此不谈家族。

胡适接着说不久前他还在摊子上看到了张佩纶的全集，但没有买，因为正忙着给《外交》杂志（Foreign Affairs）写文章。还谈"他们这里都要改的"，有点儿不好意思地笑了笑。张爱玲没有想到大名鼎鼎的胡适的文章也有人改动，很想找《外交》杂志看看，但一忙，终于没有看成。

他们先后从大陆出走，因此也谈到了大陆的情形，胡适说："纯粹是军事征服。"爱玲的反应是："我顿了顿没有回答，因为自从一九三几年看书，就感到左派的压力，虽然本能地起反感，而且像一切潮流一样，我永远是在外面的，但是我知道它的影响不止于像西方的左派只限于1930年。我一默然，适之先生立刻把脸一沉，换了个话题。我只记得自己不太会说话，因而梗梗于心的这两段。"②

① 张爱玲：《对照记》，第37页。
② 张爱玲：《张看·忆胡适之》。

　　这次见面之后不久就是感恩节。张爱玲和炎樱到一个美国女人家里吃饭。人很多，气氛也很热闹，告别后出来天都快黑尽了。在新寒暴冷的天气里，看见满街灯火，商店的橱窗亮丽鲜热，深灰色的街道也特别干净，又有与炎樱的相依而行，张爱玲仿佛觉得又回到了上海，回到当年在上海她与炎樱逛街贪吃的日子，她觉得十分快乐。然而体弱的她，因为吹了风，回去就呕吐。这时胡适打电话约她去吃中国馆子她只得婉拒。"他也就算了，本来是因为感恩节，怕我一个人寂寞，其实我哪过什么感恩节。"①

　　最让张爱玲感动的是，有一天胡适竟然在大冷天跑到她的宿舍来看她。张爱玲请他在一个公用客厅里坐，里面黑洞洞的，足有个学校礼堂那么大。平时谁也不愿意到这里来，张爱玲也是第一次进这个客厅，她无可奈何地笑着，对胡适表示歉意。但胡适很有涵养，直赞这个地方好。

　　送胡适到大门外，两人站在台阶上说话，冷风从远方吹来，胡适看着街口露出的一角空漾的灰色河面，河上有雾，看得怔住了。望着严严实实裹着围巾、脖子缩在半旧的黑大衣里、肩背厚实、头脸显得很大的胡适，爱玲也怔住了。

　　这是她的神明、她的偶像，距她这样近，这样衰老而可亲。

　　　　我也跟着向河上望过去微笑着，可是仿佛有一阵悲风，隔着十万八千里从时代的深处吹出来，吹得眼睛都睁不开。那是我最后一次看见适之先生。②

---

　　①　张爱玲：《张看·忆胡适之》。
　　②　张爱玲：《张看·忆胡适之》。

五十二、麦克道威尔文艺营

虽然有胡适、炎樱的精神上的慰藉，使张爱玲在移居美国后的第一个寒冷的冬天里感到些许温暖，但她还得为生计发愁，为自己继续写作生涯筹划一番。《秧歌》英文版虽获美国报刊好评，但只印过一版，没给张爱玲带来多大收入。于是，她与许多美国作家一样，开始向写作基金之类的组织请求支持。1956 年 2 月 13 日，她向位于新罕布什尔州彼得堡（Peterborough，New Hampshire）的麦克道威尔文艺营（Edward MacDowuell Colony）写了一封申请书：

亲爱的先生/夫人：

我是一个来自香港的作家，根据 1953 年颁发的难民法令，移民来此。我在去年 10 月份来到这个国家。除了写作所得之外，我别无其他收入来源。目前的经济压力逼迫我向文艺营申请免费栖身，俾能让我完成已经动手在写的小说。我不揣冒昧，要求从 3 月 13 日到 6 月 30 日期间允许我居住在文艺营，希望在冬季结束的 5 月 15 日之后能继续留在贵营。

张爱玲敬启①

---

① 参见司马新原著，徐斯、司马新译：《张爱玲在美国》，上海文艺出版社 1996 年版。这是已出版的关于张爱玲在美国的婚姻与晚年情形的最详实的专著。本节及下一章部分材料取自该书，特此说明。

　　入住文艺营也要保证人，张爱玲于是请她的代理人玛莉·勒得尔（Marie Rodell）作保，勒德尔自称为张爱玲的美国阿姨，对她照顾有加。还请出版过她的小说的司克利卜纳公司主编哈利·布莱格（Harry Brague）和著名的小说作家 J. P. 马昆德做她的保证人。马昆德的小说《普门先生》（H. M. Pulman Esq）曾在结构上给张爱玲创作《十八春》有过启发，他俩也在香港有过一面之缘。他们立即郑重其事地给文艺营写了推荐信。3 月 2 日，文艺营同意了张爱玲的申请。

　　3 月中旬，张爱玲从纽约乘火车到波士顿，再转乘长途巴士到新罕布什尔州，进入彼得堡市区，又雇一辆出租车到了隔市中心数英里外的麦克道威尔。

　　辗转七八个小时，到达文艺营时天色已晚。这里仍是一片冬天的景象，残雪点缀着山地，冷风吹拂着平野，文艺营透出了诱人的灯光。

　　麦克道威尔文艺营坐落在新罕布什尔的大小山脉之中，风景优美。文艺营是一个由四十多间房舍构成的建筑群，其中包括二十八所大小不一、各自独立的艺术家工作间，一座图书馆，十来所宿舍和一所作大型社交用的大厅。这些房子错别有致地建立在草坪上和森林中，占地约 420 英亩。张爱玲来文艺营时，它已经有整整半个世纪的历史。创建人是玛琳·麦克道威尔夫人，她是著名作曲家爱德华·麦克道威尔的遗孀，1907 年她创立文艺营时已五十岁。创建的目的是给有才华的文艺家提供专心致志进行艺术创造的条件，以繁荣艺术事业，创作艺术精品。为此她四处募捐，常以开演奏会演奏丈夫创作的曲目的收入来维持文艺营的日常开支。

张爱玲来到文艺营之后，被安排到女子宿舍，并分配到一间工作室。这里的气候十分寒冷，令她很难适应，但跟纽约的嘈杂喧哗相比，真是一个适宜写作的幽静环境。她来这里，是为了创作一部英文小说，*Pink Tears*（中文名《粉泪》，即后来出版的《怨女》）。这是中篇小说《金锁记》的展开本，《金锁记》在上海的成功和影响，使她有信心把这个被中外文艺家写滥了的金钱与爱情与人性冲突的题材写成一部受英语世界瞩目的佳作。

张爱玲也很快适应了这里的生活节奏。每天早上，各色各样的艺术家们聚在一起共进早餐。之后，各回自己的工作间，互不干扰，专心创作。在工作室的入口处，放着午餐篮子，供文艺家们自由拿取，以免影响各自创作的连续性。下午 4 点以前，没有集体活动。4 点后，则为自由活动时间。当然，晚餐也是大家一起享用的。也正是在集体活动的时间里，张爱玲认识了一个高大肥胖、体重 80 多公斤的秃顶老头：赖雅。

3 月 13 日，他们第一次相遇。第二天，有了几分钟的小叙。赖雅了解到这个东方女子来美国的经历，并在当天的日记中称赞起 Ms Eileen Zhang 的庄重大方、和蔼可亲的东方美德了。两天后，一年中最猛烈的暴风雪袭击了这一地区，大家缩挤在大厅中议论纷纷，张爱玲和赖雅则常常在餐桌旁、走道上对谈。到 3 月底，已开始互相到对方的工作室做客。4 月 1 日，他俩并肩在大厅享受复活节正餐。又过了几天，张爱玲的小说《秧歌》已摆在了赖雅的书桌上，赖雅对之欣赏不已。他还对《粉泪》的结构提出过建议。这时他们开始了单独的来往，关于中国政治、中国书法、共产主义运动等话题无所不谈。彼此的好感已日益明显。及至 5 月 12 日，赖雅的日记中有了这样的记载：

Went to the shack and shacked up.

司马新的中译为："去房中有同房之好"①。

这一对不同国籍的老少作家恋爱了。这一年赖雅六十五岁，张爱玲三十六岁。

五十三、粗线条的赖雅

斐迪南·赖雅（Ferdinand Reyher）1891 年出生于美国费城（Philadephia），其父母是德国移民。孩提时代，他常能在公开场合即兴赋诗，被视为神童。十七岁时，他就读宾州大学文学专业。在校期间埋头写诗，还写过一本名叫《莎乐美》（Salome）的诗剧。1912 年秋，入哈佛大学攻读硕士学位，两年后毕业，随后曾在麻省理工学院任教。在读硕士期间有一部题为《青春欲舞》（Youth Will Dance）的戏剧，受到教授的好评，并在彼得堡召开的麦克道威尔戏剧节上演。后来他辞去教职，成为一名自由撰稿人，并一度迷上棒球和摄影。年轻时的赖雅知识渊博，口才出众，许多文人作家对他十分钦佩。华莱士·史蒂文斯（Wallace Stevens）、辛克莱·刘易士（Sinclair Lewis）等作家都是他的好友。

1916 年至 1920 年，他在美国的报刊上"狂轰滥炸"，发表了不少作品。他有曾用一夜工夫写一个短篇并很快在著名的杂志《星期六晚邮》登载的骄人纪录。1917 年 7 月，他与美国著名女权运动家吕蓓卡·郝威琪（Rebecca Hourwich）结婚。但他洒脱、豪爽、花费大方，天生是个流浪者性格，不愿受家庭约束，总是

---

① 司马新：《张爱玲在美国》，第 77 页。

不停地东奔西跑。妻子也在为她的主义而奔波着。因此，他们婚后分开生活比共同生活的时候更多。他们有一个女儿名叫霏丝（Faith）。由于性格的差异，两人于 1926 年协议分手。

离婚后，赖雅有时住在他纽约的公寓，有时在世界各国观光、游玩、写作。先后旅居过巴黎、柏林、英国及土耳其，并与同时代著名作家欧查·庞德、詹姆斯·乔伊斯、福特·马陶克斯·福特等结交。

1931 年 8 月，赖雅的朋友、导演约翰·休斯顿拉他去为好莱坞写剧本。他在好莱坞一干就是十二年。制片人和导演非常欣赏他的才华，他创作的剧本也很受欢迎。如《艰难之旅》（*Riding Crooked Mile*）、《斯大林格勒的好男儿》（*The boys From Stalingrad*）。他每周起码有 500 美元的收入。高收入和好莱坞的享乐空气使他在纯文学的创作方面的才华被淹没了。值得注意的是，30 年代的欧美被称为红色的 30 年代，好莱坞此时是左翼的思潮大本营。大约从 30 年代中期起，赖雅就成为马克思主义的信徒。

赖雅还是 20 世纪最负盛名的剧作家布莱希特的好朋友。1927 年赖雅访问柏林时与布莱希特相识，那时赖雅的声名比他响得多，但赖雅到处推介布莱希特。1941 年布莱希特从德国移居美国避难，赖雅出资出力最多。两人在创作方面也有多次合作。1947 年布莱希特移居美国后，赖雅还一度作为他的美国代理人。布莱希特还邀请赖雅去欧洲合作，当 1950 年前后赖雅如约而去时，布莱希特却突然冷淡下来，赖雅十分生气，提前回美国。事后布莱希特多次来信以图挽回友谊，赖雅不予理睬。但他仍然到处宣传布莱希特的作品。

赖雅一生以才华横溢而著名，但他的文学成就并没有达到他

可能达到的高度。他的剧作《以色列城堡》（*Castle Israd*）、长篇
小说《我听到他们歌唱》（*I heard them song*）都是很出色的作品。
但他一生兴趣太广泛，又热心交友，生性好动，不太专注，创作
盛年时期又在为好莱坞写一些迎合观众的剧本，再加上中年以后
身体状况大不如前，因此妨碍了他才能的进一步发挥。1943年赖
雅不幸摔断了腿，还轻度中风，此后中风的毛病时有发作，1954
年他又一次中风住院。令这个充满热情而又好动的人常常感到不
安，并影响了他写作的信心。他在日记中多次流露了自己的恐惧
心理。他在这段时间还写有一些作品，但除了一部传记外都未出
版。1955年，他申请到麦克道威尔文艺营写作的机会，他没想
到，在一年后的寒冷的冬季，他与一个来自中国的年轻的女作家
相遇了，并相伴相随了十来年。

关于两人的感情及婚姻，亲访过赖雅的女儿霏丝、查阅过赖
雅日记的传记作家司马新的看法是：

> 张爱玲虽然结过一次婚，而且这时也不是一个羞答答的
> 少女，但是，她始终是一个矜持的女人，因此人们不免会感
> 到惊诧，为什么这一次的罗曼史会发展得如此之快。其实张
> 爱玲已意识到自己既寂寞又像是片无根之萍，尽管已搬到彼
> 得堡来住了，但是这种居无定处、事无定职的漂泊感却依旧
> 如故……她为自己朦胧的未来心中无数而感到焦虑。面临多
> 方面的窘迫，选择了赖雅作依靠。赖雅是个热情而又关心人
> 的男人，对她的工作既有兴趣，对她的幸福也很关怀，这样
> 生活的挣扎促使张爱玲挑中了赖雅。①

① 司马新：《张爱玲在美国》，第18页。

夏志清先生也较强调当时的客观环境等实际因素。他这样说：

> ……强调两人感情之需要，但也并不忽视两人在经济上都无安全感，且对其前途充满了焦虑。……想来因为《秧歌》已出了英文版，她才决定来美国的。除了写稿以外，她并无任何打算，也没有什么积蓄。假如写好的稿子，没有英美书商要出版，或出版后并不卖钱，她的生活就没办法，只好多从事中文译书来换取金钱。因之对她来说，同一个有资格进麦克道威尔文艺营的美国文人结婚未始不是一条好的出路。不论他年纪多大，在经济上总该比她有办法。她哪会知道六十五岁的赖雅早已钱、才双尽，在他的想望中，同刚有新书在美国出版的年轻中国才女结婚，正好也解决了他的一切问题。①

但是，不管怎么说，两人在一起生活了十一年，说得上相濡以沫、共享甘苦。张爱玲喜欢的《诗经》中的名句："死生契阔、与子成说，执子之手、与子偕老！"是何等诚挚热烈啊，至少他们做到了"与子偕老"。在张爱玲的所有文字中，提到赖雅之处极少。连《对照记》中也不着一字，更无合影留世。这又是让"看张"的人难以看懂的地方。仅见的一处张爱玲谈到赖雅的文字是在一封信中——

---

① 司马新：《张爱玲在美国·序》。

Ferdinard Reyher 不是画家，是文人，也有人认为他好。譬如美国出版《秧歌》的那家公司，给我预支一千元版税，同一时期给他一部未完的小说预支三千。我不看他写的东西，他总是说："I'm good company，意为'我是个好伴侣'。"因为 Joyce（乔伊斯）等我也不看。

他是粗线条的人，爱交朋友，不像我，但是我们很接近，一句话还没说完，已经觉得多余。①

张爱玲写这封信是 1970 年 6 月，那时赖雅早已去世。但这里的一句"但是我们很接近"可以说是对两人关系的"盖棺论定"了。

半年后的一天，张爱玲对一个研究布莱希特的美国人詹姆士·莱恩（James Lyon）谈到了赖雅，这个在布莱希特生活中占有重要位置的作家，这个与她共同生活了十余年的亡夫。"言词中，她对这个在生命将尽处拖累她写作事业的男人，丝毫不见怨怼或愤恨之情。相反的，她以公允的态度称赞她先生的才能，说明他的弱点所在，并评估布莱希特与他之间交情。""她认为他这个人之所以迷人（甚至是太过迷人），在于他是一个聪明过人的写作者（太过聪明以至于变得世故圆滑）；在于他缺乏一种固执，一种撑过冗长、严肃计划的忍耐力。"②

---

① 朱西宁：《迟复已够无理——致张爱玲先生》，原文发表于 1974 年《中国时报·人间副刊》，转引自季季、关鸿编的《永远的张爱玲》。

② 詹姆士·莱恩：《善隐世的张爱玲与不知情的美国客》，载苏伟贞主编《鱼往雁返：张爱玲的书信因缘》，台北允晨文化实业股份有限公司 2007 年版，第 247、248 页。

第十五章　半生缘 (再婚赖雅)①

五十四、迁居纽约

就在张爱玲和赖雅发生亲密关系的第三天，赖雅在麦克道威尔文艺营的期限到了。他早已获准在纽约州北部一个叫耶多（Yaddo）的文艺营居住六个星期，于是他只好与张爱玲告别去耶多。张爱玲亲自送他到车站，并与他谈及个人在美国的现状及困境，当然，彼此也进一步倾吐了感情。尽管张爱玲手头拮据，但她还是送给了赖雅一些钱，赖雅深受感动。入住耶多之后，赖雅常给张爱玲写信。张爱玲在这里的限期是 6 月 30 日，早在 4 月初她就提出了延期申请，但由于名额早已分配完毕，不能满足她的要求。但文艺营管理中心许诺秋季可再来入营。幸好有一个营友罗丝·安德逊（Ruth Anderson）给张爱玲提供了她在纽约市的一处

———————

① "半生缘"，张爱玲 1968 年出版之长篇小说名。本章主要叙张爱玲后半生的姻缘，故名。

空着的公寓居住，她才又有了安生之地，尽管也是暂时的。

在耶多的六个星期很快过去了，10月份赖雅又可去麦克道威尔文艺营。这中间的三个来月时间，他搬到耶多附近的萨拉托卡泉镇的罗素旅馆（Russell Hotel）去住。7月5日，他收到张爱玲的一封信，信中告诉他已怀上了他的孩子。这一消息让赖雅吃惊不小，也迫使他更慎重地对待两人的关系。三十多年来，他一直过着无牵无挂的单身生活，自从认识张爱玲之后，他喜爱她的诚实可爱和特殊的才华。赴耶多的路上，他也考虑过两人结合的可能性，但一时难以决断。但当他得知张爱玲怀孕的消息的当天，他就写了求婚信寄出。冒着雨，步行着，揣着沉甸甸的信，他走到了邮局。

第二天，张爱玲的电话又追过来了，这时他的求婚信还没有到她手中。因为杂音太多，无法深入交谈，但赖雅明确地得知张爱玲将来这里见他。可以想象怀孕的事引起了她多少兴奋与恐慌。见面后，两人在一家餐馆同进晚餐并长谈了很久。赖雅当面向张爱玲求婚。但他坚持不要孩子，他称孩子为"东西"（The thing）。第二天他们又在公园的长椅上谈论了很长时间，除了讨论婚姻和孩子，他们还讨论了写作计划。张爱玲正在构思两篇中国古代的故事，《僵尸车夫》（Corpse Driver）和《孝桥》（Bridge of Filial Piety），赖雅则计划要与张爱玲合译诗集。

这一次的见面，彻底确定了两人的关系。张爱玲临走前，又给赖雅一张300美元的支票。赖雅不久即到纽约，到她暂借的罗丝·安德逊的公寓房中去看她。由于怀孕，张爱玲不堪劳累，她在给文艺营的营友罗丝等人的信中并没有提及怀孕一事，只说是"病得很重"。罗丝和弗洛林·伊顿（Fuelyn Eaton）急切地给常住纽约的麦克道威尔文艺营的总秘书毛莱尔·爱琳（Murial

Aylen）太太写信，希望她能关心张爱玲的健康。爱琳照办了，及时与张爱玲联系，但张爱玲谢绝了她来登门看望。8月14日，两人举行了简单的婚礼，依请炎樱和张爱玲的出版代理人莫瑞·罗德尔（Marie Rodell）作陪。黄逸梵得知女儿与赖雅成婚，还寄了280美元给赖雅作贺礼之意，赖雅大为感动。莫瑞·罗德尔打电话给麦卡锡报喜，麦卡锡很高兴，"以为这下子爱玲衣食无忧了！"莫瑞的回答是："我们女儿没嫁出门，倒是招进个穷女婿。"麦卡锡这才明白，赖雅穷途潦倒，比爱玲更不懂谋生之道。①

但在5天后给邝文美的信中，张爱玲报告了自己和赖雅结婚的事情。她说没有预先告诉他们夫妻，是怕他们会送礼物。她还介绍，他们俩都是穷途潦倒，身无分文。赖雅"年纪比我大得多，似乎比我更没有前途"。她转告了自己在跟炎樱谈谈这桩婚事时候的评价含蓄地作为自己现在的评价：This is not a sensible marriage，But it is not without passion（这婚姻说不上明智，却充满了热情）。还随信附上赖雅写给宋淇夫妇的信，赖雅说因为听张爱玲总是说起他们，觉得自己好像早已见过他们面一样。还保证说，与我一起她很安稳，永远都会这样美丽、开怀和睿智，这一切奇迹的发生，并不因为要互相迁就而改变，过去如此，今天依然，直到永远。②

但眼下并没有安稳，张爱玲怀孕了。张爱玲去找炎樱，说明她之困难，并说："你知道我讨厌小孩。"炎樱说她本人也初到美国，当年人工流产是非法的，她也无能为力，后来去找她美国的女上司。女上司道："你们两个大妞儿，连这些事也照顾不了？"

---

① 参见高全之：《张爱玲学》，第243页。

② 宋以朗：《张爱玲私语录》，第147、148页。

事后她还是交给炎樱一医生的电话，但说明不能道出她的姓名。炎樱将资料交给张爱玲之后，就不再提问此事。①

做人工流产，对她来说是一个痛苦的选择。但她清醒地知道，眼下她的处境难以担当做母亲的重任，所以当赖雅提出不要孩子的意见时，她并没有反对。对此，倒是夏志清先生多年后发表过不同意见：

> 赖雅同张邂逅期间，他有无把已曾中风多次，两年前还住了医院之事在婚前告知爱玲。假如他把此事瞒了，我认为是非常不道德的。再者，张于婚前即已怀了孕了，赖雅坚决要她堕胎，我认为他不仅不够温柔体贴，且有些残忍霸道，同她的父亲一样损害了她的健康。
>
> 张爱玲瘦瘦的体型我们在照片上看得多了，不会把她同生男育女联想在一起的。但怀了孩子，身体的荷尔蒙起了变化，胃口好，体重也跟着增加，身体从此转强也说不定。张爱玲在《谈女人》此文（见《流言》）特别提到"我所知道的感人最深的一出戏"——奥尼尔的《大神勃朗》，因为戏里有个真正算得上是"女神"的"地母"娘娘，形象同张自己完全相反，"一个强壮，安静，肉感，黄头发的女人，二十岁左右，皮肤鲜洁健康，乳房丰满，胯骨宽大。她的动作迟慢，踏实，懒洋洋地像一头兽。"爱玲童年时是胖嘟嘟的，十八岁父亲把她关起来，虽不能说在她患痢疾后，心硬得见死不救，但爱玲从此身体虚弱，甚至晚年那些病症都可溯源到那次灾难。她的第一任丈夫伤了她的心。第二任丈夫

---

① 司马新：《炎樱细说张爱玲逸事》。

在婚前剥夺了她做母亲的权利和乐趣，而且因堕胎而"在纽约病得很重"，引起麦克道威尔营友的关心。张爱玲生命里最重要的三个男人都是对不住她的。①

两人到文艺营不久，赖雅就因中风而病倒。尽管他哄着爱玲、装作很坚强的样子，但中风病人在发作的时候是无论怎样装都装不下去的。10月底，赖雅病情好转，他可以散步了，但在12月他又犯过一次。1957年元月份，他又可以与爱玲长途远行了。3月中旬，他们乘飞机到纽约，下榻在一家旅馆。张爱玲又去戴尔（Dell）出版公司商谈自己的英文小说出版事宜，但对方通知她，是否出版暂时不能定夺，要她耐心等待。她又和赖雅一起去访问玛莉·勒德尔，她在哥伦比亚广播公司工作，那天勒德尔没有上班，但哥伦比亚广播公司仍与她签了一份把《秧歌》改写成剧本的合同。之后，他们又去看望了炎樱，然后又飞回麦克道威尔文艺营。没几天，勒德尔传信告诉好消息，哥伦比亚广播公司特付给她1350美元的酬金，另外支付90美元的小说改编权。炎樱可能是唯一一个见过张爱玲的两个男人的女友。她说她从未见到一个人如此痴爱另一人。（"I have never seen anyone so crazy about someone else as he was."）连讨厌张爱玲的霏丝女士（赖雅与前妻所生的女儿），有一次也说，他对她是痴爱。（"He was crazy about her."）——可能也是她与张不和原因之一——两个不相识的人，在不同场合与时间，都用"痴爱"（crazy about）来形容赖雅，虽然英文中形容爱有十余种表达方式。赖雅当年之情

---

① 司马新：《张爱玲在美国·序》。

深，我们就可以想象了。①

　　然而，他们在文艺营的期限在 4 月中旬就要结束了。又暂时无法申请到新的文艺营去。4 月 13 日，他们搬到离文艺营不远的彼得堡城的松树街（Pine street）25 号的公寓房子里，每月房租 61 美元，这对没有固定收入的夫妇来说是笔不得不正视的负担。4 月 15 日，他们到文艺营朋友家中去看哥伦比亚广播公司改编的电视剧《秧歌》，文艺营的艺术家们都饶有兴趣地等待播出时刻的到来。然而，好端端的小说被改得一塌糊涂，令张爱玲十分意外。

　　在这个宁静的小镇，他们过着素朴的生活。无论如何从相识到结婚到入住松树街，他们漂来漂去，居无定所，如今终于有一个家了。虽然简陋，虽然不得不共同操持他们先前并不熟悉并不擅长的家务活，但他们过得还是很融洽的。公寓中曾发现过蚂蚁，张爱玲以药剂喷杀，蚂蚁绝世了，她却得了赖雅送的一个雅号——杀蚁刺客。这里的生活是单纯的，甚至有点单调。除了写作，他们把大部分时间花在阅读上，在图书馆借书来读。两人都是电影剧作家，看电影是他们晚间的常有的娱乐方式。在一起评品电影中的情节与演技，是他们经常的话题。

　　5 月份，张爱玲也病过一次，那是因为她得到司克利卜纳公司不准备用她的《粉泪》的通知，她需要钱，她更需要美国文坛对她的承认，她不想听到这样的消息。她在床上躺了几天，打了针，吃了药，到 6 月初才恢复。7 月 26 日，是赖雅的生日，张爱玲买了一双新鞋送给他作生日礼物，自己也配了副隐形眼镜。第二天，他们离开了波士顿。

---

　　①　司马新：《炎樱细说张爱玲逸事》。

五十五、"她是真正的中国小说家"

这么长的时间里，忙于熟悉和适应美国社会，忙于婚姻，忙于颠来倒去的奔波，她发表的文字非常少。1956 年秋，英文短篇小说 *Stale Mates* 发表在美国的 *The Reporter*（《记者》）双周刊上，副标题是 a short story Set in the time When love come to China。编者介绍说：张爱玲写的短篇故事发生于中国历史介于两极之间的时段，一面是建立于封建与满清传统上的旧秩序，一面是毛泽东的新规则。那是国民党的黄金时期，许多自由突然来到中国，其中一种即男人选择妻子的自由。张小姐于 1952 年离开生长的上海，曾于中国杂志发表过短篇故事与其他文章。她于 1955 年来美，同年出版她第一部英文长篇小说《秧歌》。[1]

此时又恰逢台北《文学杂志》主编夏济安[2]向张爱玲约稿，她又将 *Stale Mates* 译为中文，题为"五四遗事"，刊行于 1957 年 1 月的《文学杂志》上。《五四遗事》是张爱玲惟一的以五四运

---

[1] 高全之：《林以亮〈私语张爱玲〉补遗》。

[2] 夏济安（1916—1965），原名夏澍元，江苏吴县人，评论家。1934 年进金陵大学、中央大学学习，1937 年转学上海光华大学英文系（今华东师范大学外语学院）。毕业后相继在光华大学、西南联大、北京大学、香港新亚书院任教。1950 年由香港去台湾，任台湾大学外语系讲师、副教授、教授。为早期小说作家白先勇、欧阳子、王文兴、陈若曦、叶维廉等人的启蒙老师，1956 年与吴鲁芹、刘守宜等创办《文学杂志》并兼任主编。1959 年赴美，在西雅图华盛顿大学、加州柏克莱大学作研究，主要工作是研究中国共产党党史。主要著作有：*Gate of Darkness*、《夏济安选集》《现代英文选评注》《夏济安日记》等。

动为背景的作品。这篇作品之所以有讨论的必要，是因为作者的思路与人们通常的对五四的理解不太一样。

作者叙述技巧老到圆熟，不动声色，以平易写实的笔触描写了一个带有喜剧色彩的故事，写的是杭州某中学教师罗文涛自1924年到1936年共十二年间的恋爱婚姻经过。他早有妻在乡下，却在杭州与范小姐闹起了自由恋爱，冲动中要离婚，妻不允，家族也不答应。一闹就是六年，范小姐等成了老小姐，见罗文涛还未离成，于是失望并生疑，因而就由媒人带着与一个当铺老板见了几次面。罗文涛得知，十分气恼。恰巧这时原妻家中有了松动，他离婚成功，并出于赌气娶了本城最漂亮的王小姐。而当铺老板因对新女性不放心，又风闻范小姐曾与罗文涛关系匪浅，他们的婚事告吹了。罗、范同处一城，好事的朋友们密谋设计让这对旧情人在西湖边来一次美丽而忧伤的重逢。不料二人相见后旧情萌发，罗文涛再次闹离婚。这次人们不再把他当新思潮的开路先锋，而视之为玩弄女性的色鬼。又过了五年，以荡尽家产为代价，终于与王小姐离婚再又与范小姐成婚，并在湖边置一小屋，以酬西湖之媒。但先前钟爱的女性现在在他眼里则成了懒惰、唠叨、黄瘦的平凡妇人。爱的温情荡然无存，二人开始吵嘴。这时好事者又问罗为何不把王小姐接回家，王家虽恨罗，更愿女儿从一而终，于是王回罗家，不分名分。不久罗氏家族的长辈发话，你既可以把王接回家，有什么理由不把第一个太太接回？罗无言以对，只好照章办理。于是人们经常看到罗文涛偕三个娇妻在湖上同游，许多人称他有艳福。在这个至少名义上是一夫一妻制的社会里，这个故事却应了小说的副标题："罗文涛三美团圆。"

这是个罕见的笑话，是否有类似的真事，也未可知。不以噱头媚人，不故作夸张，是张爱玲的一贯风格，想必她有类似听闻。

张爱玲的着眼点很特别。她不是一般地表现五四时代人们如何追求个性解放、恋爱自由、婚姻自主，并大唱赞歌，歌颂时代潮流，贬斥传统思想，爱憎态度泾渭分明。张爱玲要表现的是在那轰轰烈烈的时代大潮中，那些追潮者自身的性格心理，挖掘他们究竟在多大程度上是"现代"的，因而有了深度。如同鲁迅的爱情名作《伤逝》不重在写"娜拉"怎样出走，而在于写"娜拉"出走了怎样；不重在写黑暗势力的压迫，而在于写主人公自身的思想性格弱点。起点比同时期同类题材的作品高得多，因而也深刻得多。《五四遗事》使我们看到，在五四这个新旧夹杂的时代，传统与现代冲突，传统的力量依旧强大，而有些自命为"现代"的青年往往只学到了"现代"的皮毛，甚至在"现代"的招牌之下，守着传统的货色，求时髦的青年骨子里并不现代。这正是这篇小说的高明之处。张爱玲的眼光向来是犀利的，遗憾的是在这篇小说中她挖掘得不够精细。

此外，作者对五四风情的描绘也生动有致，提供了一些有趣的值得回味的历史材料。小说写道，五四的到来，使青年的生活方式价值观念发生变化，但有的变化是皮相的。比如，称未嫁的女子为"密斯"是一种时髦；女性（包括妓女）好戴眼镜，不近视的女子也戴平光镜。进步妇女涌入了初小、高小，女士们襟前纷纷挂起了螺旋的自来水笔，这些也是时髦；不少男子"差不多未听过'恋爱'一词就已经结婚生子"，部分人先结婚而后与别的女子恋爱。而在当时，"恋爱"完全是一种新经验。仅这些描述都很够味，典型地描绘了五四风貌。

《五四遗事》的不少细节也颇有历史感。罗与原妻离婚，妻慨然反诘："我犯了七出哪一条?"振振有词地靠旧道德支撑着，但在五四时代旧道德开始失效了。族长仍有整治下辈的权力，店铺老板对新女性的态度（那时代，"新女性"是作为单独的引人注目的女性一族的）、王家对女儿是否从一而终的关切远甚于对其幸福的关切、罗家长辈要罗文涛接回原配等，使今日读者深感传统力量的强大和不易摧毁。

更有深意的是罗文涛这个现代西装男士，扬现代之名，行传统之实，以现代的起点回到传统的老路。真是新旧夹缝时代的一个"怪胎"。

总之，这是一篇值得重视的小说。它是五四的遗事，也是五四的憾事。

夏济安为自己的杂志能刊发这样一篇佳作而高兴不已。他说："张爱玲的小说的确不同凡响，好处固有兄所言，subtle irony 丰富，弟觉得最难能可贵者，为中国味道之浓。假如不是原稿上'范''方'二字间有错误，真不能使人相信原文是用英文写的。张女士固熟读旧小说，充分利用它们的好处；她又深通中国的世故人情，她的灵魂的根是插在中国的泥土深处里，她是真正的中国小说家。"①

五十六、夫妻苦乐

1957 年 8 月中旬，张爱玲得到来自伦敦的消息，她母亲病得很重，需要动手术。张爱玲连忙寄了一张 100 美元的支票，并写

---

① 林以亮：《从张爱玲的五四遗事谈起》，见陈子善编《私语张爱玲》。

了一封信去慰问。还将邝文美在《国际电影》上发表的《我所认识的张爱玲》，和夏志清写的《张爱玲的短篇小说》一同寄给母亲。然而手术后不久，她母亲就去世了，享年 61 岁。黄逸梵留下了一只箱子，寄到女儿的住处。看到母亲的遗物，张爱玲十分伤心。她母亲的一生，学的是美术专业，四处漂泊，长住英、法，也在德国小住，在瑞士阿尔卑斯山滑过雪，到埃及看过金字塔，听过尼罗河的歌声。东南亚国家，如马来西亚、新加坡、印度也留有她的足迹。1948 年从上海出国后，先是到马来西亚，后来一直住在英国，曾一度到工厂做女工，专制皮包。

每一次出国，她都要带走一部分古董，装进箱子提到国外去变卖，这是她接受的遗产，是她在国外的主要经济来源。现在，她还剩这一箱古董，把它送给了女儿。在张爱玲经济拮据的时候，她也拿去变卖了 600 多美元以补贴家用。母亲的遗物中，还有一张张爱玲的照片。这是她最后一次回国又出国时带走的，现在又回到了张爱玲的手中。

在彼得堡过了一段较为平顺的日子之后，张爱玲和赖雅又要迁居了。在胡适的帮助下，张爱玲获取了亨亭屯·哈特福基金会（Huntington Hartford Found ation）的资助，赖雅也同样获得该基金会的资助。

张爱玲请胡适作保，他答应了，并把她三四年前送的那本《秧歌》寄还。胡适通篇圈点，又在扉页题字。"我看了实在震动，感激得说不出话来，写都无法写。"① 不久，胡适就到台湾去了。

亨亭屯·哈特福基金会与麦克道威尔文艺营相似，也是一个

---

① 张爱玲:《张看·忆胡适之》。

支持扶助文艺家的组织。7月份，他们得到基金会许诺他们从11月开始入住的消息。他们在彼得堡还可以待上几个月的时间。也就是在7月26日赖雅度过他六十七岁生日后不久，他留下遗嘱，把他全部"无用之物"留给张爱玲。他的确没有什么钱财，他也坦然地向张爱玲承认自己对两人今后的经济收入不会有多大贡献，但他的"无用之物"中，有他与布莱希特、史蒂文斯的大量通信，这可是无价之宝呢，不知张爱玲是如何对待和处理这些信件的。

张爱玲在这里也度过了她的三十八岁生日。由于张爱玲的生日过的是农历，因而每年的公历是哪一天并不相同。赖雅通过查找得知这一年的10月1日就是中国农历的九月三十日。这一天到来后，赖雅就认真地陪着妻子。上午不断地下着雨，中饭之后，天空放晴了，两人一外出，到邮局发信，又步行回家。雨后的秋日，空气净朗清新，树叶苍丽浓艳，霞光如火如金。装扮了一番的爱玲又与赖雅一起到电影院，看了一场由艾迪·格里菲丝主演的电影《刻不容缓》。这是一部精彩的影片，两人看得十分高兴。晚上，回到了家后，张爱玲告诉赖雅，这是她有生以来最快乐的生日。

11月份，他们装箱准备搬家，并与两年多来在彼得堡结识的朋友一一道别。13日这天，来到了亨亭屯·哈特福基金会所在地，并在那里安顿了下来。基金会地处加州太平洋绝壁地区，是洛杉矶城附近最美丽最负盛名的地方，那里可以俯瞰太平洋。对这里，赖雅是十分熟悉的，作为一名走红的剧作家，他曾在好莱坞生活了十二年，如今时过境迁，这里的人们遗忘了他，也不认识他的妻子。对此，赖雅不禁有些伤感。但张爱玲却顾不了这些，她喜欢城市而不喜欢乡居生活，彼得堡这个万人小镇让她觉得寂寞。她多次与赖雅为居住地的事进行讨论。两人意见不同，但赖雅还是听从了张爱玲的意见，大概他觉得自己一辈子到此也无可能有什么新的发展了，而他的年轻的妻子还可以奋斗一番。

基金会提供膳食，虽然不太可口，但免去了亲自下厨之劳，这对夫妇二人都是一种解脱。在彼得堡，他们以自己在家做饭为主，赖雅是厨师，张爱玲打小工。现在赖雅又可以有一些社交活动的时间了。但张爱玲一直不精于此道，她更多的时候是把自己关在房中写作或者看电视。在这段时间里，她把台湾作家陈纪滢的中文小说《狄村传》改写为英文作品，题为"狄中笨伯"（Fools in the Read），但这部作品没有被她的美国代理人勒德尔采用，因为这故事写的是中国北方农村的一个冒充革命党人的乡下人的故事，不大符合美国读者的胃口。只是在1959年由美国新闻处的资助，才在香港出了英文本。但它几乎没有任何影响。

写作是张爱玲的命根子。十多年前，靠《传奇》中的小说，她在上海如日中天。如今，她要以英文写作打入美国社会，在异邦安身立命。但这难度太大了。她不由得有一种焦灼感。在彼得堡的一个晚上，她做了个梦，梦见一位她并不认识的中国作家，十分出色，取得了杰出的成就，而她自己觉得相比之下十分丢人。第二天，她泪流满面地向赖雅讲述了这个梦，赖雅只好变着法子安慰她。弗洛伊德说，梦是愿望的表达。这个梦，强烈地表现了张爱玲的人生愿望，她还要不停地奋斗。

张爱玲和赖雅在亨亭屯·哈特福基金会的期限是半年。也就是说到1959年的5月份，他们又该找新的居所了。由于张爱玲多次为香港的电影公司写剧本，她的经济状况略有好转。此时她更希望能在一个较好的环境下工作，这样夫妇二人决定移居旧金山。

初到旧金山，先在一家小旅馆暂住。然后游览了旧金山的一些著名的旅游景点，当然也去了唐人街。不久，他们找到了一处合适的寓所，布什街 645 号，月租为 70 美元，水电费另算。5 月 25 日，夫妇搬入了新居。赖雅还在另外一条街上为自己找了一间小小的写作室。每天去那里去写他计划中还没写完的剧本及别的作品。张爱玲此时也有把《狄中笨伯》改写成中、英两个版本的剧本的任务，共有稿酬 3000 美元。在宋淇夫妇和麦卡锡的帮助下，她又接受了为美国新闻处翻译作品的工作。《狄中笨伯》这本书共印了 7 版，每版 3000 册，一共 21000 本。所以她共得到的稿费有 1 万多美金。

他们互不干扰地写作，同在一起吃饭、休息，有时一起上街购物，一起看电影。有一次应邀去参加一处佛寺的开光典礼，在那里遇到了多年来帮助她的麦卡锡，张爱玲十分高兴。

在这里，张爱玲还结识了一位比她年轻的美国女画家，她叫爱丽斯·琵瑟尔（Alice Bissell），张爱玲自幼习画，两个人有共同的兴趣和共同的话题。她俩常在下午小聚，在华盛顿广场公园的长凳上对谈，在点心店里吃请。偶尔也请琵瑟尔到家中品尝一下赖雅的手艺。在这段时间里，张爱玲感觉比较踏实，虽然她也偶有点身体不适。张爱玲眼睛深度近视，但她不爱戴有架眼镜，而隐形眼镜有时又让她觉得不舒服，有时因休息不好或烦心事的影响，她一连几天不能进食，否则便呕吐。这些病患多少会影响她的工作和生活的情绪。

在旧金山，他们迎来了第三个结婚纪念日，两人一起到唐人街购吃食，一起看电影，愉快地度过了 8 月 14 日这一天。赖雅写下了遗嘱，将所有的东西（包括自己的文稿和往来书信，赖雅称之为"无用之物"）都留给张爱玲。

在旧金山，他们一起迎来了 1960 年。年前，张爱玲已得到了美国移民局的入籍通知书。从得到通知到正式入籍要有一系列手续，花去了张爱玲不少时间。7 月，张爱玲正式成为美国公民。年底，她就有了行使自己的选举权的机会。总统选举开始了。赖雅说服她投了肯尼迪一票，当然，他也投了肯尼迪一票。五十多年前胡适在康奈尔大学就读的时候，正是通过参加总统选举活动认识美国民主政治的。不过，张爱玲可不像胡适那样有广博的社会政治和文化文学活动的兴趣，她是一个单纯的作家，她只关心个人，关心人性的健康与病态。赖雅的政治视野也比她开阔得多。他们俩的政治态度并不十分相同。张爱玲对极权政治下的人性扭曲十分敏感，她对 30 年代以来的"左"的压力也耿耿于怀，但赖雅从 30 年代起就成了一个马克思主义的信徒。他以前的岳父是一个革命家，曾被流放到西伯利亚，逃出俄罗斯后，曾向他介绍过马克思主义的学说和社会主义理论。

当然，这并不妨碍二人结为夫妻和共同生活。想一想当年张爱玲能与胡兰成在一起生活的旧事，就可以看出张爱玲在家庭与政治的关系问题上是相当特别、相当有主见的。政治是政治，感情是感情。二者泾渭分明。

在给夏志清的信中她谈到了赖雅，并表示二人很恩爱。①

这年秋，张爱玲四十岁了。生日这天，她要赖雅陪她去看脱衣舞表演。在破旧的总统脱衣舞院，张爱玲看得津津有味，赖雅见这种场面多了，纯粹当陪客。张爱玲以这种特殊的方式度过了这个生日。雅人并不怕沾俗，早年张爱玲对小报的兴趣又延伸到

---

① 参见夏志清：《超人才华·绝世凄凉》，1995 年 9 月 12—13 日《中国时报·人间》。

美国，赖雅笑她专看"垃圾"，她也一笑了之，照看不误。她觉得一个作家对世态人性应该永远有探究的热情，不能一味地逃避俗人俗事，而要寻出人性的底蕴来。

其实，二人的兴趣之不同不仅在这些方面，赖雅好动，张爱玲主静。赖雅极喜社交活动，张爱玲则不喜应酬。赖雅到了晚年因健康原因而活动不方便的时候，他希望能静下来，身居清闲之所，身拥年轻的妻，安安静静度晚年，张爱玲却一直向往着大城市，向往纽约这座世界文化艺术之都，他们的每一次搬迁，都是张爱玲动议，赖雅服从的结果。这不，张爱玲又要飞了，她要飞向东方，飞向台北。

早在 1959 年 12 月，张爱玲就打听过到香港的费用，约需1000 美元。这些年来，虽然人在美国，但她与香港的联系未曾中断。香港一直是她获取金钱的主要来源。她在美国的英文写作始终不太畅通，没有完全打开美国文坛的大门，在经济上也没有完全缓过气来。她希望能挣更多的钱，以便能在纽约踏踏实实地安居。好友炎樱在来信中为她的创作受美国出版界冷遇鸣不平，也让她唏嘘感慨。眼下，她设计写一部可能会引起美国读者感兴趣的英文小说：《少帅》（*Young Marshal*），显然，主人公是本来在美国和全世界都有一定知名度的张学良，她需要搜集更多的材料，她想与囚禁在台湾的少帅本人直接交流。她还想去香港，去寻求更多的写作任务。

1961 年夏天，她把这些想法对赖雅和盘托出，赖雅的反应是吃惊和不安。他身体欠佳，又已习惯了婚姻生活，妻子的远行令他觉得自己是个累赘，是个无用之人。他在这一天的日记中写道："好，我很满足现状，她却想要改变！"张爱玲对他好言相劝，说明自己此行的目的是对他对己都有好处的。她建议赖雅继续待在旧金山，托朋友们照顾他。但赖雅拒绝了，他又向亨亭屯·哈特福基金会提出入住申请，但未被接受。所幸的是，他的女儿霏丝来信说，他可以去华盛顿，住在她家邻近的公寓里。赖雅这才有了着落。

10月初，张爱玲乘上了飞往台北的航班。

第十六章　重回前方 (台湾之行)①

五十七、王祯和的"亲戚"

"你是李察·尼克逊夫人吗？"

一下飞机，一个男子过来这样问她。她不知所措，随后遇见了来接她的台湾友人。友人告诉她，这个人神志不清，专在机场迎候来自美国的达官贵人。张爱玲这才释然了。

虽然是第一次来台北，但毕竟是中国的土地，黄皮肤的中国人。她想到了上海，对接她的人说："真像是在梦中，但又不可能。"

这次来台北，与麦卡锡相关，此时他在台北工作，张爱玲的生活起居主要由他安排接待。她住在麦卡锡的台北家中，那是一幢位于阳明山公园附近巷子里的大别墅。

---

① "重回前方"，张爱玲 1963 年所作英文散文名。该文介绍她 60 年代初台湾之行的经历，本章所叙亦正是这些内容。

到台后的第二天，10 月 14 日中午，麦卡锡夫妇为张爱玲接风洗尘，地点是台北国际戏院对面的一家名叫大东园的酒楼。陪客有台湾大学外文系二年级的几个学生，他们是白先勇、陈若曦、王祯和、欧阳兴、王文光等。他们当时正在办《现代文学》杂志。

"《现代文学》，培养了台湾年轻一代最优秀的作家。"这是台湾文学史上非常重要的一份文学刊物。当事人之一白先勇回忆道："一九六〇年，我们那时都还在台大外文系三年级念书，一群不知天高地厚一脑子充满不着边际理想的年轻人，因为兴趣相投，热爱文学，大家变成了朋友。于是由我倡议，一呼百应，便把《现代文学》给办了出来。没料到《现代文学》一办十三年，共出五十一期，竟变成了许许多多作家朋友心血灌溉而苦壮，而开花，而终于因为经济营养不良飘零枯萎的一棵文艺之树。我肯定地认为《现代文学》在六〇年代，对于中国文坛，是有其不可磨灭的贡献的。"①

麦卡锡十分欣赏他们的才华，订了七百本杂志，广为宣传。他还挑了王祯和等人的小说，请人翻译成英文。张爱玲在美国时就收到麦卡锡寄来的这篇作品。她特别喜爱王祯和的《鬼·北风·人》，对小说中描写的王祯和的故乡花莲的风土人情十分感兴趣。此次出行前特地给麦卡锡写信，表示希望能到花莲去看一看。麦卡锡也早与王祯和谈妥了此事，拟于此日前往。为此王祯和特地向学校请了一个星期的假。

此刻，在酒楼里。张爱玲和麦卡锡夫妇还没有到，陪客们都

---

① 白先勇：《〈现代文学〉的回顾与前瞻》，《第六只手指：白先勇散文精编》，文汇出版社 2004 年版。

来齐了。他们此时想的、谈的都是张爱玲。王祯和想的是不知在花莲的父母为张爱玲安排好日常起居没有。而陈若曦想到的是在大学一年级时，偶然在同学家的旧书堆里翻到了张爱玲的散文集《流言》，回家后连夜读完，熄灯上床时，天已经亮了。《流言》神笔迭出，处处异想天开，作者的才气、异秉跃然纸上，既敏锐又深刻，既任性又坦白。真是她十几年来读到的最好的散文集。

在座者都是张爱玲的崇拜者，都没见过张爱玲。于是纷纷猜测张爱玲长什么样。

"你想她是胖还是瘦?"陈若曦问白先勇，他一向对女人特具眼光。

"她准是又细又瘦的。"白先勇不假思索地说。

"我想她不胖不瘦。"洪智惠说。陈若曦总忘不了《流言》中的那个具有燃烧的生命力的女子张爱玲，就用 60 年代台湾的流行语形容说："我想她一定是既丰满又性感。"

这时，翻译过王祯和等人的小说的殷太太说："我问过麦卡锡先生，他说张爱玲很胖很邋遢。究竟有多胖多邋遢?"

听她这一番权威性的介绍，大家很失望，不愿多想。

这时，刚来的吴鲁芹先生插话了，他说："张爱玲这个人，包管不令你们失望!"

听他这一说，大家更觉得神秘了，急切地盼着张爱玲出现。

终于来了张爱玲。看了她一眼，我不禁回头瞪了先勇一眼；我说过的，他对女人别具眼光。她真是瘦，乍一看，像一副架子，由细长的垂直线条构成，上面披了一层雪白的皮肤，那肤色的洁白细致很少见，衬得她越发瘦得透明。紫红的唇膏不经意地抹过菱形的嘴唇，整个人，这是惟一令我有丰满的感觉的地方。头发没有烫，剪短了，稀稀疏疏地披在脑后，看起来清爽利落，配上瘦削的长脸蛋，颇有立体画的感觉。一对杏眼外观滞重，闭合迟缓，照射出来的眼光却是专注，锐利；她浅浅一笑时，带着羞怯，好像一个小女孩。嗯，配着那身素净的旗袍，她显得非常年轻，像个民国二十年左右学堂里的女学生。浑身焕发着一种特殊的神采，一种遥远的又熟悉的韵味，大概就是三十年代所特有的吧。①

这是当时张爱玲给陈若曦留下的印象，在座的其他人对张爱玲"惊鸿一瞥"也永远难忘。她不胖也不邋遢，而是干净清秀，虽不是漂亮美人，但自有高雅迷人的气质。白先勇回忆说："张爱玲是上海人，但一口普通话说得字正腔圆，特别是卷舌音很有北京味儿……这或许与她曾经在天津居住过有关，她的眼神因为近视略显得有些蒙眬迷离，一旦特别关注你，便马上目光如炬……"②

大家这时才明白，殷太太转述的麦卡锡的话是一种技巧，是麦卡锡欲扬先抑的技巧。"后来我们决定封麦卡锡先生是'效率专家'，因为他的'手法'，使我们看张爱玲是加倍的美。"③ 当事人之一的王祯和回忆说。

席间，吃饭和回答旁人的问话占据张爱玲的全部时间。她的语速极慢，一个字一个字地咬出来，听的人必须全神贯注。麦卡

① 陈若曦：《张爱玲一瞥》，《现代文学》1961 年 11 月号。

② 曹可凡：《白先勇谈张爱玲》。

③ 丘彦明：《张爱玲在台湾——访王祯和》，《联合文学》1987 年第 29 期。

锡介绍说，任何一个场合，若超过五个人，她便感到不安。不过这次共有十二个人聚餐，她倒没有什么特别的不便之感。麦卡锡说台大的青年作家"敬她如神"。"我听说有人发现她有点矜持，但是我猜这是她极端害羞所致。她真的不懂'待人之道'。"①

饭后，陈若曦陪张爱玲上街去买要送给王祯和母亲的衣料。张爱玲饶有兴味地对陈若曦谈到了一些纯粹属于女人的话题，如老式的发髻、香港的旗袍、女人的腰肢，等等。她还谈到了访台北的观感："好几年了，台北一直给我不同的印象。到过台北的朋友回到美国，便描写台北的样子给我看；每一次都不一样。这一次，我自己看了，觉得全同他们的不一样，太不一样了，我看着竟觉得自己忙不过来！"午餐以后麦卡锡太太开车先送麦卡锡上班，然后带张爱玲到画家席德进那里去。接着在他的陪同下，在台北街头随意走街串巷参观寺庙，晚上就住在阳明山附近的日式旅馆里。

第二天，王祯和、陈若曦等陪张爱玲到花莲。王祯和家里人早就得知这一消息，早早打扫了房间。这是一个地道的台湾老式住宅，深广的院落。王祯和的父母受过日本式教育，给张爱玲安排住在一楼有日式榻榻米的房间。王家还把《鬼·北风·人》中提到的各种吃的东西做给张爱玲品尝，她十分感动。王祯和的母亲会说日语，张爱玲有时也用日语跟她交谈。

王祯和家是开杂货店的，来往的人较多。邻居们好奇地看到王家来的这个女客人，以为是王祯和带的女朋友。"她那时模样年轻，人又清盈，在外人眼里，我们倒像一对小情人，在花莲人眼里，她是'时髦女孩'。因此我们走到那里，就特别引人注意。

---

① 高全之：《张爱玲学》。

我那时刚读大二上学期，邻居这样看，自己好像已经是个'小大人'，第一次有'女朋友'的感觉，喜滋滋的。"①

王祯和是1940年出生的，他比张爱玲整整小二十岁，在旁人的眼里女大男而宛如情人，可见张爱玲驻颜有术。王祯和的母亲注意到张爱玲每晚临睡前都往自己脸上擦各种水，花不少时间。有一天约在一起照相，张爱玲也费了一个多钟头化妆。后来面对照片中的张爱玲，王祯和和水晶都觉得她不到三十岁。

张爱玲不是来王祯和家做客的，她是要了解外面的世界。因此他们花了更多的时间在户外活动。有一天，在一条小巷逛，看到妓女在店里跳舞，她大发兴趣。第二天又在王祯和四舅父的安排下游逛一个上等妓院"大观园"，她看妓女，妓女坐在嫖客的腿上看她，互相观察，各有所得。由于张爱玲的装扮轻捷而时髦，又听说她是从美国来的，妓女对她比对嫖客更有兴趣。

王祯和还带她去看酒家，看寺庙，看山地歌舞。在乡间，她边看边做笔记。陈若曦对张爱玲观察事物的认真态度印象很深，她说："在和张爱玲相处的几天里，我发现她观察非常敏锐，她因为近视，虽戴着深度近视眼镜，看任何事物仍然凑进去看，鼻子几乎都要碰触到物品那样近。日式老房子的雕花窗框，她甚至用手指仔细抚触，感受到木材的质地与纹路，我自己也是写小说的，对她如此仔细观察的精神深为感动。"②

他们还一起去花冈山看阿美族的丰年祭。夜间表演的山地歌舞场面浩大。他们几人跑到前排，坐在地上观看。一名全副装饰的山地小姐出场了，她侧着身子起舞，她的侧面像美极了，张爱

---

① 丘彦明：《张爱玲在台湾》。

② 陈若曦：《张爱玲一瞥》。

玲赞叹说，她可以得最佳侧面奖。表演中途，突然灯光全无，只见飞沙走石，鬼影闪闪，众人惊骇不已，张爱玲却泰然自若。不一会儿，灯光又亮了，县长得知这几位贵客的到来，要邀他们入贵宾席，但他们仍饶有兴致地坐在草地上，享受这难得的野趣。还有从台北来的舞蹈家，也主动来对她做自我介绍，并说，这些舞不好，如果他来编会更好看。张爱玲私下对王祯和说："山地舞，要他来编干吗？"她喜爱的正是这原汁原味的鲜活气。

当然，他们也会不时地谈到文学。在王祯和的眼里，张爱玲是小说名家，而他自己还是一个习作者。他觉得张爱玲的小说，表面上看写的都是小事，其实是很世界性的，很 Universal，比如情欲、人性、人的自身弱点、人在环境中的屈服，等等。一个时代就出这样一个作家。《金锁记》《倾城之恋》都是经典。他对张爱玲说："你的小说真好，每个字都有感情，掷地有声。"

"不要说。不好，不好。"张爱玲回答。

谈到王祯和的作品，张爱玲说他的《永远不再》写出山地生活那么特殊的背景，却用了意识流手法，相当有勇气。又说《鬼·北风·人》的结尾出现鬼魂，与整个作品风格不吻合。但她告诉王祯和，当她把这篇小说念给外国人听，他们很喜欢。

他们也曾谈到大陆的作品。张爱玲说在大陆，都是按一种"Formula"（模式）来写作，不会有好东西的。后来王祯和想，张爱玲的《秧歌》写得那么精细深刻，如果她多留在大陆写"文革"，她那么敏锐的人，一定可以写出相当出色的作品。

王祯和也问到眼下张爱玲的写作计划，张爱玲谈到了手头正在改一个长篇，还考虑一个以伦敦为背景的长篇。问她要不要以台湾为背景写小说，张爱玲的回答是，因为语言的隔阂，写不出来。台湾对她是 Silent Movie（默片）。张爱玲还谈到胡适之，认为现代中国与胡适之的影子是不能分开的。

王祯和自称是一个幸运的人，不是因为邻居把张爱玲当作他的女朋友，而是因为"看到了张爱玲青春的一面"。二十五年后他还记得张爱玲在他家用小勺挖木瓜吃的姿态，"觉得她什么都好，什么都美"。

张爱玲此行并不张扬，临走时才有一晚报记者捕捉到蛛丝马迹。访问她时，她只说了一句话，来台湾是拜访亲戚。

读到报上这不到百字的消息，王祯和的朋友水晶笑着对他说："那名'亲戚'就是你。"

王祯和大学毕业即服兵役，之后在国泰航空公司工作，可以免费去美国。他曾写信给张爱玲，说要去波士顿看她，此前他们一直有书信来往。张爱玲回信说，欢迎他去，不过她家比较小，不能安排他住，只能住旅馆。那是王祯和第一次出国，到了纽约就迷了路，打电话也不通，没跟张爱玲联系上，只好又回台北了。后来写信给张爱玲，她回信说，等了他一天，却没等到，第二天还在头疼。再过了几年，王祯和去美国时，张爱玲住在洛杉矶。写信求见，她回信说不见，还说：你应该了解我的意思。

其实，王祯和认识庄信正，他知道她的住址，他硬要找到张爱玲的门是不难的。但他没有这样做，只托庄信正转交张爱玲一块花莲大理石以为纪念。

张爱玲说：你应该了解我的意思。在王祯和看来，是什么"意思"呢？他是这样理解的：

> 后来没见面是对的。让我记忆中她永远是那青春的一面。其实我应该寄张现在的照片给她，告诉她我也老了，请她也寄张现在的照片给我。不要，还是不要，还是留着以前

的记忆吧。真是奇怪，我真的能把她的每一件事，每个动作，说的话都记得清清楚楚，包括她喜欢戴的大耳环……①

五十八、再写电影剧本

本来，张爱玲的计划是游完花莲之后，就去台东、屏东。到屏东参观矮人祭，然后经高雄返台北。然而一到台东车站的那天夜晚，站长就告诉他们说麦卡锡在到处打电话找他们。张爱玲连忙用公用电话与麦卡锡家里联系。电话费时很长，焦急中张爱玲还不忘告知旁边排队等候打电话的两个人到另一处公用电话亭去，边说边用手电筒给那人指方向。

麦卡锡在电话中告诉张爱玲，赖雅又中风了。他家中人正在设法与她联系。这样张爱玲只好取消计划，用最快的方式赶回台北。麦卡锡派人用专车到车站接张爱玲和王祯和，车子先把王祯和送到学校，再到麦卡锡的住所。两人忧伤地告别，看着车子远去，王祯和十分难过。

在麦卡锡家里，张爱玲才了解到详情。赖雅在张爱玲飞往台北一星期后，也启程乘巴士去华盛顿。途经宾夕法尼亚的比佛瀑布市（Beaver Falls）再一次中风昏迷，被送进当地一家医院。医院赶紧通知霏丝赶来。霏丝在比佛瀑布及时把这坏消息通知了麦卡锡。此时霏丝已把父亲接到了华盛顿她家附近的一所医院。

张爱玲在台湾一直是兴致勃勃的，这个消息一下子把她又拉

---

① 丘彦明：《张爱玲在台湾》。

回到美国，拉回到烦难的现实世界中。然而她并没有立即飞到华盛顿，而是决定先到香港去写剧本，多挣钱，以备来日的不时之需。事实上，她原本就是冲着香港而来的。台湾不过是东方之行的一小站。她本想采访张学良的计划，也没有得到台湾当局的批准。眼下，她只能先到香港去再说。

六年不见的香港又改变了模样，高楼林立，霓虹灯更亮了。张爱玲先在宋淇家小住，不久在附近的一间公寓的小房间安顿下来，并很快投入到电影剧本的写作中。在她上次离开香港到美国的日子里，她已为香港电懋公司写过好几个剧本，此次是应宋淇之约为该公司写《红楼梦》上、下集的电影剧本。稿酬为 1600 至 2000 美元左右。她克服了眼睛因溃疡而出血和两腿肿胀的疾患，夜以继日地工作着。眼疾是老毛病，为了控制病情就得打针，而要治愈则必须让眼睛绝对休息，这是她无论怎么也做不到的。为了早日返回美国，她每天从早上 10 时工作到深夜 1 时，这使她的眼睛怎么也好不了。腿脚肿胀是因为一个月前从旧金山出发时飞机座位过于狭窄所致，至今未消。为了节省钱，她没有去买稍为舒适一些的大一点的鞋子。连看病和住宿的费用都欠着，返程机票也没着落。本来为省钱，起初在旅行社订的船票回美国，可因赖雅的不停催促，也因在香港写作的不顺，她改订机票。但连机票的预付款也要等船票退了之后才有。她在给美国朋友的一封中写道："得到他病重消息后，即离开台湾，但并没有回美国，现在心情非常恶劣，甫德病重之外，还有其他多种原因。"①

这是窘迫难堪的 5 个月，在给赖雅的信中诉说这些烦心事

① 司马新：《张爱玲的今生缘》。

后，她写道：

> 当我在黑暗中孤独地徘徊在阳台上时，心中不禁猜想你是否知道我的处境，我的心情，顿时觉得在这个世上我可以投向谁？①

《红楼梦》电影剧本初稿完成之后，由于宋淇本身是《红楼梦》专家，难以公平地纯从电影角度判定剧本的好坏，所以电影公司决定让宋淇回避，直接由宋淇的两位上司做出决定。而上司又没有看过小说《红楼梦》，因此一下还不能拍板，也就不能为电懋公司"打工"的张爱玲付酬。这时，宋淇又让她写另外一个剧本，稿酬为 800 美元。张爱玲答应了。她计算了一下，她和赖雅每月在美国的开支为 200 美元左右，如果得到这笔稿费，就可以管四个月的生活费。因此即使她得在香港多待一些时间，她也顾不得了。她在给丈夫的信中说道："这种阴郁寂寞的生活是我格外苍老再延一个月，我想到就懊丧。这几天有空，为麦卡锡翻译短篇小说。想到我们的家就觉得安慰。"她安慰催她快些回家的丈夫："快乐些，甜心。试着吃得好，注重健康。高兴你觉得温暖。我仍然可以看见你在旧的暖炉面前，坐在地板上，像只巨大的玩具熊。我全心的爱。"②她还好几次给赖雅写信诉苦，解释自己推迟回家的原因。因为剧本写作不顺利，因为是好几个剧本交叉进行，交稿的日期都拖到了最后，因此也拿不到报酬。因为原来的写作计划和电影公司的审读之间的误差，原来谈好的报

---

① 参见周芬伶：《哀与伤——张爱玲评传》，第 82 页。
② 高全之：《张爱玲学》。

酬，又会有一些麻烦。这甚至影响了他和宋淇夫妇的感情。"增加贷款是痛苦的安排，破坏了他们与我多年的交情……花钱在我现在心情看来毫无愉悦的东西上，无法改变向朋友借债的这种穷困。事实上，想到乱花钱就减少我目前所作所为的意义……从上午十点到凌晨一点，精疲力竭工作。所以请别让我不开心。"

1962年的春节快到了，张爱玲的这部剧本又获通过，但《红楼梦》仍无消息。有人说电懋公司的对手邵氏影业公司将抢在前头开拍《红楼梦》，如果这样的话，张爱玲的香港之行就失去了一大半的意义。她在给赖雅另一封信里谈到《红楼梦》剧本稿酬的折腾之后，说："我在此地受苦，主因在于他们持续数月的迟疑不决。我离开此地，强迫他们面对难题。宋淇是标准中国人，完全避开这个话题，反倒要我另写个古装电影剧本。第二天我了解了实情，整天在我小房间里，难过得要窒息，随时会爆炸开来。我全力争取的一年生活保障，三个月的劳役，就此泡汤。……暗夜里在屋顶散步，不知你是否体会我的情况，我觉得全世界没有人我可以求助。我爱你。"① 寒夜枯灯下，张爱玲连夜失眠，眼睛又在出血。在元宵节的前夜，站在公寓的屋顶上，香港万家灯火，一派节日气息。而她却心如古井。

在港期间，她与赖雅保持着通信联系，关心着他的病情，诉说着自己的近况。在元月31日的信中，张爱玲再一次谈到了自己的窘况："几个月来我工作卖力得像狗，没有支薪的迹象，但是那是因为写作与修订交相进行，好节省时间，因此所有剧本都得拖到最后一分钟才会完成。刚刚写好第三个也是最后一个剧本的大纲交给宋淇，请他在中国新年之前审读批准，一到过年他会

---

① 高全之：《张爱玲学》。

在年庆与一个明星的诉讼案里忙得见不到人。——如果船票退款耽误了，宋淇说他们会凑足差额……他也许会反对 3 月 16 日行期，但是我会尽力在 2 月底以前完成大部分的工作，如果他们还是不满意，我就安排在那里完工，他们总是能够扣发付款。斯克利普拉出版公司（Scribner）拒出我的小说……'篇幅几乎两倍过长'……'此为集体而且完全无法做决定'之后的意见。我已去信罗德尔，请她在 3 月中之后用我们华盛顿的地址来信。另外必须给我房东太太足月的搬家通知。……我的处境已经够难了。如果你能看见我现在生活实况，你将知道我多么想念我们可爱的公寓。"①

由于不小心搞错了地址，她给赖雅的前五封信都丢失了，直到在 1962 年 1 月她写的第六封信才到赖雅手中。赖雅回信中告诉她，他在霏丝家附近找到了一座小巧的公寓房子，还给她绘了房子的草图，房租也不贵。

赖雅每次来信都催张爱玲回家，那个华盛顿的新家。张爱玲在香港也感到了疲惫，于是她于 3 月 16 日飞离了香港。

在港五个多月，张爱玲感触多多。为了生存，她这么多年来一直为香港写电影剧本，据统计，她写了十几个剧本。算得上是一个高产剧作家，且质量不低，有的非常卖座。

50 年代末创作：《情场如战场》，林黛主演，打破当时国语片卖座纪录；《人财两得》，李湄、陈厚主演；《桃花运》，叶枫主演。此外，还有《六月新娘》《温柔乡》。

60 年代初创作：《南北一家亲》，1962 年 10 月上映，王天林导演，雷震、白露明主演；《小儿女》，1963 年 10 月上映，王天

---

① 高全之：《张爱玲学》。

林导演，雷震、尤敏主演；《一曲难忘》，1964 年 7 月上映，钟启文导演，张扬、叶枫主演；《南北喜相逢》，1964 年 9 月上映，王天林导演，雷震、尤敏主演。

《南北一家亲》和《南北喜相逢》以香港本地广东人和来自北方的"外江佬"的冲突为主线，交织爱情与生活的传奇，由粤剧红伶梁醒波与著名谐星刘恩甲演对手戏，彼此因为语言与地域文化的冲突，钩心斗角，势不两立，但没想到他们的儿女却私下大谈恋爱，如胶似漆，终至谈及婚嫁，而与父母不断斗智斗勇。但这不是罗密欧与朱丽叶的悲剧，而是王尔德式《不可儿戏》的喜剧。这三部"南北和"系列的电影，都是针对香港的语言矛盾所产生的独特语境，也多有彼此不打不相识的场景。张爱玲借用好莱坞的风格，用美女俊男来包装地域之争的荒谬，穿插了种种情景喜剧的桥段，加上谐星梁醒波的即兴"爆肚"对白，让观众看得如痴如醉。在上海长大的张爱玲，曾在香港大学念书，她对于广东话和大陆其他方言与普通话的互动，都有深刻的体会，也了解不同语言的交叉渗透与交缠，都会带来巨大的戏剧张力。她的喜剧对白，充满了王尔德式的机智与嘲讽，让香港人在观赏过程中，看到自己的傲慢与偏见，也看到那些扭曲了的歧视影子。①

上述后三个剧本都在 1987 年 3 月《联合文学》刊出，其中《南北喜相逢》只刊出部分段落。张爱玲不谙粤语，因此剧本粤语对白为宋淇加工润色。宋淇也是这几个剧本的制片人，这些影片全由电懋公司出品。

没有拍摄的剧本除《红楼梦》外，还有根据勃朗特的《呼啸

---

① 邱立本：《张爱玲洞悉香港焦虑》，邱立本的博客 http：//blog.sina.com.cn/qiuliben，2012-02-03。

山庄》改编的《魂归离恨天》。

对张爱玲写电影剧本较多而文学创作较少，宋淇有自己的看法。他说："不管国语片本身价值如何，至少张爱玲在美国最初几年中先后写了不止十个电影剧本（具体数字待考），不能说她在写作上减产。欧美第一流的严肃小说家和学者常用笔名写侦探或间谍小说，为好莱坞编剧者也比比皆是。张爱玲这样做无可厚非。何况她早年写过影评，在上海时编过剧本，和电影有深切的渊源。"① 张爱玲为香港电懋写剧本，宋淇特意嘱咐导演和演员一个字也不要改。因为改了也不可能比她更好。这就是张爱玲的厉害。②

搜集研究过张爱玲剧作的郑树森教授曾把她的电影剧作做了分类，并提出了自己的见解，可以看作是对电影剧作家张爱玲的初步总结。郑教授认为，张爱玲的电影可分为以下四类：

第一，都市浪漫喜剧。大都会的中产阶级视野与生活趣味，情节铺排和逗笑技巧都受到美国 30 年代好莱坞"神经喜剧"（Screwball Comedy）影响，如《太太万岁》《六月新娘》《情场如战场》。这是张爱玲成就最高的电影。第二，社会喜剧。以香港劳动阶层为描写对象，如《南北一家亲》《南北喜相逢》。第三，问题剧。剖析中年丧偶与再婚现象，显现传统观念与个人意愿的矛盾，如《哀乐中年》和《小儿女》。第四，西方作品的改编，如《一曲难忘》是根据华人社会的观点来改编《魂断蓝桥》，和

----

① 《文学与电影中间的补白》，台北《联合文学》第 30 期，1987年 4 月出版。

② 张敞：《桑弧与张爱玲的"影缘"：浮世的悲欢内敛的力量》，《北京青年报》，2016 年 4 月 15 日。

以《呼啸山庄》为底本的《魂归离恨天》。①

谈到张爱玲电影艺术的贡献时，他尤为肯定第一类作品的价值。认为：

> 张爱玲肯定是美国三四十年代光芒炫目的"爱情谐闹喜剧"这个片种的中国传人。但这个片种的手法及其中产世界的关怀，大概和五四以来启蒙、救亡和革命等论调，颇有扞格，因此一直未能有所发展。……今日重新整理中国电影史的学者，似乎有必要重估张爱玲在这方面做的贡献。②

对电影艺术的特性，张爱玲有自己的看法。她在 1968 年对一位来访者谈道："电影是最完全的艺术表达方式，更有影响力，更能浸入境界，从四面八方包围。小说还不如电影能在当时使人进入忘我。"③ 可见张爱玲是充分把握了电影作为综合艺术的特点的。惟其如此，她为香港电影公司写的剧本既快又多，且都很叫座。某些剧本未能投入拍摄的也不是剧本质量的原因。

张爱玲作为一个职业作家，对一般人事她可以我行我素，独往独来，但对于读者她是非常尊重的。写小说如此，写电影剧本也是如此。她深谙作为大众性最强的电影艺术的特点，赢得观众的喜爱是十分自然的。现代中国的电影事业十分年轻，张爱玲在

---

① 《张爱玲的电影艺术》，台北《中国时报·人间副刊》1995 年 9 月 11 日。

② 郑树森：《从现代到当代》，台北三民书局 1994 年版。

③ 殷允芃：《访张爱玲女士》，载《中国人的光辉及其他》，台北志文出版社 1977 年版。

这个领域的辛勤探索和成功经验，值得电影界同仁总结借鉴。

五十九、生前没有问世的英文"自传三部曲"

1956 年刚刚进入美国的张爱玲，就期冀寻求一种新的题材，一举打入美国文学圈。她想到了张学良，并且定下了小说的题目：The Young Marshal（少帅）。

1961 年 10 月给邝文美的信里，她就谈到她有"两个非看不可的地方，台湾就是一个，我以前曾经告诉过你想写张学良的故事，而他最后是在台"。真正到达台湾以后，她一个重要的目的就是搜集关于少帅张学良的资料，以备日后写小说时参考。但麦卡锡没有帮她联系好在台湾面访张学良的事情。又因为赖雅中风消息突然传来，她不得不提前离开了台湾。

1962 年春天，张爱玲住在华盛顿，在国会资料馆查阅过跟张学良有关的资料，并正式动笔开始了《少帅》的创作。

张学良与赵四的爱情故事，多年来广为流传，但街谈巷语有不同版本。张爱玲跟张学良没什么世交，对他本人自然谈不上了解。她曾说："写小说非要自己彻底了解全部情形不可，否则写出来像人造纤维，不像真的。"为写《少帅》，她不但要参阅正史传记，还得看大量野史杂文，才能将故事说得肌理分明，轶事穿插有致。张爱玲既费这么大的劲做资料搜集，可知书中很多民国人物的小故事皆非向壁虚造。如有偏离事实，大都是她出于艺术上的考量而刻意为之的。张爱玲又说过喜欢实事，并不是尊重事实，是偏嗜它特有的一种韵味，其实也就是人生味。

在 1962 年 2 月 10 日给赖雅的英文信中，她写道：

明年初只要一转运，我们便一起迁居纽约。我很心急要交上六三年的大运——这是疯话，也是我唯一的精神支柱。所以明年春左右就要完成《少帅》小说，这时机千载难逢，不容错失，现在已经想奋发工作了。

热衷于命理和神秘学的张爱玲认定 1963 年会是她事业的转折点，而《少帅》正是她的希望所在。

在给邝文美和宋淇的信里，她有时会透露写作的进展。遇到了好的材料，写得顺的时候就"兴奋过度"，表达"恨不得马上把张赵故事写好，而又急不来"的心情。但是这一年她的写作过程还是遇到了很多的麻烦、很多的障碍，并没想象的那么顺利。

小说比较"偏重爱情故事"。大致上是以少帅陈叔覃（张学良的化名），和周四小姐（赵四小姐的化名）的相恋为主线，兼及饭局、闲聊的情节，穿插当时的逸闻，让历史像七八个话匣子同时开唱，各唱各的，打成一片混沌。协助宋以朗先生整理《少帅》遗稿的冯睎乾介绍说，按照计划，《少帅》本来要写十章，头七章的背景是 1925 年到 1930 年，后面应该是 1936 年西安事变作为高潮。因为是小说而不是非虚构，为了考虑市场，考虑读者，对史实做一些改动，也非常正常。1962 年《洛丽塔》电影上映，非常轰动。有没有基于某个市场考虑把《少帅》写成军阀时代的洛丽塔故事呢？有人有这样的猜测和联想。而胡兰成和张学良都有从政经历，都很风流，都有老少配的婚姻，所以这是否暗藏"张爱玲情史"的历史小说的意味？"在《少帅》的世界里，张爱玲既是神游于军阀间的爱丽丝，也是迷倒大英雄的洛丽塔，更是被历史成全了婚姻的赵一狄，灰扑扑的人生在刹那间幻化成红的蓝的童话故事。在这样一部难产的小说里，她至少开辟了一个平行宇宙，在那里她过着不一样的人生，异常快乐。——这种快乐也特别叫人伤心。"① 也有学者说，《少帅》是张爱玲对张胡之恋一次肆意的沉湎，其半途而废标志着《倾城之恋》似"圆满的收场"之未能延续②。因此可以说《少帅》和《雷峰塔》《易经》是张爱玲 60 年代的自传三部曲。但是因为作品没有完。这也只能停留在猜测上。

张爱玲在 1961—1991 年的 30 年间，曾 20 次在和宋淇夫妇的通信里提到《少帅》。这个英文小说的写作过程，从期盼、失落、挣扎到心灰意冷，于张爱玲是个无可奈何的接受过程③。"三年来，我的一切行动都以这个小说为中心。现在得要全盘推翻，但目前也仍旧这样过着，也仍旧往下写着。"1964 年 5 月她在给邝文美宋淇的信里说道。但 1966 年还没有放弃这本小说。70 年代初接受水晶采访的时候，还谈到写在军阀时代的长篇小说，写了一半，搁下来了，也想把它写完。后来，因为担心这个书在台湾出版不顺利，也因为写作的过程中纠缠某些细节逐渐失了兴致，还因为考虑到有"碍语"，也可能影响写作的心情。所以最终只是一个半成品。后来发出来的打字稿有 7 章，81 页，23000 英文字。后由郑远涛译成中文，有三万七千多字。先打出来给三位外国朋友品评，即麦卡锡、斯温以及她的出版代理人罗德尔。张爱

---

① 冯晞乾：《〈少帅〉考证与评析》，《少帅别册》，北京十月文艺出版社 2015 年版，第 74 页。

② 何杏枫：《爱情与历史——论张爱玲〈少帅〉》，《重探张爱玲：改编·翻译·研究》，第 344 页。

③ 何杏枫：《爱情与历史——论张爱玲〈少帅〉》，《重探张爱玲：改编·翻译·研究》，第 315、316 页。

玲知道外国读者对中国历史不甚了了，早已设法简化。斯温是中国通，很喜欢，但麦卡锡和罗德尔依然说历史太混乱，尤其是罗德尔，她的口味较代表一般读者，说许多中国人名她完全记不清。就是因为这位罗德尔大泼冷水，张爱玲竟灰心得写不下去。对比起她四十年代在上海一出道即获周瘦鹃、平襟亚等赏识，何异云端的日子，如今在美国却人离乡贱，一筹莫展。她的预感似乎落空了。

在1991年给宋淇的信里，就明确说道："对张学良我已久已失去兴趣，认为他是一个 limousine liberal （坐大轿的自由主义者），觉得 irritating （讨厌）——纯粹我个人的偏见。"

总之，"张爱玲最初对《少帅》期望甚高，觉得自己时来运到，可以凭它在美国文坛打出名堂；写了大约三分之二，她的出版代理人大泼冷水，批评小说人名太多，历史混乱。自此，张爱玲便热情渐减，把它搁置多年，最后连对男主角的兴趣也没有了，这小说就不得不放弃"①。

《少帅》第四章末段写四小姐和少帅交欢时说：

> 他拉着她的手往沙发走去。仿佛是长程，两人的胳臂拉成一直线，让她落后了几步。她看见自己走在一列裹着头的女性队伍里。他妻子以及别的人？但是她们对于她没有身份。她加入那行列里，好像她们就是人类。

原来"四小姐"这称谓也不是随意设定的：作者其实要利用序数来暗示她也不过是无名女子队伍的一员，她象征古今中外的

---

① 冯晞乾：《〈少帅〉考证与评析》，《少帅别册》，第36、37页。

女性,具有普遍意义。"《少帅》就是这样一本深入浅出充满夹缝
文章的书,恕我无法在这里逐一注解了。因为要协助它出版,我
不得不反复阅读,往往有新的领悟,越发相信它每处细节都体现
着整部小说的主题,仿佛一个碎形(fractal),一花一宇宙,一树
一菩提。在张爱玲笔下,历史也许只是一场幻影,唯有人的无明
爱欲才是永恒。在这层意义上,《少帅》其实已经写完,却永远
不可能读完。"①

1965 年张爱玲曾经写过一个英文简介《自白》,收入维克门
(Yohn Wakemen)主编、纽约沃尔逊公司 1975 年出版的《世界作
家简介 1950—1970》。该书介绍了 959 位作家。入选者必须有为
英语世界所熟悉的作品,必须具有文学重要性或者特别风情,文
学家、哲学家、历史学家、新闻记者都有入选。这本书对张爱玲
的介绍是:

> 张爱玲的作品无疑被那些把她当作冷战燃油的人过分推
> 崇,也被那些视当代中国文学只能为革命做政治服务的人过
> 分贬抑,她所描绘的革命前的中国,在写得最好的时候,达
> 到了超越时空的普遍性。

但是更值得关注的是张爱玲自己的表达。她在谈到了自己的
出生和来美国以前的经历之后,介绍自己这十年住在美国,忙着
完成两部尚未出版的关于旧中国的长篇小说,正在写第 3 个长
篇,从事翻译以及中文电影与广播剧本创作。美国出版商似乎都

---

① 冯睎乾:《张爱玲〈少帅〉的幕后故事》。

同意那两部长篇小说的人物过分可厌，甚至穷人也不讨喜。Knopf 出版公司有位编辑来信说：如果旧中国如此糟糕，那么共产党岂不成了救世主？然后张爱玲谈到了 1949 年之后的中国，国家取代了家庭，强化了这个时代无可争议的宗教：国家主义。

"国家主义"是一种近代形成的观念体系，其重要内涵在于"国家至上"。国家主义将国家置于先于、高于社会的地位，认为国家具有决定全部社会实践和社会结构的功能。国家主义延续了古典时代的共同体决定个人存在的观念，只是将"共同体"转换成了"国家"。国家主义作为一种政治哲学，始于黑格尔关于国家伦理的终极价值的论述。1970 至 1980 年代，以斯考切波（Theda Skocpo）、诺德林格（Eric A. Nordlinger）等学者为代表的"国家回归学派"，主张"国家自主性"，形成了国家主义政治哲学的理论体系。张爱玲提起国家主义，从来都是略带不屑的，甚至是痛恨的。国家主义使得她的时代变得疯狂而混乱，使得她的人生变得无法控制，使她的写作和私生活都备受诟病。正因为亲历了战争，对战争的残酷和绝望有了更为直观和感性的认识，国家主义对于她才更像是洪水猛兽。她用全身心的感官在关注着生活的每个细节，更新着她对人性的认识，生活的每个细微的风吹草动她都敏感非常，由是，她不能理解也没有精力关注那些遥远抽象的政治理想。在她看来，国家主义和战争不过是人们"这样那样"的瞎折腾。她不明白问什么人们要拿生命去信奉国家主义，这样的狂热造就的不过是无谓的战争。整个世界在二十世纪都沉迷在这个宗教中，喃喃地痴迷在国家民族的想象里，争相为自己赋予神圣的使命。作为一个如此清醒冷静的历史旁观者，的确难以想象她会投身那个时代的洪流，为民族国家信仰奋不顾身。

　　我最关切两者之间那几十年：荒废、最终的狂闹、混乱以及焦灼不安的个人主义的那些年。在过去千年与未来或许几百年之间，那几十年短得可怜。然而中国未来任何变化，都可能萌芽于那浅尝即止的自由，因为在美国围堵政策之外，还有其他更多因素孤立了中国。

　　中国比东南亚、印度及非洲更早领略到家庭制度为政府腐败的根源。现实的趋势是西方采取宽容，甚至尊敬的态度，不予深究这制度内的痛苦，然而那却是中国新文学不遗余力探索的领域，不竭攻击所谓"吃人礼教"，已达鞭挞死马的程度。——我因受中国旧小说的影响较深，直至作品在国外受到与语言隔阂同样严重的跨国理解障碍，受迫去理论化与解释自己，这才发觉中国新文学深至于我的心理背景。①

　　张爱玲很少长篇大论的谈自己的社会观和文学观，尤其是在出国以后，而在这样一个郑重其事的场合。她谈到了自己对于现代中国的理解和现代中国文学的理解，以及她自己所受到的滋养和困惑。不要说张爱玲是一个不谙世事的作家，她对时代、对民国之于中国历史的重要性把握得很精准。对自己的特点也有很深切的认识。在表面的传统中国的叙事的背后，是新文学对家国天下思维、吃人礼教文化的审视与批判。

　　在《自白》里提到的张爱玲没有出版的长篇英文小说，指的是 1957 年到 1964 年间写作的、主要取自于她本人的半生经历的

———————————

　　①　高全之：《张爱玲学》。

The fall of the Pagoda（《雷峰塔》）和 *The Book of Change*（《易经》）。她在 1957 年 9 月 5 日给宋淇夫妇的信里面写道："头两章是写抗战爆发，第三章起转入童年的回忆，直到第八章再回到港战，接着自港回沪，约占全书三分之一。此后写胡兰成的事，到一九四七年为止，最后加上两三章作为结尾。这小说场面较大，人头杂，所以人名还是采用'金根''金花'式的意译，否则统统是 Chu Chi Chung 式的名字，外国人看了头昏。"可以把《雷峰塔》和《易经》理解为张爱玲 60 年代初"向美英文坛叩关失败的英文小说"。①

1963 年夏天，英文版应该是基本写好了。她准备自译为汉语。她在 1963 年 6 月 23 日的信中写道：

> 《易经》决定译，至少于上半部《雷峰塔倒了》，已够长，或有 10 万字。看过我的散文《私语》的人，情节一望而知，没看过的人是否有耐性天天看这些童年琐事，实在是个疑问。下半部叫《易经》，港战部分也在另一篇散文里写过，也同样没有罗曼斯。我用英文改写不嫌腻烦，因为并不比他们的那些幼年心理小说更"长气"，变成中文却从心底里代读者感到厌倦，你们可以想象这心理。

1995 年 9 月，张爱玲逝世遗嘱执行人林式同在其遗物中找到了 *The fall of the Pagoda* 及 *The Book of Change* 的手稿后，按照遗嘱把它们都寄给了宋家。到了 2010 年，才由皇冠出版社翻译成中文

① 张瑞芬：《童女的路途——张爱玲〈雷峰塔〉与〈易经〉》，《雷峰塔》，皇冠出版社 2010 年版。

出版，大概有 30 余万字，近 800 页的篇幅。翻译者赵丕慧。

《雷峰塔》原名《雷峰塔倒了》，在《今生今世》里雷峰塔出现过 5 次。其中有白蛇娘娘的儿子中状元回来祭塔，三拜塔就倒了。所以传说中雷峰塔倒，西湖水干，白蛇娘娘出世，天下要换朝代。雷峰塔倒了，对张爱玲来说意义非凡。《易经》在今生今世里出现过 15 次，胡兰成还靠《易经》在日本讲学。有人认为这是张爱玲和胡兰成对话。

《雷峰塔》是张爱玲以自己 4 岁到 18 岁的成长经历为主轴，糅合其独特的语言美学所创造的自传体小说，情节在真实与虚构间交织，清末的社会氛围，人性的生存阴暗浓缩在大家族里。张爱玲到美国未久，以一个新人之姿打算用英文发表私我性很高的小说，或许是个错招。但她还是下了很大的功夫的，书中加重了对白的分量，还原这个时代败落家族的氛围，前所未有地揭开了人性在物质下的幽暗、亲情的决绝。

《雷峰塔》的寓意何在？书中婢女葵花和保姆何干的闲话或许道明了真意。"雷峰塔不是倒了么？""难怪现在天下大乱了。"两句明灭不清的破碎语句，像是梵文里流出的古老而恍惚的歌声，拍着房檐入睡。

《雷峰塔》一开始，就是以幼童沈琵琶的眼，扫射那个不断沉下去的灰扑扑的成人世界。看着母亲杨露和姑姑沈珊瑚打理行李出国如海洋般无穷尽的颠簸悲恸，父亲沈榆溪阴暗杂乱房间里的烟雾缭绕，姨太太带来的蓊郁却绝望的热闹。在宅子另一个日光永远照不到的潮湿角落，厨子花匠男工闲散地赌钱，婢女老妈子做藤萝花饼吃，老婆子们解开裹脚布洗小脚，不厌其烦地讲起白蛇法海雷峰塔的传说，带着鬼鬼祟祟的神气……幼时往事还历历在目，即使离她那么遥远，那么遥远，远在她记忆的黑洞中，靠近不得；连光都不放过，过去未来，前吞后咽。

漂亮的大眼睛弟弟，因为跟姐姐长得很不一样，被家里别的人怀疑他的出处，怀疑是一个会唱歌的意大利人跟他母亲偷情的产物。而且这个弟弟到17岁的时候就病逝了。《雷峰塔》和《易经》令人惊悚的情节还有：姑姑与母亲在异国"共侍"同一个男人；大爷偷偷纳了丫头吉祥做妾，在外面又建了一个家，生出儿子还把照片寄给大婶看，说是吉祥跟了南京的一个男人；港战期间，琵琶跟着同学们一起去做护士；姑姑与表舅妈的儿子绪哥哥陷入不伦之恋，临了为搭救表舅，姑姑把嫂子的钱全部填进去，姑嫂心生裂隙依然同居一个屋檐下；母亲一个晚上就在牌桌上输光她误以为女儿的卖身钱800元；香港失守后她跟着同学们去人去楼空的老师家洗澡把比亚兹莱的画册撕下藏起来带回去；校医勾结外人趁着黑夜一车一车地往外拉货卖，最后把一个伤员杀死灭口；作者为了早点回到内地，不惜拿这个"秘密"前去威胁校医帮她搞几张回上海的船票，结果真的成功了；回上海的那艘轮船上竟也有梅兰芳同行……

《易经》有一个情节，正读香港大学的琵琶生活拮据，历史老师布雷斯代好心资助了一笔800元的学费。这时母亲杨露从国外回来探亲，琵琶将款交给母亲，后来竟无意间发现母亲轻易把这笔钱输在牌桌上了。杨露以为女儿必然是以身体做了交换，催促琵琶亲自前往老师处道歉，之后还偷窥琵琶入浴的身体，想发现异状。这事情使琵琶感到羞辱极了。

比之让张爱玲狼狈灰心的胡兰成，母亲更是贴在她皮肤上的蚤子，她不敢去抓，一抓，就会溅起血来。"雷峰塔"一词，囚禁女性意味浓厚，《易经》里有一段描述母亲当年被迫结婚时的隆重花轿婚礼："每一场华丽的游行都敲实了一根钉子，让这不可避免的一天更加的铁证如山"，"他们给她穿上了层层的衣物，将她打扮得像尸体。死人的脸上覆着红巾，她头上也同样覆着红巾"。"她被献给了命运，切断了过去，不再有未来。婚礼的每个细节都像是活人祭，那份荣耀，那份恐怖与哭泣"，这里哪有婚礼的旖旎明艳，分明是挤满死亡的皱纹与诅咒，简直让人不寒而栗。张爱玲和母亲一样，奋力想挣脱传统的枷锁，却因其锋利的齿沿磕伤了好几个人。女儿总是复制母亲的悲剧，日日夜夜地唱，苟延残喘不知疲倦，加之母亲施加给张爱玲的自卑自伤，雷峰塔于是轰然倒塌。

"琵琶尽量不这样想。有句俗话说：'恩怨分明'，有恩报恩，有仇报仇。她会报复她父亲与后母，欠母亲的将来也都会还。"父母罩在琵琶身上的阴影她一辈子都没驱散。人之不自由，挣不脱的多是人与人之间亲情、友情、爱情——所有别人为你的付出。然后被紧紧地捆在一起，生于温情，死于温情。她也想爱一个人，非常想。但所有她曾试图去靠近的人都乌泱泱坍塌在她面前，溃不成军。晚年的张爱玲幽闭茧居，爱的安亡，使她成了守墓人。于火树银花的冷凉夜色中，她用孱弱如柴的食指和拇指捏起牙牌，一手卜出早已熟稔于心的真相，一手托起深不可测的夜。彻头彻尾的昏闷、恐怖、心酸、幻灭，像脏玻璃上的一层厚厚的雾气，叫她看不见回去的路。这次，和胡兰成无关。

每个人性格中的阴晦面几乎都可在其童年经历里探寻出答案。张爱玲后来的"怪"、别扭、孤僻，皆因母亲给她留下的重创多年以后还在她身上。人生中若发生了某些事，便有一道门被永久关闭。这就是损伤。母亲在张爱玲的成长过程中是缺席的，但却长期被她视为"圣女"一样的存在，"我把世界强行分作两半，光明与黑暗，善与恶，神与魔。属于我父亲这一边的必定是不好的"，然而，父亲的堕落荒唐并没有伤过她的心，因为她"从来没有爱过他"。对他人有需索，才终成恐慌；对他人抱期许，才有失望的可能性。与之相反的是，对他人的容纳，会救赎自我的安宁；对他人感到怜悯，方能成为容纳所有沧海一粟的无垠，摘取宽恕的果子。我们往往以爱为名来挑战人性中畏缩狭窄的边缘，必然破绽百出。置身事外，反倒不易画地为牢。所以她有时候也喜欢"鸦片的云雾，雾一样的阳光，屋里乱摊着小报"①，这些都给她家的感觉，父亲"在寂寞的时候"喜欢她。属于母亲的这一半则是全部美好之所在。而在现实人生中，那些琐屑的难堪，尤其是钱，使她了解了母亲的为人，母亲的形象濒于瓦解，并最终荡然无存。"这时候，母亲的家不复是柔和的了。"

　　《雷峰塔》起首是母亲出国离弃了她，《易经》的结尾则是她战事中拼了命回到上海，回到那栋母亲曾住过的公寓。"打从小时候开始，上海就给了她一切的承诺。""我回来了，她道。太阳记得她。"这几句话里隐藏了太多对母亲小心翼翼的眷念，这份眷恋可以在静默中，没有任何声响和要求地存在，暗中点燃的小小火焰，只用来温暖她卑微的灵魂。除此以外，《易经》用了极大的篇幅着墨母女之间，这是张爱玲早期作品不曾有过的。《雷峰塔》起笔于1957年，正是她母亲去世前后，是否也说明了什么？后来的她沦落至那般的自私而不信，即便给予，也要在千般地确认能够不被辜负之后。爱着他人，只是为了证明别人能够爱自己。"他喜欢过她，照理她不会忘记，喜欢她的人太少了。"她生来带着欠缺降临世上，一生就像带着一种注定。母亲是她命途

---

① 张爱玲:《流言·私语》。

之中的一个巨大地堑，黑的裂缝触目惊心地横在路上，深不可测，一直劈入地心去。或许她常常一整日地独坐，千百次地问，母亲为什么要以那般冰冷不留情面的方式对待自己呢？甚至骂她"猪！"回答她的声音除了墙上的挂钟又咔嗒一声走过一秒之外，仍然是阒静。这永远是没有答案的提问，她到底不能够变成母亲想要的样子，成为她的希望。但凡想到这里，她心里便有隐隐的恨意。

这是个发了霉的故事，刻着凹凸有致的碑铭，关于爱或者恨。它被张爱玲缠绕煎熬地反复咀嚼、书写，一言难尽，尽处已然换了天涯。那些她不忍目睹的事情，并不会因为她的不堪而延迟了脚步。她在试图遗忘却又贪婪的回忆中惨烈无比地继续生活下去。这是种记得与遗忘之间流盼的浮躁姿态，向死而生。写作是何等伤人且自伤的行当，回忆里几番欲说还休事，尽付无常，现如今只留下她一个活口来见证它们曾经的存在。张爱玲的第一炉香和第二炉香都已烧完，故事也该完了。再也不需要相互苛求，中伤。那些彼此都将自己对命运的怨恨发泄给亲人，并且因此刻薄相待的日子，终将在那个童女四岁时就怀疑一切的眼光中式微、朽烂、湮灭，然后被原谅。

"《雷峰塔》和《易经》就像是《红楼梦》的民国版或者续集。眼看它起高楼，眼看它宴宾客，眼看它楼塌了，遗老遗少和他们的儿女同舟一命，沉沦到底。"①

在 50 年代，张爱玲的双语写作还是比较顺利的，《秧歌》等是很好的例证。可是她 60 年代的《少帅》《易经》和《雷峰塔》的写作和出版受到挫折。在 1957—1964 年间给宋淇夫妇的信中，

---

① 张瑞芬：《童女的路途——张爱玲〈雷峰塔〉与〈易经〉》。

她屡次说到书卖不出去。1965 年给夏志清的信里说这些小说出版受阻的原因是"语言障碍外的障碍",此前在 1964 年 11 月 21 日给夏志清的信里面说:"我一向有个感觉,对东方特别喜爱的人,他们所喜欢的往往正是我想拆穿的。"这话应该看作是理解张爱玲的中国故事、中国书写的一把钥匙。夏志清对此也感慨良多。因为他受西方文化的影响,他在美国也是努力想"拆穿一些传统中国的东洋镜",但是势单力薄,那个时代新儒家是热门,而五四时期提倡的批判精神反而被看作是过时的。[1]"《秧歌》《赤地之恋》命运与《雷峰塔》《易经》的截然相反,使我们大概有理由相信,东方主义是张爱玲五六十年代遭遇传播困境的主要原因。张爱玲并非没有能力写出美国人懂得且愿意接受的英文作品,她的寂寞和固执,透露了其骨子里的清高和自信,而这大概也是张爱玲与林语堂的差别。"[2] 张爱玲比林语堂有更多的中国元素,但有一点生不逢时。

六十、赖雅谢世

赖雅已经完全不习惯没有张爱玲的生活了。在张爱玲居住香港的日子里,他度日如年。多次写信催她回来。眼下他得到张爱玲的来信,得知她将返回,十分兴奋。尽管张爱玲的信中明明告

---

[1] 夏志清:《张爱玲给我的信件》,长江文艺出版社 2014 年版,第 13、14、23 页。

[2] 杨联芬语,见宋以朗、付立中主编《张爱玲的文学世界》,第 71 页。

诉他到达华盛顿的时间是 3 月 18 日，可他 17 日那天就按捺不住自己，一个人跑到机场去了一趟，虽然他明明知道是明天而不是今天。第二天，他和霏丝去接到了张爱玲，把她带回了他们的新家——第 6 街 105 号的一个叫皇家庭院的公寓里。夫妇俩还不顾大风，游览了国会大厦和国会图书馆。

他们的新居距霏丝家和国会图书馆都比较近。街道干净，环境清幽。赖雅陪她一起去国会图书馆申请了一个座位，他自己也早有一个座位，随后她又查出了写小说《少帅》的所需材料。晚上，他们到了霏丝家用晚餐。霏丝的丈夫迈尔文（Melvin）是史密斯索尼亚学院（Smithsonian Institute）的海事历史学家，张爱玲与他一起谈过关于中国海轮的话题，而她的海船知识恐怕也仅限于与她祖父张佩伦海上战败相关的内容吧。霏丝与张爱玲年龄相仿，在华盛顿芭蕾学校（Academy of Washington Ballet）工作。他们有三个儿子。大儿子快读大学了，小儿子也过了十岁。

霏丝家至少每周都要邀请一次赖雅和张爱玲去小聚、用餐，赖雅乐此不疲，与孩子们一起下棋、看棒球比赛、讲故事，他寻找到了老年的欢乐。但张爱玲很少同行，总是以胃病等理由推托。她本不喜欢应酬，哪怕是亲戚间的应酬；她还觉得自己无法回请他们。此外，她与霏丝年龄接近，共同拥有着赖雅这个老年男人，一个是他妻子，一个是他女儿，在名义上张爱玲是后母，这是一个令她尴尬的角色。60 年代初，霏丝曾经问张爱玲，对 1949 年后新中国有什么看法，张爱玲并有直接回答，而是说："对一个女人来说，没有一个社会比 1949 年前的中国还要坏。"[1]

当然，张爱玲还在忙于写作，她要积蓄更多的时间思考和运

---

[1]　司马新：《张爱玲的今生缘》，《联合文学》第 151 期。

笔。常常白天她和赖雅去图书馆,一起去购物,一起做晚餐。他们也仍然光顾电影院,不过次数比前几年少多了。

> 赖雅还是一如既往深爱着爱玲,他瞧她睡着的时候,觉得她的脸真美。他将一天傍晚步行回家的情景描绘成:"走向他的家,他的光明,他的爱。"①

但赖雅的身体一天不如一天,时有小病大病的折磨,打针吃药,有时还得住院。这可苦了他最亲近的两个中年女人。她们都有自己的工作和家务,但在照顾赖雅的问题上是不遗余力的。糟糕的是,1963 年 7 月的一天,赖雅从国会图书馆出来时,不慎摔倒,摔断了股骨,随即又中风,他完全不能活动了,只能卧床休息。赖雅生活的最后几年,健康状况一直很糟糕,所以他在日记中经常写到疾病和死亡。"如何好好保持状况?死亡""死亡:沉重的心重击,身体在发抖,睡眠或闭眼,已经是长眠了,并且不再醒来"这样的句子经常出现在他日记中。② 摔跤中风后日记中止。之后几年一直是妻子和女儿的累赘,他满心的愧疚。

张爱玲自己也是小病不断,她的眼、牙、足都有毛病,常常要看医生。在经济方面,夫妇俩都有版税收入,但数额甚小,加上赖雅每月 52 美元的社会福利金,这是他们的主要收入来源。从香港回来之后,她把台港之行写成一篇散文: *A Return to the Frontier*(《重回前方》),有 300 美元的稿酬。但在 1964 年夏天,她的主要经济来源断了。香港电懋电影公司的靠山,一位新加坡

① 司马新:《张爱玲在美国》,第 124、125 页。
② 周芬伶:《艳异——张爱玲与中国文学》。

富翁在6月20日的空难中丧生。电懋公司随后解体，作为公司制片人的宋淇也不得不另谋他途。失去了宋淇的牵线搭桥，张爱玲也就失去了与香港电影业的联系，也就失去了来自香港的可靠的收入。

面对经济的压力，张爱玲又决定搬家，搬到黑人区中的肯塔基院（Kentucky Court），这是政府的廉价住所。张爱玲还与美国新闻处接洽，觅到了一些翻译任务。这时麦卡锡已被美国政府召回在华盛顿工作，并给她开付最高酬金。在张爱玲的海外生涯中，麦卡锡多次给予她经济和事业上的帮助。此时，麦卡锡在"美国之音"广播电台负责。他介绍张爱玲为电台做一点"散工"（Purchase order）。她为"美国之音"编了好几个广播剧。第一部是把陈纪滢的长篇小说《荻村传》改编为每半个小时播出一节的连续性广播剧。随后又改编苏联著名小说家索尔仁尼琴的成名作《伊凡生命中的一天》。原作刚出版一两年，"美国之音"就十分重视它的价值。伊凡是个农民，从德国军人的手中逃回后被当作奸细遭逮捕，判十年徒刑，在西伯利亚做苦力。小说写的就是伊凡这十年中的一天。张爱玲把它改编为六幕，分三次播出。没有太多的连续性的情节，没有人为夸张的戏剧性高潮，以平实的对话表现原作的写实风格。"美国之音"还请她改编过索尔仁尼琴的另一部作品，《玛曲昂娜的家》，以及莫泊桑、亨利·詹姆斯的作品。

负责与张爱玲接洽的是"美国之音"的编辑高克毅。有一次，张爱玲到位于华府西南区V. OA的总部来交稿，这是两人第一次见面。当时的情形，高克毅印象颇深：

> 果然是一位害羞、内向的女作家，她不肯涉足我们的办

公室。我接到外边接待处的电话，出来迎迓，只见一位身段苗条、身着黑色（也许是墨绿）西洋时装的中年女士，在外厅里徘徊，一面东张西望，观看四壁的图画。那天我回家告诉太太，梅卿说："啊呀！爱玲是我在上海圣玛利的中学同学呀。"当时我们就跟她接头，要请她吃饭聚一聚，可是被她委婉而肯定地推辞掉。①

不多久，高克毅为谈稿子的事，到东南区宾西凡尼亚大道附近张爱玲租的公寓去登门拜访，他很想能见识一下曾经大名鼎鼎、如今悄无声息的赖雅，但被张爱玲婉拒了。她说赖雅卧病在床，不能会客。

赖雅确实不能出来会客了。他瘫痪了两年，大小便失禁，张爱玲苦不堪言。她没有汽车，也不会开车，每次需要送赖雅到医院时，就找霏丝帮忙。张爱玲在起居室安置了一张行军床，以便自己能随时照顾赖雅。她既要做护理工作，又有翻译任务，十分劳累，家里也充满了压抑的空气。张爱玲又一次陷入了困境。

正在这时，张爱玲得知地处俄亥俄州牛津镇的迈阿密大学正在招聘一位驻校作家，她的心思活动了。她在印第安纳大学的一次会议上认识了刘绍铭、庄信正等比她年轻的同胞，曾托他们帮着介绍"适当的差事"。刘绍铭和两位师兄当年6月在印第安纳大学一个会议上跟张爱玲第一次见面，"那天，张爱玲穿的是旗袍，身段纤小，叫人看了总会觉得，这么一个'临水照花女子'，应受到保护。"前一个月他们已经有过书信往来。"由此可以推想，她在印大跟我和我两位学长见面时，境况相当狼狈，如果不

---

① 高克毅：《请张爱玲写广播剧》，载《永远的张爱玲》。

是在美举目无亲，她断不会贸贸然地开口向我们三个初出道的毛头小伙求助，托我们替她留意当差适当的差事。"当时为张爱玲奔走的还有刘绍铭的前辈罗郁正教授，他替张爱玲求职的信函都留有副本。但可惜不果。①

他们几番努力，迈阿密大学同意聘用张爱玲，时间为七个半月，月薪约千元。她很想决计前往，以寻求个人的发展，但眼下赖雅的病情已无好转的可能，这使她不知所措，犹豫不决。她与霏丝商量，能否由霏丝负责照顾赖雅。但霏丝实在太忙，无暇把照顾赖雅的事全包下来。张爱玲又请两个相邻的黑人女性照看，以付费的方式，但赖雅大小便失禁的问题使她们难以保持公寓卫生，所以也难以说服。这样，麻烦还是由张爱玲自己来解决，她决定"双肩挑"。她到迈阿密大学去了不久就回华盛顿来带走了赖雅。

1966 年 9 月 17 日。他们寄居在牛津镇一个小规模的女子贵族学院。在 20 号那天，她给刘绍铭写了一封信，说自己虽然生病了，还是支撑着参加校长为自己设的晚宴。但害怕因为自己不善于交际，让刘绍铭帮她在迈阿密大学建立的友好关系破坏了。后来向当天参加晚宴的朋友打听张爱玲赴宴的结果，是张爱玲不仅迟到，还对请来为她接风的客人爱理不理。②

在这年 10 月份的《迈阿密校友会》上，刊登了一则消息：*Top Chinese Authoress：Miami's Writer—In—Residence*（《一流的中国女作家，迈阿密驻校作家》），并报道说张爱玲是迈阿密大学的第一位外国人担任的驻校作家，还附有她的创作介绍和照片。迈

---

① 刘绍铭：《到底是张爱玲》，上海三联书店 2007 年版，第 57 页。

② 刘绍铭：《到底是张爱玲》，第 61 页。

阿密大学并没有给张爱玲安排授课的任务，但希望她能每周与教职员和学生交谈几小时。张爱玲去迈阿密大学任住校作家时的接待人、英文系教授华尔佗·哈维荷斯托（Walter Havighurst）邀请她参加他的研究班，几次提醒不要缺席，她一次也没去过。她只在迈阿密大学英文系研讨会上宣读过中文翻译历史的论文，还做过一个公开演讲《中国政治对知识分子的影响》。在 11 月 4 日给夏志清的信中，她谈到自己不大会周旋，在迈阿密大学，除了和 Badgley 教授有过接触之外，跟其他人很少见面。"最初上两课是 Badgley 的学生，他对我很失望。后来好点，但远没有摸着窍门。Ferd 久病，我在华盛顿替他安排的统统被她女儿破坏了，只好去把他接了来，预备在附近城里找个公寓给他住着，另外找人每天两次照料，但迄未找到人，在我这极小的公寓里挤着，实在妨碍工作，与华府时不同。"①

"她竭尽全力只忙于自己的写作和照管赖雅，无闲他顾。大学里的官员们自然因为她在校园中不肯露脸而失望。他们当然不可能事先知道，张爱玲是 20 世纪最少露脸的作家之一。而对张爱玲来说，她可能觉得这就像是再一次生活在文艺营中，除了笔耕不辍外，并无其他义务。由于大学仅提供公寓的住宿条件，以及适量的车马费，而不支付薪水，因此，她觉得在校园中当一名驻校作家并没有什么义务。"②

"不管我多照顾自己，体重还是不断减轻。这是前途未明、忧心如焚的结果。你和你的朋友虽常为我解忧，但情况一样难见

① 夏志清：《张爱玲给我的信件》。
② 司马新：《张爱玲在美国》，第 132、133 页。

好转。"在给刘绍铭信中,流露出身心疲惫、心焦力瘁之感。①
1967 年 4 月,张爱玲带着赖雅悄悄地离开迈阿密大学前往剑桥。
位于麻州剑桥的赖德克夫大学邀请她去工作,该大学是哈佛的姊
妹大学。张爱玲在其研究所专心翻译《海上花列传》,这是夏志
清推荐她申请并获得了洛克菲勒基金会资助的项目。张爱玲的工
作性质是"独立研究"(Fellowship Grant for Independe nt study)。

这时的赖雅已病入膏肓,无药可施了。他瘦得不成人形,但
意识还是清醒的。他决不愿拖累霏丝和张爱玲,但事实上他拖累
了她们很长时间,对此他深表感激也深感抱歉。他的一个表亲专
门来看望他时,他把脸转向墙壁,并坚决要表亲离开,他不愿别
人为他难受。

1967 年 10 月 8 日,赖雅离开了人间。他的遗体火化后没有
举行葬礼,骨灰转交给霏丝并由她安葬。

---

① 刘绍铭:《到底是张爱玲》,第 60 页。

第十七章　哀乐中年 (再受推崇)①

六十一、面对来客的自剖

　　1968年4月中旬，一个雨夜，来自台湾的学人、张爱玲的崇拜者殷允芃②如约来到张爱玲在剑桥的公寓。逾四十年的媒体采写生涯中，影响殷允芃最深的采访对象就是张爱玲。1967年殷允芃自美国爱荷华大学新闻研究所毕业，毛遂自荐在《皇冠》杂志写专栏，采访成功打入美国社会的华人，名单包括张爱玲、夏志清、贝聿铭。当时张爱玲已避世隐居，任殷允芃打电话、写信都没回音。殷允芃鼓起勇气来到张爱玲的公寓，按门铃无人回应，这时刚好有邻居开了大门，她跟了进去，把信塞进张家门缝。她在旁等候。没多久信被拿走了，证明张爱玲在家。遇到这种状

---

　　① "哀乐中年"，张爱玲40年代末参与编剧但未具名之电影剧本名。本章叙传主进入中年时期的苦乐，故名。

　　② 殷允芃，山东滕县人，记者、作家。《天下》杂志创办人。

况，一般记者会过去敲门，她却离开了。几天后张爱玲主动来电约访，她成为张爱玲离开上海后，唯一采访过张爱玲的记者，两人更保持通信十几年。殷允芃认为，张爱玲肯接受采访，是因为她将心比心，为受访者保留空间。"先做人，再做记者"，这句话从此成为殷允芃的座右铭。①

打着伞，走过哈佛广场，走过小公园，距张爱玲的住处越来越近了，她心中惴惴不安，张爱玲向来轻易不见人的习惯人们早有耳闻，她不知自己是不是真的马上可以见到她了，尽管有约在先。陪同去的还有东北大学物理博士王青云。

门开了，张爱玲笑容谦和，语调平缓地说欢迎殷允芃的到来，并再一次解释说，上次接到电话因病和赶着填写纳税表而不能接待，烦客人大老远跑来还得等几天，很不好意思。

在殷允芃看来，一般人顺口的客套，她说起来却生涩而纯真。她又极易脸红，带着瘦瘦的羞怯，但偶尔射出专注的光，又使人一怔。张爱玲是生活在仙境中的人，普通人的客套和应酬她是不适应的、笨笨的。

殷允芃随即注意到，在窗旁的书桌上，散乱地铺着稿纸、剪报，和一本翻开了的《红楼梦》。最惹眼的，是一张指示如何填写所得税的表格。再看张爱玲起居室的全貌，陈设十分简单，但很明亮。带着大镜子的黄木梳妆台，旁边是一个小书架，摆着大都是英文书。墙上并立着两张画片，一张是阿拉斯加神柱，一张是旧金山夜景。

看着殷允芃盯着旧金山夜景出神的样子，张爱玲说："我喜

---

① 陈宛茜：《访张爱玲：影响〈天下〉创办人殷允芃最深》，《联合报》2011 年 6 月 30 日。

欢纽约，大都市，因为像上海。郊外的风景使我觉得伧哀。坐在车上，行过旷野，杳无人烟，给我的感觉也是一种荒凉。我还是喜欢走在人多的地方。"殷允芃笑了。读过张爱玲的很多作品，听她这番话便立即想起了张爱玲的《公寓生活记趣》。她是属于都市的，都市中的特立独行的自由魂。

谈到人生，张爱玲说："人生，是在追求一种满足，虽然往往是乐不抵苦的。""乐不抵苦"四个字又让殷允芃心中一怔，想到张爱玲这多年的经历，看到张爱玲的中年的神态，殷允芃不由地问道："写作对于你或许就是一种满足？"

"只要我活着，就要不停地写，"她说，"我写得很慢。写的时候，全心全意的浸在里面，像个怀胎的妇人，走到哪儿就带到哪儿。即使不去想它，它也还在那里。但是写完后，我就不大留意了。"

于是两人自然地谈到了张爱玲的创作情形。张爱玲笑着回忆说："以前在上海时，每写完一篇小说，我总兴高采烈地告诉炎樱，这篇最好。其实她又是看不懂中文的，听我说着，总觉得奇怪——怎么这篇又是最好的啊？"

她又说她的小说，只有在刚完成时，她才觉得满意，过久了，再看看，就又不喜欢了。

殷允芃又提到她最近出版的《怨女》，谈到她创作风格的变化。张爱玲的回答是，一个作家，如果一味模仿自己早期成名时的作品，是件悲哀的事。譬如海明威的晚年作品，漫画似的，竟像是对以前的一种讽刺。"一个作家应该一直在变，因为一个人不可能是静止的。"张爱玲用这句话总结这个话题。

关于小说技巧，殷允芃谈到现在许多人认为纯小说已经消失了。张爱玲的看法是，现代的小说或是趋向于平白直述的历史记

录，或是抽象难懂的诗。她认为，如果可能的话，小说应该避免
过分的晦涩和抽象。作者应该努力使读者明白他所要表达的，因
此小说不应该失去故事性。

"好的作品是深入而浅出的，"她说，"使人在有兴趣地往下
看时，自然而然地要停下来深思。"

张爱玲还谈到了现代小说和古代小说的一个重要区别，她
说，以前的人多半是过的集体生活，从描写动作和谈话，就可看
出一个人的个性，譬如像《红楼梦》。但现在每个人自己独处的
时间比较多，小说用心理描写才能表达深入。

殷允芃又问到她的读书情况。张爱玲说，她看书并没有一定
的系统或计划，惟一的标准，是要能把她带入一个新的境界，见
识新的事物或环境。因而她的阅读范围很广，无论是劳伦斯、亨
利·詹姆斯、老舍或张恨水，只要能引起她兴趣的，她都一视同仁地
看，没有兴趣的，即使是公认的名著巨著，她也不勉强自己读下去。

她坦然地说："像一些通俗的、感伤的社会言情小说，我也
喜欢看的。"说到这里，张爱玲想到赖雅说自己专看"垃圾"，她
不由得笑了。

张爱玲还对殷允芃介绍说，新写的长篇小说《半生缘》，就
是看了张恨水的许多小说的产物。像还债似的，写出来了一吐为
快。"但是我写《半生缘》的时候也很认真，我写不来游戏文章。
就算当时写得高兴，写完后就觉得不对，又得改。"

讲了这半天，张爱玲觉得口渴了，这时才觉得应该招待客人
一点茶水。于是，她走进走出，煮了浓咖啡，端出核桃甜饼，倒
上两小杯白葡萄酒，又拿出花生米来。可是没有给咖啡加糖的
匙。"真对不起，汤匙都放在箱子里没有打开。反正在这儿住不长久
的，搬来搬去，嫌麻烦。"张爱玲解释道。那时她住剑桥已快半年。

　　他们又谈起了张爱玲目前的境况。她说："我是孤独惯了的。以前在大学的时候，同学们常会说——我们听不懂你在说些什么。我也不在乎。我觉得如果必须要讲，还是要讲出来的。我和一般人不太一样，但是我也不一定要要求和别人一样。"

　　面对殷允芃这位台湾来客，张爱玲谈到了台湾："我很惊奇，台湾描写留美的学生，总觉得在美国生活苦，或许他们是受家庭保护惯了的。我很早就没了家庭，孤独惯了，在哪儿都觉得一样。而且在外国，更有一种孤独的借口。"张爱玲在这里准确地解析了自己的性格与心态，为自己的特异的生活方式做了有力的说明。她与外界交往太少，而外界对她有着强烈的探究兴趣，尤其是华人社会。这番话实际上为自己向外界做了一番解释。

　　有意思的是，面对年轻的来访者，张爱玲还谈到了当时大兴的嬉皮士运动，她说："我不喜欢他们的成群结党，但他们的精神不错。反对社会制度，不愿做现在的这种 Organization-alman（组织化的人）。但我希望他们的出发点是个人的真正体会。他们的表现方式，details（行为）。我不赞成。"

　　张爱玲最后又谈到了对人生的看法，也许受赖雅刚去世的影响，还因她是看着赖雅如何老病、如何死的，她谈起了生死，不过态度很沉静："人生的结局总是一个悲剧。老了，一切退化了，是个悲剧，壮年夭折，也是个悲剧。但人生下来，就要活下去，没有人愿意死的，生和死的选择，人当然是选择生。"她说自己孤独惯了，很早就没有家庭，在哪都一样，而且在国外更有一种孤独的借口。

　　从张爱玲公寓出来，殷允芃感到此行收获太大。张爱玲谈到了自己的生活、写作、对人生的看法、童年记忆，等等。人人都说她怪，她今天却如此坦诚，如此有耐心，如此谦和。她屡次很谦虚地说："我的看法并不是很正统的。"并不强迫他人接受，"而她，也不是能用常理去衡量的"。

在返回的路上，殷允芃心中定格着张爱玲的一句话及她说话时的情形——

"我常常觉得我像是一个岛"，她说，并习惯性地微扬着头，斜斜地看上去，额上映出单纯与平静。

张爱玲不是压人的大山，不是海中的浮萍，她是一个岛，山与海中间的一个岛，有山的坚实，有海的宽广，然而她又是独立的，她自有她的世界。她是在岁月之外的。她是最自由的人。①

六十二、与"皇冠"合作

殷允芃是幸运的。张爱玲一向深居简出，社交圈子极小，尤其在60年代，没有几个人能有与张爱玲详谈的机会，但殷允芃有了这次珍贵的机会，并把访问记写成了文章。事实上，尽管在英文世界里，张爱玲还在左冲右突，但在华文世界里，张爱玲那时又一次走红。1968年前后，张爱玲又一次"热"了起来。不过，这一次不是在大陆，而是在台湾、香港。

因为张爱玲的出走和大陆的政策，张爱玲已被大陆文艺界、出版界和读者群完全遗忘。但从50年代起，尤其在60年代，张爱玲在台港地区的声望越来越高了。除了她作品本身的魅力这一因素，还有两个外部原因，一是台港出版界的热心介绍，二是海

---

① 以上材料参见殷允芃：《访张爱玲女士》，载《中国人的光辉及其他》，台北志文出版社1971年版。

外华人学者的高度评价，推波助澜。

张爱玲人在美国，但与台北的皇冠出版社结下了几十年的友谊。皇冠的老板平鑫涛①，是当代有名的出版家。他经营出版业，是有家传的。他的堂叔平襟亚，早年在上海也是干出版事业的，张爱玲曾在他发行的杂志《万象》上刊载过小说，还差点把第一本小说集《传奇》给平襟亚的书店印刷出版。那时平鑫涛还在上海读大学，毕业后，他到了台湾，当了公务员，后来又创办了皇冠出版社。著名女作家琼瑶就是他的妻子。60年代中期，宋淇向平鑫涛推荐了一批在香港写作或是在香港已有名气的作家，其中就有张爱玲。

"我当时非常欣喜，心想怎么有资格为她出书呢？在完全尊重她的原则下，我们从彼时合作到今。"②

当然，能有一个可靠的合作者，张爱玲是十分高兴的。这些年来，她的作品时有盗版，甚至还有假冒她的名字出版的"伪作"问世，她非常不满，但有时也无可奈何。50年代她在香港的时候，就有人源源不断地把她的小说集《传奇》和散文集《流言》及40年代的其他旧作翻出来，变着花样印行，以牟取暴利。那时市面上还有两本署名为"张爱玲"的小说，一本叫《秋恋》，一本叫《笑声泪痕》（又名《恋之悲歌》），书名有张爱玲的诗意，内容是她擅长的婚恋题材，但写得十分马虎粗糙，"糟到坊

---

① 平鑫涛（1927—2019），男，汉族，江苏常熟人。毕业于上海大同大学。主编《联合报》副刊，1954年创办皇冠杂志社，1965年再创皇冠出版社。台湾作家琼瑶之夫，原配林婉珍。著有《苍穹下》，译作有《原野奇侠》《丽秋表姐》等。

② 平鑫涛：《选择写作选择孤独》，1995年9月10日台北《联合报》副刊。

间不会有人出的地步"。对于这种冒名顶替，张爱玲早有耳闻，但她没有想到找来看看到底是什么货色。后来别人给她寄来一本《笑声泪痕》，她看了之后，有理有据地予以揭露，并在一篇文章的末尾特意提醒读者："可千万不要给引起好奇心来，去买本来看看。薄薄一本，每章前后空白特多。奇文共欣赏，都已奉告，别无细节。"①

为了防止类似的情形再发生，张爱玲干脆自己编了一本《张爱玲短篇小说集》，交给香港天风出版社，由该社于 1954 年 7 月印行。张爱玲特写了一篇序向读者做个交代：

> 我写的《传奇》与《流言》两种集子，曾经有人在香港印过，那是盗印的。此外我也还见到两本小说，作者的名字和我完全相同，看着觉得很诡异。其实说来惭愧，我写的东西实在是很少。《传奇》出版后，在 1947 年又添上几篇新的，把我所有的短篇小说都收在里面，成为《传奇增订本》。这次出版的，也就是根据那本"增订本"，不过书名和封面都换过了。

> 内容我自己看看，实在有些惶愧，但是我总认为这些故事本身是值得一写的，可惜被我写坏了。这里的故事，从某一个角度来看，可以说是传奇，其实像这一类的事也多得很。我希望读者看这本书的时候，也说不定会联想到他自己认识的人，或是见到听到的事。不记得是不是《论语》上有这样两句话："如得其精，哀矜而勿喜。"这两句话给我的印象很深刻。我们明白了一件事的内情，与一个人内心的曲

---

① 张爱玲：《关于"笑声旧痕"》，《张爱玲全集》第 13 卷《续集》。

折，我们也都"哀矜而勿喜"吧。

1954 年 7 月

现在，有了皇冠，身居美国的张爱玲就可以少操心盗版或伪作的情况发生了。她可以出自己认为有价值的新作旧作，可以拿到自己该得的劳动成果版税，而且通常得的是最高酬金，她的经济状况也大为改善了。自此，凡出书张爱玲必找皇冠，她对皇冠放心。不过，她极少与皇冠直接接触，而是请宋淇作代理人，为他们牵线搭桥。

平鑫涛也十分尊重这位合作者，他说：

> 撇开写作，她的生活非常单纯，她要求保有自我的生活，选择了孤独，甚至享受这个孤独，不以为苦。对于声名、金钱，她也不看重。她通常是完成一部作品后，便不再去重阅，她说就像是一个怀孕的母亲已将孩子生下来。有一年，她被提名诺贝尔文学奖的呼声很高，但她自己完全不知道，也就没有失落的感觉。对于版税，她也不太计较，我曾有意将她的作品改拍为电视剧，跟她谈到版税，她回说："版权你还要跟我说吗？你自己决定吧。"
>
> 和张爱玲接触三十年，虽然从没有见过面，但通的信很多，每封信固然只是三言两语，但持续性的交情却令我觉得弥足珍贵……①

---

① 平鑫涛：《选择写作选择孤独》，1995 年 9 月 10 日台北《联合报》副刊。

双方合作的开始，是 1968 年皇冠版的《张爱玲短篇小说集》，跟香港天风版一样，是《传奇增订本》的翻版。之后，又出了张爱玲的《流言》《秧歌》《半生缘》《怨女》等作品。

长篇小说《半生缘》是根据《十八春》改写的。最大的变化是由"光明的尾巴"而为"无言的结局"，保持了全书感伤的基调。《半生缘》的故事在解放前夕就结了尾，把张慕瑾被国民党逮捕变为被日本人抓走，许叔惠也没有去延安，而是去了美国。

最精彩的改动是世钧与曼桢的相逢。曼桢从医院逃出后，过了几年清寒安静的教书生活。病得快死的姊姊曼璐恳请曼桢看在自己儿子的分上，搬到祝鸿才那里去住，这一回，曼桢再也不愿入狼窝了，她坚决不去。之后，曼璐病死，祝鸿才破产，儿子又得了重病，曼桢心又软了，为孩子，她又一次牺牲了自己。先是与祝鸿才结婚，接着又离婚以换取对儿子的监护权。母子相依为命，苦苦度日。

一天，曼桢与世钧偶然碰面，两人百感交集。把重逢的场面梦想过无数遍，一旦真的重逢，"跟想的完全不一样，说不上来的不是味儿，心里老是恍恍惚惚的，走到弄堂里，天地全非，又小又远，像倒看望远镜一样"。

> 曼桢道："世钧。"她的声音也在颤抖。世钧没作声，等着她说下去，自己根本哽住了没法开口。曼桢半晌方道："世钧，我们回不去了。"他知道这是真话，听见了也还是一样震动。她的头已经在他肩膀上。他抱着她。
>
> ……
>
> 她一直知道的，是她说的，他们回不去了。他现在才明白为什么今天老是那么迷惘，他是跟时间在挣扎。从前最后

一次见面，至少是突如其来的，没有诀别。今天从这里走出去，却是永别了，清清楚楚，就像死了的一样。

他们没有了共同的未来，只能埋葬凄凉哀怨的旧爱，一切都"回不去了"，惟有诀别。这是真正的生离死别。

虽是改写，但仍然是一个动人的故事。如何为这个新本命名，张爱玲也很动了一番脑筋。先考虑的书名是"浮世绘"，又觉不太切题，"悲欢离合"又嫌太直白，"相见欢"的"欢"字又与全书格调不太吻合，"急管哀弦"又觉调子太快，不合书中的慢节奏，还考虑过"惘然记"，又认为"记"字不太有小说味。最后终于定名为"半生缘"。其实，张爱玲不仅小说写得好，她作品的题目也取得妙。她的大部分作品的篇名是既切题又有诗意，既别致又不夸饰的，像《红玫瑰与白玫瑰》《倾城之恋》《沉香屑·第一炉香》等，让读者感到这些名称非张莫属，并使人过目不忘。对篇名，她是非常讲究的。

六十三、创作《怨女》

1966 年，香港《星岛晚报》连载了张爱玲的长篇小说《怨女》，皇冠出版社于 1968 年出了单行本。这也是一部改写之作，它由《金锁记》改写而来。不过，这一次花的功夫可比《半生缘》大得多，一个三万多字的中篇改为了十万多字的长篇。

《怨女》保留了《金锁记》的故事主干，但有较多的发展变化。首先是名字变了，曹七巧成了银娣，姜长白成了姚玉熹（姜公馆也变成了姚公馆），姜长安的故事在新作中隐匿了。

其次是把《金锁记》中的一些背景内容推向了《怨女》的前台。银娣出嫁前的生活占了开头好几章（而《金锁记》是从七巧嫁到姜公馆后写起的），小说详细地写道：木匠半夜敲门，名为买麻油，实为找机会与麻油西施亲近，被银娣泼辣地拒绝；她与对面药铺店小伙计小刘有情有义，但小刘还来不及请媒人，已另有媒人为姚家二少爷第二次来说亲，媒人像打量商品一样打量她，哥嫂也像待商品一样待价而沽。婚事终于敲定。

再次是《金锁记》中略写或暗写的某些情节在《怨女》中变为详写或明写。如三妯娌之间的多次笑谈、三奶奶多次在婆婆面前为外出寻花问柳的丈夫掩饰、银娣与三爷的调情、银娣与哥嫂的来往以及银娣为儿子挑选媳妇等具体经过。

第四是新增添了一些情节。如银娣有意在三爷出门时大声唱歌以引起注意，因为他曾夸她唱得好。而在《金锁记》中七巧为何爱三爷铺垫是很不够的；银娣因与三爷有一些亲热举动而怕三爷口没遮拦地讲出，另找借口自杀不遂；法佛寺为老爷做阴寿时银娣与三爷偷情；分家后，三爷的多次造访，或谈情为借钱，或谈情为躲债。

可见，这一次的改写，其重心不是女主人公戴黄金的枷锁如何一步步变态，而着重写女主人公内心的情欲煎熬，经济因素没有《金锁记》那么重要。这次主要是对原作前半部分的放大。着重写"怨女"之"怨"。她被商品一样地嫁出，丈夫无情也无欲。这个原来是漂亮泼辣的少女，现在的情感世界一片空白，美丽的幻象消失殆尽。姚三爷就成了填空之物。他本是情场浪子，对银娣有小规模的动手动脚，银娣也是半推半就。法佛寺给了二人关系"升级"的机会，银娣如同抓住救命稻草一样抓住了三爷的手："今天当着佛爷，你给我句真话，我死也甘心。"初读至此，似乎觉得对二人的关系进展铺垫得还不够，单凭三爷以前的真假不定的玩笑话和小动作她就可以当真吗？但细细回味，银娣太清苦悲凉。"是因为银娣没有机会遇见第二个男人。""她嫁的男人永远不会看见她（姚二爷是瞎子加哮喘——作者注）。她这样想着，已经一个人死了大半个，身上僵冷，一张脸塌下去变了形，珠子滚到黑暗的角落里。"当三爷抱紧她要深抚她时，明天如大钳子夹住了她，在末日的太阳里感觉特别长，已难有性爱的欢悦。如同《金锁记》中"一更，二更……一年，一百年"的著名意象。

多少年后，三爷为借钱而来，她仍然感觉得这是第一次走进男人的世界，其心境之苦楚难以言尽。张爱玲在作品中用了很多意象来写情欲煎熬中的银娣。其中有这样一段：

　　一上床就是一个人在黑暗里，无非想着白天的事，你一言我一语，两句气人的语颠来倒去，说个不完。再就是觉得手臂与腿怎样摆着，于是很快地僵化，酸腿酸起来。翻过身再重新布置过，图案又随即明显起来，像丑陋的花布帘一样，永远在眼前，越来越讨厌。再翻个身换个姿态，朝天躺着，腿骨在黑暗中画出两道粗白线，笔锋在膝盖上顿一顿，踝骨上又顿一顿，脚底向无穷尽的空间直蹚下去，费力到极点。有时候她可以觉得里面的一只喑哑的嘴，两片嘴唇轻轻地相贴着，光只觉得它的存在就不能忍受。

这段文字完全可以跟《金锁记》中七巧再见季泽时把骨头、牙根都进酸了一节相媲美。它以床上美人翻来覆去的姿势变化表现女人的正常情欲不得满足的苦态。空虚无奈，身不由己，左右不适，不能感觉，一感觉就是痛苦，这是怎样难挨的身心折磨！非大手笔不能表现得如此细腻深切，摄人心魄。

仅仅是作品中的这一类描写，《怨女》就足以称得上杰作。仿佛是为了回答在她刚成名时有人说她不能写长篇的看法，在《十八春》《秧歌》等作品之后，她又有了《怨女》。这是她的长篇代表作，她再一次证明了自己的创作才华。

但它毕竟是改写，何况《金锁记》太有名了。虽然两部作品各有所长，难分伯仲，但由于《怨女》的笔力没有《金锁记》集中，加上作者实在难以割舍原有的某些情节，而人们总是先读了《传奇》之后再对她后来的作品感兴趣的，因此读《怨女》时免不了似曾相识之感。因此《金锁记》的光芒掩盖了《怨女》。

其实，说《怨女》直接从《金锁记》改写而来是不确的。在中文本《怨女》之前，就有了英文本《怨女》的写作。初到美国不久，张爱玲就致力于英文小说《怨女》的写作。在麦克道威尔文艺营，她就准备以《金锁记》为底本，创作一部英文作品，当时定名为 *Pink Tears*（《粉泪》），赖雅对之十分欣赏，还就结构问题给她提过建议。但出版过《秧歌》英文版的司克利卜纳出版社没有接受这部稿子。后来，她把小说题目改为 *Rouge of the North*（即《北地胭脂》），仍未找到出版社。大概炎樱也曾为张爱玲联系出版事宜，在 1959 年 12 月中旬，炎樱给她来信说，《北地胭脂》未能被出版社接受，并深表同情，"闻此消息，张不禁热泪盈眶，情绪低落，所有的来信无论是为她悲叹还是对她劝告，如今在她看来都只是一种骚扰。赖雅过去从来未见过她如此沮丧，她怀疑《北地胭脂》遭到退稿，就等于将她本人抛弃，她还未从沮丧情绪中摆脱出来"①。

《北地胭脂》在张爱玲的箱子中尘封了一段时间之后，不知通过什么渠道，终于在 1967 年由英国的凯塞尔（Cassell）出版社出版了。封底用的是张爱玲 1944 年拍摄的个人照片，清装行头，大袄下穿着薄呢旗袍。这张照片后来收入了《对照记》。照片之下有一段英文简介，介绍了她的家事背景，提及其外曾祖父李鸿章与祖父张佩纶，似乎是有意要强调此书作者乃中国清代重臣遗族的身份。张爱玲祖籍河北、生于上海的籍贯介绍正应了这个书名之前那句话："南朝金粉，北地胭脂"。对张爱玲的生活情况包括当时正在着手翻译《海上花列传》都有介绍。

《北地胭脂》的取名也颇有一番讲究。张爱玲想在书前扉页上以"南朝金粉，北地胭脂"作为格言，故以之名小说。在 1966 年 12 月给新结识的朋友庄信正的信中，她说："我曾到 Library of Congress（国会图书馆）中文部查'南朝金粉，北地胭脂'出典，主要想知道是否 7 世纪写的。虽然大家都知道这句子，仍旧查不出，想托你查查。"

庄信正当时以为找大型辞书可迎刃而解，谁知竟查不出，所以，问了几位专家也未能弄清。后来又请教了陈世骧②等古典文学专家，他们认为大约是人们把两句凑成一句用的，所以难有实

---

① 司马新：《张爱玲在美国》，第 108 页。

② 陈世骧（1912—1971），字子龙，号石湘，祖籍河北滦县。幼承家学，后入北京大学主修英国文学，1932 年获文学学士。1936 年起任北京大学和湖南大学讲师。1941 年赴美深造，在纽约哥伦比亚大学专攻中西文学理论。1945 年起，陈世骧长期执教于伯克利加州大学（UC Berkeley）东方语文学系，先后任助理教授、副教授和教授，主讲中国古典文学和中西比较文学，并协助筹建该校比较文学系。著有《陈世骧文存》。

典可查。庄信正以为没法再考证下去了，就写信告诉张爱玲，她回信也表示"真想不到这两句话的来历这样复杂"。后来，张爱玲在《北地胭脂》的"题记"中，用的是"大概出于中国 7 世纪"这种含混的表达方式。①

但是《北地胭脂》销路不畅，英国评论家对之的评价也不高。张爱玲对水晶介绍说，书在英国出版后，引起了少数评论，都是反面意见居多。有一个书评人抱怨书中的银娣，简直令人"作呕"（revolting）。这大概因为西方人所接触的现代中国小说中的人物，可怜虫居多，或是大奸大坏的人，很少像银娣这类"小奸小坏"的人，所以不太习惯。② 为了打入英语文学世界，张爱玲顽强地奋斗了十来年，尽管她有广博的文学修养和公认的英文表达能力，但她笔下的旧中国故事无论怎样也唤不起英语世界的阅读欲望。张爱玲确实很用心，确实很认真，确实很在乎她的英语作品的命运。然而，英文读者不领她的情。几经周折才艰难出版的《北地胭脂》，将她早年立意以英文著述扬名的念头几乎掐灭，这件事情对她确实打击很大。张爱玲自此之后基本上停止了英文小说的创作，也可能与她多年努力却没有回报相关。

六十四、夏志清的佳评

对于 20 世纪 60 年代港台地区的第二次"张爱玲热"，有一

---

① 参见庄信正：《初识张爱玲》，《明报》月刊 1995 年 10 月号。
② 参见水晶《张爱玲的小说艺术》，第 34 页。

个重要的原因是夏志清①的张爱玲研究。出版界与评论界并未有意联手，却也此起彼伏，相得益彰。

夏志清早就见过张爱玲，但张爱玲那时却认不得他。夏志清回忆说：

> 早在 1944 年夏天，我在一个沪江同学的聚会上，见到过张爱玲。她那时脸色红润，戴了副厚玻璃的眼镜，形象同在照片上看到的不一样。记得她讲起了她那篇少作《牛》。我自己那时专心攻读西洋文学，只看过《西风》上那篇《天才梦》，她的小说一篇也没有看过，不便与她谈话，她对我想来没有印象。②

夏志清在另一篇文章中还提到，虽然那天都是沪江和圣约翰的同学慕张爱玲的名而去的，但她站在人群的中心，"好像给人一点缺乏自信的感觉"。张爱玲年轻时候戴着厚镜片，少说也有八九百度。50 年代后张爱玲常患眼疾，老出血，与戴隐形眼镜

---

① 夏志清（1921—2013），中国文学评论家，教授。江苏吴县（今苏州）人，生于上海浦东的一个银行职员家庭。1942 年毕业于沪江大学英文系。1946 年 9 月随长兄夏济安至北京大学任助教，醉心于西欧古典文学，因研究威廉·布莱克档案论文脱颖而出，取得留美奖学金至耶鲁大学攻读英文硕士、博士。在纽约州立学院任教时，获得洛克菲勒基金会（Rockefeller Foundation，又称洛氏基金会）赞助，完成《中国现代小说史》一书，奠定他学者评论家的地位。1961 年任纽约哥伦比亚大学教席。

② 《超人才华，绝世凄凉》，1995 年 9 月 12 日、13 日《中国时报》。

有关。①

夏志清后来在美国哥伦比亚大学从事文学研究与教学。50年代初，他就开始系统研究中国现代小说，并从事英文本《中国现代小说史》的写作。在读了鲁迅、茅盾、老舍、沈从文等小说名家的主要作品之后，他也读到了张爱玲，他"大为其天才、成就所惊奇"，于是为张爱玲辟以专章，以多于论鲁迅的篇幅讨论张爱玲（中文本"鲁迅"占27页、"张爱玲"占41页）。英文本是1961年出版的，中译全本则出得更晚，但论张爱玲的部分则在1957年就由夏志清的兄长夏济安译出了。②

如果说傅雷在40年代的《论张爱玲的小说》是张爱玲研究史上的第一个里程碑的话，那么十多年后夏志清的文章则是第二个里程碑。由于夏志清以小说史的形式且在港台地区文坛影响较大，夏的文章显然比傅雷的文章更多地引起了注意。然而，尽管反响有大小，但两人纯正的艺术眼光和公正学术态度是一致的。他们都不受主流话语的压力和既有研究的羁限，洞见了张爱玲的艺术价值。

夏志清第一次正式地把张爱玲请进了文学史，并给予重要地位，他说：

> 但是对于一个研究现代中国文学的人来说，张爱玲该是今日中国最优秀最重要的作家。仅以短篇小说而论，她的成

---

① 夏志清：《初见张爱玲·喜逢刘金川》，台北《联合报·副刊》，1999年3月21—22日。

② 分别以《张爱玲的短篇小说》和《评〈秧歌〉》为题，载于同年《文学杂志》二卷四期、六期。

就堪与英美现代女文豪如曼殊菲尔（Katherine Mans-field）、安泡特（Katherine Anne Portor）、韦尔蒂（Eudora Welty）、麦克勒斯（Carson McCullers）之流相比，有些地方，她恐怕还要高明一筹。《秧歌》在中国小说史上已经是本不朽之作。

在对张爱玲的文学史地位作了这样一番高度评价之后，夏志清还力图概括张爱玲的艺术人格。他的看法是：

> 一般青年女作家的作品，大多带些顾影自怜神经质的倾向；但张爱玲的作品里却很少看到这种倾向。这原因是她能够享受人生，对于人生小小的乐趣都不肯放过；再则，她对于七情六欲，一开头就有早熟的兴趣，即使在她最痛苦的时候，她都在注意研究它们的动态。她能和珍·奥斯汀一样的涉笔成趣，一样的笔中带刺，但是刮破她滑稽的表面，我们可以看出她的"大悲"——对于人生热情的荒谬与无聊的一种非个人的深刻悲哀。张爱玲一方面有乔叟式享受人生乐趣的襟怀，可是在观察人生处境这方面，她的态度又是老练的、带有悲剧感的——这两种性质的混合，使得这位写《传奇》的年轻作家，成为中国当年文坛上独一无二的人物。

夏志清准确地把握了张爱玲小说的特色：强烈的历史意识、丰富的想象、对人情风俗的熟练处理、对人物性格的深刻揭发，等等。他说："人的灵魂通常都是给虚荣心和欲望支撑着的，把支撑拿走以后，人变成了什么样子——这是张爱玲的题材。"这个总结和张爱玲谈自己作品的看法是十分一致的。说到《金锁记》，夏志清下了一个惊人而又服人的断语："这是中国自古以来最伟大的中篇小说。"

夏志清还简明地探讨了张爱玲与中外文学的关系。他认为，张爱玲受弗洛伊德的影响，还受其他西洋小说的影响，表现在细腻的心理描写和以暗喻充实故事内涵等方面。中国的旧小说也给了她极大影响，她摸透了中国人的脾气，对白也极圆熟。而且，张爱玲继承并发展了《红楼梦》的"闺阁现实主义"风格。①

过了一些年，在一本书的序中，夏志清仍然高度评价张爱玲。他说：

> 以"质"而论，实在可同西洋极少数第一流作家相比而无愧色。隔百年读《秧歌》《赤地之恋》，更使我深信张爱玲是当代最重要的作家，也是"五四"以来最优秀的作家。别的作家……在文字上，在意象的运用上，在人生观察和透彻方面，实在都不能同张爱玲相比。
>
> ……至少在美国，张爱玲即将名列李白、杜甫、吴承恩之俦，成为一位必读作家。②

在这篇序中，夏志清还说："五四时代的作家不如她，民国以前的小说家，除了曹雪芹外，也还有几人在艺术成就上可与张爱玲相比？"文中所言张爱玲在美国已成必读作家，是指美国的一些大学选张爱玲作品为必读书。如张爱玲自译的《金锁记》，被选入夏志清主编的《二十世纪中国小说选》，加州大学教授白

---

① 参见夏志清：《中国现代小说史》。

② 水晶：《张爱玲的小说艺术》序。

区（Cyril Birch）编的 *Anthology of Chinese Literature*（《中国文学选读》）的下册，选了《怨女》英文本的头两章，该书是美国各大学普遍采用的教材。

不过，若干年后，夏志清的看法略有一些修改。鉴于张爱玲离开大陆后作品日少，夏志清认为她的创作魄力和创作持久力不够。她60年代以后印出的旧作比新作要多，"文物"一件件出土。夏志清说："出土文物愈多，我们对四五十年代的张爱玲愈表示敬佩，同时不得不承认近三十年来她创作力之衰退。为此，我们公认她是名列前四五名的现代中国小说作家就够了，不必坚持她为'最优秀最重要的作家'。"

夏志清说这番话是在1995年。然而，他在50年代末和60年代、70年代的研究张爱玲的文字，可以说开了一代风气。自他论张爱玲始，港台地区年年有张爱玲研究论著出现，从来没有断过。以张爱玲为题写学士、硕士、博士论文的情形已是屡见不鲜的了。而所有的研究，都不能回避夏志清。夏志清有东西方文学的深厚素养，他的张爱玲研究可谓坚实的奠基之作。要想超过他的研究水平，就像要爬上去并站在"巨人"的肩膀上一样难。

余光中充分肯定了夏志清在张爱玲研究史上的独特贡献，他认为张爱玲的"经典化"历程就是从夏志清开始的，充分显示了一个杰出的评论家的可贵胆识。他说："今日而来推崇张爱玲，似乎理所当然，但是三十多年前在左倾成风的美国评论界，要斩钉截铁肯定张爱玲、钱钟书、沈从文等的成就，到与鲁迅相提并论的地步，却需要智勇兼备的真正学者。一部文学史是由这样的学者写出来的。"①

　　夏志清对张爱玲及现代文学研究是有贡献的，他和张爱玲的文缘也还长着呢。

①　《何曾千里共婵娟》，台北《"中央"日报》1995 年 9 月 15 日。

第十八章　公寓生活记趣 (老鼠洞里)①

六十五、习惯了孤单生活

夏志清与张爱玲在美国的接触是从《中国现代小说史》的英文本1961年出版前后开始的。起先是书信往返，之后也见过几次面。

一次是在1964年3月，美国亚洲学会在华盛顿开年会，那时张爱玲正住在华盛顿，正在为"美国之音"编广播剧。"美国之音"的编辑高克毅也参加了这个年会。在会上，他见到了夏济安、夏志清兄弟。那时夏济安刚从台北来美国不久，夏志清则是专程从纽约赶来，哥儿俩珠联璧合，在会上，一个讨论《西游补》，一个讨论《西游记》，也算是小范围内的佳话。高克毅的同事吴鲁芹与夏氏兄弟关系很好，他转告说兄弟俩想见张爱玲，想

---

① "公寓生活记趣"，张爱玲1944年作散文名。本章叙传主60年代中叶至70年代初的美国生活，她此时把公寓称作"老鼠洞"。

由高克毅安排落实。会后，高克毅约请夏氏兄弟、吴鲁芹，还有老友加州大学校友陈世骧教授，同乘一车到东南区张爱玲公寓。

在接张爱玲的路上，夏济安谈到他早年用"夏楚"的笔名常给《西风》杂志投稿，高克毅也是《西风》的作者。他们俩同时记起，张爱玲在《西风》中那篇不凡的散文《我的天才梦》。

高克毅好说歹说，终于把张爱玲请了出来。那天是下午见的面，本想约张爱玲吃一次正式的晚餐，但时间尚早，张爱玲又无意久待。于是他们一行就去了独立大道 H·E·W 大楼邻近的一家叫 Mar Ket Inn 的小馆子，叫了一瓶"粉红香槟"，清谈了一个小时。

夏济安在台湾教书时，就向学生极力推荐张爱玲的小说，白先勇、陈若曦、王祯和等人对张爱玲的迷恋与这位老师是分不开的。他本人既在主编的《文学杂志》上发表过张爱玲的《五四遗事》，又亲自译过夏志清的论张爱玲的文章，因此二人也有文谊，但见面还是第一次。在这次会面中，夏志清觉得兄长和爱玲都较紧张局促。

两人显得紧张局促的起因是夏济安。他素知张爱玲不大会交际，在生人中很沉默甚至羞怯，为了活跃气氛，故意说了一些玩笑话。夏济安对张爱玲说："I'm your competitor, you know." 张爱玲觉得很突兀，她实在是不知道夏济安为何成了她的"竞争者"，她从未读过搞评论的夏济安写过的小说，因而不知如何回答。这样，"好心不得好报"，本为活跃气氛，反倒把气氛搞得"紧张局促"了。一个酒杯打翻了，"砰"的一声，大家一怔。①

在多年后的一篇文章中，夏志清写到了这一次会面，并提到

① 参见林以亮：《私语张爱玲》。

了一杯"粉红香槟"被打翻的事，他以为是张爱玲打翻的。张爱玲看到这篇文章后，郑重地写过一封信，说："悼吴鲁芹文中提起的，打翻一杯酒的是吴，我当时有点诧异，因为他不像是慌乱或是像我这样拙手笨脚的人，所以记得。"①

张爱玲离开华盛顿去当"驻校作家"之前，曾在纽约市住了一两个月。夏志清带着於梨华②去看她。那时她住在百老汇六十几街上一个高楼的小公寓房间里，十分局促。这是女作家於梨华第一次见女作家张爱玲，她眼中的她是这样的——

> 大概公寓小，更显得她人高大。实际上她不大，但的确比一般东方女性高。高而细。她脸庞大，不能归入瓜子脸、鹅蛋脸这一型的。眼珠略突，嘴巴不小，更不属于丹凤眼、樱桃小口类的。她是独具一格，且是令人注意的那种。她口音稍带上海腔。很细柔。她话不多，却不是因怕羞而不说的那种。③

---

① 夏志清：《超人才华　绝世凄凉》。
② 於梨华，原籍浙江宁波镇海，生于上海。美国华人作家，著名的社会活动家和爱国主义者。抗日战争时期随家迁居福建、湖南、四川等地。1949年赴台湾，1949年考入台湾大学外文系，后转历史系。1953年毕业后进入美国加州大学新闻系，1956年获硕士学位。1965年起在纽约州立大学奥尔巴巴分校讲授中国文学课程。1977年任该校中文研究部主任。她的作品主要取材于留美学人的生活。代表作长篇小说《又见棕榈，又见棕榈》，展示了无根的一代内心的迷惘和孤寂，成为当代留学生文学之滥觞。
③ 於梨华《来也匆匆……》，载《永远的张爱玲》。

三人谈得兴味十足。夏志清介绍说张爱玲所居公寓附近有家上海馆子，有小笼包、蟹壳黄等点心，怂恿张爱玲与他俩一起去，张爱玲有些心动，但仍没有挪开脚步。

过了几天，三人一起到百老汇九十一街的"全家福"吃过一次早点。於梨华注意到张爱玲吃扬州汤包的动作十分缓慢，两三个汤包、小半碗豆浆，吃得慢吞吞的。后来看她喝冰激凌苏打的模样倒很爽快，於梨华恍然感到原来她偏爱西食，中菜太油腻为她所不喜。

不仅在饮食方面，而且在居住方面，张爱玲都是属于都市，属于现代社会的。她对夏志清、於梨华说，她一点儿也不在意百老汇的纷沓嘈杂。在高楼上望下去，车水马龙、熙熙攘攘，各种声音、各种气味，一点儿都不妨碍她写作。於梨华觉得，她有超人的特异的感觉，视、闻、味、听、感，无不敏锐细致，所以她的作品才有精致的色彩、声音、气味、服饰、景致，她的精彩的展示和描述，是无人能及的。然而，她确不愿与世间人打交道。虽然她在台湾的声誉日隆，但当此后不久於梨华在信中问及她有无再去台湾的可能时，张爱玲的回答是：

> 我到台湾去的可能性不大，台湾有许多好处都是我不需要的，如风景、服务、人情美之类。我需要的如 Privacy，意为"隐居"。独门独户，买东西方便，没有用人，在这里生活极简单的人都可以有，港台都很难……从出了学校到现在，除逃难的时期外，一直住惯了这种生活，再紧缩点也还行。寂寞是心境关系，在台湾如找我的人多些，也只有多得

罪人……①

张爱玲又一次向友人阐述了自己的生活哲学,她有自己的生活习惯、处事原则,这是任何友情、亲情也打动不了改变不了的。大多数中国人图的是物质生活的方便舒适和一个富有人情美的环境,这些在张爱玲眼里是"真实的生活"但不是"真正的生活"。对于张爱玲而言"真正的生活"是创造而不是适应。为了"创造"则物质生活越简单越好、应酬越少越好。於梨华是这样理解张爱玲的生活方式的:"她的生活则一直顺着这规格走,一年比一年更把自己隔离起来,更不愿同世间人打交道,直到她死,伴着她的是她自己,以及她塑造的、别人忘不了、她自己不能忘的诸多人物。"

於梨华和张爱玲在那几年时有书信来往,也还见过面。1969年在波士顿开亚洲学会时,她们两位及夏志清、庄信正一起同吃过一次中饭。不久,於梨华请张爱玲到加州大学去做过一次演讲。

那时於梨华在加州大学开设英译中国现代小说课,指定《秧歌》《北地胭脂》为参考书。因《秧歌》英译本出得早,当时难以买到,於梨华写信给张爱玲,张爱玲就把私藏的十几本《秧歌》捐给了於梨华。

演讲时间定在下午3点到4点,然后有半个小时的学生提问时间。张爱玲乘坐的是1点30分从波士顿起飞的航班,1个小时即可到达纽约,可能因为头天夜里下了场大雪的原因,飞机晚点了20分钟,早在机场守候的於梨华焦急不安,生怕耽误得太久

---

① 於梨华:《来也匆匆……》。

让学生久等。直到她看见了张爱玲的身影心里才平静了一些：

> 记得很清楚，她穿一件暗灰薄呢窄裙洋装，长颈上系了条紫红丝巾，可不是胡乱搭在那里，而是巧妙地调协衣服的色泽及颈子的细长。头发则微波式，及肩，由漆黑发夹随意绾住，托出长圆脸盘。眼珠有点突，没戴眼镜（通信中知道她戴眼镜的），想必有隐形镜片，所以看人时半抬下巴，半垂眼睑。我不认为她好看，但她的模样确是独一无二（One of its kind）。①

女作家见女作家，总免不了一番外貌神态的描绘。几年前陈若曦在台湾时就描绘过张爱玲的特殊神采韵味。於梨华则以"独一无二"来形容，不由得令人想起胡兰成所说的见了张爱玲，浑身要起震动之类的句子来。年轻时，她使人"震动"，到了中年，还能使人"震动"。正是因为这样，人们才乐于描画她的外貌吧。

张爱玲上了於梨华的红色小轿车，张爱玲说："我是在飞机上时，就猜想你开的是红色跑车。"於梨华惊愕了一下，没有答话。到达纽约州立大学时，已迟到了十几分钟，但张爱玲坚持要去洗手间整理一下，其实她的头发一丝不乱，但她不肯马虎自己。

进了教室，於梨华先解释了迟到的原因，并道了歉，才介绍演讲人。张爱玲演讲的题目是 The Exotic West：from Rider Hanggard On。大意为：奇异的西方，从一个未经驯化者的角度。本来事先说好是用演讲的方式而不是念稿的方式，但张爱玲采取

---

① 於梨华：《来也匆匆……》。

的是后一种方式。也许是因为开始的时间比预定的晚了二十来分钟她怕时间不够用，也许是从未上过讲台的她并不适应演讲的形式。她的英文倒是字正腔圆，十分地道。到了提问的时间，她的回答简明清晰。偶有冷场的情形，於梨华在下面干着急，张爱玲却神态自若，毫无窘迫之感。

演讲结束后，张爱玲跟系主任握手告别，坚辞了比较文学系为她准备的茶点。其实距她六点半回波士顿的飞机起飞还早，於梨华一定要请她吃晚饭才送她上机。张爱玲说："晚饭吃不下，不如一起去喝杯饮料。"到了学校的小咖啡室，问她要什么，她要了一份香草冰淇淋苏打，一副企盼的神情。饮料来后，她露齿一笑，神情如孩童初获玩具一般，津津有味地吃着。

於梨华本想乘机向她问一些她创作中的问题，此刻生怕打扰了她。这次相会，演讲的内容於梨华全忘了，但她怎么也忘不了相见和咖啡厅的情形。"从她举止行动看到她实在是有稚童般的无邪及稚童般的能完全沉浸于自己的小世界里的人。而另一方面，却又能创造像《倾城之恋》《金锁记》《沉香屑·第一炉香》这般叫人百看不厌而每每一次都要击案叫绝的错综世界！"

通常人们只看到了张爱玲因孤独而值得怜惜的一面，而於梨华还看到了她"孤独"中的单纯与可爱的一面。於梨华的眼光是犀利的，感觉是敏锐的。

六十六、在加州大学

张爱玲在美国期间，几乎从没有主动地交际应酬，朋友极少，但多亏了那几位主动关心她爱护她的美籍华人学者。在马萨诸塞州剑桥的研究所任满之后，她又"失业"了。夏志清很快又介绍她到加利福尼亚州加州大学柏克莱分校中国研究中心工作。

1965 年，夏济安教授病逝于在柏克莱加大的任上，张爱玲曾在给宋淇的信中，谈到夏济安的逝世给她带来的哀痛。1966 年，主持该大学中国研究中心的陈世骧教授给他仅见过一面的青年学者庄信正①打电话，邀请他来顶替济安先生留下的空缺。"当时加州大学遐迩闻名，它的中国研究中心同样声誉卓绝。在台湾念大学时期我就视夏先生为振聋发聩的导师，对他的学问和品德都很钦佩，他空出'宝座'在我看来不消说是最好的去处，何况顶级上司又是陈先生这位学术界前辈。于是连声道谢，毫不犹豫地接受了。"② 在加大柏克莱分校工作了两年多，庄信正将应聘去洛杉矶教书，于是他和夏志清又推荐了张爱玲去接替。

庄信正此前已认识了张爱玲。那是 1966 年新年前后，庄信正母校印第安纳大学比较文学系主任福伦兹（Horst Frenz）教授要庄信正推荐一位资深中国学者参加他主办的中西文学关系研讨会。庄信正首先想到了学贯中西的夏志清先生，但他当时有事，不能前往，转而介绍张爱玲参加。研讨会是在当年秋季开学后不久召开的。小组研讨会上，参加者各带着自己的论文已到齐了，

---

① 庄信正，1935 年生，山东即墨人。台湾大学外文系毕业。美国印第安纳大学比较文学博士。文学评论家，散文家，翻译家。曾执教于美国肯萨斯大学、南加州大学和印第安纳大学，后任职联合国，现已退休，定居纽约。2005—2012 年曾任台湾东华大学住校作家和客座教授。著有散文集《异乡人语》《流光抛影》《展卷》《文学风流》《忘忧草》《异乡说书》等，评论集《尤里息斯评介》《海天集》《面对尤利西斯》，编有《中国现代小说选》《张爱玲来往签注》《张爱玲庄信正通信集》。

② 庄信正：《初识张爱玲》，1995 年 9 月 18 日台北《联合报》。

惟独张爱玲未到，主持人福伦兹教授急了，庄信正更是穿进穿出到处找她。最后张爱玲姗姗而至，其实她并没有迟到。庄信正以前见过她的照片，所以在门口一下子就认出了她，但她高而细的身材仍让他觉得意外，走起路来也给他"飘飘欲仙"的感觉。张爱玲的发言不是严格的论文宣读方式，而是现身说法，根据自己的实际经验谈香港的电影业情况。她的英语带有英国味，流利典雅，亦庄亦谐，幽默起来若无其事而又妙语连珠，大家听得入神，有一次还哄堂大笑。

讨论结束后，庄信正和夏志清《中国现代小说史》中译本翻译者刘绍铭"硬着头皮"到学校附近的旅馆求见。"印象里老觉得她博才傲物，对人往往不稍假借。但开了门知道我们的来意以后，她很客气地邀我们进房间坐了一会儿。两个初出道的青年讲师能当面向这位大作家表示'输诚'的微忱，都很兴奋。"①

"这次匆匆的拜会成为后来我与她三十年半师半友的交谊的开端。"庄信正回忆说。之后，张爱玲为去瑞德克利夫学院需要介绍人和《怨女》英文本的书名问题，都请庄信正帮过忙，庄信正都尽力而为了。两人的书信交流也很多。

两人的第二次见面是在1969年3月，美国亚洲学会在波士顿举行年会，夏志清主持一个专题小组。庄信正也提交了一篇论文，他正准备开讲时，张爱玲进入会场坐了下来。"我一边同夏先生交换了又惊又喜的眼光，一边在'张看'下不由地加倍紧张。"

就在这年7月，庄信正离任，张爱玲接了他在中国研究中心的班。在庄信正看来，这个工作职位对夏济安和张爱玲而言，都

① 庄信正：《初识张爱玲》。

是"屈就",因为那不是个文学岗位,充其量不过是个临时落脚的地方而已。庄信正成了陈世骧和张爱玲之间的联络人,从动议到办履历表等手续,都是他一手包办的。他把这称之为"有事弟子服其劳"。

张爱玲在这里的工作任务是研究大陆术语,但1970年前后大陆偏偏没有推出多少新术语,因此张爱玲没有太多的事可做。她的同事们也不知这位新来的研究员的工作情况,她总是在别人都下班以后,才像幽灵一样出现在空无一人的办公室。张爱玲从小到现在的生活都是相当个人化的,独来独往,过不惯集体生活。偶尔有同事在5点钟下班的时候,看见她匆匆穿过车流人流,去上班工作。

陈世骧和夫人喜欢热闹,但张爱玲难得去拜望他们,也没有陪他们到中国城去小聚进餐。有一天,陈世骧在家中宴请张爱玲,叫了几个晚辈学生陪同。一个在研究中心的图书馆工作的年轻人这样形容她当时的情形:

> 张爱玲第一眼就令人觉得不平凡。常得加件外衣的湾区天气,又是在半山上,张爱玲却穿着一件薄料子的旗袍,深灰色,不但没有袖子,而且袖缘往里裁剪得很深,从这边的肩骨,通过敷盖着前胸骨的上襟,可以看过去那边的肩骨,我从来没有看见过这么瘦削却又把衣服穿得这么瘦削的人。深色旗袍似乎是她的制服,印象中,以后也没见她穿别的衣服。①

---

① 李渝:《跋扈的自恋》,原载1995年9月14日台北《中国时报·人间》副刊。

张爱玲坐在沙发上，旁边是陈世骧。陈世骧叼着烟斗，热情地说着话，张爱玲则很少言语。无论是听还是说，她的眼睛总好朝上看，小孩一样的神气，有一句没一句的，声音又小，有时就像自言自语。陈世骧和张爱玲，一个是老练的学者和热心的长者，一个是如同天真小女孩的作家，"始终以不虚饰的面容，活在自己的世界里"①。

陈世骧长者般的关怀，给了张爱玲温暖。此前张爱玲把自己所有作品都寄送给陈世骧，包括签名本《北地胭脂》，属于入职前的"敲门砖"②。但张爱玲研究大陆术语的成果太少，很令陈世骧失望。夏志清认为，陈世骧专治中国古代文学与文学理论，张爱玲的作品，可能未加细读。作为一个主管人，他只看到她行为之怪癖，而未能因欣赏她的文学天才和成就，去包涵她的失礼和失职。在陈世骧看来，她来中心两年，并未在行动上对他表示一点感激和敬意。在研究中共词语方面，可能也从未向他请教过，只一个人在瞎摸。最后交的报告他看也看不懂，还有言语顶撞。在愤怒之下，陈世骧把她"解雇"了。这是"她在美国奋斗了十六年，遭受了一个最大打击的报告"。陈世骧曾在夏志清面前表示过对张爱玲不满意，但遍查其信札，提到张爱玲者，只有"张爱玲女士已到此月余，颇觉相得"一句，并无任何怨言。③

---

① 李渝：《跛扈的自恋》。
② 肖伊绯：《张爱玲〈北地胭脂〉签赠本中的前尘往事》，《北京青年报》2020 年 1 月 2 日。
③ 夏志清：《张爱玲给我的信件》，第 147—149 页。

一位叫若克兰·卫特基的不到三十岁的女人，是加大某教授的太太，曾专门拜访张爱玲。时卫特基正在攻读博士学位，她攻的是中国史，博士论文选题是关于中国人的"侠女崇拜"，兼论"中国功夫"与女权运动。卫特基问张爱玲，中国人对女人的要求是"幽娴贞静"，为什么又特别喜爱侠女形象。

这个问题使张爱玲想起阿拉伯人。他们对女人的管束比中国紧得多，以布蒙面，不许随便外出，使女人像填鸭似的在帐篷里的地毯上吃了睡，睡了吃，一个个肥胖多肉，令男人瞧不起，反而喜欢男风。而"中国人是太正常了，把女人管得笔直之后，只另在社会体系外创造了个侠女，也常在女孩子中间发现她的面影"。

张爱玲在她狭小的办公室里与卫特基谈了不到一个小时。后来卫特基寄了一本《毛泽东革命性的不朽》这本她自己写的书送给张爱玲，作为酬谢。

两人未再谋面，但张爱玲还知道卫特基以后的情况，显然是她研究中国当代历史时知道的。这个在张爱玲眼中漂亮得"差不多的影星都还比不上"的女人，和她的丈夫于 1972 年双双去北京。

关于张爱玲习惯独处、不爱见人的说法，有很多材料可以印证。当时的中国研究中心在校外办公，在柏克莱市中心找到她当时的办公楼，是一座数十层的巧克力大厦，就在 Bart 车站边上，是这座朴素的小城最显赫的建筑之一。那里现在变成一座银行。张爱玲几乎从来不见她的同事，包括她的助手。据她的助手、台湾学者陈少聪介绍，张爱玲通常是在下午到办公室，等大家都下班了，她仍留在那里。大家只是偶然在幽暗的走廊一角，瞥见她一闪而过的身影。"她经常目不斜视，有时面朝着墙壁，有时朝地板。只闻窸窸窣窣一阵脚步声，廊里留下似有似无的淡淡粉香。"陈少聪与张爱玲同在一间办公室办公，只是中间隔了一层薄板。外间是助手的，张爱玲在里间。所以，张爱玲每天不可避免地要与陈少聪打一个照面，她们互相微笑一下，或者点头致意，这种最低限度的交往，是她们每天必须履行的程序。后来，她们连此也嫌麻烦。每天下午张爱玲要来的时候，陈少聪干脆及时地躲开。

"我尽量识相地按捺住自己，不去骚扰她的清静，但是，身为她的助理，工作上我总不能不对她有所交代。有好几次我轻轻叩门进去，张先生便立刻腼腆不安地从她的座椅上站了起来，眯眼看着我，却又不像看见我，于是我也不自在起来。她不说话；我只好自说自话。她静静地听我嗫嗫嚅嚅语焉不详地说了一会儿，然后神思恍惚答非所问地敷衍了我几句，我恍恍惚惚懵懵懂懂地点点头，最后狼狈地落荒而逃。"[1]

如同默片里的人物，张爱玲很少发出声响。即使在办公室，她在与不在几乎没有区别。她把自己视作一件宝贝，秘不示人。她与外界的联系大多通过纸页进行，连电话都很少打。陈少聪说，每过几个星期，她会将一沓她做的资料卡用橡皮筋扎好，趁张爱玲不在的时候，放在她的桌上，上面加小字条。"为了体恤她的心意，我又采取了一个新的对策：每天接近她到达之时刻，我便索性避开一下，暂时溜到图书室里去找别人闲聊，直到确定她已经平安稳妥地进入了她的孤独王国之后，才回到自己的座位来。这样做完全是为了让她能够省掉应酬我的力气。""除非她主

---

① 陈少聪：《与张爱玲擦肩而过》，《有一道河，从中间流过》，台北九歌出版社 2006 年版，第 203—205 页。

动叫我做什么，我绝不进去打搅她。结果，她一直坚持着她那贯彻始终的沉寂。在我们'共事'将近一年的日子里，张先生从来没对我有过任何吩咐或要求。我交给她的资料她后来用了没用我也不知道，因为不到一年我就离开加州了。"① 张爱玲生病，陈少聪去探望，知道她不会开门，便揿了门铃，把配好的草药放在门外地上。几日后，陈少聪上班，发现自己书桌上有一个字条，是张的笔迹，压在一小瓶"香奈儿五号"香水下面，字条写着："谢谢。"

为了研究布莱希特，哈佛大学教授莱恩追踪至柏克莱。初次求见张爱玲遭拒，在夜间苦等终于见面聚谈。他对张爱玲有两点深刻印象。一是她的英语无论文法、用词遣字或是句型结构，"都可以用完美来形容，仅听得出些微的口音"；二是她的友好热心，"在整个访谈过程中，张女士的表现热诚又令人舒坦，且相当帮忙。她的谈吐闲雅，怡然自若，我的印象是她对整个访谈很是满意；在我们相处的时刻，我丝毫不觉她有任何不自在或者有逃避与人接触的想法"。②

尽管这次见面是事先约定了的，但莱恩还是等了整整一天才见到张爱玲。"对于柏克莱来说，张爱玲既存在，又不存在。这与现在没有什么不同。现在，2006 年秋天，在柏克莱，我可以找到她，又找不到她。她在柏克莱大学两年的时间内，完成她的研究工作，并撰写了论文。但很少有人看见过她。我询问过当年在

---

① 陈少聪：《与张爱玲擦肩而过》，《有一道河，从中间流过》，第 203—205 页。

② 詹姆士·莱恩：《善隐世的张爱玲与不知情的美国客》，载苏伟贞主编《鱼往雁返：张爱玲的书信因缘》。

中国研究中心和东语系工作过的教授，并得到印证。1971 年，张的上司陈世骧去世，张爱玲参加他的葬礼，是她在柏克莱屈指可数的公开露面。但她只待了几分钟，就匆匆离去了。对于很多人而言，张爱玲只是一个名字，而不是身体。"①

莱恩教授把这次相见称为"人生奇遇"之一，水晶也把他有幸拜访张爱玲视为人生奇遇。

六十七、水晶的来访

张爱玲在柏克莱加大工作期间，住在柏克莱城杜兰街（Durant Avenue）。

在去柏克莱以前，她给庄信正写了一封信，请他帮忙物色一间公寓房子，条件相当简单，足见她对生活的态度。具体条件是：一、一间房的公寓（号称一间半），有浴室、厨房；二、离办公室近，或者有公共汽车来回方便。地点合适，宁可多出点房钱，每天可以省不少时间；三、最好房子不太老，比较干净。四、此外都随便，家具可有可无，如有床，最好是榻床或沙发，装修、光线、嘈杂、房间大小都完全没关系。

庄信正给张爱玲找的房子是符合她的要求的，位于闹中有静的一条支路。公寓的外观是白色的，她的起居室也如雪洞一般白，墙上没有一点装饰物或照片，一排落地玻璃长窗，拉开白色的纱幔，近可见参天的法国梧桐，远可看到旧金山全景和金山湾海水。若是在晚上，路灯下的绿叶快探进窗来，远处的都市夜景

---

① 祝勇：《柏克莱的张爱玲》，《非常日报》2012 年 1 月 18 日。

也可尽收眼底。

　　房内有桌有椅，有强光灯泡，但没有书桌，只有一张立在床边的小几，她就是在这小几上伏案写作的。张爱玲觉得这样方便，如果有了太正式的书桌，反而写不出东西。她每天中午才起床，天亮时才休息，这是多年养成的习惯。因此有人形容她是和月亮共进退的人。她每天的食物也很简单，一天只吃半个 English muffin（一种类似烧饼的食品），曾经喜欢吃鱼，但怕血管硬化，遵医嘱连鱼也不吃了。她还保持着自小就爱吃零食的爱好。但她常患一种类似"感冒"的病一连几天躺在床上，吃不下东西，一吃就吐。所以她愈发的瘦弱了。此外，她好喝咖啡，一连喝好几杯。

　　张爱玲就这样日复一日地过着，独守着她的空城。但她几乎是"破例"地接见了一位远方来客——青年学者水晶①。

　　水晶在台湾读书时就十分喜爱张爱玲的作品，张爱玲的小说他可以大段大段地背诵出来。他十分羡慕好友王祯和与张爱玲有见面之缘，常向他打听张爱玲做了些什么事，说了些什么话。到美国后，他就忙不迭地要去拜访张爱玲。1971 年夏，他把自己所写的《试论张爱玲〈倾城之恋〉的神话结构》一文的影印件寄了一份给张爱玲，并表示要登门拜访。经过多次通信，多次电话联系，费尽了不少周折，就在他以为见面无望、准备返回东岸去的时候，他收到了张爱玲的来信。

――――――――――――

　　①　水晶，原名杨沂，江苏南通人，1935 年生。在重庆读完小学，十四岁前在中国南方众多城市游历过。十五岁去台湾，十九岁考取台湾大学外文系。毕业后在信托、保险、民航等部门就职。二十九岁到南洋去教过书当过翻译。三十二岁经加拿大到美国，攻读艺术硕士。之后在美国成婚，并攻读文学博士学位。学成后在加州大学任教。

信中说:"你信上说 6 月中旬要离开这里。我总希望在你动身前能见着。"在解释了前些日子时常生病不能见客这样一个"说着自己都嫌烦"的原因之后,她接着告诉水晶:"哪天晚上请过来一趟,请打个电话来,下午五六点后打。"

水晶喜出望外,忙与她通过电话约定时间,在 6 月上旬一个周末的晚上 7 点半登门拜望。

一见到张爱玲,水晶想到了胡兰成说见她的人每天都要起各种震动的话,他又觉得张爱玲该是个病恹恹、懒兮兮的女人,哪想到她满面春风、笑语晏晏!于是他对她说,你跟我想象中的不一样,连说了三遍。她平和地笑着回答,是这样的,仿佛没有什么不应该。但张爱玲的瘦,是在他的想象之中的,眼前更加证实了。脸庞瘦而大,眼睛"清炯炯地洋溢着颤抖的灵魂"。她的头发如五凤翻飞,手臂又细又长,令水晶想起杜甫的"清辉玉臂寒"。

张爱玲拿出一瓶 8 盎司重的香水,说是送给水晶的未婚妻,她已知道水晶于头一年订婚了。张爱玲如此心细,令水晶十分惶惑。因为匆匆忙忙地来,他倒没有想到过给她准备一点礼物。

张爱玲又问水晶要不要喝点酒,水晶回答说不用。张爱玲就给他开了一罐可口可乐。看到她吃力地拉开罐口的样子,他生怕划破了她的手,就像《流言》中所描写的那样。张爱玲还给水晶开了一罐糖腌番石榴,知道他在南洋待过,可能喜欢热带风味。水晶感叹她是一个心细的人,"我不能想象她会知道得我那样清楚……"①

虽然好不容易才见到张爱玲,但水晶不枉花心力,不虚此

① 水晶:《张爱玲的小说艺术》。

行，他与张爱玲一谈就是七个小时，这可真是长谈了。谈话的内容广泛而又深入，包括张爱玲的生活道路与文学史地位、对她本人作品的讨论、她的阅读兴趣等方面。

他们谈到了《半生缘》的前身《十八春》发表后的反响，张爱玲对《阿小悲秋》的偏爱，《红玫瑰与白玫瑰》的故事来源，《怨女》的个别情节受《歇浦潮》的启发。她认为"《歇浦潮》是中国自然主义作品中最好的一部"。水晶还问张爱玲在写《沉香屑·第一炉香》时，有没有考虑到意象的功用，张爱玲的解释是，当时只考虑到故事的成分不够，想用想象来加强故事的力量。她还主动告诉水晶，《赤地之恋》是在"授权"的情形下写成的，所以非常不满意，因为故事大纲已经定了，还有什么地方可供发挥的呢？

水晶对张爱玲的某些作品也提出了批评意见。他说他不喜欢《秧歌》的结局，动作太多，近于闹剧，冲淡了作品的"抒情"主调。张爱玲听到这里，连忙说，这些都该写下来，写批评如果净说好的，很容易引起别人的反感，结果失去了读者的信任。水晶特别欣赏张爱玲小说中的意象，认为五四以来的文学大家很少能将意象的功效发挥得像她那样出色的，并举了一些实例。

张爱玲听到这里，感慨地说："你看得真仔细。"停了一会儿又说，"我的作品要是有个批注的版本，像脂批《红楼梦》一样，你这些评论就像脂批。"

这话令水晶十分感动。张爱玲的小说，故事精彩，人物深刻，但不止于故事和人物。其比喻、暗示、象征和大量意象，使她的小说有诗之繁复、诗之魅力，确实需要一个评点本，使读者能知其神妙，知其独特韵味。

对于五四以来的中国作家，张爱玲也谈到了自己的看法。她非常喜欢沈从文，说他是一个好的文体家。她还喜欢老舍的短篇，认为老舍的短篇胜过长篇。当水晶提到吴祖缃时，张爱玲联想到了吴祖光，她知道他是有名的剧作家。可见张爱玲对大陆文坛并非一无所知。他们还谈到了鲁迅——

> 谈到鲁迅，她觉得他很能暴露中国人性格中的阴暗面和劣根性。这一种传统等到鲁迅一死，突告中断，很是可惜。因为后来的中国作家，在提高民族自信心的旗帜下，都是"文过饰非"的路子，只说好的，不说坏的，实在可惜。①

张爱玲的看法并非没有道理，中国作家谁也没有鲁迅那样深刻犀利、不留情面地拷问过民族性，谁也没有像张爱玲那样深刻犀利、悲天悯人地拷问过都市男女的情爱世界。在这一点上，他们两人都是异常出色的。在张爱玲对鲁迅之死的惋惜中，分明可以感到她对挖掘国民性的重视。

张爱玲对台湾作家也有一定的了解。从个人的写作经验出发，张爱玲批评了台湾作家聚会太多的现象，她认为作家还是分散一点好，可以避免彼此受到伤害。水晶也谈到已故的夏济安先生称台湾作家是"声名狼藉的朝夕聚会的社交家"。

张爱玲还向水晶介绍了自己阅读西洋文学的情况。她谦虚地说自己读得不多，并提到了萧伯纳等现代英国小说家的名字，她还读过不少英文通俗小说。

水晶还问了张爱玲目前的写作情况，她说，我现在写东西，完全是还债——还我欠下自己的债，因为从前自己已经许下

---

① 水晶：《张爱玲的小说艺术》。

心愿。

"我这个人是非常 stubborn（顽强）的。"张爱玲语气十分肯定地说。她还补充道，像许多洋人心目中的上海，不知多么色彩缤纷；可是我写的上海，是黯淡破败的。而且，就连这样的上海，今天也像古代的"大西洋城"，沉到海底去了。

水晶觉得，她说这话的时候，有一种玉石俱焚的心境。

张爱玲还有一种无可奈何的感慨，那就是关于她的文学史地位和作品的流传问题。

> 她说感到非常的 uncertain（不确定），因为似乎从五四一开始，就让几个作家决定了一切，后来的人根本就不被重视。她开始写作的时候，便感到这层困恼，现在困恼是越来越深了。

水晶听到这里，心情黯然。

水晶辞别张爱玲时，已是凌晨两点半钟了。这样的谈话，十年大概只有一次，张爱玲对他说这句话是在分手的时候，分手之后还在水晶的耳边回响，他觉得张爱玲是把他当作一个可以深谈的文友，感到十分幸运。"我想张爱玲很像一只蝉，薄薄的纱翼虽然脆弱，身体的纤维质素却很坚实，潜伏的力量也大，而且，一飞便藏到柳荫深处。如今是'西陆蝉声唱，南冠客思深'的时候。又想起《沉香屑·第二炉香》里，描写一个人极大的快乐，'在他的烧热的耳朵里，正像夏天正午的蝉声一般，……吱……吱……吱一阵阵清烈的歌声，细，细得要断了；然而震得人发聋。'是的，蝉声是会震得人发聋的。

"这不正是张爱玲的写照吗？"①

六十八、"访胡"而"看张"

1971 年 5 月，陈世骧先生因突发心脏病而去世。追悼会的那天，张爱玲也参加了。她在中国研究中心的工作任满后就没有被再续聘，但那时仍住在柏克莱城杜兰街。北加州气候较冷，张爱玲不服水土，常患感冒。在一封信中，她说："倒是来加州后，尤其是去年 11 月起接连病了大半年，更瘦成一副骨骼。"② 后来她给庄信正打电话，希望他能帮她在洛杉矶或凤凰城找一套房子，那边的气候条件要好一些。

接到电话的第二天，庄信正夫妇就驱车半小时的路程在好莱坞住宅区一带为张爱玲找房子。当天就找定了一间一个卧房的公寓。张爱玲也不拖泥带水，立刻约好了见面的时间地点，由庄信正夫妇带路，尽快搬过去。见面时，庄信正的妻子杨荣华注意到她的手掌上有一大块瘀青的颜色，原来是她绑行李时被绳子勒破了，她道歉似的解释自己如何笨手笨脚。

这是杨荣华第一次见到张爱玲，虽然此前有过电话联系。她早听丈夫介绍过张爱玲，也得到过张爱玲寄赠的小说散文集子，但眼见得她这样不会小心地照料自己，又那么纤瘦，不禁涌起保护她的念头。她说："张爱玲很高，很重视仪表，头发梳得丝毫不乱，浅底洒着竹叶的旗袍更是典雅出色，但她露在无袖旗袍外

① 水晶：《张爱玲的小说艺术》。

② 参见朱西宁：《迟复已够无理——致张爱玲先生》。

的两条臂膀是那么纤细，走在路上又是那么勇往直前，目不斜视，使我忍不住跨到她的右侧摆出护卫的架势：有车来为她挡车，有风来为她挡风。"①

张爱玲新搬入的这座公寓中有会客室，丝绒沙发、厚地毯和落地窗帘，但有点儿旧了。管理员是一位矮胖的中年太太，话特别多，不停地向张爱玲问长问短，张爱玲生怕跟她搭上腔搞得太熟了影响自己的隐居式生活，一本正经地说："我不会说英文。"一句话就把管理员的嘴堵住了。

公寓带有家具，张爱玲自己带了一个铜制立灯，它的样子很特别，长长的架子可以伸到天花板那么高，中间排着三个可以转动的灯座灯罩，每个灯泡都是 200 瓦的。搬来的第二天，她还买了一个与庄信正家的牌子一样的电视机。

> 安排停当，临别时她很含蓄地对我们表示：虽然搬来了洛杉矶，最好还是把她当成住在老鼠洞里。意思自然是谢绝来往。不久，她来信告知电话号码，不过声明不接电话的。②

庄信正夫妇当然了解并尊重张爱玲的性格，不仅自己极少主动与她联系，而且还替她挡了不少驾。有的朋友知道庄信正是张爱玲的"内线"，欲前往拜访，都失望而归。1973 年，庄信正申请南加州大学的终身教职，没想到被拒绝了，需要重新找工作。就在这时，收到了张爱玲的来信，她信里写道：

---

① 杨荣华：《在张爱玲没有书柜的客厅里》，台北《"中央"日报》1995 年 9 月 16 日。

② 杨荣华：《在张爱玲没有书柜的客厅里》。

你是在我极少数信任的朋友的 Pantheon（意为万神殿）里的，十年二十年都是一样，不过就是我看似不近人情的地方希望能谅解。①

当时庄信正看到这句话惊喜交加，尤其刚刚意外地被学校解聘，十分错愕。张爱玲这几句话对他是极大的鼓舞，一辈子不会忘记。张爱玲的书信里，暴露的也正是冷淡背面的温情和生动。只不过这一面她并不轻易示人，而是交付给了自己熟识信赖的朋友。她愿意和庄信正夫妇交流自己喜欢的《名利场》杂志，也时常互相交换市面上流行的侦探小说来看。在丈夫赖雅去世后一个月，张爱玲也没忘记给新婚不久的庄信正寄上年卡，在金色卡片上祝贺对方 Happy Holidays。庄信正后来整理这些信件，都说自己难以想象她当时的心情。而这也是为何，在庄信正这个后辈眼里，张爱玲不单是可以续写《红楼梦》的天才，更是一辈子的"富有人情味"的诚挚师友。和庄信正交流的过程中，张爱玲并不吝惜自己的妥帖和周到。她害怕自己的琐事麻烦了庄信正，总是在信的结尾处，郑重交代"请千万不要特为回信"；担心打扰了对方，书信里时有抱歉、对不起、非常感谢之类的话；又因为怕断电，所以常备蜡烛，彻夜写作，蜡烛钱也要随信寄给庄信正。这种泾渭分明的边界感，甚至有些僵硬的礼貌，在外人看来，难免不是不易亲近，防御过重。但是放到张爱玲的生活经历中去看，何尝不是她一贯看重的体面、自尊、不要任何人的

---

① 《张爱玲庄信正通信集》，新星出版社 2012 年版，第 78—79 页。

担待。①

1974 年 5 月 17 日，张爱玲给夏志清写信："宋淇提过中大（香港中文大学）也许找我写篇丁玲小说的研究，不过香港没有她早期的小说。洛杉矶只有一本 1952 年出的《丁玲选集》，里面有五篇是 1927—1930 年的——似乎是引起写农村，转变。"她很想找到丁玲"别的早期短篇与长篇《韦护》《母亲》"。同年 6 月 9 日信中又向夏志清询问哥伦比亚大学图书馆能否找到丁玲的《韦护》《母亲》单行本。张爱玲在此信中还说，"宋淇最注重她以都市为背景的早期小说，大概觉得较近她的本质"，显然她也认同宋淇的观点。在中学写的书评里面她对丁玲有弹有赞。1944 年 3 月她出席上海"女作家聚谈会"，她说冰心的清婉往往流于做作，丁玲的初期作品是好的，后来略有点力不从心。这个时候她拟写丁玲研究论文是为了稻粱谋，虽然此事最后因中大方面的原因而作罢，但张爱玲 6 月 30 日致夏志清信中关于丁玲的另一句话却颇耐人寻味："我也觉得丁玲的一生比她的作品有兴趣。"

1974 年，庄信正夫妇要搬到印第安纳州去，写信告诉张爱玲。张爱玲不久就打电话来，约他们夫妇在她的住处小聚，并特嘱带上相簿。

在几只 200 瓦的灯泡的照射下，张爱玲的房间亮如白昼。她请庄信正、杨荣华坐在客厅小桌旁的两张木椅上，然后忙着煮泡咖啡，舀冰淇淋，她好不容易才凑足了招待两个人的碗匙等用具，足见她平时没有待客的记录。这是张爱玲搬家后夫妇俩第一次来她的客厅，恐也是最后一次了。杨荣华注意到除了一台电视机，客厅空空荡荡，连书架也没有。张爱玲有她独特的"搬家哲

---

① 饺子：《张爱玲的不近人情》，鄞州书城 2019-06-04。

学"，早在 50 年代在香港的时候，她就对宋淇夫妇说过，搬家真麻烦，但她故意不要家里太舒适、太齐全，否则有两种可能：一是立刻又得搬家，二是就此永远住下去，而这两者皆非她所愿意，所以她的家搬来搬去，总是十分简单。① 这是一个典型的"公寓人"性格，与绝大多数中国人的对家的亲近感、根基感是不太一样的。

在这间没有书柜的客厅里，张爱玲兴致勃勃地观看了庄信正一家的照片，也把自己的相簿拿来给他们欣赏，边翻边介绍，夫妻俩如梦游仙境，如随张爱玲生活了一遍，不住地感叹。

时间不觉到了夜里 3 点多钟，庄信正夫妇告辞了。几个钟头后，天亮了，他们在新的一天的第一件事是在一家商店买了一个大照相簿，请管理员转送张爱玲——张爱玲给他们看的那个相簿太破旧了！

从此，张爱玲把自己关在了"老鼠洞"里，虽然"老鼠"也搬来搬去有好几个"洞"，但每一个"洞"都没离开洛杉矶。

"老鼠洞"里没有了赖雅，当然更没有了胡兰成，但胡兰成还真差一点"借尸还魂"了呢。

1949 年，温州解放后，藏不住身的胡兰成逃到了香港。他此时不名一文，决计到日本去度余生。因没有护照，得花大价钱秘密偷渡，于是他向吴四宝的遗孀佘爱珍等人借钱，好不容易凑够了钱，登上了一个名叫汉阳轮的日本船。这时，他想到了汉阳的周训德，又想到了上海的张爱玲，但他不会过多地顾及这些旧情旧缘。船近横滨时，他扔掉了随身带的毛巾和衬衣，扮成水手混

---

① 林以亮：《张爱玲语录》，台北《联合文学》第 29 期，1987 年 3 月出版。

上了岸。

在东京，他租住日本人的民房，又勾搭上房东家媳妇一枝。1952 年初，因汉奸之罪被判刑的佘爱珍刑满释放，先去香港，后到东京。1954 年，胡、佘二人结了婚，佘爱珍用私房钱开酒吧度日，胡兰成则忙不迭地写他的书以打发时光。

关于胡兰成与吴四宝、佘爱珍，有人回忆说：

胡兰成曾当过教员，也写文章。在孤岛时期，因思想"激进"被汪伪特工总部（即丁默邨、李士群的"76 号"）关押。一进牢，就成为投降敌伪的汉奸，他得到李士群的赏识，竟成为特工总部出版的《国民新闻》主笔，编撰大量反对抗日、为汉奸涂脂抹粉和反共的文章。他当时最崇拜的是杀人魔王吴四宝。青帮流氓出身的吴四宝先是李士群的警卫员，后来提升为政治警卫总署警卫大队长，专门屠杀抗日分子和爱国人士，横行霸道，无恶不作。吴四宝的老婆佘爱珍，原是一个药号老板的下堂妻，后来改嫁吴四宝，成为混世魔王的得力助手。也是"76 号"魔窟里出名的女杀手。这一对夫妻在特工总部有权有势，胡兰成除了写文章吹捧吴四宝夫妇外，还在办公室里挂上杀人魔王的相片。他那奉承拍马的丑态自然得到吴四宝的欢心和佘爱珍的垂爱。太平洋战争爆发后，日军因吴四宝肆无忌惮抢劫日本银行，将他活活毒死，佘爱珍由此离开特工总队。而胡兰成因过去吹捧吴四宝就被汪伪政府传去审问。胡兰成善于应变，非但卸脱责任，而且他那一套附逆反共的伎俩使他受到汪伪政府赏识，竟被提拔为宣传部副部长。以掌管文化为名，来往京沪之间，佘爱珍在吴四宝死后，将财产交给她的姘夫李祖莱（与

"76号"有密切关系，也是伪中央储备银行副行长）保管隐藏。与此同时她看中了多情多才又当了大官的胡兰成。胡兰成由一个杀人魔王的崇拜者变成为女魔王的姘夫。他贪图的是佘爱珍的财产，也害怕女杀手的厉害，只得唯唯诺诺，倍加小心，他对外是驾驭沦陷区文化界的头面人物。原有的糟糠妻平庸无能，与自己今日的高官厚爵极不相配，姘妇佘爱珍虽有钱，却残酷无情，何况又有恶名，不能公开露面，心情动荡不安。他最需要的是能满足自己情欲、多才多情的女性作为自己的情妇。他便以风流才子自居，四处物色才女，以显示本人的才气横溢和风流本色，这是他"一生只爱两种人：一是敌人，一是女人"的为人宗旨。①

胡兰成一娶再娶，恐怕他要扳着指头才能去算他一辈子娶过多少女人，可他还偏偏把这些故事写成书，也偏偏喜欢与新娶的女人谈先前的女人。他跟佘爱珍谈张爱玲，还在书中回忆说佘爱珍竟不吃醋。不知他哪里来的消息，他竟知道张爱玲到了香港。有一次，他在上海的旧识日本人池田去香港，胡兰成憋了几天，对池田说："你到香港可以去看看张爱玲。"

池田去了又回日本后，只字不提见张爱玲的事，胡兰成也不问，但过了几个月，他终于忍不住问及此事。池田说他没有见到，这本是胡兰成事先预料得到的，他知道张爱玲不会见池田。

谁想两年后的一天他竟收到张爱玲寄来的一张明信片，是由池田转来的。那次虽未见面，但池田留下了自己的地址请人转交张爱玲。张爱玲信中寥寥数语，亦无抬头落款，写着：

———————

① 沈寂：《张爱玲的苦恋》。

　　手边如有《战难和亦不易》《文明的传统》等书（《山河岁月》除外），能否暂借数月做参考？

　　胡兰成接信在手，要不是笔迹如此眼熟，他几乎不敢相信是真的。信中所提的两本书，是胡兰成当年在《中华日报》《大楚报》时写的社论的结集。张爱玲是为着写小说《少帅》做参考用的。

　　胡兰成不仅回了信，而且还附了一张近照。他在信中说：

爱玲：

　　《战难和亦不易》与《文明的传统》二书手边没有，惟《今生今世》大约于下月底可付印，出版后寄与你。《今生今世》是来日本后所写。收到你的信已旬日，我把《山河岁月》与《赤地之恋》来比并着又看了一遍，所以回信迟了。

兰成

　　胡兰成在信中提到他把自己所作的《山河岁月》与张爱玲的《赤地之恋》并比着看，是因香港小报曾以《山河岁月》一书问张爱玲的看法，张爱玲不置一词，让小报记者碰了一鼻子灰。胡兰成是在这里故意勾起张爱玲对过去的回忆。

　　《今生今世》付印了十个月，上卷才出版。胡兰成速寄美国，又写了信去，但张爱玲都无回信。"想必是因为我不好，寄书就只寄书罢了，却在信里写了夹七夹八的话去撩她。……自从接到她的信之后，更还有折花赠远之意，但是又不当真。我信里虽没有多说什么，可是很分明。原来有一种境界，是无用避忌，而亦着不得算计图谋的。"①

可是，张爱玲还是来了一封信，写的是：

兰成：

　　你的信和书都收到了，非常感谢。我不想写信，请你原谅。我因为实在无法找到你的旧著作参考，所以冒失地向你借，如果使你误会，我是真的觉得抱歉。《今生今世》下卷出版的时候，你若是不感到不快，请寄一本给我。我在这里预先道谢，不另写信了。

爱玲　十二月廿七

张爱玲这封信很客气，也很敏感，但更爽捷。她直言表示不再与胡兰成有任何文字交往。本来，1947 年 6 月 10 日的诀别信就是永诀了，哪知还有这样一段"尾声"和"余韵"呢？

又哪知在张爱玲移居洛杉矶时，胡兰成去了台湾，有人又把他跟张爱玲扯到了一起。1974 年，台湾中国学院聘请胡兰成任教授，这年他也六十八岁了。这年 5 月，台北远景出版社出版了他的《山河岁月》。1976 年 7 月，远行出版社又出版了他的《今生今世》，该书封底简介中这样写道："较劲道，比本领，他彻底地被击败了。但是，他赢得了一代佳人的垂青。张爱玲在他落难浪迹天涯的时候和他结婚，后来他们在钱塘江边分手，张爱玲回忆这次的生离死别，她说：'那天船将开时，我一个人站在雨中，流着泪，痴痴地望着滔滔的黄浪，不知多久。'"

这时的张爱玲，在台湾"热"度极高。《山河岁月》封底的

---

①　胡兰成：《今生今世》，本节所引书信均出自该书。

这段文字，恐也有利用"张爱玲热"促销之意。也有好事者乘机访问胡兰成，通过"访胡"而"看张"。

台湾作家朱西宁①，被人称作"首席张迷"②，他捧读张爱玲的作品入迷，搜集张爱玲的逸事有瘾，虽然也偶有弄错的时候，但"看张""爱张"是真心实意的，他也与张爱玲有文字之交。70年代初，他常常与青年朋友一起讨论张爱玲的作品，还喜欢把《流言》中的《私语》等篇与《今生今世》中记张爱玲的《民国女子》一章比照着读，有说不出的"亲与敬"。在一次研讨张爱玲的专门会上，他据自己所掌握的材料大谈特谈张爱玲，会后，一位听众告诉他，胡兰成正在台湾，他喜不自胜，急忙打听了地址，携妻带女登门拜访。多年后他的女儿回忆："我高中毕业那个暑假，父亲偶然获悉胡兰成在台北，联络上，偕母亲跟我三人去拜访。那天的话题都绕着张爱玲说，胡先生取出日本排版的《今生今世》上下两册赠父亲，书中有蓝字红字校订，可能是自存的善本。我因为爱屋及乌，见不到张爱玲，见见胡兰成也好。真见到了，一片茫然，想产生点嗟怅之感也没有，至今竟无记忆似的。对胡先生书《今生今世》，不但之前除了《民国女子》一章，余皆不读，奇怪的是，之后仍不读。一年后，暑假期间我也不过顺手抄来一看，也怪了，这一看就觉石破天惊，云垂海立，

---

① 朱西宁（1926—1998），原名朱青海，祖籍山东省临朐县。抗日战争胜利后，进入杭州国立艺专深造。后投笔从戎，参加国民党军队，1949年随军去台湾，先后任陆军上尉、上校参谋等职。自幼爱好文学，是台湾文坛上蜚声海内外的著名作家。著有合集《可以饶恕，但不可以忘记》《月到天心处》等。

② 桑品载：《与张爱玲周旋——拾掇她与〈人间〉的一段因缘》，《中国时报·人间副刊》1995年9月13日。

非常非常之悲哀。于是我写信给胡先生，不指望胡先生还在台北，可比是瓶中书那样投入大海罢了。想必，这是我从此完全被袭卷了去的'胡腔胡说'的第一篇。我认为胡先生比张爱玲超厉害多了，很懊悔一年前为什么只看见张爱玲，没看见胡兰成，只好恨自己是，有眼无珠。"①

　　读了胡兰成的一本本书，再见其人时已觉得知道了他很多。朱西宁最关心的是《民国女子》的"信史"程度。"我的意思不是疑心其有捏造；文学上的感觉传达必是要经过摆脱原本事实的羁绊，抽象而加夸张。文学创作者的官能感觉本是较常人极敏锐，轻微的振幅在常人为无感，于小说家则震耳欲聋。要把这感觉度的差异拉平，这种等量调频的处理，便是艺术上的夸张了。我之想求《民国女子》的见证即在此；兰成先生虽不是小说家，《今生今世》亦非小说，但究是艺术家和艺术品，以他的感觉之锐利（如不然，怎能与先生那般投契贴合？）超乎常人，保不住为传达其感觉，而必得渲染，借虚构些事物来烘托。如此，虽于事物有伪，于感觉却有忠，于艺术毋宁是种境界。"

　　对此，朱西宁转述道——

　　　惟兰成先生说来中肯切要，他只觉得任何人来写先生，欲图作若何装饰、美化、炫夸，都是一种降级，构成伤害，因兰成先生迄未发现活着的人里，含他自己在内，还没有谁的格调能高过先生。所以他写先生，于事物，于感觉，皆是

　　① 朱天文：《花忆前身——回忆张爱玲和胡兰成》，刘绍铭等编《再读张爱玲》，山东画报出版社 2004 年版。

老老实实。若有出入，也只在文章表达的力有不逮上有所不及。①

在很多"张迷"的心目中，胡兰成在《民国女子》中写两人的恋情，倾国倾城、欲仙欲死，即使是当年张佩纶与李菊耦的故事也没有那般精彩迷人，但人们一想到胡兰成的滥情，又忍不住要对其描写的可信程度起疑，可偏偏又只有胡兰成记叙过二人的婚恋，张爱玲几十年不着一字，又留下了一个谜让迷张的人去猜。朱西宁的坦然相问，胡兰成的坦然相答，也许会让不少张迷心情稍安。平心静气地想，胡兰成再怎么会编故事，若没有那种非张爱玲不可能有的奇异惊艳，若没有真人真事作底子，他是编不出来的。张爱玲是读过《今生今世》中写她的部分的，她未有一语相评，是默认？还是否认？张爱玲并不满意胡兰成在《今生今世》中对两人感情经历的描写，但从未作过公开的表态。仅在给友人的信中提及："胡兰成书中讲我的部分缠夹得奇怪，他也不至于老到这样，不知从哪里 quote（引用）来我姑姑的话，幸而她看不到，不然要气死了。他来过许多信，我要是回信，势必出'恶声'。"在 70 年代，她在给夏志清的信里面还愤愤不平地谈道："三十年不见，大家都老了。胡兰成会把我说成是他的妾之一，大概是报复，因为他写过许多信来，我都没回信。"②

朱西宁与胡兰成谈了很长时间，胡兰成还感叹说，要是爱玲也在，一定谈得更欢。事后，朱西宁写了一篇《迟复已够无

① 朱西宁：《迟夏已够无理——致张爱玲先生》，见《张爱玲评说六十年》，中国华侨出版社 2001 年版。

② 夏志清：《张爱玲给我的信件》。

理——致张爱玲先生》发表在 1974 年的《中国时报·人间》副刊上。在这篇类似"公开信"的文章中，他详述了访问胡兰成的经过，语中有为胡兰成滥情的辩解之语，还解释了他自己没有及时回复张爱玲 1971 年 6 月来信的原因。

朱西宁早些时候写过《一朝风月二十八年》，文中谈张爱玲有不准确的地方。该文在《人间》副刊发表后，张爱玲来过一封信作了某些说明。信中写道：

> 西宁：
>
> 　　那次你的学生来，我没见着，那天不大舒服，因为住得近，还是到 office 去了一趟，听见叶珊（即杨牧）太太说，我心里想："西宁的学生遍天下，都见起来还行？"但是当然应当写信去解释，又老是接连的感冒发得很厉害，好的时候就忙、赶，所以信也没有写成。水晶寄来《一朝风月二十八年》，那时候游击队与学校的关系，我完全不知道，很复杂。提到我的地方，我一方面感激，有些地方需要解释。向来读到无论什么关于我的话，尽管诧笑，也随它去，不过因为是你写的，不得不噜嗦点向你说明。……
>
> 　　我月底离开加大，秋天搬离旧金山，以后会保持联系。

朱西宁还在另外一篇文章中谈道："当然，除了她的作品，胡兰成先生所提供的人身事迹更为直接而丰盛，因也有意欲为爱玲先生写传。但于征求爱玲先生意见时，遭其婉言严拒，遂告作罢。"①

胡兰成在台湾不久，即遭到文化界中人的抨击。40年代的汪伪汉奸，作客台湾，又是讲学，又是出书，令不少爱国之士十分反感，余光中先生写了《山河岁月话渔樵》一文，指斥胡兰成旧日言行的有罪和今日受礼遇的不妥。1976年，胡兰成灰溜溜地返回了日本，这位中国学院的"终身教授"不能在台湾终其余生。

虽然张爱玲不理胡兰成了，但是胡兰成还是关注张爱玲的创作。胡兰成只要看到张爱玲新作必写评论。包括《红楼梦魇》《浮花浪蕊》《色·戒》。他评价《色·戒》："张实在是文学之精，此篇写人生短暂的不确定的真实，而使人思念无穷。易先生（丁默邨）有其风度品格，此字是评剧写坏人的传统，不失忠厚，亦逼肖丁本人。"② 在70年代末，他还写过《读张爱玲的〈相见欢〉》。他称赞道："《相见欢》笔致极好，只是作者与书中人物相知尚不够深。张爱玲是《赤地之恋》以后的小说，虽看来亦都是好的，但是何处似乎失了衔接，她自己也说给写坏了，她自己也只是感觉得不满意，而说不出是何处有着不足。这样一位聪明才华绝代的人，她竟是去祖国渐远渐久了。"③ 这恐怕是胡兰成最后提到张爱玲的文字。

因为大陆的张爱玲热，胡兰成的作品也曾经热过一阵。2003年9月，他的自传作品《今生今世》在大陆正式出版，被《南方

① 《终点其人，起点其后——悼张爱玲先生》，于青编《寻找张爱玲》，中国友谊出版公司1995年版。

② 《花忆前身》，麦田公司出版1996年，第66页。

③ 原载1979年4月《三三》集刊第20集。胡兰成：《中国文学史话》，上海社会科学院出版社2004年版。

都市报》评为该年度 10 大好书。2004 年初，他另外两本书《禅是一枝花》和《中国文学史话》也在上海出版。但是胡兰成热，应该说明显的是沾了张爱玲的光。对其人其文一直评价不一。他曾经说过，"做人本来是人骗人"①。这话恐怕是理解这个人的一把钥匙。张爱玲有一中篇小说《红玫瑰与白玫瑰》，赤手空拳打天下的男主人公佟振保，跟他也有几分像。总体来说，好用功，有心机，小聪明，儒雅的外表，出众的口才，拿得起放得下的做派，在文场、官场、情场都是有一种磁场的。但仔细琢磨他的一生，真切的他，跟在人群中的他，真真正正是有区别的。他在讲述自己的经历的时候，不是燕大旁听生，他自吹燕大学生，肄业于北京大学；只是普通编辑没当主笔的时候，说自己是主笔；没受重用的时候说自己在被大人物重用。这样的事例很多。自卑又自负，这往往是底层奋斗者的通常缺点。② 这个人喜欢掩盖自己，常常言不由衷，自吹自擂，夸大其词。善于套近乎找靠山、拿名人做挡箭牌。这种人在乱世自有市场，有时候也能够过得人模狗样，至少他的前半生是这样。后半生因为被边缘化，可能变得平和一点了。

　　当然这样的人奋斗也不容易。也真的是个才子。说他是一个不错的时评家、政论家，是可以的。国家大事世界大事眼前大事，他张口就来。好研究大问题、写大题目，既滔滔不绝又似是而非。体悟多于认知，问题大多空泛，不是学院派的规范的路子，而是自学成才者的野路子。比较起来，他的散文比他的论文

---

① 胡兰成：《今生今世》。

② 详见秦贤次：《谎言与真相——湖南省生平考释》，《新文学史料》2011 年第 1 期。

可能更有价值，因为有一种属于他自己的野性思维在。他的散文受到一些人的喜欢，甚至会被评为十大好书，恐怕就是被他这种"胡氏话风"所迷惑所吸引。粗看起来佶屈聱牙搭配生猛，细细品味又是别致精妙的，夸张而至于张狂，别致而有点出格，不可复制。

1981 年 7 月 29 日，胡兰成死于日本东京，终年 75 岁。

在朱西宁与胡兰成谈张爱玲的时候，张爱玲蛰居在她的"老鼠洞"里。胡兰成死的时候，她还是蛰居在"老鼠洞"里。1981 年 9 月 16 日，张爱玲在给宋淇夫妇的信中写道，在生日那天得到 7000 多美元和胡兰成的死讯，"难免觉得是生日礼物"①。

---

① 参见杨曼芬：《矛盾的愉悦——张爱玲上海关键十年揭秘》，294 页。

第十九章　海上花开 (学者生活)①

六十九、台港的"张爱玲热"

张爱玲住进了"老鼠洞"，但此时台湾、香港的"张爱玲热""热"得很。1976年，宋淇以林以亮为笔名，发表了《私语张爱玲》《张爱玲语录》等文，介绍了张爱玲离开大陆后在香港、美国的一些鲜为人知的情况，引起了张迷们的极大兴趣。《私语张爱玲》刊出后，读者纷纷来信表示希望多知道一些关于张爱玲的日常生活和思想为人。宋淇征得张爱玲同意，从夫人邝文美的记录中选取一部分辑为张爱玲语录与张迷共享。这些语录取自于他们共同在香港生活的那段时间，那时他们差不多天天见面，且邝文美与张爱玲两位女性在一起无话不谈。邝文美觉得张爱玲很多话都很妙，有时就私下里把当天的谈话记录下来。这些"语录"

---

① "海上花开"，张爱玲70年代初出版国语本《海上花列传》之上部名。本章叙传主对古代中国小说的翻译与研究，故名。

虽然都出自 50 年代的张爱玲之口，但隽永简约，妙趣横生，还是窥视张爱玲心灵世界的一个窗口。比如：

谈自己的生活习惯——"楼下公鸡啼，我便睡。像陈白露、像鬼——鬼还舒服，白天不用做事。""我有一阵不同别人接触，看见人就不知道说什么好。如果出外做事，或者时常遇见陌生人，慢慢会好一点——可是又妨碍写作。"

谈读书——"书是最好的朋友。惟一的缺点是使我近视加深，但还是值得的。""我喜欢的书，看时特别小心，外面另外用纸包着，以免喜欢污损封面；不喜欢的就不包。这本小说我并不喜欢，不过封面实在好看，所以还是包了。"

谈写作——"写小说非要自己彻底了解全部情形不可（包括人物、背景的一切细节），否则写出来像人造纤维，不像真的。""别人写出来的东西像自己，还不要紧；只怕比自己坏，看了简直当是自己一时神志不清写的，那才糟呢！""这几天总写不出，有如患了精神上的便秘。"

谈教书——"教书很难——又要做戏，又要做人。"

谈友情——"一个知己就好像一面镜子，反映出我们天性中最美的部分。""有人共享，快乐会加倍，忧愁会减半。"

谈爱情——"一个人在恋爱时最能表现出天性中崇高的品质。这就是为什么爱情小说永远受人欢迎——不论古今中外都一样。"

谈女人——"'才''德''貌'都差不多一样短暂。像××，'娶妻娶德'，但妻子越来越唠叨，烦得他走投无路。""很多女人因为心里不快乐，才浪费，是一种补偿作用。例如丈夫对她冷淡，就乱花钱。"

谈自己——"我这人只有一点同所有女人一样，就是不喜欢买书。其余的品质——如善妒、小气——并不仅限于女人，男人也犯的。在乱世中买书，丢了一批又一批，就像有些人一次又一次投机失败，还是不肯罢手。……我从来没有遇到过一个像某些男人那么喜欢买书的女人，女人总觉得随便买什么都比买书好。……结论是：一个女人如果肯默不作声，不去干涉男人买书，可以说经得起爱情的考验。”

谈人性——“‘人性’是最有趣的书，一生一世看不完。”“最讨厌是自以为有学问的女人和自以为生得漂亮的男人。”①

这可是张爱玲在自己的好友面前的真情流露。抄了这大一篇，足可见张爱玲实在是一个非常有趣、有个性的正常的女人、作家。她没有丝毫不能容于世的怪僻畸思。有些读者和传记作总喜欢过分渲染张爱玲的“怪”，甚至把她与心理变态者联系起来，其实不过是用庸人凡人的思维去看待一个有特点有个性的作家。一个人有她不好见人、不喜交际的充分理由。不愿意交际应酬并不等于不谙人事，否则一个“变态”的人何以能写出那么精深的人人叫绝的表现人性的小说来。文明社会应当允许人人表现出自己的个性，甚至是“怪异性”。

张爱玲和宋淇夫妇，40年的交集，往来信件600多封，1400余页，超过40万字。应该说是非常相知的。“每次想起在茫茫人海中，我们很可能错过认识的机会——太危险了，命运的安排多好。”他们认为张爱玲像所有伟大的艺术家一样，总在做新的尝试，从来不走旧路，也不模仿别人。她的人生经验不能算丰富，可是她有惊人的观察力和悟性，并且懂得怎样直接或间接地在日

① 《张爱玲语录》，原载《明报月刊》1976年12月号。

常生活中抓取写作的材料，因此她的作品永远多姿多彩，一寸一寸都是活的。①

宋淇的文章极大地满足了人们"看张"的愿望。1976年台湾学者唐文标②先生出版了《张爱玲研究》《张爱玲杂碎》两本书，几年后他又有《张爱玲资料大全集》《张爱玲卷》等书出版。尤其是《大全集》一书，搜罗了与张爱玲有关的文字、图片，并编有作品系年，为张爱玲研究提供了不少珍贵资料，为进一步深入研究打下了较好的基础。相比之下，他的《张爱玲研究》并没有他的资料工作那么有价值。这部两百多页的专著，由两篇长文构成。他说："我认为她代表了上海的文明——也许竟是上海百年租界文明的最后表现。她的小说，表现出几重新旧矛盾的结晶。""她是这个没落的'上海世界'的最好和最后的代言人。"

唐文标的观点，遭到了有些研究者的批评，认为他低估了张爱玲的价值，也有人附和唐文标，有人评论这种现象说："张爱玲在台湾渐渐流行起来，当时几个男作家实在是爱张爱玲爱得要死，却又故意装作很客观，要批判她——尤其是唐文标。"③

这一年，张爱玲自己也出了一本书：《张看》。"张看"这题

---

① 宋以朗：《张爱玲私语录》，第7、9页。

② 唐文标（1936—1985），广东省开平人。曾在加州大学任教。1972年回台，在台湾大学数学系及政治大学任教。著有《平原极目》《张爱玲杂碎》《中国古代戏剧史初稿》《唐文标散文集》《诗的没落》《台湾民族史研究》《台湾文化批评》《中国古代的侠》《张爱玲资料大全集》及英文版数学论文多篇。

③ 南方朔等：《永不消逝的华丽——告别张爱玲座谈会》，台北《中国时报·人间》副刊1995年9月28—30日。

目有人看不懂，她后来亦解释："'张看'就是张的见解或管窥——往里面张望——最浅薄的双关语。"① 于是张迷们把读张爱玲的作品和欣赏其人称为"看张"。这本集子收有《流言》之外的 40 年代的散文《姑姑语录》《论写作》《天才梦》，未完成的小说《连环套》《创世纪》，加上后来发表的《忆胡适之》《谈看书》《谈看书后记》，由皇冠出版社出版。在序中，她"自我作践"了《连环套》一番。说它"通篇胡扯，不禁骇笑"。本不打算收这两部旧小说的，但唐文标执意不允，说盗印在即，你不印别人也会印。这样"不得已还是自己出书，至少可以写篇序说明这两篇小说未完，是怎么回事。抢救下两件破烂，也实在啼笑皆非"②。

《谈看书》和《谈看书后记》，曾在《中国时报·人间》副刊上发表过。这是两篇长文，是由副刊编辑桑品载索稿而来的。桑品载也是一位"张迷"，二十来岁在军中服役期间狂热地迷于创作。一位香港侨生借给他一本《传奇》，他读了以后，也是"诸天为之震动"，而在这之前，他根本不知道"中国有这么一位伟大的作家"。后来他接手《人间》副刊编务后，开始寻找张爱玲，终于在朱西宁处获得张爱玲的美国地址。正要与她联系时，得到上方警告，说张爱玲曾为胡兰成之妻，"思想有问题"，并说"《秧歌》《赤地之恋》也有问题"。

在那个年代，文字检查党政军都有专职单位，副刊编辑被怀疑思想有问题而勒令去职，甚至被捕入狱者大有人在

① 张爱玲：《红楼梦魇·自序》。
② 张爱玲：《张看·自序》。

（如林海音、柏杨、童尚经，童尚经更遭枪决），至于遭警总约谈更是司空见惯（我便是警总的常客，亦被调查局约谈过），张爱玲既然有问题，我还要跟她通信吗？跟她约稿吗？如果文章来了，不能登怎么办？

这段话可以看出 50 年代下半叶和 60 年代上半叶台湾的"文禁"状况，张爱玲也不能幸免。桑品载还是写了约稿信，但没有回信。朱西宁鼓励他再写，并表示自己也会给张爱玲写信推介《人间》副刊。后来张爱玲回了一封短信，表示暂无作品。桑品载又写了一封信，"客气、尊敬，不过足以让她明白，我这个人也很难缠，不给我写稿就想摆脱我，不是那么容易！"①

70 年代，《人间》刊发了水晶、夏志清、朱西宁等讨论张爱玲的文章，桑品载一一寄给张爱玲，保持着通信联系。有一次张爱玲在信中说美国买不到好茶，桑品载立刻寄了一包乌龙茶去，但一个月后被退了回来，客气地道谢，又说她其实并不爱喝茶。张爱玲就是这样一个顶怕麻烦别人，顶怕欠人感情的人。

桑品载还听说张爱玲在写关于北方军阀的长篇小说，兴奋地向报社董事长汇报。董事长指示他一定要尽力弄到稿子，并说可以先寄 5000 美金给她，作为稿费的一部分。当时 5000 美金值台币 20 万。然而，张爱玲客气地否认了这篇小说已写好，也不愿接受预付高额稿费的方式。

桑品载与张爱玲有五年的通信联系，金石为诚所开，张爱玲寄来了三万字的《谈看书》，又怕这篇文章过长，报纸不便刊登，给桑品载写信道："好久以前说要写篇散文寄来，迟到现在才交

---

① 桑品载：《与张爱玲周旋》，《张爱玲评说六十年》。

卷，真太荒唐。这篇文章实在太长，如果与报纸体裁不合，请千万不要跟我客套，寄还给我，以后有较短的再奉上。"落款日期是1974年的4月2日。

在《谈看书》和《谈看书后记》中，张爱玲谈到她近来看的书以记录体居多，反映在这两篇文章里，是她对欧美历史知识的丰富和运用自如。她古今中外地谈了不少书，但花篇幅较多的是有关18世纪英国海军"邦梯号"叛变案的几部作品。30年代的《叛舰喋血记》《邦梯号上的叛变》，新出的画册式大书《布莱船长和克利斯青先生》、小说《再会，克利斯青先生》等。张爱玲看重这个题材，自有一番解释："不过是一本过时的美国畅销书，老是锲而不舍地细评起来，亦近无聊。原因是大家都熟悉这题材，把史实搞清楚以后，可以看出这部小说是怎样改，为什么改，可见它的成功不是偶然的。同时可以看出原有的故事本身有一种活力，为了要普遍地被接受，而削足适履。它这一点非常典型性，不仅代表通俗小说，也不限西方。"

尽管这个故事十分复杂，评价不一，张爱玲贬抑了布莱船长式的专制者形象，肯定了叛变者尤其是克利斯青的反抗性格。在文章最后，张爱玲引用了弗洛伊德的大弟子荣格的"凡是能正确分析的病例都有一种美，审美学上的美感"这句话，认为这并不是病态美，"别的生老病死，一切人的事也都有这种美，只有最好的艺术品能比"。

不论看什么书，张爱玲总是用艺术家的眼光，她看见的是人性，人性的美。"'人性'是最有趣的书，一生一世看不完。"

七十、"红楼梦魇"

　　住在"老鼠洞"里的张爱玲过着蜗居的生活，然而她的梦魇不断，她做的是"红楼梦"。"偶遇拂逆，事无大小，只要'详'一会《红楼梦》就好了"。

　　60年代后期很少创作、翻译的张爱玲开始了"学者式"生涯，她花了十年时间研究《红楼梦》。《红楼梦》是她终生的伴侣，精神的源泉，享用不尽的盛宴。七八岁的时候，她就读过这部小说，那时她就感到，八十回以后"怎么不好看了"，一个个人物都语言无味，面目可憎起来。她每隔几年就要读上一遍，十四岁的时候的戏作《摩登红楼梦》已深得《红楼梦》的神韵。

　　生命的历程在变，每看一遍《红楼梦》都有新的感觉。1954年，在香港才第一次看见根据脂批研究八十回后事的书，她觉得"石破天惊，惊喜交集"。后来只要是有关《红楼梦》的书，她总是"等不及地看"。张爱玲对《红楼梦》未完（即后四十回乃他人续写）一直耿耿于怀。古人有"五恨"之说："一恨鲥鱼多骨；二恨金橘太酸；三恨莼菜性冷；四恨海棠无香；五恨曾子固不能诗"。张爱玲套改其意，对宋淇夫妇说：

　　人生恨事：

　　（一）海棠无香。

　　（二）鲥鱼多骨。

　　（三）曹雪芹《红楼梦》残缺不全。

（四）高鹗妄改——死有余辜。①

张爱玲这几句话，前三句用在《红楼梦未完》这篇文章中，重抄时差一点删掉。宋淇说："如果你不用，我用。"爱玲就用了。

从 1967 年开始，张爱玲把精力花在了《红楼梦》的考证研究上。她在哈佛燕京图书馆和柏克莱加大，看到了《红楼梦》的很多版本及各种研究资料，包括近人胡适、周汝昌、吴世昌、俞平伯、冯其庸等人的论著。她在图书馆是站着看的，贪读了不少书。她对《红楼梦》太熟了，不同的本子稍微生一点儿的字就会蹦出来。她说自己研究红学的"惟一资格实在是熟读《红楼梦》"，其实她还有作家对创作甘苦的独特体会和文学感受力的敏锐，这都是研究的"资格"。"首先，是她对《红楼梦》的熟悉和体会无疑超过绝大多数红学专家。"② 身为红学专家的庄信正这样评价道。

对《红楼梦》，她是熟读其文而又深得其神的。因为得其神，她的创作颇受影响。以家庭琐事反映时代变迁的构思特点，对建筑布局、风俗人情、起居礼仪的描绘兴趣，对人物无常命运的细致把握，皆有《红楼梦》的神韵。以至于夏志清称二者为"闺阁现实主义"，这当然是就题材和手法而言的。

张爱玲自己也乐于提到《红楼梦》《金瓶梅》对她的影响，甚至不无夸大地说："这两部书在我是一切的源泉，尤其是《红楼梦》，《红楼梦》遗稿有五六稿被借阅者遗失，我一直恨不得坐

---

① 宋淇：《张爱玲语录》。

② 庄信正：《"旧事凄凉不可听"》，《联合文学》1995 年 10 月号。

时间机器飞了去，到那人家里去找出来，抢回来。"因此，张爱玲花费如此多的时间研究考证，既不枉她对《红楼梦》的熟悉，也算是对《红楼梦》滋养她一生的报答和酬谢！

张爱玲把考证研究《红楼梦》的大纲寄给远在香港的宋淇看，因其研究内容与考证方式的奇特，宋淇戏称为 Nightmare in the Red Chamber，还不时地在信中问她："你的红楼梦魇做得怎么样了？"张爱玲觉得"红楼梦魇"是对自己与《红楼梦》的关系的奇妙看法，就把自己陆续发表的七篇红学研究论文，包括《红楼梦未完》《红楼梦插曲》和《"五详"〈红楼梦〉》，合称为《红楼梦魇》，1976 年由皇冠出版社结集出版。

在该书的序的末尾，张爱玲自嘲式地总结道：

> 我这人乏善足述，着重在"乏"字上，但是只要是真喜欢什么，确实什么都不管——也幸而我的兴趣范围不广。在已经"去日苦多"的时候，十年的工夫就这样掼了下去，不能不说是豪举。正是：
> 十年一觉迷考据，
> 赢得红楼梦魇名。

《红楼梦魇》是一本很有特色的红学专著。她是作家，懂创作，因而能以知人论世的态度从曹雪芹与高鹗的身世与创作过程入手，进行分析研究。她认为这部小说改写时间很长，何止十年"增删五次"？作者并非一出手便十分成熟的天马神兵，改写的情形亦可看出作者自身的成长进步。改写的工程浩繁，不一定每改一次就重抄一次。因为是一回一本的线装书，为了换页的方便，往往在回首回末改写得较多。可见张爱玲对《红楼梦》作者的态度常常是设身处地，理解甘辛。以作家的立场论作家，有知遇的共鸣感。此为《红楼梦魇》的特点之一。

其二，张爱玲反对主观推测，强调考据论证。全书的主干也是这样。她熟悉各种版本，常能从不同版本的区别中发现问题。对前八十回与后四十回的区别，她亦相当重视。而她所有的考据论证，都是建立在对作品中大量细节的分析比较和精细品味之上的。如在《红楼梦未完》一文中，通过比较原作中对缠足、称呼等风习的描绘，分析续书中五个重要问题：所写的人是满人还是汉人；元春影射的是某王妃；王妃的寿数；秦可卿自缢；任上抄家。在《红楼梦插曲》一文中，对部分人认为续书不可能是高鹗所作的观点提出了新的论据。初详、二详红楼梦两篇文章对全抄本、甲戌本与庚辰本作了细致研究，《三详红楼梦》则对其是"创作还是自传"的老问题提出了新的论证，认为它是创作而非自传。

第三，对《红楼梦》的传播与影响问题，张爱玲亦有明确看法。她说："《红楼梦》被庸俗化了，而家喻户晓，与《圣经》在西方一样普及，因此影响了小说的主流与阅读兴趣。"她举例说，美国的大学生视《红楼梦》如巴金的《家》，都是表兄妹的恋爱悲剧。这种读法当然大大缩小了原作的深广度。

对《红楼梦》被庸俗化的问题，张爱玲的看法是敏锐有力的。而圈内人士（指专门的红学家）往往受视野所限，忽略了这一点。以张爱玲既是作家又是研究者这样的双重身份，她本应长篇大论地谈及这一点，遗憾的是她只在序文中略为提及。也许因为这个问题与全书主旨和风格不太相干，也许她心中自有她的红楼，不在乎别人怎么读。其实这是一个非常有趣的问题。《红楼梦》流传至今已两百余年，它有无数的崇拜者，经久不衰。一代又一代读者各有各的读法，这正是文学传播过程中的变异特征，《红楼梦》的被庸俗化，因其自身的博大广泛，更因读者的文化心理。尤其是在它的本土，被人们熟悉得一塌糊涂，也被庸俗得一塌糊涂。鲁迅曾嘲笑过 30 年代有人以宝玉附会歌德笔下的少年维特，以《红楼梦》附会西方 19 世纪恋爱的看法。他更有才子看见缠绵，革命者看见排满，道学家看见宫闱秘事的著名分析。鲁迅这些观点也是对庸俗《红楼梦》倾向的批评。《红楼梦》的各种改编过程，很大程度上也是庸俗《红楼梦》的过程。迎合读者观众心理，是改编者的共同做法。而中国人之喜欢读《红楼梦》，实有其文化心理积淀因素。他们在这本作品中对家庭热闹、四世同堂、人事纠纷、婚丧嫁娶、表亲恋爱有一种异常的亲近感，而最终停留在"人生如梦"的浅层次感喟上。因此，在《红楼梦》中，家庭本位、婚礼之合、梦幻人生的内容被一步步庸俗化了。一部《红楼梦》，满足的是千百万中国人的白日梦。张爱玲提出的问题是很有意义的。

张爱玲的这本《红楼梦》研究，在仔细研读了胡适、顾颉刚、俞平伯、吴世昌、周汝昌、赵冈等红学家学术成果的基础上，注重从版本和细节的角度进行探讨，提出了一些有价值的看法，这不能不说是红学研究的可喜进展。仅 1977 到 1986 年就印了八版，亦可见其学术价值。但作者不习惯于写理论文章，论文很长而不分章节，头绪较乱，似读书卡片的堆砌，琐细零碎，以至有时不免要用"总结一下"之类的笨笔法。读这部著作特别需要耐心才有收获。

《红楼梦魇》出版后，张爱玲仍然关注着红学研究的进展。1978 年，冯其庸《论庚辰本》一书，庄信正订购了一本寄给了张爱玲。那年 12 月她给庄信正写信说该书对她极其重要，1980 年 9

月的信却表示了失望。她说："夏天威斯康星大学开红楼梦研究会……这次冯其庸也出席，看来他的学说非常靠不住，《论庚辰本》我看不进去也罢，但是有在这里到底放心些。"

在庄信正看来，张爱玲的出身经历和文学素养，使她成为曹雪芹的真正传人。因此，曾有让张爱玲续《红楼梦》之类的建议。他说：

> 她在《红楼梦魇·自序》里痛惜"《红楼梦》未完还不要紧，坏在狗尾续貂成了附骨之疽"。但狗尾续貂者却不是张爱玲——曹雪芹之后另一伟大的小说天才。所以我不止一次地建议她试试看。我说不一定要像其他续书那样亦步亦趋学原书的规格和笔法，大可自辟蹊径，用张爱玲风格；不然至少可以根据前八十回已伏的线索和脂批的许多提示以及其他有关资料把她心目中贾家的结局细说端详。她也没有反应。①

七十一、救活"海上花"

张爱玲在研究《红楼梦》的同时，还不忘晚清的另一部小说《海上花列传》。对前书，她是考据，对后者，则是译介。她发誓要把它的吴语译成国语，把中文译成英文，工程十分浩大。清末韩邦庆于1894年出版的这部长达四十万言的吴语方言小说，直接

---

① 庄信正：《"旧事凄凉不可听"》。

描写了上海娼家丑闻，间接揭露洋场黑暗。其价值远远高出同类同期作品，备受中国文学史家首肯。胡适有《海上花列传考证》，称之为"一个第一流的作者用他的全力来描写上海妓女家生活"的优秀小说。鲁迅在《中国小说史略》中将之视为清代"狭邪小说"的压卷之作，认为"上海此类小说之出尤多……惟大都巧为罗织，故作己甚之辞，冀震耸世间耳目，终未有如《海上花列传》之平淡而近自然者"。

胡适、鲁迅皆盛赞其写实风格，张爱玲的看法也一样。她认为这本书写得淡，是最好的写实作品，并常为它抱不平，称《海上花列传》应跻身于世界名著之林而毫不逊色。她说："《海上花》其实是旧小说发展到极端，最典型的一部。作者最自负的结构，倒是与西方小说共同的。特点是极度经济，读着像剧本，只有对白与少量动作。暗写、白描，又都轻描淡写不落痕迹，织成一般人的生活的质地，粗疏，灰扑扑的，许多事'当时浑不觉'。所以题材虽然是八十年前的上海妓家，并无艳异之感，在我所有看过的书里最有日常生活的况味。"①

早在 50 年代，张爱玲就有移译《海上花》的志愿。她在 1956 年给胡适先生的一封信中就表达了这个愿望。她说：

> 《醒世姻缘》和《海上花》一个写得浓，一个写得淡，但是同样是最好的写实的作品。我常常替它们不平，总觉得它们应当是世界名著。《海上花》虽然不是没有缺陷的，像《红楼梦》没有写完也未始不是一个缺陷。缺陷的性质虽然不同，但无论如何，都不是完整的作品。我一直有一个志

---

① 张爱玲：《张看·忆胡适之》。

愿，希望将来能把《海上花》和《醒世姻缘》译成英文。里面对白的语气非常难译，但是也并不是绝对不能译的。我本来不想在这里提起的，因为您或者会担忧，觉得我把事情看得太容易了，会糟蹋了原著，但是我不过是有这样一个愿望，眼前我还是想多写一点东西。如果有一天我真打算实行的话，一定会先译半回寄了来，让您看行不行。

然而，在70年代中期张爱玲真的动笔翻译《海上花列传》的时候，想到胡适先生对这本书的推崇、对自己的鼓励，"这才真正觉得适之先生不在了。往往一想起来眼睛背后一阵热，眼泪也流不出来。"① 假若早几年的话，不但可以请适之先生帮忙介绍，而且还会看到他为此而高兴的笑容。

水晶面晤张爱玲时，两人也讨论过这部小说，水晶认为《海上花》文笔虽然干净利落，可惜太过隐晦。张爱玲比画着说："像红楼有头没有尾，海上花中间烂掉一块，都算是缺点。"水晶还对这部作品中的对话全部用苏白提出质疑，谁敢保证书中人，各个都只会说苏州话呢？张爱玲的看法不同。她说韩庆邦只会说苏白，不会道京腔，而且他在模拟苏白时，有一番"再创造"并不容易。水晶还批评作品中的一些情节把妓女写得过于"温情理想化"，张爱玲说它的主题之一是描绘形形色色的妓女，并不仅仅暴露人性的阴暗面，所以带有"温情理想化"的妓女也是可能有的。通过这次谈话，水晶佩服张爱玲读《海上花列传》读得真仔细。张爱玲还专门给夏志清写信，请教《海上花列传》某些方

---

① 张爱玲：《张看·忆胡适之》。

言的含意，因为夏志清小时候在苏州待过，也许会懂。①

在 60 年代后期，张爱玲以翻译《海上花列传》为由，申请麻州剑桥赖民女子学院之研究所的职位，② 并在那里译出了部分章节。张爱玲逮着机会都会向专家学者请教的。大约是在 1968 年底或者 1969 年初。在哈佛燕京图书馆的底楼的古典小说书架旁，他还与著名学者韩南③相遇。韩南攻读博士学位的第三年，有机会在北京进修一年。人民文学出版社根据 1933 年的影印本出版了明本《金瓶梅词话》，只印了一千套，是供高级干部和专家学者参考用的。他的博士论文是研究《金瓶梅》，很想手头能有一本，以便随时翻阅。郑振铎了解到他的困难，就破例特别批准卖给伦敦大学图书馆一部，从而解决了他的急需。回想那一年的生活，他觉得自己很幸运，因为他是自中华人民共和国成立直到"文革"结束这一段时期中，较少的几个能作为博士候选人到中国来进修的欧美学生之一，在中国所经历的一切，也加深了他对中国文化的理解。他在伦敦大学和美国的斯坦福大学、哈佛大学担任中国文学教职之余，将研究心得整理成书。1973 年，他出版了第一本专著《中国短篇小说研究》（*The Chinese Short Story*）。张爱

---

① 夏志清：《张爱玲给我的信件》，第 112 页。

② 参见夏志清：《超人才华　绝世凄凉》。

③ 韩南，1927 年出生于新西兰。1948 年毕业于新西兰大学，获得学士学位。次年在该校获得英国文学硕士学位。1957 年在北京进修。1960 年在伦敦大学亚非学院获得中国古代文学博士学位。1954 年至 1963 年在伦敦大学亚非学院任讲师。1963 年至 1968 年在美国斯坦福大学先后任副教授、教授。1968 年起任哈佛大学东亚语言与文明系教授（现为托马斯讲座教授）至今。1987 年至 1996 年任哈佛燕京学社社长。著有《中国短篇小说研究》等。

玲偶遇这位著名学者，两人谈了好半天。她说他很喜欢韩南写的《金瓶梅探源》，还谈到自己正在翻译的韩南所推崇的这"第一部也是最伟大的一部上海小说"《海上花列传》。韩南还邀请张爱玲为《哈弗亚洲研究学报》（*Harvard gournal of Asian studies*）写文章，这次见面之后，张爱玲还有几次找韩南写介绍信。①

70 年代初移居洛杉矶后，张爱玲更是专心致力翻译和研究《海上花列传》，并把全部六十四回共二十五万字译毕。其英译第一、二章曾在香港中文大学翻译研究中心的《译丛·通俗小说特大号》上率先刊出。这是一份专门介绍中国古典和现代文艺的翻译半年刊，1973 年秋由高克毅创办，三年后宋淇接办。当他们准备出通俗小说专号时，宋淇便给张爱玲写信，问可否选发她译的《海上花列传》以扩大影响。张爱玲回信说还没有译完，时机尚未成熟，操之过急反而不美，嘱他等一等。又过了一段时间，全部译稿定稿后，又开始译国语版时，才寄来一二章，并附了一篇介绍《海上花列传》的短文。接到稿子后，"编辑部同仁大为兴奋，柳存仁且称誉译笔之佳不作第二人想"②。

张爱玲对妓女生活多少有些了解，但翻译这本书的难度仍然很大。"所幸她自己是个有深度的小说家，深切了解人性，终于克服重重困难，但我们很难想象别的作家会有同样的耐性"。③张爱玲的译法是字眼抠得准，行文流畅，绝不采用英美俚语以影

---

① 张凤：《张爱玲的绣花荷包与张爱玲的结缘》，《明报月刊》2006年 10 月。

② 宋淇：《〈海上花〉的英译本》，《更上一层楼》，台北九歌出版社 1987 年版。

③ 宋淇：《〈海上花〉的英译本》。

响书中本来的气氛。

关于《海上花列传》的英译名，张爱玲初定为 *Flowers of the Sea*，宋淇想到下一期是《孽海花》，怕"海""花"相重给西方读者以中国小说千篇一律的印象，就建议张爱玲改为 *The Belles of Shanghai*（《上海佳人》），但张爱玲回信坚决反对，认为 belle 指良家美女，"海上花"中有上、中、下三类妓女，统称上海佳人便失真。宋淇又建议用 The Shanghai Sing- Song Girls，但又怕有洋泾浜英文之嫌。张爱玲又举例说这不是洋泾浜，且点明了书中人身份。但又说 Sing-Song Girls of Shanghai 更顺口，并暗合 Streetwalkers of London（伦敦的马路天使）之类的说法，"这才令我们叹服她这方面的学问和对文字的敏感，从此定名。一个书名之定，尚且经过一波三折，全书之成，真不知呕尽译者多少心血"。在文字方面，张爱玲向来不肯马虎，就像她对待《红楼梦》那样，只要是真喜欢，费再多的功夫也不在乎。

对作品中人名的译法，张爱玲颇费了一番斟酌。宋淇说：

关于人名，爱玲写英文小说曾吃过不少苦头。某年她试写一个长篇，其中人名都用韦翟式拼法，姓是一个音，名是两个音，中间加连字号。随后试向出版社接洽，每处都表示没有兴趣，因为连名字都读不出，怎么能体会这样一个爱情故事？爱玲来信说外国读者受不了中国姓名的"三字经"，可是道地中国人又不能随便"约翰、彼得、玛丽、安娜"一番，真伤脑筋。所以这次译《海上花》，她把赵朴斋起名为 Simplicity，洪善卿起名为 Benevolence，至少容易使英语读者接受。霍克思译《红楼梦》也把丫环名字这样译法：平儿是 Patience，紫鹃是 Nightingale，否则读者看了拼音之后，名字叫不出来不算，说不定连性别都分辨不出。如果爱玲将赵朴斋译为 Chao-Pu-chai，洪善卿译为 Hung-Shan-ching 等一连串"三字经"，英语读者恐怕只好望书兴叹了。①

这种为人物名字翻译而犯难的情形，中外翻译家都遇到过。张爱玲的自译小说在英语世界不易接受，也有这方面的原因。她在青年时代佩服林语堂，要像林语堂那样出风头，但林语堂在美国最为人知的是介绍中国文化的散文而不是小说，亦可见人名翻译的不容易。张爱玲的英译《海上花》，在人名翻译方面也有积极的探索。

然而，非常不幸的是，张爱玲在搬家时把译稿弄丢了。多年的心血又白费了。但她并不消沉，很快又开始了把吴语本译为国语本的工作。为了让不懂吴语的人顺利地阅读和接受这本书，她删改了方言辞句，并把原书的六十四回变为了六十回。此外，她还加了很多注。其中注"长三""幺二"这些旧时妓院对妓女的称呼，颇见张爱玲知识的丰富。

她说："一等妓女叫长三，因为她们那里打围茶——访客饮茶谈话——三元，出局——应酬侑酒——也是三元，像骨牌中的长三，两个三点并列。所以二等妓女叫幺二，打茶围一元，出局二元。"并由此谈到称妓女为"先生"的来历。先引书介绍太平天国后"女说书者风行沪上，实即妓女，也称先生，女称先生即此"。紧接着解释道："女说书在上海沦为娼妓，称'书寓'，自抬身价，在原有的长三之上，逐渐放弃说书，与其他妓女一样唱京戏侑酒。长三也就跟着书寓称为'先生'——幺二仍旧称'小

① 宋淇：《〈海上花〉的英译本》。

姐'。吴语'先生'读如'西桑',上海的英美人听了误以为 Sing
Song,因为他们在酒席上例必唱歌,Sing Song Girl 因此得名,并
非'歌女'译名。'歌女'是 1920 到 1930 年间的新名词,还在
有舞女之后。当时始有秦淮河夫子庙歌女,经常上场清唱,与上
海妓女偶一参加'群芳会唱'不同,而且也只有南京有。"①《海
上花》的译后记中,张爱玲简要地阐明了她对中国古典小说的看
法。她开头谈到陈世骧教授对她阐述的中国文学的好处在诗不在
小说的观点表示一番赞同后,她接着说:"旧说好的不多,就是
几个长篇小说。"她还概括道:

> 《水浒传》被腰斩,《金瓶梅》是禁书,《红楼梦》没写
> 完,《海上花》没人知道。此外就只有《三国演义》《西游
> 记》《儒林外史》是完整普及的。三本书倒有两本是历史神
> 话传说,缺少雷格亨·格林(Greene)所谓"通常的人生的
> 回声",似乎实在太贫乏了点。

正是在这样一个"太贫乏了点"的文学背景下,《海上花》
自有其价值。张爱玲在谈到书中人物的情与欲的关系时说,"婊
子无情"这句老话当然有道理,虚情假意当然就是她的职业特
征。不过就《海上花》看来,当时至少在上等妓院,包括次等的
幺二,破身不太早,接客也不太多,白昼宣淫更视为异事。"在
这样人道的情形下,女人性心理正常,对稍微中意点的男子是有
反应的。如果对方有长性,来往日久也容易发生感情。"在分析
了作品中几对男女故事之后,张爱玲再一次提到了嫖客与妓女的

---

① 《海上花开》,皇冠版《张爱玲全集》第 10 卷第 47 页。

感情问题:

> 恋爱的定义之一,我想是夸张一个异性与其他一切异性
> 的分别。书中这些嫖客的从一而终的倾向,并不是从前的男
> 子更有惰性,更是"习惯的动物",不想换口味追求刺激,
> 而是有更迫切更基本的需要,与性同样必要——爱情。过去
> 通行早婚,因此性是不成问题的。但是婚姻不自由,买妾纳
> 婢虽然是自己看中的,不像堂子里是在社交场合遇见的,而
> 且总要来往一个时期,即使时间很短,也还不是稳能到手,
> 较近通常的恋爱过程。

妓院里也有爱情,张爱玲再次肯定了这一点。她能设身处
地,在尊崇社会历史的大环境下,从人性的角度阐明了嫖客与妓
女发生感情的可能性,这就比一般地从贫富差别、男权专制的角
度看待卖淫现象要高明得多。诚然,妓院不是婚姻介绍所,不是
爱情的正当舞台,但在传统社会男女交往还不自由、不平等,包
办婚姻占压倒多数的情形下,人憧憬和渴望爱的交流的愿望被大
大地压缩了,而所谓"良家妇女"通常不过是礼教道德驯化后的
人妻人母,她们的爱欲总处在受压抑状态,甚至是以牺牲后者为
代价的。而那些撕破了道德面具的青楼女子反而可以坦坦荡荡地
寻求她所中意的男子,如果对方不太在乎贞洁这种传统的话。所
以,中国文学中的最可爱最有人性活力的女性不是半人半神的
"狐狸精",就是远离家庭道德本位的青楼女子——这实在是对妇
道极严的"礼义之邦"的莫大讽刺。

在张爱玲看来,不仅在爱情方面,而且在事关人性的所有方
面,中国的文化都是早熟且半衰的。她说:

中国文化古老而且有连续性，没中断过，所以渗透得特别深远，连见闻最不广的中国人也都不太天真。独有小说的薪传中断过不止一次。所以这方面我们不是文如其人的。中国人不但谈恋爱"含情脉脉"，就连亲情友情也都有约制。"爸爸，我爱你"，"孩子，我也爱你"只能是译文。惟有在小说里我们呼天抢地，耳提面命，诲人不倦。而且像我们七八岁的时候看电影，看见一个人物上场就急着问："是好人坏人？"

对《海上花列传》这部小说，张爱玲虽没有像对《红楼梦》那样"敬若神明"，但一直也是偏爱有加。她十三四岁就看过这部作品，对书前刘半农的序也仔细揣摩过，印象很深。1894 年这本书印行单行本后，读书人并不特别看重它。1922 年上海清华书局重排，1926 年亚东书局出版汪原放校点，刘半农、胡适作序的新本，虽极力推崇，但一直未能"救活"这本名著。其原因在张爱玲看来，它产生于清末，其"平淡而近自然"的风格"自然使人嘴里淡出鸟来"，没有《红楼梦》高雅，没有《九尾龟》下流，喜欢"淫戏"的中国读者忽略了它。第二次印刷又在五四运动的高潮期，当时的新文艺，另起炉灶，觉得《海上花列传》高不成低不就。

半个多世纪后，张爱玲译出了"国语本"《海上花列传》，再一次要"救活"它。以国语译方言名著，是一个大胆的尝试，也是推广这部名作的必要方式。钱伯诚先生的评价是："这个注译本的译固然是本书的特色，也见出才女的勇气；注则更有特色，既是勇气，更具灵气。因为本书的注，事实上带有批点的意味。

《海上花》的世界虽已消逝，但却是张爱玲所向往的和怀念的。她沉浸其中，她的批点自能独具慧眼，深入肌理。金圣叹批《水浒》，张爱玲批《海上花》，不一定能相比，也可说各有千秋。"①

1981 年，张爱玲的《海上花列传》国语本在台湾《皇冠》杂志刊出，之后又由皇冠出版社出了单行本，十分畅销。大陆也出了这个本子，大有"救活"的迹象。

但当时张爱玲对能否"救活"还不敢做太大奢望。她在译后序中戏谑性地总结：

> 这是第三次出版。就怕此书的故事还没完，还缺一回，
> 回目是：
> 张爱玲五详《红楼梦》
> 看官们三弃《海上花》

1985 年张爱玲向警方报案，称她翻译了近十八年的《海上花》英译稿遭窃失踪，但在她过世的两年后，译稿却又奇迹般地出现了。1997 年，旅美学者张错得到邝文美的同意，将两箱张爱玲文稿送交南加州大学图书馆收藏时，赫然发现《海上花》的英译稿竟在其中。后来再经过香港翻译家孔慧怡三年的翻译修订润稿编排，2005 年由哥伦比亚大学出版社出版，此时张爱玲已过世十年了。

---

① 《谈张爱玲注译〈海上花〉》，上海《文汇读书周报》1995 年 9 月 23 日。

第二十章　惘然记 (心系亲友)①

七十二、关于《色·戒》的争论

　　如果说 60 年代以前的张爱玲是一个纯粹的作家，那么 60 年代末期以后的张爱玲则基本上是以一个学者的形象出现在文坛。《红楼梦》《海上花列传》这两部古近代小说耗去了她的主要精力。1983 年，皇冠出版社出版了张爱玲的创作集《惘然记》，收有《色·戒》《浮花浪蕊》《相见欢》《多少恨》《殷宝滟送花楼会》《五四遗事》和电影剧本《情场如战场》。这些虽是旧作，前三篇作于 50 年代，中间三篇作于 40 年代，剧本作于 50 年代，但首次以"集束"的方式推出，远比当年散见于报刊时影响大。尤其是前三篇小说，虽在 50 年代发表过，但当时并无影响，而

----

　　① "惘然记"，张爱玲 1983 年出版的小说剧本集名。本章叙述该集内容及此期与大陆亲人恢复联系的情形，应了"此情可待成追忆，只是当时已惘然"，故名。

且作者此后还一改再改。作者在以《惘然记》序中，特别提道：

> 这三个小故事都曾经使我震动，因而甘心一遍遍改写这么多年，甚至于想起来只想到最初获得材料的惊喜，与改写的历程，一点都不觉得这其间三十年的时间过去了。爱就是不问值得不值得。这也就是"此情可待成追忆，只是当时已惘然"了。因此结集时题名《惘然记》。

这三篇小说的主人公都是女人，女人心目中的男人和女人的情感世界，都是张爱玲拿手的题材。尤其是《色·戒》，可以说是《传奇》之后张爱玲最出色的短篇小说。

《色·戒》情节并不繁复。一群爱国学生周密设计要刺杀汪伪政府的特务头子易先生。他们巧妙地用美人计使易先生上了钩，并准备在易先生为女主角王佳芝在珠宝店买首饰时下手。进展一帆风顺。然而在最紧要关头，美人计的主角却提醒他逃跑了。为此组织遭破坏，参与者全部处决，连情人加恩人王佳芝也未能幸免。

《色·戒》的故事与汪伪特务头子丁默邨险些遇刺的经历相仿，对作者来说，故事原型可能来源于知情者胡兰成之口。张爱玲回忆说，得到这个材料来源时，她曾惊喜不已，震动多时，"甘心一遍遍改写这么多年"。足见她对这个故事和这篇小说的喜爱。

丁默邨曾任汪伪政府的党政要员，集中央常委、中央社会部长、中央特务委员会副主任兼特工总部主任等职于一身。他管理"76号"魔窟时被重庆当局视为眼中钉，针对丁默邨好色之弱点，左挑右挑，选中一年轻的女特工郑苹如施"美人计"。郑苹如完成任务十分出色，与丁默邨结成"红粉知己"。中统见时机已到，定计杀丁默邨。一日，丁默邨临时约郑同去一处赴宴，中统要郑苹如以购皮大衣为由，在赴宴途中携丁默邨同往一皮货店。由早埋伏的中统特务将其击毙。丁默邨如约去店，随意张望中发现窗外有几条汉子在闲逛，突然感觉不妙，把大沓钞票抛向柜台，自己却夺门而出，跳上专车飞逃。中统特务忙举枪射击，却为时已晚。事后，丁默邨不动声色将郑苹如骗到 76 号，把她除掉。

很显然，这故事与小说有相近之处。但有两大不同，一是美人计的主角郑苹如是专业的，而《色·戒》中的王佳芝是业余的。张爱玲在 1974 年开始重写的时候，就写信给宋淇谈她的构思，第一稿寄给宋淇看，宋淇认为如果把女主角写成国民党特务的话，文章一定不会发表，何况当时台湾认为国民党特务不可能会失败。张爱玲同意了这个观点，于是将女主角王佳芝写成女大学生，在第一稿的开头增加了很多情节。[1]

二是丁默邨是自己觉得不妙而逃，小说中却是女主角提醒易先生跑掉的。

显然，这是极其张爱玲式的处理方式。

中外文艺作品中，灭奸反特题材颇多，尽管其风格有庄有谐，品位有高有低，但忠奸善恶是泾渭分明的。哪有好端端的正义行为就因为女主角临时变卦而毁于一旦的？杀人计划流产的原因或许多样：为钱为利，贪生怕死，策划不周等等都是可能的。然而这篇作品的情节似乎与这些无关，失败仅在于王佳芝一时的

---

[1] 宋以朗：《我看，看张》，宋以朗、付立中主编《张爱玲的文学世界》，第 7 页。

女人的冲动。

在读者的阅读经验中，还找不到可以与之对应吻合的贮藏，它的处理方式好像是太超常了。《色·戒》发表后，曾引起一些批评和争议也就不足为奇了。署名"域外人"的《不吃辣的怎么胡得出辣子？——评〈色·戒〉》一文，① 批评张爱玲对王佳芝和她的同学们的爱国动机缺乏交代，认为小说的某些细节处理欠妥，甚至认为它的主题是"歌颂汉奸的文学——即使是非常暧昧的歌颂"，这就把问题搞得很严重了。

对此，张爱玲很快作了辩驳，"我到底对自己的作品不能不负责，所以只好写了这篇短文"，即针对"域外人"的《羊毛出在羊身上》。她声明，这些业余特工的爱国动机是用不着交代的，读者自己完全有理解力，不在动机问题上着墨，如同不必论证的先验前提一样，是对读者的尊重；她反对脸谱化写"好人"与"坏人""爱国志士"和"汉奸敌伪"，认为写反面人物应该进入他们的人性的弱点，而这正是不少同类题材作品所缺乏的。她直言宣称："我写的不是这些受过专门训练的特工，当然有人性，也有正常的人性的弱点，不然势必人物类型化。"②

好个"有人性""正常的人性的弱点"！这就是张爱玲，不管她怎样三头六臂，不管她的题材如何千变万化，人性尤其是人性的弱点，是张爱玲五十年笔耕生涯的专注重心和最大特点。如果说读者们普遍欣赏张氏描绘的常态下的人性及弱点的话，对这篇因题材的尖锐而显得格外"打眼"的小说，还是应该从这一角度。它不过是将人性置于反常态的状态之下拷问、探寻。惟如

① 《中国时报·人间》，副刊1978年10月1日。
② 《中国时报·人间》，副刊1978年11月27日。

此，我们才能找到《色·戒》与张爱玲的其他作品的相通之处。

人性和人性的弱点在《色·戒》中集中体现在女主人公王佳芝的身上。王佳芝本是广州岭南大学的学生，因战事随校迁香港，那时爱国剧上演正烈，学校亦有剧团，她正是当家花旦。激进的爱国学生们定下一条美人计，让一个女生扮成生意人家的少奶奶，"这角色当然由学校剧团的当家花旦担任"。爱国除奸本是正义行动，但参与者要乔装角色，也就入戏了，王佳芝则成为戏剧的中心人物。凭她对男人的了解和把握，她成功地接近了易先生。同学们得知后，十分兴奋。"一次空前成功的演出，下了台还没有下装，自己都觉得顾盼间光艳照人，她舍不得他们走，恨不得再到那里去。……疯到天亮。"

为了像个真太太，她不惜牺牲童贞。于是她对一个有性经验的男同学梁闰生做了一次特殊的奉献。"既然有牺牲的决心，就不能说不甘心便宜了他。"这对于一个女性来说，如此奇特的由女孩变女人的方式，也真难为了她。当然，爱国心是她如此牺牲的基础，但也不免有把戏做下去的需要。所以才有易先生暂时销声匿迹时她的失落与懊悔，似乎白牺牲了；所以才有又与易先生接上线后的心理平衡。"事实是每次跟老易在一起就像洗了个热水澡，把积郁都冲掉了，因为都有个目的。"原来没有白牺牲，剧情在继续发展，即使在紧要关头，她也是戏剧式地推度："太快了她又有点担心。他们（同学）大概想不到出来得这么快。她从舞台经验上知道，就是台词占的时间最多。"

其实，戏剧感强是与虚荣心相连的。情节的高潮是在首饰店里。为了使易先生上钩、不防备，给同伴以时间和机会下手，她装模作样地选着首饰。明明是在做戏，可挑来挑去挑到据说是有价无市的粉红钻戒时，王佳芝仍很兴奋："不是说粉红钻戒也是有价无市？她怔了怔，不禁如释重负。看不出这爿店，总算替她争回了面子，不然把他带到这么个破地方来——敲竹杠又不在行，小广东到上海，成了'大乡里'。其实马上枪声一响，眼前这一切都粉碎了。还有什么面子不面子？明知如此，心里不信，因为全神在抗拒着，第一是不敢朝这上面去想，深恐神色有异，被他看出来。"

张爱玲在一篇散文中说过："生活的戏剧化是不健康的……借助于人为的戏剧，因此在生活与生活的戏剧化之间是很难划界。"① 这话虽然是指现代社会的艺术（戏剧）对人的经历和感觉的渗透，但用来解释王佳芝也有几分相近。在爱情与做戏之间，王佳芝并无十分清楚的目的与手段的认识，有时把做戏就当作了目的，所以她十分珍视做戏时带来的满足兴奋与虚荣。以如此心态接触易先生，为悲剧埋下了伏笔。也就是说，她的爱国心是真诚的，但不够坚定和沉稳。她有时重过程甚于重目的，重体悟而甚于动机，这就可能铸成大错。

与此相关的，是王佳芝的感情用事。破贞之后，有段时间并无易先生音讯，她有白白牺牲了的懊悔，而同学们对她亦有"不洁"之感。她讨厌使她失贞的梁闰生，连她较有好感的邝裕民也对她有情意上的生涩，这对王佳芝来说是心理的暗伤，难言之苦。甚至疑心上了当，白吃了亏。所以她与易先生逐渐熟识之后的朝行刺的目的一步步逼近的过程中，她亦有摆脱"不洁"之感的轻松。在心理上，这就使她朝"变计"滑了一步。

其次，作为女人中的较出色者，自从十二三岁就有人追求，从十五六岁起就只顾忙着抵抗各方面的攻势。这样的女孩子不太

---

① 张爱玲：《流言·童言无忌》。

容易坠入爱河，抵抗力太强了。"但她没有恋爱过，不知道怎么样就算是爱上了"。所以她拿不准在对易先生的色相勾引中是不是与爱相关，做戏与做人对她来说本不易区别。所以，她的虚荣心就使潜意识里宁可觉得易先生是爱她的，应当爱她才对。她疑心自己有点爱他，亦因对于大多数女人来说，爱就是被爱。最后，在关键时刻、在紧张的拉长到永恒的一刹那间，"灯光下单独相对，又密切又拘束"。她看着他带着悲哀的微笑，目光下视时温柔珍惜的神情，充满中年艳遇的满足安详，在这永恒片刻的一瞥中——这个人是在爱我的，她突然想，心里轰一声，若有所失。

太晚了。

店主把单据递给他，他往身上一揣。

"快走，"她低声说。

他脸上一呆，但是立刻明白了，跳起来夺门而出……

这一节是全篇的所谓"文眼"，描写是否深切，作品是否成功，全靠这一段。小说前半部分就有王佳芝在易先生面前难解自己感情真伪、难解感情与理智关系的铺垫，在此寥寥几笔，就写出了佳芝由一个刺客变为女人的转变。在佳芝心中，"她最后对他的感情强烈到什么感情都不相干了，只是有感情"。

这就是张爱玲的描写逻辑、处理方式。她把王佳芝描绘成一个为事业而甘愿牺牲色相、牺牲女人最宝贵的情爱的爱国者，而到关键时刻，又把她还原为女人，还原为情感用事、情感遮蔽双眼的盲视者、情感动物。

在张爱玲看来，王佳芝首先是女人，主要是女人。而女人的世界，惟情感是尊，惟情感是大。这是女人的特点，也是女人的悲剧。她为一霎时的女性所触动而牺牲了同志，也毁灭了自己。色之戒不是易先生之戒，而是王佳芝之戒，是女人之戒，色之戒在这里更是情之戒。

对于作品中的反面人物——汪伪政府部长、特务头子易先生，张爱玲是否也在通过他探寻人性的正常的弱点呢？

初入文坛时，张爱玲就对人物性格的复杂性有深透的认识。她笔下的人物都是"不彻底的人物"，"没有大奸大坏"，"有的只是那种不明不白，猥琐、难堪，失面子的屈服"。① 而这篇小说中的易先生，显然属于大奸大坏式的反面人物了。在那篇对域外人的批评的反批评文章中，张诘问道："小说里写反派人物，是否不应当进入他们的内心？杀人越货的积犯一定是自视为恶魔，还是自认为也有逼上梁山可歌可泣的英雄事迹？"在这篇小说收入集子时，张又一次提出相同问题，"写反面人物的，是否不应当进入内心，只能站在外面骂，或加以丑化：时至今日，现代世界名著大家都相当熟悉，对我们自己的传统小说的精深也有新的认识，正在要求的成熟的作品，要求深度的时候，提出这样的问题该是多余的。但是似乎还有在此一提的必要。……对敌人也要知己知彼……缺乏了解，才会把罪恶神化。"

"文艺的功用之一：让我们能接近否则无法接近的人。"② 所谓反面人物，尤其是高级特务，便属于一般人在现实生活中无法或难于接近、知之甚少的人。张爱玲设法接近的方式就是进入内心，进入的结果就是把反派人物也当作人来写。他们有着兽性和

---

① 张爱玲：《流言·自己的文章》。
② 张爱玲：《惘然记》序。

污点，但同样有着人性和正常的人性的弱点。这样处理，既需要勇气，更需要才识。

《色·戒》在特异的状态下探寻人性和正常的人性的弱点，到了相当深入的程度。除了作者关注人性的自觉意识及长期的琢磨之外，也与她在这篇作品中调动多样艺术手法为之服务相关。不露痕迹的细节铺垫、精微的心理刻画、高潮中的"反高潮"写法，都相当成功。尤为出色的是"反高潮"手法。美人计历时两年，几经周折，女主人公也费尽心机、尝遍酸苦与甘辛，总算熬到了除掉易先生实现暗杀计划的那一刻，眼见得高潮就要出现，万事俱备，没有任何细节差错，却被王佳芝临时"变卦"把易先生轻而易举地放走了。完备计划付之东流，常态结果没有出现。这就是"反高潮"——走向高潮的反面。

中外特工、暗杀之类题材举不胜举，但张爱玲的《色·戒》最别致、最深入。张爱玲晚年作品不多，但拿出一篇就是有水准的一篇。

70年代初中期，张爱玲还写了一篇2万字的中篇小说《同学少年都不贱》，说明张爱玲在晚年还在努力创作。她1978年4月20日写给夏志清的信中说："《同学少年都不贱》这篇小说除了外界的阻力，我一寄出也就发现它本身毛病很大，已经搁开了。"由于对其不甚满意，爱玲生前未予发表。直到张爱玲去世近十个年头的2004年，该作品才在香港和大陆刊出。

小说主人公是赵钰和恩娟，学生时代的同窗好友。学生时代，即使各人家境或多或少有些差距，同学之间也不至于出现明显的"贫富分化"，大家彼此没有太大的差别，至少赵钰和恩娟在那时候还没有隔阂。离开了校园，恩娟嫁得好，从此踏入上流社会；而赵钰还一直在温饱和小康之间徘徊。对于两人在经济条件、社会地位上拉开的差距，小说以赵钰的视点从两个方面描述了这种差距所造成的影响，一是两个人因差距而产生隔阂，二是赵钰略有自惭形秽却又不愿承认转而自我安慰："同学少年都不贱"。《同学少年都不贱》是张爱玲小说创作主题的延伸——表现女性命运。描述恩娟的生活虽然很好，但是其实没有爱情。赵珏和萱望最终的分离，都表现了妇女在婚恋中的困境，以及最后无奈活着的结局。

往事如风，将年轻时飞落如雪的痴狂，尽数吹散，如同蝴蝶的翅膀掠过潮湿的海岸。只有心知道，岁月不宽宏，青春转眼落根结果。不见花影缭乱，浓烈黯然已成过往，时间里剩下流云幽幽，苍山深深，同学少年依旧在路上。世间风景线，千般万般熙攘后，她仍是她，她也仍是她。而她们，却不再是她们。相见时的落落清欢，两两相忘，相对无言。这浮花浪蕊的人生，终归漫不经心地就断了。

《同学少年都不贱》书名，袭用的是杜工部《秋兴八首》中的"同学少年多不贱，五陵裘马自轻肥"一句，暗喻和隐讳地表达人本无贵贱之分，命运变幻无常，人的一生差异很大，"贱"不"贱"既是社会评判，亦是个人感受。不知是张爱玲记忆有偏差还是刻意之笔，她将原句中的"多"改为了"都"，且原诗的意思是：年少时一起求学的同学大都已飞黄腾达了，他们在长安附近的五陵，穿轻裘，乘肥马，过着富贵的生活，我却注定要为一个信念苦渡人间。小说却是反其意而用之，张爱玲以她惯常略带轻讽的口吻，调侃似的让在水槽洗盘碗的主人公赵珏说出了暗藏题旨的一句话："甘迺迪死了。我还活着，即使不过在洗碗。"——同学少年都不贱。没有对这个世界清醒的意识，才没有绝望。生是过客，跋涉虚无之境，在尘世里翻滚的人们，谁不是心带惆怅的红尘过客？乍听轻飘无关痛痒的一句话，转念一想，却是沉浮了太多的欲说还休，到底令人心生惊怵。赵珏输给的，本就不是像恩娟这样的同学，也非爱情婚姻的是非蹉跎，而是人生的不可预知。渡河时辰未至，人，无力穿越，只能观望。不是不知何事萦怀抱，而是知道也无能为力。解得开的就不叫命途，放得下的又怎会今生今世尽苍凉？

正像有的学者所指出的那样，作品反映出当时张爱玲在努力开拓新的小说题材。该小说的时间跨度从 20 世纪 30 年代一直到 70 年代，地点跨越上海和美国，背景也涉及当时较大的历史事件，这在张以往的小说中是很少见的。教会女中同一宿舍的四个女生，她们的友谊和人生际遇，带有张爱玲自传的色彩。这样的内容题材在张的小说里也是罕见的。最后一点也是最值得关注的，即这部作品一反过去张爱玲作品的含蓄，在两性性关系的描写上较为大胆。它叙述了 20 世纪 30 年代上海年轻的教会学校女学生在一种封闭环境下性意识的萌发，反映了当时青年女性的心理状态，甚至涉及同性恋等方面。这样的内容即使在现代文学史上也是少见的。张爱玲多少受到了当时美国的"性解放"思想的影响，所以有这样的大胆突破。

七十三、来自大陆的关切

在翻译《海上花列传》英语本和国语本的过程中，张爱玲还结识了一位年轻的朋友司马新。1978 年春，在哈佛大学做研究生的司马新选定《海上花列传》作为自己的学位论文题目。他的两位导师是汉学界的著名学者，但不谙吴语。司马新是上海人，也懂苏州话，但不能评判自己的研究。导师建议他再找一名懂吴语的学者做顾问，司马新就想到了哥伦比亚大学的夏志清教授。夏志清在指导他的同时，还建议他去向张爱玲请教。司马新于是写信给张爱玲，问询有关资料。3月20日，张爱玲回了信，谈到自己翻译《海上花列传》的进展情况，并告知手边没有什么资料。后来司马新又把自己写就的一章寄给她指教，张爱玲亦有回信，这样两人信来信往，还互有赠书。那时哈佛大学东亚系有几个同学正在办一份文学杂志，司马新也是编辑之一，他准备把自己英译的张爱玲小说《年轻的时候》刊在这份杂志上，写信征求作者的意见。张爱玲的回信是：

> 未能遵嘱从速作复，其实写信并不费时间，不过实在为难。前一向台北 PEN 杂志要登我一个短篇小说的译稿，又有人要译一篇编入印大印刷所的一个选集，我回掉了，声明一定要自己译，不过目前没工夫。如果出尔反尔，去登在别处，太说不过去，要得罪人。只好请不发表，希望能原谅。总之如果先写张便条来跟我提一声就好了，不致让您在百忙中再浪掷时间，使我歉疚到极点，祝海上花论文一帆风顺。①

虽然那份学生杂志发行量极小，司马新还是遵从了张爱玲的意见，没有刊出。张爱玲是一个既能坚持己见又能替别人着想的人。她总怕麻烦了别人，怕得罪人，所以她在晚年给很多人的信中总有很多道谢道歉之语。哪怕是别人善意而主动的关心帮助，她总是谢绝的时候多。不过她的原则性也很强，凡是事关自己的

---

① 司马新：《张爱玲在美国》，第 170、171 页。

个人生活和作品的事，一定要自己做主。张爱玲一定要坚持自译，既是对自己英文水平的自信，也是考虑到只有自己才能充分体味中文原作的韵味。比如《秧歌》《赤地之恋》《五四遗事》《怨女》等作品的英译，全出自她自己的手，而且译笔非常漂亮。就像宋淇所指出的那样：

> 张爱玲是极少数中英文有同样功力的作家。……能够兼用中英文创作的人不是没有，经常写得如此之流畅和自成一家，同时可自译成英文和中文，而且都在第一流刊物上发表，那才令人佩服。①

张爱玲的译文也有一种创造的美。夏济安读《五四遗事》的英文稿时说："真不能使人相信原文是用英文写的。"② 遗憾的是，张爱玲并没有把她的最负盛名的中文小说都译为英文，这一项工作只能由别人来做了。

1980 年，司马新毕业了，他不愿去小城教书，在波士顿的一大公司任职。张爱玲对他的选择表示理解，她自己也是在美国小城镇生活过几年的人，深知其艰难与不便。她总喜欢大城市，而又在大城市中隐匿自己，可以说是一个"公寓中的隐'士'"，这倒应了中国一句老话：大隐隐于市。

司马新的公司常与香港、上海有业务往来，他每年都有几次回国机会，因此写信问张爱玲可曾有事有话传送给香港、上海的亲友。司马新还劝她回上海去看一看，离开上海已近三十年，一

① 宋淇：《从张爱玲的〈五四遗事〉说起》，载《昨日今日》。
② 参见司马新：《张爱玲在美国》附录《人去·鸿断·音渺》。

定会有不少惊喜。1982 年，北京大学著名比较文学专家乐黛云女士正在哈佛做访问学者，看了张爱玲的作品，十分钦佩，转要司马新请张爱玲去北大访问，并建议说是私人性访问。张爱玲很快回了信：

> ……承向乐黛云女士介绍我的作品，非常感谢。我的情形跟一般不同些，在大陆没有什么牵挂，所以不想回去看看。去过的地方太少，有机会旅行也想到别处去，请代向乐女士婉辞，替我多多致意，多谢！是真忙得透不过气来，在别人不算忙，我是因为精神不好，工作时间不够用。①

张爱玲身体欠佳，又正在忙于《海上花列传》的翻译，所以有"透不过气来"之感。对于三十年未见的上海，她是不打算去看看了。也许，她的心理就像《半生缘》中曼桢与世钧在经历了千番磨难之后重逢时所说的那样："回不去了！"

然而，此时她已恢复了跟大陆亲人的书信联系。

七十四、与大陆亲友的通信

1952 年离开大陆的时候，张爱玲与姑姑张茂渊约好，彼此不再通音信。对政治事件茫然对政治气候敏感的张爱玲，主动提出断绝消息，当是十分聪明之举，她不愿因为自己的原因而连累了姑姑。在当代中国几十年的历史上，"海外关系"一直是一个可

---

① 参见司马新：《张爱玲在美国》附录《人去·鸿断·音渺》。

怕的字眼，人们避之惟恐不及，多少人就因为这"海外关系"吃了吃不尽的苦头。回头一想，张爱玲还真有先见之明。

张茂渊风平浪静地过了几十年，而她和黄逸梵的好友、当年给在香港大学读书的张爱玲当过监护人的李开弟先生可没有那么幸运了。1979年李开弟才得以平反。就在这一年，李开弟在朋友们的撮合下和张茂渊结了婚，两人同年，这时已七十八岁了。在李开弟遭殃的日子里，"没有人敢来看我，惟有张小姐仍来看我。人非草木，孰能无情，但还转不上念头要结婚，人都老了"①。这一对老人的婚姻真是"黄昏恋"了。

也就是在这一年，张茂渊通过宋淇与张爱玲取得了联系。②张爱玲在给姑姑的第一封信中感慨地说，我真笨，也想找你们，却找不到，没想到你们还在这个房子住。这个房子指的就是张爱玲离开上海前与张茂渊同住的长江公寓。在1979年3月19日给宋淇夫妇的信中还谈道：

> 我上次说遗传的因子生命力不光是长寿，遇到紧要关头可以加一把劲，出入很大。我姑姑不要我还钱，要我回去一趟，当然我不予考虑，她以为我是美国公民就不要紧。两人互相支持，现在他 cleared（平反了），他们想结婚不怕人笑。他倒健康，她眼睛有白内障。我非常感动，觉得除了你们的

---

① 参见陈怡真：《到底是上海人》，《中国时报·人间》副刊 1995年 9 月 16—17 日。

② 另一种说法是，张茂渊从张爱玲二表姐黄家珍的儿子那里得到张爱玲地址。参见张惠苑《张爱玲年谱》，第 229 页。

事儿，是我唯一亲眼见的伟大的爱情故事。①

两人通上了信都十分高兴。但联系并不频繁，张茂渊有时半年也收不到侄女的一封信。张爱玲的住址对姑姑也是保密的，信只能寄到租用的信箱，信箱又经常变换。1980 年 9 月底，张爱玲还收到姑姑用航空邮件寄来的信："你今年是'60 大庆'啊，过得真快，我心目中你还是一个小孩。"②

1981 年底，上海《文汇月刊》刊载了张葆莘的《张爱玲传奇》一文，这是一篇传记体散文，较详细地介绍了张爱玲的生平与创作。自 1949 年以来，大陆报刊上第一次提到张爱玲的文字就是这一篇，且在当时影响很大的《文汇月刊》上发表，引起了不少人的注意。

看到这篇文章后最兴奋的莫过于张子静了。父亲 1953 年病逝后，他一直在上海浦东近郊的小学、中学教书，1986 年底正式退休，这年继母也病逝了。他搬到了父母仅存的一间 14 平方米的小屋中静度晚年，独自生活了大半辈子。看到《张爱玲传奇》后，他通过台湾的亲戚和美国的朋友寻找姐姐。此时姑姑与姐姐已联系上了，但他与姑姑素无往来，并不知道此事。

1983 年，张子静才与张爱玲联系上，张子静给姐姐写信，并附上张葆莘的文章。张爱玲回信中指出了张文中个别史实有误，比如她从未去过英国。张子静又写信劝她回国来看看，张爱玲仍表示不会回大陆，没讲明什么原因。她只是说能通信就很好。

---

① 宋以朗：《张爱玲私语录》，第 221 页。

② 郑远涛：《姑姑，张爱玲在上海最后的牵挂》，张慧苑：《张爱玲年谱》第 231 页。

之后张子静仍一封又一封地写信，但都如石沉大海。那几年张爱玲居无定所，鸿雁难以传递消息。到了 1989 年初，两人才又联系上。

好的是在 80 年代中后期张爱玲作品的版税和电视电影版权都卖得很高，这当然有宋淇、夏志清的功劳。她经常一部戏的版权可以卖到 1.5 万到 2 万美金。丰厚的版权收入带给张爱玲晚年生活极大的保障，并有余力接济张茂渊一家。

1984 年 8 月到 1988 年 3 月这三年多的时间里，张爱玲一直在洛杉矶的各种汽车旅馆里搬来搬去，差不多一个星期就要搬一次。她的行李本来简单，汽车旅馆便宜，搬家也很方便。

为什么要这样不辞辛苦麻烦地搬来搬去？因为她受到了一种奇怪的据说是因蚤子引起的皮肤瘙痒症的折磨。

较为熟悉张爱玲此期生活的夏志清、庄信正、司马新等人都注意到年过花甲的张爱玲健康状况不佳。她的生活太没有规律，营养也不太有保障，何况长期独自一人生活，身心负担也较重。人苍老了许多。这几年，她一直在躲跳蚤，所以一直在搬家。有朋友在信中表示不解，认为用喷杀剂就可以解决，大可不必搬来搬去。她解释说是南美种的蚤子，非常顽强，根本消灭不干净。她去看医生，反反复复申诉美国跳蚤的可恶，医生也难以置信，疑心是她心理有问题。她患的应该是一种难以痊愈的皮肤瘙痒症。①

夏志清、司马新请庄信正设法帮助她，庄信正当时虽然在联合国任职，却无法与她联系上。因为一位女作家采访她的文章讲

---

① 参见叶周：《从上海到洛杉矶——张爱玲住过的房子和走过的路》，《大公报》2015 年 9 月 22 日。

到她生活简朴，只吃一个煎蛋，又说她家居寒酸，她看了很生气；还因为关心她的水晶在《中国时报·人间》副刊上发表了一篇《张爱玲病了!》的短文，昭告天下关心她的张迷，张爱玲也不领这份情，有点儿怪他泄露了她的个人生活。以致水晶后来说："无意间得罪了她，被摒于'张门'之外，连'看张'的资格都失去了。"① 张爱玲从此与水晶断绝了来往。

宋淇也十分关心张爱玲的病情，想邀她回香港，由他的相熟的医生好友为她根除病患，但张爱玲搬家次数多，不仅搬丢了《海上花列传》的英译本，而且把护照也弄丢了，根本不能成行。司马新又辗转托人，找洛杉矶名医，医生答应可以试试，司马新把这些情况通报给张爱玲，还专门写信给宋淇，要他敦促张爱玲去看医生。他的推测是，即使张爱玲不与任何人接触，不拆阅任何人的信，但宋淇的信她一定会看的。到了 1988 年初，宋淇给司马新写信说张爱玲已看过医生了，并在信中称之为"喜讯"。这年 3 月，司马新也收到了张爱玲的来信。信中提到"我这些时天天搬家，收到信都带来带去没拆看"，然后谈到了 Dr. X 给她治病的情况：

> Dr. X 虽发言不多，给我印象很深，觉得是真医道高明，佩服到极点。诊出是皮肤特殊敏感。大概 Fleas 意为"跳蚤"。两三年前就没有了。敷了药奏效如神，已经找了房子定居，预备稍微安定下来就写信来告知。却一天天耽搁了下来，也是因为实在感激，是真不知道怎么说才好。倒又收到

---

① 参见季季：《张爱玲的晚年生活》，载《文汇报》1995 年 10 月 5 日。

您 2 月 16 日的信，实在热心可感，更觉得惭愧，我还没写信去，真是万分过意不去。宋淇来信提到过水晶那篇文章，大概知道我不想看，看了徒然生气，所以没寄给我。不管他怎样误引志清的话，我根本不理会，绝对不会对志清误会。等我过天写信去，志清会看得出我这是真话。

这封信使关心她的人大为释怀。司马新在引用了这封信后，以一个知情人的口吻，态度坚决地谈到了对所谓张爱玲晚年心理失常的看法。他说："从这封信即可看到，虽然她经过数年颠沛流离，又经病困，她始终思路清楚，对他人亦如往昔一样谦和多礼，外面有人说她心理出了问题，全属无稽之谈。有些人是无意的，有些是故意中伤她，使人想起对人情世故洞察最深的约翰逊博士（Dr. Sauel Johoson）之评论，他说最喜欢将他人降格的人，其实是在私底下抬高了自己。"①

---

① 司马新：《张爱玲在美国》，第 178 页。

第二十一章　迟暮（落寞晚景）①

七十五、"好久没有在绿茵场上出现"

翻开1949年至1980年大陆任何一部（篇）公开出版的关于中国现代文学史的专著或论文，都不会发现张爱玲的名字。1962年上海文艺出版社内部发行、魏少昌主编的《鸳鸯蝴蝶派研究资料》，有范烟桥的长文《民国旧派小说史略》，在评述20世纪40年代的上海通俗文学时，曾经用突出的篇幅介绍了张爱玲其人其文，认为她的作品有其"独特的风格，富于传奇性的题材和秾丽的笔调"，在当时"引起读者的惊艳"。② 在旧小说鸳鸯蝴蝶派的范围内对她做了一定的肯定。历史有时候真像任人打扮的姑娘，

---

① "迟暮"，张爱玲中学时代习作名，本章叙传主晚年生活，故借用之。

② 陈子善：《为"张学"添砖加瓦》，《光明日报》2016年1月12日。

真假美丑任人评说，但终究会显现不可移易的本来面貌。80 年代初，中国重新打开了通向外部世界的窗口，因而才有了张爱玲与大陆亲人的通信联系，也才有了大陆逐渐升温的"张爱玲热"。解放了思想、拓宽了视野的学术界，从 70 年代末期就致力于中国现代文学研究的"拨乱反正"工作，大批现代作家或重回文学史家园，或重换了面貌和座位，但在很大程度上是让他们回到 50 年代编制的中国现代文学的棋盘上，更深入地研究发掘须待史家们更新文学观念。随着研究的深化，随着对海外华文文学创作和研究的引进介绍，张爱玲终于"浮出历史地表"，被史家们请回文学史，并开始在 40 年代文坛的最偏僻的一角给了她一小块地盘。第一位引荐者，是上文提到的张葆莘。在 80 年代上半叶，张爱玲研究在大陆已有了一些成果，1985 年上海文艺出版社出版的《中国现代文学三十年》一书，使张爱玲第一次被列入了大陆文学史的排行榜。80 年代中期以后，张爱玲的小说散文迅速地被多家出版社推出并大受欢迎。大陆读者像发现新大陆一样，发现了这位年过六旬的"新"作家，大批"张迷"应运而生。而学术界对张爱玲的兴趣，与夏志清《中国现代小说史》中译本的传入关系极大。

读者对张爱玲的喜爱，与柯灵先生《遥寄张爱玲》一文也有一点关系。该文首发于 1985 年第 2 期《香港文学》，首次修改稿刊于 1985 年 4 月第 4 期《读书》，再次修改稿发表在《收获》杂志 1985 年第 3 期，吸引了很多人的注意。该文回忆了 40 年代与张爱玲交往和她参加第一次文代会的情况，提供了一些鲜为人知的第一手资料，还评析了张爱玲的创作成就，并以老友的身份向张爱玲祝福。该文以"不见张爱玲三十年了"开头，结尾是："我在北方湛蓝的初冬，万里外，长城边，因风寄意，向张爱玲致以良好的祝愿，亲切的问候。"文章材料新颖、声情并茂，感动了不少读者。但他对《秧歌》《赤地之恋》的某些批评有言过其实之嫌，后来受到高全之等人的反批评。①

然而，柯灵的祝愿张爱玲听不到，他的"遥寄"实在是无法寄达，此时的张爱玲，正在受皮肤特殊敏感症的骚扰，东奔西走。但是对于大陆出版界没有征得她的同意，到处出版她作品的事，她是知道的，而且很不满。她曾授权李开弟先生处理她的作品的大陆版权，但李开弟年事已高，无法应允，侵犯版权的事也就一再发生了。

此时，张爱玲的作品在香港、台湾也有盗版出现。1988 年前后，有人将她 50 年代的旧作《小艾》发掘出来，分别在台港两地刊载，完全是在没有通知她并征得同意的情况下干的。香港还出了单行本《小艾》，用的不是原来的笔名梁京，直接用张爱玲的本名。对这些做法，张爱玲也十分不满，她只好把自己的旧作一一搜罗整理，以《余韵》和《续集》为书名，分别于 1987 年、1988 年由皇冠出版社出版。

《余韵》收录了旧作《散戏》《中国人的宗教》《"卷首玉照"及其他》《双声》《气短情长及其他》《我看苏青》《华丽缘》及《小艾》，其中对后两篇略有改动。

《续集》收入了《关于〈笑声泪痕〉》《羊毛出在羊身上——谈〈色·戒〉》《表姨细姨及其他》《谈吃与画饼充饥》《国语本〈海上花〉译后记》等散文，60 年代的电影剧本《小儿女》《魂归离恨天》，短篇小说《五四遗事》的中、英文本。

---

① 参见高全之《张爱玲学》，宋以朗、符中立主编《张爱玲的文学世界》，第 4、5 页。

在《续集》的序中，张爱玲开宗明义地说明了取这个书名的动机：

> 书名《续集》，是继续写下去的意思。虽然也并没有停止过，近年来写得少，刊出后常有人没看见，以为我搁笔了。

可以看出，张爱玲对自己创作日益枯竭有一种隐隐的焦虑之感，可心里并不甘心。接着她略数了一番盗版她作品的恶劣行为，并郑重声明：

> 出版社认为对《小艾》心怀叵测者颇不乏人，劝我不要再蹉跎下去，免得重蹈覆辙。事实上，我的确收到几位出版商寄来的预支版税和合约，只好原璧奉还，一则非常不喜欢这篇小说，更不喜欢以《小艾》名字单独出现，二则我的书一向归皇冠出版，多年来想必大家都知道。只怪我这一阵心不在"马"，好久没有在绿茵场上出现，以致别人认为有机可乘，其实乃是无稽之谈而已。
>
> 这使我想到，本人还在好好地过日子，只是写得较少，却先后有人将我的作品视为公产，随意发表出书，居然悻悻责备我不应发表自己的旧作，反而侵犯了他的权利。我无从想象富有幽默感如萧伯纳，大男子主义如海明威，怎么样对付这种堂而皇之的海盗行为。

为了版权的问题，张爱玲请过出版界的一位彭先生代打官司。《赤地之恋》中文版的单行本问题，也遇到了一些麻烦。皇冠出版社本拟出版，但小说中有一些共产党员骂国民党的话，因此在当时的台湾书刊检查制度下通不过，若删改又会伤原著的韵味，所以就把这本书放了放。张爱玲不明就里，以为皇冠不愿出版，就把《赤地之恋》交给另一家出版社，但该社也遇到同样难题，只有删改敏感部分才能出版。张爱玲坚决不同意修改，又委托彭先生收回了版权。这本书几经周折，直到1991年才由皇冠出版社出了"全本"。但台湾慧龙出版社还是在1978年出过删节本。

1961年秋，张爱玲先到台湾，再访香港。这段游记张爱玲于1963年写成英文 *A Return To The Frontier*，80年代又以中文重写出《重访边城》，是张爱玲生平唯一描写台湾的文章。该散文在张爱玲散文中的地位比较重要。篇幅长约1.5万字，介绍了台湾的风土人情、城市乡村、宗教和民俗，又以新的视角描写了香港，对比台湾与香港宗教、寺庙的不同。透过她的犀利之笔，可以看到现今台湾早已忘却的文化特质，以及旧时香港色香味俱全的市民生活。[1]

七十六、垃圾事件

躲过了跳蚤之患，搬家搬累了的张爱玲以为自己可以"定

---

[1] 宋以朗：《发掘〈重访边城〉的过程》，《皇冠》2008年4月号。"二〇〇七年十一月，母亲逝世，我开始正式细心整理张爱玲的资料。当我重新阅读那份三十四页稿子的时候，我发现它其实是一篇完整的游记——《重访边城》。"

居”下来了，然而，“跳蚤事件”刚过，又碰到了“垃圾事件”。

张爱玲此时住在一条嘈杂的街上，有很多黑人、墨西哥人、东南亚难民、印度人，但她所住的公寓宛如街中的贵族，设备洁净、房租昂贵，一个月 380 美元。张爱玲住在通道底的一个套房里，家具较为齐全。门口有信箱和对讲机，她的信箱也用的本名 E. CHANG。两棵棕榈树在张爱玲的窗口轻轻地飘摇着枝叶。

张爱玲入住不久，她的旁间住进了一位神秘的女客——秘受台湾《联合报》采访之托的作家戴小姐。

戴小姐从十九岁起就崇拜张爱玲，她刻意学习张爱玲的文笔。一个偶然的机会她得到了张爱玲在洛杉矶的住址，便写信给张爱玲，表达了自己的敬意，并希望能采访她。但这又是一封石沉大海的信。久候没有回音，戴小姐并不甘心，“当即擅自主张另辟歪径”。她前往张爱玲的公寓，跟房东说明要住在张爱玲隔壁，等了十多天，隔壁的房间空出，她便搬了进去，为了表明自己的坦诚，戴小姐所填的住房材料上全具真名真身份。

但她没有贸然登门，而是静候着张爱玲的起居和出现。整整一个月，才见到过她一次。但也只是静静地看着，并没有打扰她。戴小姐为“爱张”而见不着张的人们精细地描绘了一幅张爱玲的晚年肖像：

　　她真瘦，顶重略过八十磅，生得长手长脚，骨架却极细窄，穿着一件白颜色衬衫，亮如洛佳水海岸的蓝裙子，女学生般把衬衫扎进裙腰里，腰上打了无数碎细褶，像只收口的软手袋。因为太瘦，衬衫肩头以及裙摆的褶线光绫绫的始终撑不圆，笔直的线条使瘦长多了不可轻侮。午后的阳光邓肯式在雪洞般墙上裸舞，但她正巧站在暗处，看不出衬衫白底上是不是印有小花，只觉得她皮肤很白，头发剪短了烫出大鬈发花，发花没有用流行的挑子挑松，一丝不苟地开出一朵一朵像黑颜色的绣球花。她侧身脸朝内弯着腰整理几只该扔的纸袋子，门外已放了七八只，有许多翻开又叠过的旧报纸和牛奶空盒。她弯腰的姿势极隽逸，因为身体太像两片薄叶子贴在一起，即使前倾着上半身，仍毫无下坠之势，整个人成了飘落两字，我当下惭愧我身上所有的累赘太多。她的腿修长，也许瘦到一定程度之后根本没有年龄，叫人想起新烫了发的女学生；我正想多看一眼，她微偏了偏身，我慌忙走开，怕惊动她。……她也许察觉外头有人，一直没有出来，我只好回房，待我一带上门，立即听到她开门下锁急步前走，我当下绕另外一条小径躲在墙后远远看她，她走着，像一卷细龙卷风，低着头，仿佛大难将至，仓皇赶路，垃圾桶后院落一棵合欢叶开满紫花的树，在她背后私语般骇纷纷飘坠无数绿与紫，因为距离太远，始终没有看清她的眉眼，仅是如此已经十分震动，如见林黛玉从里走出来葬花，真实到几乎极不真实。岁月攻不进张爱玲自己的氛围，甚至想起绿野仙踪。

戴小姐所见的是张爱玲出来倒垃圾的一幕，张爱玲真是个"岁月攻不进"的人，连倒垃圾也惟恐避人不及，戴小姐更不敢有面访之念了。这一个月来，她除了听得见张爱玲房间中开得很响的电视机声之外，对她一无所知。于是她灵机一动，半个身子吊在垃圾桶上，用一截菩提树枝把张爱玲刚丢下的全部纸袋子钩了上来，坐在垃圾桶边忘我地读着翻找着。经过对垃圾的"研究"，戴小姐觅得了关于张爱玲生活的许多细节：平时吃什么、喝什么、读什么报，煎鸡蛋的技术如何糟，没有什么零食可见牙已坏了，存钱的银行是哪一家，出门买东西时的购物单，十天半月才拿一次信函，等等。

戴小姐如获至宝，兴奋地写下了《我的邻居张爱玲》这篇纪实散文，并给住在旧金山的 T 女士打电话，谈到这些情况。T 女士觉得在张爱玲不知情的情况下，戴女士的做法也许不够妥当，就给夏志清先生打电话，夏志清立即通知庄信正，庄信正又打电话告诉张爱玲。张爱玲平素不接电话，这次却一打通就接了。

庄信正在电话中说："现在你隔壁房间住了一个戴小姐，据说是台北的某报委托的……"

张爱玲立即挂掉了电话。第二天庄信正又打了电话去，没有人接。他又给好友林式同打电话。林式同这些年一直受庄信正之托负责张爱玲的迁居事宜。林式同在电话中回答说："没问题，已经搬好了。"

戴小姐好几天没有听见邻居房间的动静了，也没听见她房中的电视机在响了，问房东才知，张爱玲已搬走。戴小姐于是给《联合报》副刊寄去了文章，副刊主编看后，认为涉及张爱玲个人隐私，答复是"我们要等张爱玲百年之后，才能发表你这篇稿子"。戴小姐又转而给台北另一家大报《中国时报》的副刊编辑季季打电话，出于对张爱玲的尊重，她也拒绝刊发这篇稿子，并立即跟美国方面联系，告诉庄信正这件事，希望他通知张爱玲，她还不知道张爱玲已闻讯搬走了。

1988 年底，从庄信正处得知"垃圾事件"的处理经过后，张爱玲给季季寄来一张圣诞卡，有一句话是：

"感谢所有的一切！"

客观地看，戴小姐的采访并没有恶意的动机，但她后来还是另找出路发表了《我的邻居张爱玲》这篇采访记，对采访对象没有足够的尊重。在这篇文章的结尾，她写道："我们何必像顽童般非要扔石头惊她一惊呢？这就是为什么我终于改变计划没有蛮横地去敲她的房门，目的求得她露脸；这也是为什么自动放弃拍下她的身影，我有过那样好的机会——只是觉得，没有资格……"

但这事确实给身心疲惫的张爱玲又带来了一些麻烦。在给司马新的信中，她谈到了对"垃圾事件"的看法：

> 五月份我听见说有家台湾报馆记者住进我那幢公寓，要不择手段采访。刚巧我患感冒一个多月没出去，没碰上。一好了就搬家，累得筋疲力尽，不能再搬了。只好住址绝对保密，仍旧用旧有的信箱作惟一的通信处。否则一个告诉一个不告诉，会使人见怪。①

这封信写于 1988 年秋天，1989 年初她又在给司马新的信中谈及戴小姐采访事：

> 那台湾记者那篇淘垃圾记还是登出来了。中国人不尊重隐私权，正如你说的。所以我不能住在港台。现在为了住址绝对保密，连我姑姑都不知道，已经有好些人不高兴。一旦发现你来看过我，更要得罪人，无论我怎样解释是因为实在感激，不亏了你热心，我还在住旅馆流浪。②

---

① 司马新：《张爱玲在美国》，第 179 页。
② 司马新：《张爱玲在美国》，第 180 页。

看到"累得筋疲力尽，不能再搬了"和"我还在住旅馆流浪"这样的句子，司马新心情沉重。

在这一年她还写过一篇生前没有发表过的散文《1988至——?》，这是她的自我封闭身心最羸弱最寂寞的时候写的。一个长期离散的异乡女子，在苦等巴士穷极无聊的东张西望中，胡乱记下对异乡、种族、爱情、姓氏、难民、阶级、贫富、死亡的诸多感慨。她常常觉得剩下的时间只够吃睡，连收信都不拆。

七十七、"剩下的时间不够用，很着急"

张爱玲生命中的最后十来年的有关搬家事宜，都是由林式同帮忙办理的。他是一个建筑师，与庄信正交谊甚厚。作为一个生意人，他对文学并不了解，对张爱玲是一个什么样的作家也不甚了了，但受朋友之托，他便尽力而为。中国人的古道热肠、侠肝义胆的品性在他身上闪着光彩。他并不期冀有什么报答，甚至有时为张爱玲独特的性格而多费周折他也不予计较。说到庄、林二人的友情，也是一段佳话。1960 年 9 月，林式同搭乘台北至西雅图的留学生班机到美国求学，长途飞行疲惫不堪，下飞机后一群穷学生一家住在便宜旅馆，为省钱他与一个山东口音的小伙子同睡一床，第二天一早各奔东西，也没记住对方姓名。一晃十年过去，在洛杉矶一个朋友的婚礼上两人意外相见，起初互不敢认，后成莫逆之交。庄信正托学建筑出身的林式同照顾张爱玲，既有他专业上的便利，更是出于对二人友情的充满信心。①

林式同第一次去拜访张爱玲，开了40分钟的车，还得了一张违章罚单，虽是事先约好的见面，张爱玲却临时变卦，没有开门。第二次张爱玲请他去，但只见了5分钟，她借此判断对方是否可靠。林式同在文章中描述初见张爱玲的情景：

> 十点整从旅社的走廊上快步走来了一位瘦瘦高高、潇潇洒洒的女士，头上包着一副灰色的方巾，身上罩着一件近乎灰色的宽大的灯笼衣，就这样无声无息地飘了过来。②

第三次是同去见公寓的房东，因为张爱玲需要林式同做保证人。十来年的时间，他们只见过两次面，但林式同多次为她找房子。

"垃圾事件"后，林式同得到张爱玲要他帮助找房子的电话。恰巧他设计并主持施工的大批公寓房子刚好竣工，里面有单人用的小套间，什么都是新的，张爱玲十分满意，马上搬进去了。并关照林式同为她的行踪保密。林式同又把她的意思转告给公寓经理，并嘱他不要要求张爱玲出具申请房子的各种证件，因为他知道张爱玲的各种证件都丢了。林式同还嘱咐经理，万一有急事，尽快通知他。

但张爱玲仍然保持着她的一贯作风，不到万不得已，决不麻烦他人。林式同要为她叫计程车搬家，她不要，她说她的东西十

---

① 林式同：《有缘得识张爱玲》，《华丽与苍凉——张爱玲纪念文集》，皇冠文学出版有限公司1996年版。

② 林式同：《有缘得识张爱玲》。

分简单。每搬一次，她都要扔掉不少东西。1989 年初，公寓经理给林式同打电话说张爱玲的手臂摔坏了，用布包着像个圆球。林式同忙打电话问询，张爱玲轻描淡写地告诉他，坐火车不小心摔了一跤，没太大关系，多躺躺就好了不必担心。7 月份，她给林式同信中说伤已经好了，不用开刀治疗。林式同问她身体别的方面还有什么问题，她说眼睛、牙齿、皮肤都有毛病，要看医生，不过她不想麻烦林式同帮忙。后来，公寓经理又告诉林先生，张爱玲气色不好，身体更瘦了。林式同又打电话表示关切，张爱玲仍然婉谢了对方的帮助。

林式同还帮张爱玲做了一件大好事，办好了她丢失的证件。以林式同的地址作永久地址，申请公民身份证、联邦医药保险、老人福利卡、图书馆借书证等。对此，张爱玲心存感激。她平素与人讲话，包括她的华人同胞，她都讲英语以保持距离，而跟林式同，则用道地的国语，连一个英文词汇也不带。虽然见面少，她与林式同通电话的次数却不算少。她有一次说："我很喜欢和你聊天。"在电话中，她说林式同与日本太太一起生活，一定浪漫得要命，对他的晚上可以躺在床上看星星月亮的房子十分赞赏。还谈到过中国文化如何受西方影响，旧小说中的娘娘腔十足的才子等话题。当然，两人也常谈到健康问题，林式同谈到他拔牙之后没什么痛苦了，张爱玲自言自语地说："身外之物还丢得不够彻底！"从这些谈话来看，晚年的张爱玲思路是很清晰的。

1991 年，张爱玲住的那幢公寓里搬来不少移民，素质很差，爱吵闹，房子弄得很脏，有人养猫引来了蟑螂虫蚁，张爱玲对此十分反感，于是在 4 月份给林式同写信，想搬出此地。并提出了对新址的八点要求：

1. 单人房（小的最好）

2. 有浴室

3. 有冰箱（没有也可）

4. 没炉灶

5. 没家具（有也行）

6. 房子相当新，没虫

7. 除了海边之外，市区、郊区也行

8. 附近要有火车

从这八项条件来看，她仍不喜欢做家务杂事，图个生活的干净简单。7月初，林式同为她找好了新址，是一个伊朗房东，签约时，林式同开车陪她去，这是他们的第二次见面。在汽车上，两人交换了对洛杉矶的印象。林式同问候了她的身体状况，她说最大的苦恼是牙齿，总是看不好。林式同注意到张爱玲的牙齿真的有点走样了，连嘴唇都受到了影响。

张爱玲还提到三毛，说她怎么自杀了，言下不以为然。林式同不知道三毛，更不知道三毛曾以张爱玲和胡兰成的故事为蓝本创作过一部剧本《滚滚红尘》，所以他没有发表什么意见。

这次搬家半个月后，伊朗房东打电话给林式同，谈到张爱玲的一些情况：忘了带钥匙，几次把自己关在门外，要房东帮忙开门；抱怨浴室设备有问题，要房东修理；还有一些别的麻烦事。房东问林式同，这位房客怎么回事？会不会有什么问题？林式同告诉房东，她没有问题。还说他也做过她的房东，她按时交房租，且不爱打扰别人，清静得很。并请房东放心，有事找他好了。

张爱玲搬来搬去，为了方便，租用了两个信箱，但一般一个月才取一次信，信箱总塞得满满的，邮局很有意见。

在这幢公寓的信箱上，张爱玲用了一个越南人的名字：

Phong，她觉得同公寓的中国人太多，怕别人认出她来，会引起麻烦，引起又一个"垃圾事件"也说不定。但她给房东的解释是，因为有许多亲戚想找她借钱，传说她发了财，躲也躲不开。还说 Phong 是她祖母的名字，在中国也很普通的，不会引起注意。

七十八、"哦，上海，恍如隔世"

1990 年 9 月 30 日，是张爱玲七十岁生日。张爱玲自己是如何度过的，人们已无法知晓。依她的性情，该是淡泊宁静毫无特殊的。但是远在台北的苏伟贞为她准备了一份特别的生日礼物——在当月刊载张爱玲的"旧作"《哀乐中年》。

1985 年底，苏伟贞担任《联合报》副刊编辑。"坐在办公桌前的第一件事，即是发誓要邀到这位'作家之神'的稿子，我曾说：'哪一天邀到张爱玲的稿，哪一天走人！'当时真不知这事的难度。"① 苏伟贞开始了长达八年的与张爱玲的书信交往。张爱玲给她写了十来封信，关于《联合报》刊发《哀乐中年》以作为生日礼物的美意，她的回答是简洁而客气的。3 月 13 日的信中说：

> 您一定知道记忆是有选择的，印象不深就往往不记得。我其实从小出名的记性坏，一问什么都"忘了！"……

---

① 苏伟贞：《张爱玲书信选读》，台北《联合报》副刊，1995 年 9 月 10 日。

信中所说"印象不深"的事，即指她的生日。她还说："阳历生日只供填表用，阴历也早已不去查是哪一天了。当然仍旧感谢联副等9月再发表《哀乐中年》剧本的这份礼物，不过看了也不会勾起任何回忆来。"

这年底，王祯和在台北病逝，苏伟贞在信中告知此事，附上了祯和母亲的地址，并要张爱玲为《联合文学》的王祯和纪念特刊写稿。张爱玲很快给王祯和的母亲写了信表示哀悼，但对写纪念稿，她的回答是：

> 我知道祯和久病，听见噩耗也还是震动伤感。但是要想写篇东西悼念，一时决写不出来。
>
> ……等我写出来不但是明日黄花，已经是陈谷子烂芝麻了。——永远迟到。①

而就在三年前，当《联合文学》决定在第二十九期做《张爱玲专卷》，编辑找王祯和撰文时，王祯和的答复是不到时候。编辑与他数次密谈，他才点头说试试。但到了规定交稿的时间，王祯和交的是一封抱歉信："彦明：很抱歉，元旦四天假都花在写回忆张爱玲。写到一月四日很晚的时刻，把稿纸都撕了。"

丘彦明打电话给王祯和，他还是说："很抱歉，我真的写不下去。"②

张爱玲和王祯和有一次难忘的交往，要他们各自写对方时，都有"写不下去"或"写得很慢"的感觉，可见他们交情很深。

---

① 苏伟贞：《张爱玲书信选读》。
② 丘彦明：《张爱玲在台湾》。

80 年代末期，张爱玲又恢复了与上海亲人的书信联系。1989
年 1 月 20 日，她给张子静的信中写道：

小弟：

　　你的信收到了，一直惦记着还没回信，不知道你可好。
我多病，不严重也麻烦，成天忙着照料自己，占掉的时间太
多，剩下的时间不够用，很着急，实在没办法。现在简直不
写信了。你延迟退休最好了，退休往往于健康有害。退休了
也顶好能找点轻松点的工作做。我十分庆幸表叔还有产业留
下给你。姑姑是跟李开弟结婚——我从前在香港读书的时候
他在姑姑做事的那洋行的香港分行做事，就托了他在做我的
监护人。Dick Wei 的名字陌生，没听说过。消息阻塞，有些
话就是这样离奇。传说我发了财，又有一说是赤贫。其实我
勉强够过，等以后大陆再开放了些，你会知道这都是实话。
没能力帮你的忙，是真觉得惭愧，惟有祝安好。①

此前张子静给姐姐的信都被退回，由于张爱玲常搬家的缘
故。1988 年中，一位熟知张家家世的老人拿着一张报纸找到张子
静，神色慌张地说："你姊姊可能出事了！"张子静心里一惊，想
到她是知名作家，如果故去，报上一定有很多报道。张子静给在
上海的亲友打电话，都说没听说出了什么事，又给在美国的亲戚
写信，还是没有明确消息。他又到上海市政府华侨事务办公室，
说明他的疑虑，并把一封写给张爱玲的信请华侨办代为处理。后
来通过国务院侨办寄到洛杉矶领事馆，恰好领事馆有人认识知道

---

① 张子静：《我的姊姊张爱玲》，第 5、6 页。

张爱玲地址的戴小姐，这封信才到了张爱玲手上，也才有了上面那封回信。

这年5月和8月，张爱玲还给在病中的姑姑写过信，信中也谈到自己过街被人撞倒，右肩骨裂的情况。

在后一封信中，她说：

> 三月间过街被一个中南美青年撞倒，跌破肩骨，humerus fracture。这些偷渡客许多是乡下人，莽撞有蛮力。照医生说的整天做体操、水疗，累极了。好得奇慢，最近才告诉我可以不用开刀了。……有一两个月没去开信箱，姑姑的一封挂号信没人领取，被邮局退还。这些时没消息，不知道姑姑可好些了，又值多事之秋，希望日常生活没太受影响，非常挂念。前些时就听说现在汇钱没用，汇来也无法买东西，一直想写信来问可有别的办法。上次来信伤臂写字不便，只写了个便条。姑姑千万请 KD 来信告诉我，让我能做点事，也稍微安心点。我等着回音，两星期去开一次信箱。
>
> KD 好？念念。
>
> 煐 八月二十日①

张爱玲心系着上海的亲人，但她再一次婉拒了姑姑和弟弟希望她回上海探亲的建议。在 1979 年 3 月 19 日，给邝文美、宋淇的信中提道："我姑姑不要我还钱，要我回去一趟，当然我不予

---

① 陈子善：《张爱玲未发表的家书》，香港《明报月刊》1995 年 10 月号。

考虑。"① 张爱玲真是一个拎得清的人。胡兰成给了她钱，分手时她加倍地还。她一有空也给母亲还钱。30 年前姑妈资助她出国，她现在想着还要还。

与医生看病时，"她问病情很仔细，但不愿谈及自己的过去，医生问她何时离开中国，她就礼貌地转了话题"②。与林式同在电话中聊天，她也不愿提及旧时生活，有次林式同说要去上海，她似乎陷入沉思，停顿了一两分钟说："哦，上海，恍如隔世！"之后就再没提起过上海。

1990 年，台北《中国时报》创刊四十周年，第十三届时报文学奖扩大举行，编辑写信给张爱玲，请她重返台湾，担任"时报文学奖"的决审委员。得知她的姑姑张茂渊长年卧病在床，信中特别提到她来台北开完评审会后，将陪她到上海看望亲友，一切费用都由报社负担。张爱玲于 7 月 1 日回了信：

> 从您信上知道时报今年的文学奖更比往常隆重有意义，我如果能参与评判，当然感到荣幸。但是庄信正先生推荐我，我觉得很意外，因为我给他写信总是不断地抱怨来日苦短，时间不够用，实在没办法，只好省在自己朋友身上了，所以全部久疏音问。我去过的地方太少，如果有工夫旅行，去过的就不再去了。

张爱玲早已断了去上海的念头，1952 年她离开的时候，就没打算回去过，现在年事已高，就更无此念了。

---

① 宋以朗：《张爱玲私语录》，第 221 页。
② 司马新：《张爱玲在美国》，第 190 页。

1991 年，她最亲的亲人、姑姑张茂渊病逝于上海，享年九十岁。

李开弟写信给远在美国的张爱玲，告诉她这个噩耗。信的第一句是："爱玲，请你镇静，不要激动，报告你一个坏消息。你与我所至爱的亲人，已于 6 月 13 日晨 7：45 与世长辞。"此时，李开弟已 94 岁高龄。

也许是听到了太多的关于亲友故去的噩耗，也许是出于对"去日苦多"的自知，张爱玲 90 年代的生活更不为人所知。人们只能以她的信为窗口了解到一些情况。在 1989 年给司马新的一封信中，可以看出她的晚年心境，她说：

> 剩下的时日已经有限，又白糟蹋了四年工夫，在这阶段是惊人的浪费。想做的事来不及做，生活走不上轨道，很着急。①

此时她住在洛杉矶西木区（West Wood）的一幢公寓里。它位于西木大道与罗切斯特街交叉的地方，是一座淡灰色的四层楼的现代化公寓，门前紧挨着一棵松树和一棵棕榈树。大门对面有小书店、修鞋铺。她有时出来散步，四邻的人对她道 Hello，打了好几年的招呼，她也只以一声 Hello 作答，并不多谈一句话，别人都以为她不懂英文，所以才不开口。书店老板也多次见过她，但她在书店总是匆匆一瞥，一声不吭。

1992 年 2 月 17 日，林式同收到张爱玲寄来的一封信，信中附了一份遗嘱。林式同觉得张爱玲看起来尚好，认为自己的母亲

---

① 司马新：《张爱玲在美国》，第 180 页。

比她年龄大得多身体也没什么大毛病，所以并不很在意这件事。遗嘱中提到的宋淇夫妇，林式同并不认识，信中也没有告诉宋淇的地址，仅说如果林式同不愿，她可以另请别人做遗嘱执行人。林式同并没及时表态，在张爱玲看来就是认可了。

第二年春，著名学者魏绍昌自大陆到美国访问。一年前他在德国海德堡大学汉学系讲学时，竟在该系图书馆发现了《太太万岁》的录像带，大喜过望，与同学一起观看，并设法将它翻录整理成文字。这次在洛杉矶，他巧遇与张爱玲同住一公寓的一位邻居。女邻居说平常很少看到张爱玲，但如果要给张爱玲写信，她可以帮忙径直投在张爱玲的信箱中。

魏绍昌自己也早知张爱玲不爱见人的性格，此刻还想起了冯亦代先生和一位台湾来客访张不遇的事。80年代初，冯亦代到洛杉矶，托熟人联系与她见面，她同意了但后又得到通知她已搬走了。一位台湾来的朋友，开着车在她公寓四周兜了几圈，然后打电话告诉张爱玲："我已经来看望过你了。"张爱玲答道："这样很好！"并未邀他上楼见面。

魏绍昌是研究古、现代文学专家，且对吴语文学很熟稔，于是写了一封信请张爱玲的那位邻居转递，并附了自己住在洛杉矶朋友处的电话号码。虽然不抱希望，还是等了几天，果然并无消息，他就离开了洛杉矶。

半年之后，洛杉矶的友人打电话告诉已回上海的魏绍昌，在他离开洛杉矶一个多月后，一位自称姓张的老太太来过电话，问："魏先生在吗？"回答已经走了，那边又说了一句："我刚看到信呀！"电话就挂断了。

魏绍昌想，到底是上海人，张爱玲毕竟与上海有感情的。这大概是张爱玲最后一次与上海、与大陆相关的联系，而且还是没有联系上的"联系"。但在此刻，大陆的"张爱玲热"是热之又热，青年人读她的作品爱不释手，研究她的论文已有百多篇，关于她的传记有四部之多。依书中版权页的时间顺序，是王一心的《惊世才女张爱玲》、于青的《天才奇女张爱玲》、本书作者署名阿川的《乱世才女张爱玲》和余彬（另版又署"余斌"）的《张爱玲传》，前三部的写作时间十分接近（都在1993年初），作者之间不可能有互相的沟通启发，但在书名上不约而同，抓住张爱玲的"奇"与"才"作文章，可见他们对传主的某种共识。四部传记各有特点。王传近于电视剧脚本，顺序勾勒，尤重对某些细节的文学性渲染，较适合于"张迷"们了解作家的大致生平事迹。于传以描述为主，间有简洁分析。语言小说化，畅顺可读，且资料较王传丰富一些。川传注重从作家之为作家和女性之为女性的角度理解张爱玲文学道路的独特性，注重文本分析，更带有评传色彩。该年1至2月上海《文汇报》曾连载了该书的三十六节。晚一些时才上市的余传对传主的生平思想吃得较透，分析较细致平实。然而，这几本传记都有应时应急的仓促之感，资料也不够完整丰富，写作的动机主要是为了满足读者"看张"的渴望。

也许，张爱玲并不知道这些。大陆"张迷"和研究者无法与她联系，倒是上海师大教授陈子善先生对张爱玲早年佚文的发掘的情况，张爱玲略有所知，并特嘱皇冠出版社在出版她的《对照记》后给陈先生送一本以为纪念。

第二十二章　海上花落（悄然辞世）①

七十九、《小团圆》

晚年张爱玲是一个"反高潮""反神话""反浪漫"的大师，有她的《小团圆》为证。《小团圆》是张爱玲后期唯一一部中文长篇小说，1975年开始创作，4个月后完成初稿。匆匆忙忙完成这么重要的作品，源于一个刺激。当时，胡兰成的好友、台湾作家朱西宁给张爱玲来信，说他打算"根据胡兰成的话"动手写张爱玲传。她回信希望他不要写。在与林以亮、邝文美书信中，张爱玲说："我写《小团圆》并不是为了发泄出气，我一直认为最好的材料是你最深知的材料。"② 对任何一个作家来说，最为深

---

① "海上花落"，张爱玲70年代初出版国语本《海上花列传》之下部名。"海上"即上海，张爱玲这朵开放于上海的奇花终于在美国西海岸边消逝……

② 宋以朗：《前言》，《小团圆》，北京十月文艺出版社。

知的材料都莫过于自己的人生。《小团圆》里所囊括的她的家世之败落、亲情之淡漠、爱情之离散就是张爱玲最为深知的材料，这些经历明显不同于同时代其他作家的最直接的感受，是最有把握成功的创作。对张爱玲来说，自己的故事给别人去写未免也不太公平。毕竟无论从文采的角度，还是对事实的尊重角度，抑或对人物的定位取舍的角度，她才是最有资格去写自己人生的人。而且关于张爱玲的人生，在当时的情况下，无论谁去写都会极大满足读者的好奇心，从而在读者那里形成相当稳定的印象认知，使张爱玲自己的人生经历反而受到其他人的操控。即使基于这样的考虑，张爱玲也必须抢在其他人之前亲自书写自己的人生。另外，张爱玲向来是对自己的东西极具占有欲的。她的作品中所有的英文互译的工作都不假于人手，深信只有她自己才能将作品中的精神在语言改换之后依然得到最大限度的保留。由此可想，叙述张爱玲的故事也只能由她自己完成。

当时，台湾局势紧张，胡兰成声名狼藉，如果《小团圆》在当时出版定然是会引起轩然大波的。即使对台湾局势张爱玲没有足够的认识，但对于胡兰成的顾忌，是她在创作之初就已经考虑到了的。然而经过挣扎之后，她最终依然选择将这部作品写出来，在 1976 年 1 月 25 日致邝文美信中说，"《小团圆》情节复杂，很有戏剧性，full of shocks"，显见得是对其抱有很高的期待的。正因为这是用她"最深知的材料"创作出来的得意之作，所以她明知道出版的凶险却还是割舍不下。张爱玲匆忙赶写《小团圆》，随即将手稿寄给了宋淇夫妇，希望"看看有没有机会港台同时连载"。宋淇和邝文美在看过《小团圆》初稿之后，回信劝阻张爱玲出版这部作品。由于读者喜欢她的作品，文学界为了她一片争执。因此如果《小团圆》发表的话，她可能会身败名裂，而她在台湾的事业也可能会完结。宋淇还指出，张爱玲是一个偶像，因此必然有各种限制和痛苦。张爱玲在小说中对九莉的另类塑造，宋淇也表示十分担心，因为只有少数读者也许会说她的不快乐的童年使她有这种行为和心理，但大多数读者不会同情她。基于以上理由，他劝张爱玲应该冷静客观地考虑将来和前途，慎重考虑《小团圆》的出版。

此后将近二十年的时间，从现有的信件资料中还不时可以找到她对《小团圆》持续不懈地寻求出版之道的痕迹。1992年3月12日的信中说要销毁《小团圆》，但1993年，在她与出版方的信件中，她仍在提及《小团圆》的出版事宜，并表示她还在进行《小团圆》的修改。7月30日致编辑方丽婉："《对照记》加《小团圆》书太厚，书价太高。《小团圆》恐怕年内也还没写完，还是先出《对照记》。"10月7日致《对照记》编辑陈华："《小团圆》一定要尽早写完，不会再对读者食言。"可以说前前后后、断断续续20年，一直到去世前还在修改，仍然还没有最后定稿。

如果将1975年10月张爱玲一鼓作气写完的《小团圆》作为《小团圆》一稿，1976年3月寄给宋淇夫妇的扩写丰富之后的《小团圆》作为二稿，理论上这个二稿应该是比较符合张爱玲最初的创作设想和创作目标的完整稿。这个稿子寄给宋淇之后，宋淇夫妇以政治原因和胡兰成的原因婉言劝阻张爱玲出版该作的想法，并建议"改写他的身份，让他死于非命，开不出口为佳"。按宋淇的意见，一是可以将主角的身份写成一个双面间谍，结局要令他死于非命。张爱玲根据自己得来的素材和姑姑的经历提出了两个修改方案：第一是把男主角改为一个到日本读大学的台湾人，随日本军人回中国做事，战后便躲到农村；第二是改为一个德国人。从已经公开的相关信件中，我们无法得知究竟当时张爱玲按照哪一种意见在对《小团圆》进行修改。但可以肯定的是，张爱玲必然在不断对该作进行大量的修改。可以猜测她依然在为《小团圆》能达到打消宋淇忧虑的要求而努力。在 1993 年她完成了《对照记》之后，同时又预告了一次《小团圆》即将出版的信息，在港台再度引起轰动和期盼。

《小团圆》出版之前，众多的学者和读者还是以《今生今世》的叙述来还原张胡之间的恋情，毕竟才子才女初恋时那些生动有趣的细节是胡编乱造不出来的。《今生今世》和《小团圆》中提及的婚书中都写到"岁月静好，现世安稳"，只是一种美好的愿望。从那时之后，这段爱情带给她的就是越来越多的伤心失望。因为张胡分手之后，张的朋友还是读者，都为她不值，认为她不应该与他再产生任何关系。她声称"无赖人"胡兰成的《今生今世》关于她的那一章《临水照花人》并不完全是事实，那么"不是事实"成为张爱玲重提往事、重新讲述的最佳借口。张爱玲不愿意自己的生活被别人说三道四，她不甘心自己的故事被另一个人垄断，因而才有了写《小团圆》的必要。从《小团圆》中九莉因为邵之庸的背叛甚至想到了要拿把"切西瓜的长刀""对准了那狭窄的金色背脊一刀""拖下楼梯往街上一丢"的地步来看，张爱玲并不像胡兰成一厢情愿所认为的那样对背叛毫不在乎。在给胡兰成的诀别信中，她说："我已经不喜欢你了，你是早已经不喜欢我了的……我自将萎谢了。"将生命与爱情合为一体，这极端的爱恨都是张爱玲最深刻浓烈的感情，也因此她无法完全摆脱。

其实从《小团圆》的有关章节来看，胡兰成的回忆除了叙述角度的差别外，几乎与其并无二致。

这是一个热情故事，我想表达出爱情的万转千回。完全幻灭了之后也还有点什么东西在。①

留恋而又有所不甘，这是张爱玲对这部作品主题最精妙的概括。这也可以看得出来，张爱玲对年轻时候的爱情，是多么复杂的一种心态。"据此，我们应该明白，张爱玲根本舍不得销毁《小团圆》，而她在晚年不断修订，可能就是照宋淇的意见去做，可惜她始终没有完成。"②

既然九莉在一定程度上可以看作张爱玲自己，不妨把《小团圆》中写到的一些主要和次要人物来一番"索引"（以在小说中出现先后为序），以进一步证明《小团圆》确系"影射小说"：

比比：炎樱，张爱玲香港大学同学。

蕊秋：黄逸梵（素琼），张爱玲母亲，小说中又称之为"二婶"。

楚娣：张茂渊，张爱玲姑姑，小说中又称之为"三姑"。

九林：张子静，张爱玲之弟。

乃德：张志沂（廷重），张爱玲父亲，小说中又称之为"二叔"。

汤孤鹜：周瘦鹃，时为《紫罗兰》杂志主编。

文姬：苏青，时为《天地》杂志主编。

向璟：疑为邵洵美，留学法国，三十年代诗人。

秀男：胡春雨（青芸），胡兰成侄女。

① 张爱玲：《小团圆》，第7页。
② 宋以朗：《前言》，《小团圆》，第13页。

汝狄：赖雅，美国作家，张爱玲第二任丈夫。

虞克潜：沈启无，周作人"四大弟子"之一。

荀桦：疑为柯灵，时为《万象》杂志主编。

燕山：疑为桑弧，电影导演，宋淇 1976 年 4 月 28 日致
张爱玲信中就说"蓝（应为燕，系宋淇笔误）山我们猜是桑
弧"。

"如此之多的小说人物有所指，《小团圆》理所当然地可以归
入'影射小说'之列。然而，必须强调指出的是，小说中被影射
的人物与历史上真实的人物之间不能等量齐观，完全画上等号。
小说中塑造的是文学形象，这些生动的形象经过了张爱玲天才的
艺术加工和改造，以适应小说总体构思的需要。否则的话，那将
是非常危险的。"[1] 小说就是小说。哪怕它有很多现实生活的影
子，但跟传记不是一种文体。前者是可以虚构的，后者只能是非
虚构。读《小团圆》确实可以引发对张爱玲人生的很多猜测，但
是不能够一一坐实。这恐怕也是张爱玲不停修改、一直没有拿出
来面世的重要理由。

"一刹那间，她对她空蒙的眼睛、纤柔的鼻子、粉红菱形的
嘴、长圆的脸蛋完全满意"。这简直就是张爱玲的自画像。更加
坐实了它是一部自传色彩很浓的小说。《小团圆》虽归根结底还
是小说，是小说就因其虚构的强大场域而不能去一一索引作者的
真实人生，再将两者做牵强附会的解读。但《小团圆》作为张爱

───────────────

[1] 陈子善：《无为有处有还无——读〈小团圆〉札记》，《沉香谭
屑——张爱玲生平和创作考释》，第 135、136 页。

玲晚年家族书写的有机组成部分，很大程度上算是部自传体的记录，她在书中大曝家族秘闻甚至是丑闻，父母不像父母，亲戚不像亲戚：母亲蕊秋（原型为黄逸梵）和多个男人有性关系，私生活混乱；舅舅是抱养来的；弟弟九林（原型为张子静）有可能是母亲和一个教唱歌的意大利人的孩子；姑姑楚娣（原型为张茂渊）是表侄绪哥哥的情人……小说丰富的内容，极具张力的情节，"穿插藏闪"的复杂结构等，共同彰显了张爱玲晚年不衰的创作活力和不倦的艺术追求。水一旦流深，就发不出声音。人的感情一旦深厚，也就显得淡薄。《小团圆》在看似冷静的叙述中暗藏波涛汹涌。非极哀矜，否则便不能分晓其中的味道。真可谓世味难言。

小说对父慈母爱、兄友弟恭的传统家庭关系进行了彻底的解构和丢弃绝望的嘲弄。前三章不厌其烦地讲述亲疏远近各种亲戚家的零碎杂事——突出离婚与财产两方面喋喋不休的矛盾冲突，前赴后继的发生，似乎永远不会完，完不了。亲情的饱满、人性的纯良滴落成灾，荡然无存。九莉的父亲和母亲是新旧两个世界的人，父亲是常见的旧时家庭中的纨绔子弟，把祖辈遗下的家产都用于抽鸦片、打吗啡针、逛堂子，这样坐吃山空，让他时常有种惘惘的威胁，钱攥在手里一天是一天；母亲则是第一代新式女性，虽也裹了小脚，但果敢自由，擅滑雪，喜游泳，她曾说"湖南人最勇敢"。不满丈夫的荒唐委顿，几经劝说无效后，便以陪伴小姑楚娣为由抛家弃子出国，义无反顾扑向人生飞扬的那一面。可以想见，对于这样的父母亲，九莉和弟弟九林都成了他们生活如鲠在喉的牵绊。九莉没有爱过他的父亲，所以当她逃离父亲的家时，一缕缕夜风下撩起一个意味深长的笑。真正伤害她的是母亲，"那些琐屑的难堪，一点点地毁了我的爱"。母女间非常态的疏离隔膜，从少女时代就在九莉惯于察言观色的心灵上打下了深深的树桩。这份旧伤一直作痛，永生如此，无法消融。一生太长了，代之以痛楚，愈合的不过是更为长久的疲倦。九莉总是若有所失，或许是因为失得不够多。毕竟这是个不完全的世界，没有一件事情是完完全全真真正正的，连破裂都不曾完全。谁比谁清醒。所以，谁比谁残酷。

"雨声潺潺，像住在溪边。宁愿天天下雨，以为你是因为下雨不来。"矜持凉薄到不可一世的张爱玲冬蚕一样吐出这温柔凋萎的话，织成思念，犹如大海里的鱼，在万水千山之内都是皈依。然则这并不是写给那个让她见了"变得很低很低，低到尘埃里""从尘埃里开出花来"的胡兰成，而是给让她觉得"找补了初恋，从前错过了的一个男孩子"的导演桑弧。对于这场昙花一现的惊艳往事，两人不约而同地选择缄默淡化处之。所以外界大都不知道张爱玲满目疮痍的感情背景上还有桑弧投下的明亮光影。嚣张跋扈地表白，常常是变相索取。生命里面还有很多事情，沉重婉转至不可说。才子佳人两不相侵，没有开始，就没有结束。

宋淇曾在给张爱玲的信中说，他觉得《小团圆》"第一、二章太乱，有点像点名簿"。而张爱玲则认为"头两章是必要的"，因为事关九莉性格形成的关节点。几乎被炸死却无人可告诉的黑暗冷落，孤独是在你需要别人的时候，你遍寻不着；在你不需要别人的时候，你自给自足。呼吸着它感觉到自己的存在。九莉在香港维多利亚大学寒窗苦读，母亲蕊秋却住在豪华的浅水湾饭店，教授安竹斯因爱才而给成绩优异却生活紧缩的九莉八百元港币的奖学金，却被母亲怀疑成女儿和其有不正当关系，进而在九莉洗澡时突然闯入检查她的身体，之后又把奖学金在赌桌上全输光……所谓母爱,感觉不到,就不是。这血肉模糊的崩裂她记着,将之嵌进骨头里,甚至每一个裂缝里都疼出腐烂。港战的经历直接导致了九莉自我中心主义人格的最终定型,所以她一辈子都在偿还她欠母亲的债,当她把二两金子还给蕊秋时,面对蕊秋的眼泪,她"一点感觉都没有",也不觉得抱歉。这一生,是她精神分裂时的一个浮想。它戛然而止,有不做梦的,没有梦不醒的。在和母亲的拉锯战中,她浓烈清旷如昔,没被年华抛闪,她就是欺软怕硬,反正"时间是站在她这边的",即使有点"胜之不武"的嫌疑。由此见得,对于现在《小团圆》几乎被公认的"杂乱无章""结构松散"的弊病,张爱玲是有意识的,后来宋淇也觉得"母亲和姑姑出现,与下文有关",文中实则少有闲笔,文字肌理绵密,线索皆可放进谋篇布局的整体框架内,和她巅峰时期作品铺排的草蛇灰线、首尾呼应一脉相承,文风却平和圆熟,更接近她所追求的"平淡而近自然"的境界。

《小团圆》以梦开始又以梦收尾。十年前的故人就这样涉过江山湖海翩然而至梦中,儿女绕膝,午夜的光温柔幽凉起来,充满着细碎的喜悦。九莉似旧时娇羞,柔顺眼眉,任由之雍拉着往木屋里走。在风吹帘拢的刹那恍惚里,在半梦半醒之间,谁没有过这样的怀疑、惊喜和失落?谁不曾希望拥有一份恋情,盼望着地久天长朝朝暮暮相爱相守?灵魂与灵魂,瞬间与瞬间,如生如死如火如荼缠绵如呼吸。只是誓言往往有口无心。香港的倾覆帮流苏挽住了情场高手范柳原过而无痕的情意,乱世烽烟、身世浮沉却无法让邵之雍不到处留情,对所有的女人,他只看到她们的好处,看不到坏处,因而感到由衷的欢喜。就像一只奔跑在莽莽雪原上的鹿,在孤坟处处的荒凉里,突然仰头发现了北极光。怀揣着"三美团圆"美梦的邵之雍给不了九莉现世安稳,他的过去未来都有声有色，并非那么百无聊赖等着九莉一个人，她不能与半个人类为敌。不是无情，亦非薄幸，生命是终将荒芜的渡口，九莉终究只是邵之雍的过客。她一个人坐乌篷船走了，雨声淅沥，昏天黑地，经宿未眠。她走了当然也就结束了。"那痛苦像火车一样轰隆轰隆一天到晚开着，日夜之间没有一点空隙。一醒过来它就在枕边，是只手表，走了一夜。"若是血肉相连的爱，揩手后会让人随之萎谢。你离开，我衰败，心花零落，落地成灰。相濡以沫，原本便需爱淡如水。

不论创作心态如何，胡兰成所描述的故事情节与《小团圆》中的九莉和邵之庸的故事几无二致。这一唱一和正如文人间用笔墨在遥相问候。如果张爱玲的人生是一部小说，这段爱情才是她的高潮部分和叙述的主题。但出乎所有人意料的，这段爱情在《小团圆》中"连一半都不到"，也许这也与它在《今生今世》中的地位相关吧。透过这段文本之间的对话，我们得以从另一个角度在现实中看到了张胡之间的爱情纠葛。

在张爱玲的《私语》中，我们可以感受到她对母亲的依恋、崇拜和哀怨。她热爱母亲的一切，喜欢待在母亲的身边，住在母亲住过的房子里，努力达到母亲的期望。小时候与母亲生活的那一段时间可以算得上是她最幸福的一段时光，甚至于她会写信去向玩伴炫耀，长大之后她坚持与父亲决裂跟随母亲，"把世界强行分作两半，光明与黑暗，善与恶，神与魔"，母亲那一半就是光明的、善的，然而那一点点母爱无法使敏感的张爱玲得到满足，于是对母亲又有一种期期艾艾的怨恨。正是由于对母亲的热爱使她对母爱的期待更多，一旦她发现母亲并不是全心地爱着她，哪怕有一丝的觉得她是一个负担，天生的强烈自尊就促使她生怕母亲会后悔收留她。她的成名动力之一就是决心还债给母亲，以此撇清与母亲的关系，同时也证明给母亲看她的牺牲是值得的。九莉也如是。

蕊秋在香港的时候被怀疑是间谍，令人意外的是九莉感到一丝得意。因为九莉认为蕊秋被当作间谍是因为"她神秘，一个黑头发的马琳·黛德丽"。九莉迷恋母亲的一切，她常常在心里赞叹母亲的美丽：

> 九莉觉得惊异，她母亲比从前更美了，也许是这几年流行的审美观念变了。尤其是她蓬着头在刷头发，还没搽上淡红色瓶装水粉，秀削的脸整个是个黄铜雕像。谈话中，她永远倒身向前，压在脸盆边上，把轻倩的背影对着人，向镜子里深深注视着。

这段简单而别致的描写展现给我们的是一个女孩站在浴室的门口用一种痴迷的目光在仰望着她的美丽的母亲。就连母亲裹过的小脚，她觉得也不像别人的那样看着古怪。如果母亲不是这样完美，或者说在九莉心中不这么完美（比如说蕊秋的相貌在香港是很常见的），那么她也许不会有那么大的压力。对九莉来说，蕊秋是一个高不可攀的神圣所在，她害怕自己成为破坏她的完美的罪魁祸首，怕自己妨碍她的幸福被她嫌弃。由于时时记挂着母亲，九莉总能在外国小说中找到与母亲相似的美妇人。劳伦斯的小说中也有这样的一个经老的美妇人，儿子却是个矮胖的中年人，小说中写到他在子宫里就开始觉得窄。这个可怜的儿子让张爱玲想到了自己，她也一样觉得窄，仿佛自己配不上有这样的母亲，担心人家会奇怪那样美丽的母亲怎么会生出这样一个不起眼的丑小鸭。身为子女，似乎天生有着成全父母的期望的责任，否

则就像犯罪一样。但是对九莉来说，无论她多努力，似乎总是只
能成为她的负累。

这种热切的迷恋和自卑夹杂的心情使她渴望得到母亲的关
爱，但又小心翼翼地怕自己得不到想要的结果而徒受伤害。某日
蕊秋给九莉梳了一个横云岭式的发式，由于直发不能持久，到学
校的时候已经变形了，但"她舍不得去碰它，由它在眼前披拂，
微风一样轻柔"。我们可以想象九莉当时的甜蜜满足感，即使别
人笑话她"痴头呆脑"，她也一样觉得无比幸福。但这样的幸福
时刻实在太少，这两母女聚少离多，而且一样是非常自我的人，
因此九莉与母亲亲近的愿望终究难以实现。于是潜藏在九莉内心
的自卑先入为主地将蕊秋定义为一个对自己毫无感情的自私形
象。这种自卑将母亲推离开去，把自己武装起来。

> 站在街边等着过马路。蕊秋正说"跟着我走：要当心，
> 两头都看了没车子——"忽然来了个空隙，正要走，又踌躇
> 了一下，仿佛觉得有牵着她手的必要，一咬牙，方才抓住她
> 的手，抓得太紧了点，九莉没想到她手指这么瘦，像一把细
> 竹管横七竖八夹在自己手上：心里也很乱。在车缝里匆匆穿
> 过南京路，一到人行道上蕊秋立刻放了手。九莉感到她刚才
> 那一刹那的内心的挣扎，很震动。这是她这次回来唯一的一
> 次身体上的接触。显然她也有点恶心。

这是九莉成年后唯一一次与母亲身体上的接触，她们像普通
的母女一样手牵手过马路。然而看来两个人都不大适应这次接
触。从心理学上来说，九莉首先觉得心里很乱，其时还并不能判
断究竟是一种怎样的感情，只是非常激动以至于头脑空白。等一

到人行道上，蕊秋立刻放开了手，于是九莉立刻感觉蕊秋对这次接触是感觉恶心的，于是她的潜意识告诉自己她同样也讨厌与母亲的接触并不断强化这种意识。如果她不是这样的敏感小心，也许和母亲之间能更加温馨。她曾经在母亲节的时候用自己身上仅有的两块钱买了一朵像蕊秋一样美丽的花，但其实她受骗了。当花朵被拨开露出下面的一截铁丝时，她都能想象得出蕊秋会如何嘲笑她。但蕊秋只是很郑重地拿了一个玻璃瓶将它泡起来放在了床头。可见，蕊秋对九莉也并不是没有怜爱之情的。

九莉的人生中没有"爸爸妈妈"这两个角色。她口头上过继给了几乎不相往来的大伯，因此叫父母作"二叔二婶"。这个特点使她对父母有种隔膜感，对亲情淡漠，并不真正将家看成自己的归属地。这一点是九莉与张爱玲的共通之处。因而透过九莉对母亲的复杂情感，我们可以反观张爱玲对母亲甚至其他家人的感情。张爱玲对待亲情的态度：渴望拥有但痛苦万分，不如彻底绝情。

九莉生活在一个无情而苍白的世界，她相信爱情，爱情背叛她，相信亲情，亲情欺骗她。到头来，她竟不知该投向谁。她被迫去接受生命里注定残缺和难以如愿的部分，接受那些被禁忌的不能见到光明的东西。若为情执，必陷入软弱。当她终于明白了这个道理，她和他人之间的交接已是一片穷途末路。她没有再爱过。"曾经沧海难为水，更嫌自己说话言不达意，什么都不愿告诉人了。"

"木雕的鸟"像缕游走跌宕的魂魄，在文中反复出现，仿佛是遥远丑陋的神祇，也似乎是离死亡最近的动物。它第一次出现，是在之雍和九莉恋情的发展阶段；第二次出现，是在插叙的一段"十几年后"九莉为第二任丈夫汝狄（原型为赖雅）打胎的段落里；它最后一次出现时，九莉和之雍的恋情已是摇摇欲坠。这是一个巨大的隐喻，九莉大概是一只鸟。充满了警觉，不容易停留。所以一直在飞。自少女时起，她就一直说服自己对种种贫乏进行对抗。物质的贫乏，情感的贫乏，以及贫乏而无可回避的现实，她竭尽所能地与它们对抗，尝试让自己逐渐丰盛独立。即使道路坎坷，一直流离失所，孤独就在一回头间看到了。无论是多少年前的月色，天荒地老般沉重，九莉是看够了的。只不过总归还有些旧事，像阳台上的月，耿耿于心，拂之不去。若说世间荒凉悲怆，本是浮生如梦，几十年后却连梦都乏善可陈了。

众所周知，张爱玲是尽得古典小说叙事传统精华的作家，无论是意境氛围的营造还是叙事的连贯性在她的作品中都得到了充分的体现。《小团圆》一作中，我们时常可见的是张爱玲独特的犀利文笔所造就的诡异的意象和精巧的比喻，但叙述手法却全不同于旧作。在小说甫一开头，这种不同就反映出来了。

从大考的早晨联想到等待的痛苦，于是由等待的痛苦联想到自己三十岁时候在爱情中的等待，再随之将时间拉到作者诉说的当下"老了……用不着考试了"，不觉将大半生的等待都回顾了一遍。这个特别的开头并不是别出心裁地为吸引读者而设，而是暗示着接下来的叙事节奏都将是如此看似混乱地穿插着各个时期、各个人物、各个看似无关的故事。她可以从一句议论中的一个词引发开去，一层套一层，然后戛然而止，转回到先前的叙事时间。

比如茹璧出场，然后引出茹璧与剑妮的矛盾，再转而写剑妮与魏先生的关系，再由剑妮常住魏先生家引出自己是学校里少数一直住校的学生，最终引出独自一人在暑假住校期间与母亲的一段交往。这一连串意识流般的叙事重点转移之后，作者花费较多的笔墨开始写那年夏天与母亲的交往。然而在这段回忆里面还在不时穿插着对姑姑、舅舅、比比的叙述，时而是回忆之中的回忆，时而是其他相关的事情，时而是跳出回忆的后来评述。对这个夏天似乎才是第一章的重点内容，第二章的开头，时空便又重新回到了大考的早晨。

正如很多学者所说，《小团圆》的叙事线索颇为凌乱，主体结构涣散。张爱玲深受散漫叙事的中国古代世情小说习气浸染，这部作品的叙事特征与她推崇的《海上花列传》的叙事手法颇有相似之处。《海上花列传》的章与章之间便是互相牵引但情节却并不相关的结构。便如戏曲登台，各唱各的一场，各做各的主角，但上一个下场之前必定有个类似预告的暗示，以便使得下个出场的人不致显得突兀。以此来看《小团圆》的结构，较能理解作者结构布局的苦心。但这种结构布局对读者的阅读构成了极大的障碍。作者不断进行大幅度的时空转换造成故事脉络的中断，对读者的时空想象形成极大的挑战。另外《小团圆》的叙事重点和关注的焦点也并不明晰，其中出场的众多昙花一现的人物，影影绰绰，兀自出场然后匆匆一瞥后就消失了。张爱玲的回忆是照片式的，即便幼儿时期的琐事，只要是记得的便是细节完备的，连当时的光线、每个人物的表情她都丝毫不差地准确地放在脑海中。于是，即便是串场的看似无关的人物，她也绝不肯潦草敷衍过去："俏丽的三角脸上一双吊梢眼，两鬓高吊，梳得虚笼笼"的婀坠，"头发剪得很短，面如满月，白里透红，戴着金丝眼镜，胖大身材"的茹璧，"梳着两只辫子，端秀的鹅蛋脸，苍黄的皮肤让人想起风沙扑面"的剑妮，她们或许与小说的情节发展无关，但她们各有各的故事，这些故事共同组成了九莉的人生的一部分，因而张爱玲不肯马马虎虎地将目光从她们身上掠过。正是这些"无关的"人物过多，而对小说的主要人物张爱玲又要坚持她的"不彻底的人物"的塑造，力求含蓄地表现各人"内心的曲折"，行文点到为止，读者无法准确捕捉和把握，便常常得出与作品本意相去甚远的印象和结论；加之作者并无明确的主次暗示，导致读者阅读时产生的混乱感更加强烈。

散漫的叙事结构和叙述重点的模糊是该作不可否认的缺陷，但循环渐进的布局、浮笔勾勒的人物刻画、隐晦简略的曲笔，也应该是张爱玲晚年对自身创作技巧的突破，是她自觉的、主观的艺术追求。在《小团圆》里，作者进一步尝试摆脱外部叙事的框架，消解作品对故事线性发展的依赖，用语也尽量避免辞藻的繁丽，力图使作品简单精练但韵味悠远。《小团圆》是用作家最深知的材料、耗费作家二十年的精力、不论情节还是创作技巧都是作家自我突破到高点所打造出来的心血。其中显露出混乱和散漫，不仅不是所谓的张爱玲晚年的创作水准失常的结果，反而是她苦心经营出来的得意之作。

这是张爱玲的遗作，更是她变相的自传。她生命中所珍爱的时光，珍爱过的人，她似乎恨不能都收录在《小团圆》中珍藏。这篇小说对她的非创作意义太大，然而所谓"关心则乱"，在情节取舍和结构布局上不免失去了身为小说家的创意与理智而囿于个人经历了。尤其是在创作出版过程中由于种种限制使得作者对文本过度修改，对最初的创作出发点缺乏把握，最终导致文章缺乏凝聚力，结构散乱。文中时时处处跳动着张爱玲华丽灵动的笔调，也不乏令人心动的细节，却怎样也不是张爱玲小说流畅、自然、惊艳的感觉。如果说张爱玲的人生经过她的读者的想象再造之后俨然已成为一部乱世传奇，令人充满无尽浪漫遐想，那么《小团圆》则是她自己对其人生传奇的一种毫不留情的解构。

八十、急管哀弦

张爱玲在 1990 年写给宋淇夫妇的信中，曾提到在创作散文《爱憎表》①，为了解释少作中提到的"调查栏"，即十七岁高中毕业前夕校刊调查表的填写。《爱憎表》文章的第一段中，张爱玲首次将这个调查表格命名为"爱憎表"："我近年来写作太少，物以稀为贵，就有热心人发掘出我中学时代一些见不得人的少作，陆续发表，我看了往往啼笑皆非。最近的一篇是学校的年刊上的，附有毕业班诸生的爱憎表。我填的表是最怕死，最恨有天才的女孩太早结婚，最喜欢爱德华八世，最爱吃叉烧炒饭。隔了半世纪看来，十分突兀，末一项更完全陌生。都需要解释，于是在出土的破陶器里又捡出这么一大堆陈谷子烂芝麻来。"《爱憎表》写于 1990 年，全文两万三千余字，但最终并未完成。

90 年代初，张爱玲最重要的工作便是出《张爱玲全集》。全集除收已发表的全部旧作，还要修订《小团圆》，编一本配有文字说明的个人相册集《对照记——看老照相簿》。

此前皇冠出版社以"皇冠丛书"的方式已分单册印行了她的旧作十余种，但由于旧的版本字体老旧、版面不清，更由于这位

① 2015 年夏天，张爱玲的文学遗产执行人宋以朗交给研究张爱玲小说的香港学者冯晞乾"以往事为主，零碎、潦草、次序未明，也不知道页数"的手稿，冯晞乾"从中区分出二十六页纸，再排列次序，重构出部分的《爱憎表》"。《收获》杂志 2016 年秋冬号，获台湾《印刻文学生活志》杂志授权，全文刊载了张爱玲的遗作《爱憎表》。

声誉日隆的大家还没出全集对作者、读者和出版者都是个缺憾，皇冠决定编印全集。从 1991 年 7 月开始，一年之后即陆续上市。每一部作品都经过作者亲自校对，稿件在台北与洛杉矶的飞机上飞来飞去，费了双方很多时间与精力。

《对照记》的原稿于 1992 年秋寄到台北，"皇冠"编辑把这些前后几十年拍摄的或大或小，或黑白或彩色的照片一一拍成幻灯片，并对旧损的照片进行修补，技术要求很高。整理完成的图片及文字从 1993 年 11 月开始在《皇冠》杂志上先行登出，1994 年 6 月作为《张爱玲全集》第 15 卷出了单行本。《对照记》销量奇佳，"张迷"们纷纷争购，以一睹张爱玲的风采。至 1995 年底，已印了七版。但遗憾的是，《小团圆》并未写完。本已应允在 1994 年 2 月皇冠四十周年庆典时与《对照记》合集出书，张爱玲给"皇冠"编辑写过好几封信说明情况：

> ……《对照记》加《小团圆》书太厚，书价太高，《小团圆》恐怕年内也还没写完。还是先出《对照记》。（1993 年 7 月 30 日）

> ……欣闻《对照记》将在 11 月后发表。……《小团圆》一定要尽早写完，不会再对读者食言。（1993 年 10 月 8 日）

> ……《小团圆》明年初绝对没有，等写得有点眉目了会提早来信告知。不过您不能拿它当桩事，内容同《对照记》与《私语》而较深入，有些读者会视为炒冷饭。（1993 年 12

月 10 日）①

《对照记》收图五十余幅，青少年时代的照片居多，60 年代她四十余岁时的照片只有四幅，此后便是空白，一张也没有。亲友中，与母亲、姑姑和炎樱合影的照片较多，但没有一张胡兰成、赖雅等人的照片。

张爱玲在文字说明的最后解释说：

> 以上的照片收集在这里惟一的取拾标准是怕不怕丢失，当然杂乱无章。附记也零乱散漫，但是也许在乱纹中可以依稀看得出一个自画像来。
>
> 悠长得像永生的童年，相当愉快地度日如年，我想许多人都有同感。
>
> 然后崎岖的成长期，也漫漫长途，看不见尽头。满目荒凉，只有我祖父母的姻缘色彩鲜明，给了我很大的满足，所以在这里占掉不合比例的篇幅。
>
> 然后时间加速，越来越快，越来越快，繁弦急管转入急管哀弦，急景凋年倒已经遥遥在望。一连串的蒙太奇，下接淡出。

这年秋天，《中国时报》鉴于张爱玲的文学成就，鉴于新作《对照记》的特别价值，将第十七届"时报文学奖"的"特别成就奖"授予张爱玲。作为评委之一的陈芳明这样评价《对照记》：

---

① 参见彭树君：《瑰美的传奇·永恒的停格——访平鑫涛谈张爱玲著作的出版》，转引自《永远的张爱玲》第 303、304 页。

这样一位小说家，以她的缺席来证明她的存在。作为一个台湾文学史的研究者，我不能不承认自己对她的着迷与沉溺。她在去年出版《对照记》时，我认为这是台湾文坛的一个重要事件。在行将就木之年，她还能够保持创造的活力，为台湾读者提供第一手资料。尽管是单薄的一本小册子，却反映了一位作家的坚韧、倔强、矜持。我坚持推荐她成为去年中国时报文学成就奖的理由，就是基于这样的考虑。①

张爱玲欣然接受了这个奖项，并写了一篇《忆〈西风〉——第十七届时报文学奖特别成就奖得奖感言》。该文发表于 1994 年 12 月 3 日的台北《中国时报·人间》副刊上，当是她留给读者的最后一篇文字。

在这篇文章开头，她谈到了自己的感想：

得到时报的文学特别成就奖，在我真是意外的荣幸。这篇得奖感言却难下笔。三言两语道谢似乎不够恳切。不知怎么心下茫然，一句话都想不出来。但是当然我知道为什么，是为了从前西风的事。

接着张爱玲较为详细地回忆了自己 1939 年冬参加《西风》杂志以《我的……》为题的征文的经过，谈到自己如何写作《我的天才梦》，如何怕超过了字数，本被通知得了首奖，但后来首奖换了人，她只得了"特别奖"。在该文最后，张爱玲还在愤愤

① 陈芳明：《张爱玲与台湾》，1995 年 9 月 10 日《中国时报·人间》。

不平。她说：

> 五十多年后，有关人物大概只有我还在，由得我一个人
> 自说自话，片面之词即使可信，也嫌小器，这些年了还记
> 恨？当然事过境迁当然淡忘了，不过十几岁的人感情最剧
> 烈，得奖这件事成了一只神经死了的蛀牙，所以现在得奖也
> 一点感觉都没有。隔了半世纪还剥夺我应有的喜悦，难免怨
> 愤。现在此地的文艺奖这样公开评审，我说了出来也让与赛
> 者有个比较。

不过，张爱玲仅凭记忆，对半个多世纪前的那次征文活动的
有关史实叙述有误。有人查过原始材料，征文限定的字数是五千
而非五百，张爱玲得的是名誉奖第 3 名而非第 13 名。[1]

八十一、面对死神的幽默

《忆〈西风〉》是张爱玲的最后一篇文章。为了接受《时
报》文学奖，她还特地拍了一张照片，这是她的最后一张照片。
刊在次日的《时报》"艺文生活"版上。照片中的张爱玲，身着
一件羊毛质地的黑色长袖毛衣，大挖领、领口、袖口是白边，黑
毛衣上有大朵的白色多绫花，内衬一件网眼白背心。有着银丝的
头发浓鬌，清瘦的面容镇定安详。而最惹眼也最让人称奇的是，

---

[1] 陈子善：《说不尽的张爱玲》，上海三联书店 2004 年版，第
194—201 页。

她左手举着一张卷成筒的华文报纸微靠在右肩上，报纸上有一个用大号字印出的竖排标题："主席金日成昨猝逝"。

张爱玲还告诉皇冠出版社，再版《对照记》时，要把这张照片放在最后一页，并补写了一段文字说明：

> 写这本书，在老照相簿里钻研太久，出来透口气。跟大家一起看同一头条新闻，有"天涯共此时"的即刻感。手持报纸倒像绑匪寄给肉票人家的照片，证明他当天还活着。其实这倒也不是拟于不伦，有诗为证。诗曰：
>
> 人老了大都
> 是时间的俘虏，
> 被圈禁禁足。
> 它待我还好——
> 当然随时可以撕票。
> 一笑。

面对死神，张爱玲仍有她的幽默。她一生写诗只有几首，这可以算她的绝笔诗。

1995 年 5 月 2 日，张爱玲还给几十年的老朋友夏志清写了最后一封信。

头一年刘绍铭和葛浩文两位学者正合编一本《中国现代文学读本》由哥伦比亚大学出版。刘绍铭托夏志清问张爱玲，哥伦比亚大学有个学生译了她的《封锁》可否收进这本书内。张爱玲回信说，她自己早译了这篇小说，只是放在仓库中懒得去拿。她一向是喜欢自译的。等了半年，也未见张爱玲自己的译文，刘绍铭要夏志清催问的信也久不见回音。后来才得到张爱玲寄来的一张有图并写有"给志清王洞自珍"赠语的信卡和一封长信。信的全文是：

志清：

一直这些时想给你写信没写，实在内疚得厉害。还是去年之前看到这张卡片，觉得它能代表我最喜欢的一切。想至少寄张贺年片给你，顺便解释一下我为什么这样莫名其妙，不趁目前此间出版界的中国女作家热，振作一下，倒反而关起门来连信也不看。倘是病废，倒又发表一些不相干的短文。事实是我 enslaved by my various ailments（为各种疾病所苦），都是不致命而要费时间精力在上面的，又精神不济，做点事歇半天。过去有一年多接连感冒卧病，荒废了这些日常功课，就都大坏。好了就只顾忙着补救，光是看牙齿就要不断地去两年多。迄今都还在紧急状态中，收到信只看账单与时限紧迫的业务信。你的信与久未通音讯的炎樱的都没拆开收了起来。我犯了眼高手低的毛病，作品让别人译实在painful。我个人的经验是太违心的事结果从来得不到任何好处。等看了你的信再详谈。信写到这里又搁下了，因为看医生刚暂告一段落，正趁机做点不能再耽搁的事，倒又感冒——又要重新来过！吃了补剂好久没发，但是任何药物一习惯了就渐渐失灵。无论如何这封信要寄出，不能再等了。你和王洞自珍都好？有没旅行？我以前信上也许说过在超级市场看见洋芋色拉就想起是自珍惟一爱吃的。你只爱吃西瓜，都是你文内提起过的。

爱玲　五月二日①

---

① 参见夏志清：《超人才华，绝世凄凉》。

张爱玲写一封信就是三天的工作，从这封信中可以看到她那一两年的身体状况已十分糟糕了。

夏志清小张爱玲一岁。他们一个是创造审美价值的人，一个是对审美创造的高低进行评判的人。在张爱玲的后半生的文学道路上，夏志清是起了决定性作用的人物。不仅在文学史上对她高度评价，而且对她平时的生活、工作、写作极为关怀。张爱玲初到美国之后创作并不顺利，夏志清为张爱玲作品在台湾出版获取较固定的版税收入起了重要的介绍作用，迈阿密大学、赖德克利夫女子学院、加州伯克利分校中国研究中心的工作，都有他直接间接的介绍推荐。可以说是她一生的挚友。"我同爱玲无话不谈，大学毕业后，我在上海、北京爱上了两个女子的故事，也吐露给她听了。"文学教授夏志清是一个浪漫才子，1944年夏天他在上海初见张爱玲的那个文青聚会的下午认识的刘小姐就是他爱的两个女子之一。他还有很多爱情故事。其中有的女主人公在美国跟张爱玲都有交集。但张爱玲从来没有"八卦"过，这也很符合她的极端个人主义的性格。①

5月17日，张爱玲给林式同写了一封信，又是为搬家的事。她说伊朗房东在找她的麻烦，要她雇人清扫房子，吵得她有些吃不消了。她想搬到赌城拉斯维加斯（Las Vegas）去。

林式同大吃一惊。这么远的地方，这么大的年纪，又孤身一人，这怎么可以！于是立即打电话，问她在拉斯维加斯有没有熟人，回答是没有。林式同坚决地对她说，那不行，不能去，没人照应怎么行。张爱玲又提出在洛杉矶另找新建的房子，林式同告

① 夏志清：《张爱玲给我的信件》。

诉她，近年美国经济不景气，要找新房子较困难，要她先住在目前住的地方再说，反正到 7 月份房租才到期。这期间他一定帮她找新房子。

半个月后，林式同列了一份公寓招租表给张爱玲，要她参考挑选。又过两天，张爱玲打电话来说伊朗房东又不赶她了，要她继续住下去。她还说，以前患过的皮肤病又发作了，而且很厉害，连衣服都不能穿，整天照紫外线。因要用太阳灯，因此常感冒，久不见好。林式同建议她去买墨西哥人穿的斗篷衣，一块布上只有一个洞，穿脱都比较方便。张爱玲听了不置可否。

电话中，林式同听着张爱玲的语调跟平时没有什么两样，没想到这竟是他们最后一次通话。

虽然他们一生只见过两次面，但作为张爱玲最后 10 年跟她交往最多对她帮助最多的人，后来回顾十多年的相识和来往的原因，林式同对张爱玲的"为人"做了一个总结，有助于后世的读者、万千张迷了解这一位奇特的作家。

在林式同看来，张爱玲具有这样几个性格特点。

一是高度敏感。她对人性的感受力，超乎常人。她对日常来往的对象，一定有她的选择。

二是离群索居，因为怕麻烦。张爱玲的离群索居是她出自内心的自然要求，在她的心目中，人和人之间的交往，以及带来的繁文缛节，就是麻烦，而她为解脱麻烦所持的态度，就出自她的不予不欠的自主人生观。在她遗物里的信件中，如果她不喜欢的人写信给她，或是她预感信中会提到有什么不值一看的事，她收到信后连拆都不会拆。轻而易举的拆信动作都不做，那就更不用想要她花精神去应酬听电话了。按她的个性，她不想装电话，她那电话只是为了怕病倒要人帮忙才装的，在住汽车旅馆的时候，如果她不想找人，就没有人可以用电话联络到她。由此推想一般要去接触她的人，不管是自认为出自如何的善意，对她来说，大概都是可有可无的，总是要她花精力去应付的，有些甚至是给她添麻烦的，遇到这种情况，她就不应门，不接电话，尽量躲，结果和人群拉开的距离。也激起别人的好奇心，她越是躲，大家的兴趣就愈高。她的传说，是一个谜，大家都想一窥究竟。

三是不受缚于外加的约束，自得其乐。张爱玲和他在电话里闲聊时，她对所谈到的每件事都有浓厚的兴趣，也发表她自己独特的看法。她有时海阔天空，有时微妙细致，大大地增强了他的联想力。有这样生动活泼的想法的人，对生活中各种美好的趣味，是很有鉴赏力的。而这种自我欣赏的境界，用文字表达就足够了，不必借重其他的传达媒介。张爱玲说过，在没有人与人交接的场合，她很能自得其乐，而且这些喜悦，又都是随时皆在，顺手拈来的。在纯粹人和人之间的关系上，如果没有她所不喜欢的，在很自然的情绪下，她倒是非常乐意交谈的。"有一天和我在电话上谈着谈着，她说了一声：'我很喜欢和你聊天。'我无意地用我在商场上习惯的思维方式回答了一声'为什么?'谈话不久就中断了。我为这句在当时不适当的回答，至今耿耿于心。"

虽然张爱玲的作品能叙述大众的感受，但她自己，却不受那七情六欲所束缚。譬如她不太留恋过去的上海。在言谈上，也从不表示对什么失误有憎恨的意思。对她喜欢的东西，也只是看看而已，没有占有和保留的欲望。她的叙事，总是点到即止，从没有把自己陷在里面。她的生活方式，是她内在个性的表现，不受外来的规范所左右。一般人被牢牢套住而不自觉的习惯，不管是属于社会上的或道德上的，她都觉得和她的个性格格不入，就认为是打搅她的麻烦，对于这些，她所采取的态度，就是退避三舍，敬而远之。

四是成名早——不和人来往的客观条件。她没有借钱、欠钱，不用信用卡，充分显示她的量入为出不借不欠的独立生活观。她成名得早，有固定的收入，可以维持她自己选择的生活方式，换了一个人，要顾及生活，想要隐居，不和人接触，恐怕就不太容易办到。话虽如此说，以她的收入，手头还是很拮据的。

五是看得破——身外之物，不足道也。张爱玲没有家具，没有珠宝，不置产，不置业，对身外之物，确是看得透、看得薄，也舍得丢，一般注重精神生活的艺术家，都有这种倾向，不过就是不及她丢得彻底。看她身后遗物的萧条情形，真是把生不带来死不带去的精神，发挥得淋漓尽致！

她不执着，不攀缘，无是非，无贪嗔，这种生活境界，不是看透看破了世事的人，是办不到的。

六是爱美——入世的态度。张爱玲很会调配自己而自得其乐，譬如在 1993 年 5 月，她做了一次整容手术，又觉得戴眼镜不适合她的脸型，因此配了隐形眼镜。她也买了好些化妆品，多半是保护皮肤的。她又喜欢买衣服，各色各样的都有，她花了很多钱去吃药看医生，去掉房租，她所剩的钱就不多了，不然她可能会买更多的衣服。因为怕蚤子钻到头发里，她把头发剪了，以后一直戴假发，最早的假发是全黑的，可能她觉得和年龄不合，后来用的都是黑中带白的了。她穿的拖鞋是胶底的，可以上街，但是那毛松松的鞋帮，很好看，但不能防雨，又容易脏。她这两样习惯，很特殊，给林式同的印象最鲜明。

张爱玲向建筑学家林式同提到她认为洛杉矶城里只有两栋建筑物够美，其他的就不怎么样，其中一栋是城中心的煤气大楼（Gas Building），林式同惊异不已——这和他的许多同行看法居然一致。那是一栋玻璃高楼，它的美是以材料搭配和比例感来取胜的，的确具有某种独一无二的吸引力。如果没有一定程度的专业训练，不太可能在洛杉矶地区那么多的建筑物中，单挑这栋煤气大楼为抽象的建筑美的代表。张爱玲对这楼的评语，显示她对形象美的感受力，出自天赋，与众不同。

1995 年 7 月 5 日，张爱玲给王家卫写过一封信。

家卫先生：

很高兴您对《半生缘》拍片有兴趣。久病一直收到信就只拆看账单与少数急件，所以您的信也跟其他朋友的信一起未启封收了起来。又因对一切机器都奇笨，不会操作放映器，收到录影带，误以为是热心的读者寄给我共欣赏的，也只好收了起来，等以后碰上有机会再看。以致耽搁了这些时都未作覆，实在抱歉到极点。病中无法观赏您的作品，非常遗憾。现在重托了皇冠代斟酌做决定，请径与皇冠接洽，免再延搁。前信乞约略再写一份给我做参考。匆此即颂

大安

张爱玲

七月五日，一九九五

张爱玲遗产执行人宋以朗整理张爱玲与父母宋淇和邝文美生前的谈话和书信，于 2010 年出版《张爱玲私语录》。其中有一封，1995 年 7 月 25 日张爱玲致函宋淇：有个香港导演王家卫要拍《半生缘》片，寄了他的作品录影带来。我不会操作放映器，没买一个，无从评鉴，告诉皇冠"《半生缘》我不急于拍片，全看对方过去从影的绩效"，想请他们代做个决定。不知道你们可

听见这个名字？

"那是我找家卫代笔的。"多年之后信件当事人、导演谭家明说。① 1948 年出生于香港的导演谭家明，是香港城市大学教授。1980 年执导首部电影《名剑》，1982 年导演的电影《烈火青春》被视为香港电影新浪潮的代表作。2007 年他凭借执导的《父子》获得第 26 届香港电影金像奖最佳导演奖。"我一直想拍《半生缘》。"这就是这一封"乌龙信"的来由。

八十二、永伴，1995 中秋月

至少从 1992 年 2 月 17 日写下遗嘱起，张爱玲就知道自己的日子不多了；早在出版《红楼梦魇》时，她就公开在书中说自己"去日苦多"；在私下里给朋友们的信中，她一次次地诉说着"自己说着都嫌烦"的病痛的折磨；她赶着编全集，苦撑着编写《对照记》，还有未"团圆"的《小团圆》，她要给读者留下一份完整的礼物……

她最后一次搬了家。

她最后一次照了相。

她最后一次写了信。

她最后一次打了电话。

她还在苦等着那个最后的最后……

也许她想起了自己的笔下的衰老：

① 冯晞乾：《张爱玲给王家卫的信，其实是谭家明想拍〈半生缘〉》，张迷客厅的博客 2017-01-23。

七巧似睡非睡横在烟铺上。三十年来她戴着黄金的枷。她用那沉重的枷角劈杀了几个人，没死的也送了半条命。她知道她儿子女儿恨毒了她，她婆家的人恨她，她娘家的人恨她。她摸索着腕上的翠玉镯子，徐徐将那镯子顺着骨瘦如柴的手臂往上推，一直推到腋下。她自己也不能相信她年轻的时候有过滚圆的胳膊。……那一面的一滴眼泪她就懒怠去揩拭，由她挂在腮上，渐渐自己干了。

哦，这是七巧。而张爱玲呢？

她似睡非睡躺在地毯上。生来就会写小说，七十年来酿着文学的美酒，她用那浓郁的芳香醉倒了千万人，没醉的也已经半醉。她知道她晚辈的青年痴迷着她，港台的读者迷她，大陆的读者迷她。她感觉着血液在全身慢慢地流动，在手臂上慢慢地流动，在骨瘦如柴的手臂上流动。她知道全身的血液都流过了手臂，流到了那支生花妙笔里，而今再也拿不动笔了。……她不会流泪，她已经做了她该做的一切，她使尽全身力气努力抬起手臂——那是怎样一个美丽而苍凉的手势……

也许她想到了年轻的时候：

只有年轻人是自由的。知识一开，初发现他们的自由是件稀罕的东西，便守不住它了。就因为自由是可珍贵的，它仿佛烫手似的——自由的人到处磕头礼拜求人家收下他的自由。

哦，这是潘汝良。而张爱玲呢？

只有写作是自由的，一开始动笔，便发现她的天才梦在文学的伊甸园里，便舍不了它了。就因为人性是可珍贵的，它仿佛有魔法——自由的人到处掘金挖宝为读者展现她的人性传奇……

也许她想到了爱情，那欲仙欲死的倾城之恋：

> 香港的陷落成全了她。但是在这不可理喻的世界里，谁知道什么是因，什么是果？谁知道呢？也许就因为要成全她，一个大都市倾覆了。成千上万的人死去，成千上万的人痛苦着，跟着是惊天动地的大改革……流苏并不觉得她在历史上的地位有什么微妙之点。她只是笑吟吟地站起身来，将蚊烟香盘踢到桌子底下去。
>
> 传奇里的倾国倾城的人大抵如此。
>
> 到处都是传奇，可不见得有这么圆满的收场。胡琴咿咿哑哑拉着，在万盏灯的夜晚，拉过来又拉过去，说不尽的苍凉故事——不问也罢！

哦，这是白流苏。而张爱玲呢？

上海的陷落成全了她。在那几乎成为文学真空的世界里，以她的才华，以她的文学品位，她不来填空谁来填呢？也许就因为要成全她，一个大都市倾覆了。成千上万的人死去，成千上万的人痛苦着，跟着是惊天动地的大改革……爱玲并不觉得她在文学史上的地位已经确定了。她只是静静地躺在蓝灰色的毛毯上，将一切都置之度外了。

传奇里的倾国倾城的人大抵如此。

到处都是传奇，可不见得有这么安详的收场。提琴咿咿哑哑拉着，在洛杉矶万盏灯的夜晚，水一般地流着，说不尽的苍凉故事——不问也罢！

这不是爱情，这是命运。爱情在这里：

生在这世上，没有一样感情不是千疮百孔的。《留情》中没有爱情。拥有红白玫瑰的振保以前是太好的爱匠，但他也不是爱人，何况还是"从前"。而娇蕊呢？"是从你起，我才学会，怎样，爱，认真的……爱到底是好的，虽然吃了苦，以后还是要爱的，所以……"；是只有女人才懂得爱、珍惜爱吗？《诗经》中的佳句"死生契阔，与子成说，执子之手，与子偕老"，范柳原哪能欣赏？胡兰成哪知珍惜？赖雅又哪能体悟这东方神韵？分明只有爱玲能欣赏，能珍惜，能一韵到底。

也许，她还想到了一个个亲人：

晚清佳话，贵族血统，洛杉矶不会好奇；畸爱怨偶，无爱的爱，大西洋没有眼泪；父亲困死斗室，母亲客逝他乡，早已是波澜不惊；姑姑高寿而卒，弟弟孤身病退，只剩下鸿雁稀飞……

> 我没赶上看见他们，所以跟他们的关系仅只是属于彼此，一种沉默的无条件的支持，看似无用，无效，却是我最需要的。他们只静静地躺在我的血液里，等我死的时候再死一次。
>
> 我爱他们。①

---

① 张爱玲：《对照记》，第52页。

中秋节快到了。美国没有中秋节，但月亮照常升起。

那么大，那么圆。

是流苏的月亮吗？范柳原半夜打电话，以月谈情。流苏不甘心不明不白的身份要与柳原分手，她拒绝了月光，也拒绝了柳原。但一个电报把她召回，即刻在月光中投入了柳原的怀抱。"十一月尾的纤月，仅仅是一钩白色，像玻璃窗上的霜花。然而海上毕竟有点月意，映到窗子前来，那薄薄的光就照亮了镜子。"

这月光是情欲的诱惑者，它不属于张爱玲。

是芝寿的月亮吗？"今晚上的月亮比哪一天都好，高高的一轮满月，万里无云，像是漆黑的天上的一个白太阳。遍地的蓝影子，帐顶上也是蓝影子，她的一双脚也在那死寂的蓝影子里。"

这月光是恶魔的小天使，反常的明月映照绝望的心境，张爱玲没有绝望。

是七巧的月亮吗？"三十年前的月亮早已沉下去，三十年前的人也死了，然而三十年前的故事还没完——完不了。"

这月光是疯狂的象征物，它的照耀下是一个丈夫不像丈夫、婆婆不像婆婆的疯狂世界。太阳般闪亮的黄金世界淡下去了，七巧一级一级走进了没有光的所在，月亮般朦胧的情欲生活化成了噩梦，七巧一步一步走进了衰老和死亡。张爱玲没有疯狂。

从小看月亮，数星星，长大后描绘着变幻无穷的月夜奇景；她的脸如满月般饱满，她的生活与月亮共着进退……

蓝灰色的毛毯、洛杉矶的圆月。

张爱玲静静地、净净地躺在月光里。

他们只静静地躺在我的血液里。

等我死的时候再死一次。

我爱他们。

1995 年的中秋月属于张爱玲。张爱玲的月光静静地、净净的，如诗如画，如梦如烟，柔情似水，绝世凄凉……

八十三、与蓝天碧水永处

1995 年 9 月 8 日中午 12 点 30 分，林式同刚回家正打算翻阅当日的报纸，一阵急促的电话声把他从沙发上惊起。

"叮玲玲玲玲玲，每一个'玲'字是冷冷的一小点，一点一点连成一条虚线，切断了时间与空间。"

是伊朗房东的女儿打来的，她说：

"你是我知道的惟一认识张爱玲的人，所以我打电话给你，我想张爱玲已经去世了。"

林式同一惊，急切地说："我不信，不久前我才和她通过电话。"

"我们几天没见过她，也没听见过她房间有任何声响，估计她已经不行了。刚才我已叫过急救车，他们马上到。"房东女儿又说。

"我马上过来。"林式同答道。他突然想起了张爱玲三年前寄给他的遗书，叫了一声"我有她的遗书"，就放下了电话。

不一会儿，正准备出门的林式同又听见了电话铃声，他连忙抓起听筒，对方说："这是洛杉矶警察局，你是林先生吗？张女士已去世，我们在这儿调查一下，请你等 20 分钟再打电话来。"

林式同赶到了西木区罗切斯特街的张爱玲住的公寓，在门口见警察和房东正在忙碌着，他告知了身份，并把遗书给警察看过了。警察还认真地查看了他的身份证、驾驶执照，以确定他的遗嘱执行人身份。

林式同想进房间，但被警察挡着了，要他在走廊等着。一个女警察拿出一个手提包交给林式同，说这都是重要的遗物，不能让房东收去。林式同看了一下包里的东西，里面装满了信件和文件，还有一串钥匙。

殡仪馆也来了人，并要林式同在火化手续单上签名，以证明遗体确属张爱玲本人的。林式同反问说，我没见过遗体怎么可以证明并签名，警察才把他放进了房里。

林式同是张爱玲朋友中惟一见到她逝后身容的人，他描述说：

> 张爱玲是躺在房里惟一的一张靠墙的行军床上去世的，身下垫着一床蓝灰色的毯子，没有盖任何东西，头朝着房门，脸向外，眼和嘴都闭着，头发很短，手和腿都自然地平放着。她的遗容安详，只是出奇的瘦，保暖的日光灯在房东发现时还亮着。

法医说张爱玲死于心血管病。林式同根据平时所知和眼前所见判断，她一直有牙病、眼病、皮肤病，特别爱感冒，身体长期受这些病患折磨，没料到她还有心血管疾病，这才是要命的病。她不爱自己烹煮食物，也不爱上馆子，尽用些罐头、牛奶等方便食品果腹，体质衰弱，免疫力下降，常常几天不吃东西，人都瘦干了。一遇大病，就毫无抵抗能力了。

她死前即已知道自己大限将至，清醒地整理了各种重要证件和信件，装进手提包，放在靠门的折叠桌上。她就这样清清白白又冷冷清清地走了。在为张爱玲清理房间时，林式同考虑到这是一位女士的房间，因而请了一位姓朱的小姐来帮忙。房内的地上摆放着许多纸袋，床前的地上放着电视机，她成天躺在床上看电视，以此来忘却病痛和饥饿，甚至靠电视的声音催眠。对门朝北的窗前，堆着一摞纸盒，这就是张爱玲的写字台。她坐在地毯上写作，旧信封、买菜单、收据、报纸上都留有她的字迹。除了她自己的作品和台港寄来的报刊外，没有任何别的书籍。墙上也是空空如也，没有挂置任何装饰。

她的浴室也很凌乱。浴缸变了色，洗脸盆旁的药柜里有许多药瓶和洗漱用具。没有毛巾，只是到处扔的纸巾。林式同推测，她可能是连拧毛巾的力气都没有了，才用了这么多纸巾。

贮衣室里挂着张爱玲近几年买的衣物一些纸袋，但没有箱子。她不爱用箱子，嫌搬起来麻烦，每搬一次就扔掉不少东西。

她只用胶皮浴用拖鞋，用脏了就丢，还有几大包新的没有用过。

厨房里也多的是一用就扔的纸碗纸碟和塑料刀叉，金属餐具大都是新的，没怎么用过。咖啡壶倒是常用，她喜欢喝浓咖啡。

张爱玲还租有一个小仓库，三英尺见方，藏有其英文著作、打字手稿等物，都用手提袋装着。在与仓库老板签约时，她填了自己和林式同两人的名字。林式同才得以进入仓库整理东西，然后遵照遗嘱寄到香港宋淇处。

张爱玲遗嘱的主要内容有这样几条：

死后马上火葬，不要人看到遗体。

不举行任何葬礼仪式。

骨灰撒向空旷无人处。

遗物全部寄给宋淇先生。

宋淇夫妇，跟张爱玲有 40 多年的深厚友谊。刚到美国之后，张爱玲给邝文美的信中就称之为"最好的朋友"，因此这些身后物也留给了他们。①

第二天是星期六（9 月 9 日），张爱玲去世的消息和遗书内容，在台湾赫然大幅地被登了出来。

张错建议马上成立治丧小组，成员为：林式同、张错、张信生，及在纽约的庄信正。而以张错为对外新闻发言人。早上十一点半，林式同和张信生到 Rose Hills 殡仪馆商谈丧事手续和费用方面的事。殡仪馆的人说看情形张爱玲已去世三四天了。

五十年前，她以小说集《传奇》震动文坛，今天，又以"传奇"的方式平静而自然地走向了死亡，在中秋月快圆的时候。她的死，"是维持做人尊严，顺乎自然的一种解脱方法"。

台港和大陆的各大报刊纷纷以显著位置刊登了这一不幸的消息，美国的《纽约时报》和《洛杉矶时报》也有讣闻登出。

张爱玲享年七十四岁，广受欢迎的中国小说家。作品风靡台港读者，最近才在中国大陆解禁。晚年隐居洛杉矶。张女士原籍上海——一九四三年中篇小说《金锁记》奠定文学成就。她最受欢迎的长篇为《秧歌》（一九五四），以及《赤地之恋》（一九五六）。作品如《倾城之恋》《怨女》《红玫瑰与白玫瑰》曾拍成电影。文评家特别赞赏她早期短篇故事。南加大东亚语文学系张错教授说，张女士非比寻常，如果不是身逢国共政治分裂之际，必然已经获得诺贝尔奖。遗

① 宋以朗：《张爱玲私语录》，第 7、9 页。

体于九月八日发现。自然原因死亡。①

噩耗传来，海内外张迷为之震惊，台港海外的许多知名作家都著文表示哀悼，大陆也有部分作家学者表示了哀痛的心情。台港的某些报刊还辟出了纪念专号，两岸的出版社也纷纷推出了纪念文集。9月9日晚，聚集于洛杉矶的一百多位现代诗人在早已计划的"以诗吟月"活动中，临时增加了一项：为张爱玲不幸去世默哀。9月16日，北京女子书店举办张爱玲作品展售活动。

爱丁堡公寓和卡尔登公寓成了大陆张迷"朝拜"的圣地。位于洛杉矶西木区罗切斯特大街的张爱玲最后居住的公寓，也有海外张迷前往凭吊。

一时间，谈论张爱玲的文字铺天盖地。其文迷人，其人也迷人。张爱玲迷住了这么多人。从来没有哪一个现代作家去世后有这么多来自民间的怀念文字。

殡仪馆的办事员说张爱玲的遗体在头天下午已经进了殡仪馆的冷冻库，离手续完成后再火化还有几天之隔，为了不耽误时间，林式同当下就申请了在法律手续上必需的死亡证。也在火化授权书上签了名。从9日去过 Rose Hills 殡仪馆之后，林式同几乎每天打电话和那里的办事人 Eberle 询问申请火化的进度，还预先付清所有殡仪馆的费用以打通手续上的障碍。殡仪馆在收到张爱玲的遗体后，立即向洛杉矶县政府有关部门申请火化许可，在得到许可后遗体立即于9月19日按遗志火化，前后除手续必需外没有任何耽搁。火化时，亦按遗志不举行任何仪式，照殡仪馆惯例也没有旁观的必要。11日（星期一）晚，林式同和庄信正通

---

① 《洛杉矶时报》1995年9月16日。转引自高全之《张爱玲学》。

过电话后，他们决定一切按遗嘱办理，不举行葬礼，这建议和张错在十二日晚所表示的意见不谋而合。

遗嘱吩咐骨灰撒在空旷的地方，按加州法律只能撒到离岸三里外的海里，林式同向安排船只的 Borden 太太说最好把出海的日期定在星期六，大家都可以按时出席，她说九月三十日有船，于是定于该日举行海葬仪式，这天正巧是张爱玲的七十五岁冥诞，大家觉得很有意义。

八点整，殡仪馆开门，林式同到办公室取到张爱玲的骨灰盒，这是一个一英尺高十英寸直径的木质圆桶，桶底扣着一片金属盖，用两个螺旋钉钉着，上面贴着张爱玲的名字。他恭恭敬敬地捧着，战战兢兢，如履薄冰，十多年来常常写信、聊天的朋友，现在就在他手里了！心里混杂着似实似虚、亦哀亦怅的不安感。

当天（9月13日）风和日丽，治丧小组除在纽约的庄信正因太远不能赶来外，其他三位成员林式同、张错、张信生，都出席参加。除此之外，还请了三位朋友做摄影工作，把全部过程都记录下来。许媛翔照相，张绍迁和高全之录影。也准备了红白二色的玫瑰和康乃馨。张错、张信生分别撰写了祭文。

九点整，大家和船长在第七十七号泊位会面，然后上船出发，这船可容二十人，开在水面上相当平稳。

他们把张爱玲的骨灰盒放在船头正中预设的木架上，然后绕以鲜花，衬托着迎面而来的碧空，拂袖的微风，真有超世出尘之感。

此时晴天无云，波平浪静，海鸥阵阵，机声隆隆，大家心情哀肃，陪伴张爱玲走在她的最后一程路上。

半小时后到达目的地，船长把引擎关掉，船就静静地漂在水上，于是大家向盛张爱玲的骨灰盒行三鞠躬礼，念祭文，然后在船长示意下开始撒灰。当林式同向船长要来螺丝起子，想打开骨灰盒的金属底盖时，船身摇晃得厉害，靠着张错的帮忙，他才打开骨灰包，又按船长的指示，走向左边下风处，在低于船舷的高度，开始慢慢地撒灰。当时汽笛长鸣，伴着隐隐的潮声，灰白色的骨灰，随风飘到深蓝的海上。

在专心撒灰的同时，其他同行各人，把带来的鲜花，也伴着撒向海里。此际海天一色，白浪飘飘，大家的心情随张爱玲的骨灰，飞向遥远水天之间。

从没有见过张爱玲但当天参加送别的张错教授后来写道：其实，她离开我们的世界非常遥远，只是，如此隐秘也还不可避免的公众，被众人谈论，同样被众多人喜爱。

不舍的是活着的关爱她的人。

然而，这人世，她也许早已无心眷恋。

……然而，她避世而不弃世，执着而不自恃，为自己的选择负责，对生活负责，所以她还认真做她应该做的事，拒绝她不愿意不喜欢的事。

她没有拒绝人生。她只是拒绝苟同这个和她心性不合的时代罢了。①

9 月 30 日，是张爱玲七十五岁生日，美国西海岸的华人作家为张爱玲举办了一个追思会。

有人认为对这样一位闻名的大作家的吊丧仪式如此简单太凄凉了，与她的地位、名声不相称。但真正爱张爱玲且懂得张爱玲的人都觉得，惟其如此，才与"张爱玲式"的人生相合。

---

① 张错语，见台湾《联合报》副刊 2003 年 8 月 26 日。

这一天，张爱玲的骨灰撒向了太平洋，她将与蓝天碧水永处……

后　记

　　1985年底，我在湖北大学攻读中国现当代文学专业硕士研究生时，托同窗好友张鸿声的女朋友从郑州给我邮来上海书店的繁体竖排影印本《传奇》《流言》，习惯了读"启蒙叙事""革命叙事"的我，惊异于中国现代文坛还有这样一个"异数"，惊异于其人性探寻之深刻和审美创造之奇妙，被深深地吸引了，并毫不犹豫地决定以"中国现代小说史上的张爱玲"为学位论文选题。我大概是中国最早以张爱玲为硕士论文者，为搜罗资料，穷学生奔波于上海南京苏州等地的窘境，和陌生老师的帮助，历历在目。当时记下的两大本关于张爱玲作品的读书笔记，至今珍藏着。90年代初，我妻子陈玲珍姐夫家的亲戚赵长明先生在台湾给我购大包的资料带到武汉，那是一个张爱玲的资料非常匮乏的时期，弥足珍贵。顺便说一下，我一家人都是"张迷"。1988年的夏天，我们一家人在同事家玩耍，客厅电视正在放张爱玲的《金锁记》。我三岁的女儿刘潇头也不抬地对主人两岁的儿子说："张爱玲，我爸爸的朋友。鲁迅，也是我爸爸的朋友。"当时把我们几个大人都逗笑了。

　　自认为在学术层面上对张爱玲研究未做多大的贡献，但在普及张爱玲方面我是有过一些努力的。至 90 年代中期，我写的一些研究文字大都发表在一些没有多大影响的刊物上，没人注意是自然而然的。但我编的张爱玲作品集和写的张爱玲传记文字，还是颇有读者的。编选张爱玲散文集《私语》，花城出版社 1990 年 5 月出版，署名"阿川"；编选张爱玲散文集《流言私语》，江苏文艺出版社 2005 年 5 月出版，销量都不差。传记性质的书，陕西人民出版社 1993 年 3 月就出过一本，题为"乱世才女张爱玲"，署名"阿川"，上海《文汇报》同年 1—2 月连载过。80 年代中期至 90 年代中期，张爱玲的作品还不像今天这样随处可买到的时候，作为文学教师的我，每到一处的讲台上讲授张爱玲，邻近书店的张爱玲作品就会卖空。

1995 年春天，我正在武汉大学师从易竹贤先生攻读中国现当代文学博士学位。因为读的是在职，还要干好本职的教书育人工作。每逢周末还得到湖北的县市去讲自学考试课。北京十月文艺出版社丁宁女士来信邀约我撰写《张爱玲传》，作为中国现代作家传记丛书之一种。当时《张爱玲传》至少有 20 多种了吧，但台港有人认为要防止写出材料不全、理解有误的"张爱玲伪传"，亦可见难度很大。但我实在抵御不了诱惑——张爱玲的诱惑、这套书的诱惑。所以我还得感谢家人和师友们给我时间上、精神上的支持。这一年也是我家务干得极少、娱乐活动极少、为报刊写稿最少的一年。盛夏时节，身体欠安，我遇到了"写作危机"，差点打了退堂鼓，连给丁宁女士写信"毁约"的腹稿都打了好多遍。但妻女和朋友们都鼓励我"养精蓄锐"之后接着干下去，这才有了《张爱玲传》的按时交稿。2000 年书出版后，学术界陆续发掘了一些新材料，我 2006 年和 2007 年在香港也买了一些有参考价值的书，所以后来十月文艺出版社要我出一个增订本，我就

增加了一些材料。出版社改了个书名：《传奇未完：张爱玲
1920—1995》。

受浸会大学张爱玲研究专家林幸谦先生之邀，2006 年 9 月底
10 月初我去香港参加了张爱玲文学、电影与舞台国际学术研讨会
及张爱玲逝世十周年追思会。张爱玲本来离开我们十一年了，但
名为十周年追思会，大概与上一年国内的研讨会没开成有关吧。

我对这次活动印象尤佳。一是真正的以会会友。我所知的海
内外张爱玲研究专家大都莅临，同样写过《张爱玲传》的余斌、
宋家宏也分别从南京、昆明赶来了。我与家宏早已相识，与余斌
初见——在下榻的房间相见，两部坊间流传较广的《张爱玲传》
的作者竟被会务安排一室，也是趣话。二为它的平等。在有众多
名家出席的开幕式上，司仪（国内学术会议称主持人）为一个清
秀的学生，他"指挥"校长、院长致欢迎辞，他"指挥"李欧梵
讲话、王安忆发言。会场的座位呈多层的圆形状，许鞍华戏称为
联合国会议厅，全然没有台上台下的等级。研讨期间的计时员也
由学生担任，这在国内可是由学术名角把持的。就在一个月后我
参加的一个国内学术研讨会上，七八十岁的学术泰斗级人物不时
看手表计时提时——这是身份和权力的象征。相比之下，浸会大
学那个戴眼镜穿西装的小个子男生、几个穿裙装计时的女生和圆
形会议厅，代表的是学术真传统——平等自由的学术。三为它的
活泼。除了严肃的学术探讨，还有形式多样的座谈和演出。为了
追思和缅怀张爱玲，放映了张爱玲影视和舞台剧作品片段并请导
演过张爱玲作品的许鞍华、严浩等谈创作体会，请见过张爱玲的
李欧梵讲述二人相见经过，请出席会议的中外专家用中文、韩
文、日文、英文朗诵张爱玲作品片段，还有学生表演的短剧……
当然，追思晚会的主持人也是学生——一个画了淡妆的漂亮女

孩。没有多少名流巨星能像张爱玲这样，被熟知她、读透她的人
真正缅怀和爱戴。张爱玲若地下有之，当少一些"苍凉"，多一
些"感怀"吧。

追思会会场内外张贴着张爱玲画像和林幸谦怀念张爱玲的诗
作，亲切、雅致、情意盎然。整个活动由林幸谦策划，他却始终
在幕后忙碌，一个低调的谦谦君子，一个因拥有张爱玲而幸福
的人！

四年后（2010年9月29日），再次到浸会大学参加张爱玲国
际学术研讨会，遇到了海内外很多张爱玲研究的专家。当时正是
《雷峰塔》《易经》中文版面世和张爱玲遗作展出之际，又是一个
学术热点。

2014年夏天，得到硕士同学、当时在国务院港澳办公室工作
的谢伟民先生的帮助，在香港待了一个星期。在香港大学和香港
中文大学拜师访友查阅张爱玲资料。中文大学的张爱玲研究专家
何杏枫教授，带着她的学生陪了我一整天。回武汉以后，好多书
和材料倒一直安静地躺在我的书房里。至今不敢相信过去了六个
年头——本人杂事太多，心绪太乱。和长江文艺出版社签的合同
都已经发黄了，我都一直没有动笔。

写传记可不能凭空虚构，材料的丰富与可信是毋庸置疑的先
决条件。所以我得特别感谢那些记叙了张爱玲生平史料的作者和
发表、出版了这些文字的报刊出版社，尤其是张子静、陈子善、
司马新、夏志清、庄信正、宋淇邝文美夫妇及宋以朗先生，和出
版了《张爱玲全集》的皇冠出版社。没有他们，《张爱玲传》只
能是沙中之塔、空中之阁，完全不可能写就。

张爱玲是现代文坛上罕有的忠于写作的职业作家，虽然坊间
有一些有关传主的材料，但远说不上丰富。这与前几十年大陆文

坛对她的淡忘相关，也与她独特的生活和性格相关。她的性格不容易把握，既要写出她的形，又要写出她的神，是一个很高的要求。

直到 2020 年的春天，因为一场疫情，我们的生活停摆了，每个人都闷在家里，我才有工夫每天在书桌前工作 10 来个小时，做了一个比较从容的修订。我的朋友杨扬教授的博士、《张爱玲年谱》的作者张惠苑，无私地把年谱出版后收集的材料邮寄给我。我的朋友吴俊教授的博士肖进、我的朋友王攸欣教授的博士陈娟，他们都是张爱玲研究的新生力量，多次跟我在微信中讨论有关史料。因为懂得所以慈悲，因为我们都是张爱玲的相知，所以互通有无，互相探讨。对以上诸君我都心存感念。曾有人称我以前写的《张爱玲传》是后续很多张爱玲传的"母本"，我觉得这个话不算夸张。因为我偶尔碰到后续的作者，对我是谢不绝口的。还有人称我的《传奇未完：张爱玲 1920—1995》是"《小团圆》出版以前最好的张爱玲传"，对此我不敢评说，我只想在这里说一声：在目前的情况之下，几乎所有与张爱玲相关的材料，都在我眼前过了一遍。相较于我以前的《张爱玲传》，本书每一章每一节都有更改变动，所有的材料都注明了出处（全书以脚注方式，所引论著第一次出现时候是全注，第二次及以后是简注）。我年轻的时候特别喜欢探讨一个人为什么会成为文艺家，喜欢琢磨中外传记文学的写法，一直有一个从容地写一部较完备的《张爱玲传》的心愿，我希望这是一部详传，更是一部真传。

就我个人所见，教书与写作是有矛盾的。不仅时间上有冲突，而且工作方式上不太相融。前者要求规范的生活，后者往往是反常规的。在忙着的时候，我一会儿是台"教书机器"，一会儿是台"写作机器"，免不了要"卡壳""犯冲"，运转不灵。鲁迅、老舍、王小波等作家都有过教书的烦恼，虽然他们无疑是出色的教师，但后来都放弃了教鞭而专事笔耕。张爱玲也断然拒绝过弟弟要她以教书谋生的建议，她觉得那职业"又要作戏，又要作人"，很累。早在世纪初的时候，我就说过教书的乐趣越来越少，做学问的乐趣越来越少。现在这种感觉更强烈了。我这些年一直提倡做纯学问，做真学问，做实学问。从《乱世才女张爱玲》到《张爱玲传》到《速读中国现代文学名家大师丛书·张爱玲卷》到《张爱玲之谜》到《传奇未完：张爱玲1920—1995》，再到这本《张爱玲传》，从13万字到40余万字，27年过去了。2014年夏天，超星给我做了一个讲课视频《张爱玲的文学世界》。去年又有朋友约我做了一个音频讲座《刘川鄂欣赏张爱玲》在喜马拉雅上线，每集20来分钟，录了20多集。

这本《张爱玲传》，与课题无关，与报奖无关，只与性情有关。张爱玲把她花十年工夫研究《红楼梦》视为"豪举"，我的人生，有她相伴，并时有介绍她的小书面世，也是欣慰之事。

2020年即将到来的时候，我们满怀希望，称之为"爱你爱你年"，张迷们称它为"爱玲爱玲年"。但是谁也想不到，一场突如其来的疫情，如同《倾城之恋》的"反高潮"，一座大城市的倾覆成就了一对自私的男女，新冠病毒让我们的生活摁下了暂停键甚至是倒退键，把我摁在广州女儿家的书房和我在武汉家的书房里，让我终于完成了修订《张爱玲传》的多年心愿。这是我人生的第59个春天，谨以此书献给张爱玲诞辰100周年！

刘川鄂

2020年4月23日国际读书节

刘川鄂是张爱玲研究里手，自1980年代以来有多种评张论著面世，卓见迭出，今次增订版《张爱玲传》集其大成。欲知文坛女杰坎坷人生经历、创作妙道，不可不览此传记也。

——冯天瑜

川鄂的《张爱玲传》修订版要出版了，这是他近四十年张爱玲研究的新的总结。资料之详实、理解之深刻，是川鄂这部张爱玲传记的最大特色，也堪称现代作家传记写作的成功之作。此外，书中对张爱玲同时代人群像的描摹，对张爱玲所处时代的认识，也足见川鄂的研究之深，洞察之微。

——陈子善

写张爱玲的传奇，则石破天惊，云海垂立；写张爱玲的落寞，则静寂无声，星垂平野。当然是极好的传记，更是极好的文字。

——戴建业

胡兰成曾说，任何人来写张爱玲，一切装饰、美化、炫夸，都是一种降级、一种伤害。川鄂老师的文字，据实写出，也像胡兰成所说的"于事物，于感觉，皆是老老实实"，只有这样的文字，才配得上张爱玲的一生。

——李修文

建议上架：文学·传记

ISBN 978-7-5702-1726-7

9 787570 217267 >

定价：58.00 元